"商标与经济发展关系"
课题研究报告

（上）

国家工商行政管理总局商标局
"商标与经济发展关系"课题组　著

中国工商出版社

责任编辑／权燕子　张亚丹

统筹编辑／齐　芳

封面设计／纺印图文

图书在版编目（CIP）数据

"商标与经济发展关系"课题研究报告／国家工商行政管理总局商标局商标与经济发展关系课题组著. ——北京：中国工商出版社，2016. 9

ISBN 978-7-80215-715-6

Ⅰ. ①商…　Ⅱ. ①国…　Ⅲ. ①商标管理—研究报告—中国　②中国经济—经济发展—研究报告　Ⅳ. ①F760. 5②F124

中国版本图书馆 CIP 数据核字（2016）第 077053 号

书名／"商标与经济发展关系"课题研究报告

著者／国家工商行政管理总局商标局"商标与经济发展关系"课题组

出版·发行／中国工商出版社

经销／新华书店

印刷／鸿博昊天科技有限公司

开本／787 毫米×1092 毫米　1/16　印张／50.5　字数／540 千字

版本／2016 年 9 月第 1 版　2016 年 9 月第 1 次印刷

社址／北京市丰台区花乡育芳园东里 23 号（100070）

电话／（010）63730074，83610373　电子邮箱／zggscbs@163.com

出版声明／版权所有，侵权必究

书号：ISBN 978-7-80215-715-6/F·923

定价：140.00 元（上下册）

编　委　会

指导组：

　　　　许瑞表　原国家工商总局商标局局长

　　　　闫　实　国家工商总局商标局副局长

　　　　汪　泽　中华商标协会副秘书长

总体组：

组　长：许瑞表　原国家工商总局商标局局长

成　员：闫　实　汪　泽　丁　凯　周洪美　刘福刚

　　　　程　萌　田明珠　赵　颖　杨剑宇　张　诚

　　　　刘　毅　付勇军　戴山鹏　王春晔　魏　然

　　　　熊　文　顾雪琳　常　慧

专题组：

《商标的功能与作用研究》课题组

顾　问：黄卫平　中国人民大学经济学院教授

　　　　张　宇　中国人民大学经济学院院长、教授

　　　　彭　刚　中国人民大学经济学院教授

负责人：丁　凯　中国人民大学培训学院常务副院长

成　员：李三希　姚欢庆　张　迪　戴山鹏　程益群

执笔人：李三希　姚欢庆　张　迪

《影响商标注册申请量的因素研究》课题组

顾　问：郝如玉　全国人大财经委副主任，首都经济贸易大学副校长

李　钰　中央统战部建言献策小组成员，首都经济贸易大学
兼职教授，龙信数据（北京）有限公司董事长

杜子芳　中国人民大学统计学院教授

负责人：周洪美　龙信数据（北京）有限公司研究中心副主任

成　员：田　甜　孙金青　田明珠　杨剑宇　常　慧
杨晓芳

执笔人：田　甜　孙金青

《商标运用与经济发展的典型研究与实证分析》课题组

顾　问：郝如玉　全国人大财经委副主任，首都经济贸易大学副校长

李　钰　中央统战部建言献策小组成员，首都经济贸易大学
兼职教授，龙信数据（北京）有限公司董事长

杜子芳　中国人民大学统计学院教授

负责人：周洪美　龙信数据（北京）有限公司研究中心副主任

成　员：陈雪莲　杨　倩　汤　茜　刘　毅　付勇军
李香浩　刘　菲

执笔人：陈雪莲　杨　倩　汤　茜

《商标行政保护与市场环境关系的实证研究》课题组

顾　问：黄卫平　中国人民大学经济学院教授

张　宇　中国人民大学经济学院院长、教授

彭　刚　中国人民大学经济学院教授

负责人：丁　凯　中国人民大学培训学院常务副院长

成　员：甄　峰　王孝松　陈　丽　梁仲杨　刘开沂

　　　　叶银丹　谢乐军　王春晔　张炜炜

执笔人：甄　峰　王孝松　陈　丽　梁仲杨　刘开沂　叶银丹

《商标与创新的关系研究》课题组

顾　问：黄卫平　中国人民大学经济学院教授

　　　　张　宇　中国人民大学经济学院院长、教授

　　　　彭　刚　中国人民大学经济学院教授

负责人：丁　凯　中国人民大学培训学院常务副院长

成　员：刘小鲁　虞义华　迟　强　孙　丽　田明珠

　　　　常　慧　杨晓芳

执笔人：刘小鲁　虞义华　迟　强　孙　丽

《商标密集型产业与经济发展研究》课题组

顾　问：郝如玉　全国人大财经委副主任，首都经济贸易大学副校长

　　　　李　钰　中央统战部建言献策小组成员，首都经济贸易大学

　　　　　　　　兼职教授，龙信数据（北京）有限公司董事长

　　　　杜子芳　中国人民大学统计学院教授

负责人：周洪美　龙信数据（北京）有限公司研究中心副主任

成　员：郭玉娟　陈小杰　何　训　程　萌　魏　然

　　　　杨剑宇　夏　珺

执笔人：郭玉娟　陈小杰　何　训

《地理标志商标与区域经济发展研究》课题组
负责人：刘福刚　北京中郡世纪地理标志研究所所长
成　员：陈　龙　朱金钢　王延军　张　博　宋元生
　　　　吴梦娇　吕晓唯　王云超　姚　坤　郑海燕
　　　　张　诚　王海滨
执笔人：陈　龙　朱金钢　王延军　张　博　宋元生
　　　　吴梦娇　吕晓唯　王云超

SHANGBIAO YU JINGJI FAZHAN GUANXI
KETI YANJIU BAOGAO

"商标与经济发展关系"课题研究报告

序 一

商标，自诞生伊始，就与人类的经济活动息息相关。北宋"白兔"商标是我国有史可查的第一个商标，它的出现源于手工业生产者推销商品，维护信誉的需求。纵观海外，商标最初萌芽于希腊、古罗马等文明古国的作坊主与工匠为方便记账而在商品上使用标记。随着人类经济活动的发展，商标及其制度也逐渐建立健全。

进入 21 世纪以来，商标在经济发展中的作用日益凸显，发展知识经济已成为世界各国的共识。欧美等发达国家对商标等知识产权与社会经济之间的关系已研究多年，取得了值得借鉴的经验。2012 年美国政府发布《知识产权与美国经济：产业聚焦》，2013 年欧盟发布《知识产权密集型产业对欧盟经济和就业的贡献》，2015 年，美国民间智库 DNP Analytics 发布《知识产权密集型制造产业：促进美国经济增长》。这些报告一改以往知识产权研究多集中于法律和制度层面，即便与经济相联系也仅将知识产权作为经济的一个影响因子进行研究的方式，以基于产业的全新视角，有力论证了知识产权对国家经济发展的显著作用。值得注意的是，商标在知识产权中具备杰出的经济拉动力。《知识产权与美国经济：产业聚焦》研究显示，知识产权密集型产业中 60% 属于商标密集型产业，仅这部分就占 2010 年美国国民生产总值 31%，远超专利密集型和版权密集型产业的 5.3% 和 4.4%。无独有偶，《知识产权密集型产业对欧盟经济和就业的贡献》研究显示，在知识产权密集型产业贡献的 39% 的国民生产总值中，34% 是商标，14% 是专利，13% 是外观设计。

然而，纵观我国以往的研究文献，多致力于研究专利对经济的贡献，且研究的指标相对狭窄，难以全面反映商标的经济效益。鉴于此，为更好地与发达国家知识产权发展对比，系统评估商标对国民经济社会的贡献，国家工商总局商标局开展了"商标与经济发展关系"课题研究，从理论和实证两个维度，力争用全面的事实和翔实的数据梳理和分析商标与我国经济发展之间的联系，有力论证商标在推动我国经济增长中的重要作用。比如研究首次利用商标全库数据和企业数据系统评估了中国的商标密集型产业及其对经济的贡献。又比如研究发现：商标与宏观经济及地区发展水平具有高度相关性，GDP 与商标申请量的相关系数为 0.9813，GDP 与商标注册量的相关系数为 0.9209，表明经济发展水平越高，商标申请注册意识越强，对商标的运用也越重视。商标运用与微观企业主体发展具有高度关联性，有注册商标的企业盈利能力表现突出且生存能力相对较强，注册商标拥有量与企业生存时间存在正向相关关系等。

当前，国际金融危机深层次影响还在继续，世界经济仍然处在深度调整期。无论发达国家还是新兴经济体都希望通过创新推动经济转型升级实现可持续发展。世界各国普遍把以技术为代表的知识和以商标为代表的品牌作为提升综合国力、巩固竞争优势的最重要的手段。中国改革开放 30 多年来，虽然取得了巨大的成就，但传统经济增长模式也已难以为继，经济步入新常态。这就需要以商标品牌为核心整合各种经济要素，推进自主创新，提高核心竞争力，为经济长远发展提供新的增长动力。

党中央、国务院高度重视品牌建设，把加强品牌建设作为经济社会转型发展的重要战略举措。党的十八大要求把推动发展动力的立足点转到提高质量和效益上来，形成以技术、品牌、质量、服务为核心的出口竞争新优势。《国家创新驱动发展战略纲要》中明确提出要实施知识产权、标准、质量和品牌战略。品牌发挥着承载和引领创新发展的重要作用，商标是品牌的核心和主要表现形式。将商标与品牌紧密结合，实施商标品牌战略，是新形势下对商标战略的深化和发展；

是贯彻落实党中央、国务院战略部署新要求的必然选择；是深入实施国家知识产权战略，建设商标品牌强国的迫切要求；是充分发挥商标品牌引领作用推动经济发展动力转换的重要抓手。

工商和市场监管部门作为商标注册和管理、市场监管和执法的部门，要本着简政放权、放管结合、优化服务的原则，深入实施商标品牌战略，大力打造全球知名的中国商标品牌，切实维护社会主义市场经济秩序，为建设知识产权强国，为深入实施创新发展战略，为助推中国经济向中高端发展而不懈努力！

国家工商行政管理总局副局长

刘俊臣

2016 年 7 月 13 日

"商标与经济发展关系"课题研究报告

序 二

　　随着商品经济向知识经济的发展，作为知识产权重要构成之一的商标在我国经济中的地位日益提升。近年来，我国的商标工作取得了较大的进展，商标注册申请量大幅增长，市场主体的商标意识不断提高，商标战略的实施也取得了显著的成效。然而，随着经济社会发展和我国知识产权战略推进的逐层深入，商标工作依然面临着巨大的挑战。因此，科学系统地认识和研究商标与经济发展之间的关系、探索其内在规律和影响机制，对我国商标战略深化发展为商标品牌战略和国民经济的发展大有裨益。《"商标与经济发展关系"课题研究报告》一书，从理论和实证两个维度，依托经济学、统计学、法理学、管理学等展开跨学科研究，考察商标与经济发展之间的联系，为我国深入实施商标品牌战略、促进经济发展提供了重要参考，具有很好的理论水准和现实意义。综合而言，本书的主要学术创新体现在以下几个方面：

一是综合运用经济学、法学和管理学等理论，紧密结合我国商标政策与实践，提出了符合经济新时期特征的商标功能、商标类型和商标作用等的内涵与特点。特别是从经济学角度的理论阐述，在国内同领域研究中进行了新的尝试。书中根据我国商标发展的实际情况，对于商标专用权、未注册商标的法律保护、以及商标的社会成本等前沿问题进行了深入分析，对我国商标管理工作具有较高的参考价值。同时还深入研究了商标与品牌的关系，对中国主要贸易伙伴的商标与知识产权战略进行了比较分析，对于一些学界和业界存在争论的问题进行了概念厘清和理论解释，对我国商标品牌战略的更好实施提供了政策参考。

二是充分进行数据挖掘，多层面分析了若干商标发展关键性指标与经济发展的关系，得出了系列新的具有说服力的结论。如本书一改以往多数研究仅从单一层面分析影响商标注册申请量的情况，从政策、经济环境、企业特征等多层面综合分析了影响商标申请量的因素，同时证明了商标与宏观经济、微观企业主体的高相关性以及两者间的因果关系。本书还首次利用商标全库数据和企业数据系统，基于多种商标密度计算方法，综合识别和评估出几十个中国商标密集型产业，并探讨了这些产业对经济的贡献，这种方法在国内学界也属于开先河的尝试。

三是通过实证研究，建立了相关商标与经济发展的关联指数。如本书对于创新的内涵及其与商标的关系进行了深入分析，在一定程度上厘清了这两个看似简单、人所共知的概念的区别与联系，为政府决策提供了理论依据和决策参考。书中基于中关村微观企业数据，构建了商标注册与企业创新的关联模型，对于商标和企业研发之间的关系，商标、创新和企业的市场收益等问题进行了深入探讨，在国内同领域研究中实现了新的突破。本书还建立了"国家-企业自主品牌保护模型"。本书还对地理标志商标注册、运用、管理和保护进行了全面摸底，首次提出了地理标志商标与区域经济发展影响指数。以上这些学术探索都为国家管理部门和社会大众对于这一问题的进一步理解提供了新鲜素材。

一直以来，商标问题总是被纳入到法学、管理学的研究对象中，经济学的定量与定性分析研究成果较少，本书由国家工商总局商标局牵头统筹，高校和专业研究机构"强强联合"、共同"攻关"，率先从经济学、统计学等角度对商标与经济发展关系这一命题进行了全面分析，极大地拓展了商标研究的深度和广度，特别是在商标问题的经济学研究领域前进了一大步，具有重要的理论价值和现实指导价值。其主要特色有：

1. 创新性。本书是理论联系实践的产物。在国家工商总局商标局的大力支持下，本书研究团队获得了大量第一手的宝贵数据和资料。根据这些材料，本书综合运用大数据思维和计量工具，首次将间接反映经济发展质量的商标数据与直接反映经济发展情况的宏观经济数据、企业经营数据进行立体匹配，跨学科、多角度、全方位分析商标与经济发展的关系。据本人有限了解，这在国内尚属首次，可以说是填补了国内同领域研究的学术空白。

2. 科学性。本书是多学科的前沿理论和工具方法的集合体。书中建立多个数据分析模型，从不同角度阐释商标发展与经济发展的密切关系，许多研究成果具有首创性。如进一步拓展了商标的功能与作用的内涵，首次构建了商标与创新的数理模型，首次利用商标全库数据全面系统评估了中国商标密集型产业及其对与经济发展的贡献，首次全面实证分析了商标申请量的影响因素，首次提出了地理标志商标与区域经济发展影响指数，等等。

3. 指导性。本书具有较强的实践意义和现实指导意义。书中应用了商标申请注册和企业登记的全量数据，建立了中关村企业的商标微观数据库，数据宏观、微观覆盖全面，数据来源可信度高，相关研究从理论和实证两个角度展开，既有理论论证，又有实证检验，既有定性分析，又有定量分析。并且可以看出，整个研究和写作过程始终坚持以问题为导向，深入我国商标工作实际，力图发现问题，解决问题，还提出了很多有针对性的政策建议。十八届五中全会提出的五大发展理念中，明确要深入实施创新驱动发展战略，要求实施严格的知识产权保护制度。李克强总理在政府工作报告中强调，要培育精益求精的工匠精神，增品种、提品质、创品牌，打造中国金字品牌。国家"十三五"规划纲要提出要加强商标品牌法律保护，打造一批有竞争力的知名品牌。实施商标品牌战略，发展品牌经济，创造尊重知识、崇尚创新、诚信守法的社会氛围，强化商标专用权保护，营造法治化、国际化、便利化的营商环境，为创新驱动发展和大众创业、万众创新提供有力支撑，是新形势下促进中国经济创新发展的重要抓手，也是中国制造向中国创造转变、中国产品向中国品牌转变的重要途径。祝愿本书能够成为商标品牌理论与实务研究的标志性成果，对提高我国商标品牌理论研究水平、建设商标品牌强国发挥应有的影响和作用。

中国人民大学经济学院教授、博导

欧盟让·莫内讲座教授

国务院政府特殊津贴专家

2016 年 6 月

目 录

商标与经济发展关系总报告

分报告 1 商标的功能与作用研究

SHANGBIAO YU JINGJIFAZHAN GUANXI
ZONGBAOGAO

商标与经济发展关系总报告

摘 要

　　在现代经济竞争就是知识产权竞争的大背景下，国际国内形势决定了知识产权战略尤其是商标战略必然而且已经成为我国重要的发展战略，成为建设创新型国家和掌握发展主动权的关键，对于国家经济的发展具有重要意义。一方面，商标和商标事业的发展有利于促进经济增长水平。另一方面，我国经济发展水平也对商标的注册申请、运用和保护有非常重要的基础性影响。本报告从理论和实证两个维度，依托法理学、经济学、统计学、管理学展开跨学科研究，考查商标与经济发展之间的联系，为我国深入实施商标战略、推动国民经济平稳较快发展提供参考。

　　除总论外，本报告共分为九章，具体的内容安排如下：

　　第一章为"商标的功能与作用"。现代商标理论认为商标具有三大基本功能：区分来源功能、品质一致性担保功能与广告宣传功能。随后又衍生出符号表彰功能、商誉积累功能、文化载体功能等。对企业来说，商标是企业向消费者传递信息的渠道，是企业商誉的集中体现，是企业的无形资产，还有助于企业培育和发展核心竞争力。对消费者来说，商标不仅是指导消费者消费的主要标志，也是引导消费者维权的重要途径。并且，商标对于中国经济的发展也具有举足轻重的作用。

第二章为"我国商标注册和世界品牌建设的发展特征"[①]。我国商标注册的发展具有如下特点：近年来商标注册申请量飞速增长，自2002年起连续12年位居世界第一。其中，国内注册申请占主导，基本稳定在九成左右，但存在地域和行业的差别，东部省市商标注册申请量占比近七成，五成商标注册申请量集中在批发零售业和制造业。近几年每万户市场主体拥有商标量呈现逐年稳步增长趋势，2013年每万户市场主体拥有商标999.71件，比2009年增长了59.7%。从中国企业"走出去"的情况看，国内申请人的马德里商标国际注册申请量连续四年超过2000件，2013年位居马德里联盟第六位，我国进入世界品牌实验室"世界品牌500强"排行榜的品牌数量逐年增加，2013年有25个，位居世界第五位。

第三章为"商标注册申请量的影响因素"。实证分析表明，政策因素、经济环境以及企业特征对商标注册申请存在不同程度的影响。

---

① 除非文中注明，本文对商标注册发展特征分析数据均截至2013年年底。

从政策因素而言,《商标法》修订、商标代理机构准入条件的放宽、商标战略的实施和商事制度改革对商标注册申请量增长有明显促进作用;对商标申请人的条件限制对商标注册申请量具有消极作用;商标规费的变动对商标注册申请量的变动有反方向影响。从经济环境而言,经济总量与商标注册申请量存在长期稳定的均衡关系,国内生产总值每增加1亿元,商标注册申请量增加22件;社会消费品零售总额每增加1亿元,商标注册申请量增加55件;在营市场主体每增加1万户,商标注册申请量增加3331件;实际利用外资额每增加1亿美元,外国来华商标注册申请量增加1118件;我国的经济周期领先于商标注册申请量的周期约3年,经济发展水平越高,商标注册申请的密度越高;同时,国际经济环境对商标注册申请量的影响日益加深。从企业特征而言,企业所有制性质、行业、年龄、规模对商标注册申请量存在显著影响。综合而言,企业特征对商标注册申请量的影响最大,经济环境因素对商标注册申请量的长期影响较大,政策因素对商标注册申请量的短期影响较大。

第四章为"商标运用与经济发展"。从商标运用情况看,近年来市场主体申请商标注册的积极性大幅提高;市场主体平均拥有注册商标量逐年增加,2013年达到999.71件/万户;有效注册商标量呈现明显的东中西递减格局;商品类有效注册商标远远多于服务类商标;企业的规模越大,平均拥有的有效注册商标量也越多;制造业企业拥有

注册商标总量最多、覆盖率最高；商标专用权维护意识不断提高，续展申请量持续增长。实证研究发现，商标运用与宏观经济及地区发展水平具有高度相关性，GDP与商标注册申请量的相关系数为0.9813，GDP与商标注册量的相关系数为0.9209，表明经济发展水平越高，市场主体的商标注册申请意识越强，对商标的运用也越重视。格兰杰因果检验表明，GDP与商标注册申请量存在长期的格兰杰因果关系，且这种因果关系呈现出阶段性特征：在商标注册申请的头两三年内，GDP是商标注册申请量的格兰杰原因；在商标注册申请四年后，商标注册申请量是GDP变动的格兰杰原因。通过将商标运用意识较高的北京市作为典型，对商标运用与微观企业的关系进行研究，发现商标运用与微观企业主体发展具有高度关联性，有注册商标的企业盈利能力表现突出，企业销售利润率明显高于无注册商标企业，注册商标拥有量较多的企业销售利润率相对较高；同时，有注册商标的企业生存能力相对较强，企业平均存活率高达80.5%，高于北京市企业总体水平43.8个百分点；拥有注册商标的企业平均寿命为7.3年，比北京市企业的总体寿命水平高出2.1年。注册商标拥有量与企业生存时间存在正向相关关系，商标拥有量越多企业平均年龄越高。

第五章为"商标行政保护与市场环境研究"。商标保护是知识产权保护的重要内容，商标保护的目的是营造公平竞争的市场环境，进而推动产业发展和经济增长。公平竞争的市场环境是经济健康发展的基础，商标行政授权确权和行政执法是营造和维护公平竞争市场环境的重要程序。正确认识自主品牌保护与国际竞争的关系也有利于营造公平竞争市场环境。

第六章为"商标与创新的关系"。商标与创新的关系主要体现在：商标是企业创新活动的集中体现，商标注册是知识产权保护的重要形式，具有灵活性的基本特征。对于无法专利化的创新活动，商标是知识产权保护的主要可行载体，也是提高创新收益和市场价值的重要载体。通过对数据进行协整检验和格兰杰因果检验，结果表明，商标注册与创新活动之间存在着稳定的长期关系。实证数据显示：一方面，研究与开发 R&D  支出每增加1%，商标注册申请量将增加0.869%，说明在我国现实的经济活动中，商标是一种重要的知识产权保护形式。因此，R&D 支出增长使得商标作为创新成果保护的需要而相应增长。另一方面，商标注册申请量每增加1%，专利申请量将增加1.226%，说明商标注册申请量与专

Research and Development 的缩写，研究与开发，指在科学技术领域，为增加知识总量（包括人类文化和社会知识的总量），以及运用这些知识去创造新的应用进行的系统的创造性的活动，包括基础研究、应用研究、试验发展三类活动。国际上通常采用 R&D 活动的规模和强度指标反映一国的科技实力和核心竞争力。一国的 R&D 水平体现着一国的政治经济实力，一个企业的 R&D 水平，体现着一个企业的竞争力。本书中的 R&D 一般指企业的研发投入。

利申请量之间存在长期的均衡关系，反映出商标增长对专利申请的长期正向促进作用。而基于中关村企业微观数据的分析显示，注册商标量每提高 1 项，可以推动企业 R&D 支出提高约 1.5 万元，而在企业收益和规模上，商标对企业市场收益的促进系数为 1.703，企业总资产每增加 100 万元，企业注册商标的概率将增加 30%～40%。可见，R&D 支出增长使得商标作为创新成果保护的需要而相应增长，同时商标对企业创新有着积极的推动作用，不仅可以带来创新的范围经济，还可以促进创新成果向市场价值的转化。

第七章为"商标密集型产业与经济发展"。采用基于市场主体与行业类别匹配结果计算的商标密度法、绝对量申请法和基于商标类似群与行业类别匹配结果计算的商标密度法，综合识别和评估出中国的商标密集型产业 40 个。定量研究分析的结果表明，商标密集型产业对我国经济的具体贡献主要有以下几个方面：一是对经济增长的拉动作用，2009—2012 年我国主要的商标密集型产业增加值合计 60.82 万亿元，占当期 GDP 的 35.11%；二是吸纳就业方面的贡献，商标密集型产业在 2009—2012 年平均每年创造 9414.87 万人的就业机会，占全部城镇、私营单位就业人数的 45.61%；三是对薪资水平的贡献，商标密集型产业的城镇单位就业人员的平均工资溢价水平为 19.60%；四是对外贸的贡献，2009 年以来，商标密集型产业出口交货值占出口总额的比例平均为 71.18%，商标密集型产业的出口交货值占销售产值比重约为非商标密集型产业的 3.6 倍。从国际比较看,我国商标密集型产业的 GDP 贡献率(35.1%)略高于欧盟(34%)和美国(31%),但就业贡献率(45.6%)要远高于欧盟(21%)和美国(15.7%)。从薪资溢价比上看,我国商标密集型产业的薪资溢价比(19.6%)要低于欧盟(42%)和美国(36%)。综合来看,我国商标密集型产业的相对优势低于欧盟和美国。

第八章为"地理标志商标与区域经济发展研究"。地理标志商标已经成为区域经济发展的新途径,成为区域经济特别是县域经济发展的一支重要力量。全国地理标志商标运用和管理基本情况是,地理标志商标运用正常,效果明显,经济效益高,但还存在一些需要进一步改进的地方,如地理标志产品国际化不够、市场秩序仍需要继续整顿、宣传力度需要进一步加强等。我们采用因子分析法和综合指数法计算地理标志商标对区域经济发展的影响指数。经实证研究,地理标志商标对区域经济发展影响指数高达 0.306,在已注册和运用地理标志商标的全国 952 个县市区旗(占全国县级行政区划单位总数的 33.39%,涉及 103 个地市州盟)中,地理标志商标对当地就业、居民增收和经济发展的综合贡献率和影响程度超过 30%,综合贡献率比较高,影响程度比较大,并呈现出影响面在扩大、作用力在增强的趋势。

第九章为"政策建议"。为了更好地实现商标对我国经济的促进作用,本报告通过对我国商标发展情况的具体分析总结,从商标品牌环境建设、商标品牌建设与产业经济发展、商标与创新、商标密集型产业、国际竞争等五个方面提出了一些建议。第一，进一步加强立法与政策、商标注册、运用、保护、管理、宣传、文化建设与人才培养等各环节工作，为商标品牌建设和经济发展营造良好的环境；第二，要加强商标品牌建设，推动产业升级和经济发展，围绕区域经济和产业发展特色，用品牌带动发展，提升产业竞争力，围绕农业产业化的推进，继续深入实施商标富农工程，充分发挥商标富农效应和区域经济带动效应，围绕打造现代服务业的发展目标，打造服务品牌，推动现代服务业发展；第三，要深入实施商标战略，推动创新驱动发展战略贯彻落实，要鼓励创造优秀的商标设计，鼓励不同技术等级企业实施商标战略，充分发挥商标促进技术创新的作用，积极鼓励非技术创新，促进企业创新经营管理模式，积极实施商标战略，要更加关注中小企业创新，提高行业整体创新能力，用创新打造优秀的商标品牌；第四，推动商标密集型产业的发展，建立商标密集型产业的跟踪、研究、分析的常态化机制，以商标密集型产业发展为抓手，大力推进企业商标培育、投入和管理工作，以商标密集型产业为切入点，继续加强推进商标战略实施，开展专项、专门的商标保护、应用和管理推进工作；第五，要促进企业商标品牌"走出去"，以商标品牌为抓手，提高企业国际竞争力，实现我国由商标大国向商标强国的转变。

商标与经济发展之间存在非常密切的相互关系。一方面,商标事业的发展有利于促进经济增长水平。商标注册申请、运用和保护的水平与经济增长之间存在着显著的正向关系,商标事业的发展有利于促进我国商标战略和创新驱动发展战略的推进实施。大力打造商标密集型产业,加强地理标志商标的运用与保护,有利于促进我国经济结构转型,提高我国经济发展的整体水平。另一方面,我国经济发展水平也对商标的注册申请、运用和保护有非常重要的基础性影响。商标行政管理机构未来需要在诸多方面做出努力,推动商标事业的全面进步,从而促进国家经济的健康快速发展。

商标是企业知识产权的重要组成部分,是企业重要的无形资产和商誉的集中体现,有助于企业培育和发展核心竞争力。商标的发展对

国家经济有着重要的推动作用。当前，我国正迎来深入实施商标战略的机遇时期。打造一批有国际影响力的商标品牌，有利于推动我国国民经济平稳较快发展。

近年来，我国商标注册申请量飞速增长，2002年起连续12年位居世界第一，取得了举世瞩目的成就。但是，我国商标注册申请存在比较明显的地域差异和行业差异，商标发展结构不太平衡。在国内商标事业发展取得巨大成绩的同时，我国企业商标品牌"走出去"的步伐也在不断加快，国内申请人马德里商标国际注册申请量不断攀升，我国进入"世界品牌500强"的品牌数量也在逐年增加。

商标注册申请量是衡量我国商标发展的一个重要指标。实证研究表明，政策门槛的适度降低有利于促进商标注册申请量的增长，企业所有制性质、行业、年龄、规模等特征对商标注册申请量存在显著影响，而经济环境因素对商标注册申请量的长期影响较大。2013年，我国颁布实施了新的《商标法》，商事制度改革积极推进，各级工商和市场监管部门对商标行政管理流程和方法进行了创新和优化，这有利于促进我国商标注册申请量的增长。

近年来，我国市场主体申请商标注册的积极性大幅提高，商标专用权维护意识不断提高，商标续展申请量大幅增长，这表明我国企业运用商标的意识和能力都在不断提高。实证研究表明，商标运用与宏观经济及地区发展水平具有高度的相关性，与微观企业主体的盈利能力和生存能力也存在正向相关关系。因此，提高我国企业运用商标的意识和能力，有利于促进我国企业和市场经济的健康发展。

党的十八届三中全会指出，要建立公平开放透明的市场规则，即营造公平竞争的市场环境。商标保护的目的是营造公平竞争的市场环境，进而推动产业发展和经济增长。商标行政授权确权和行政执法是商标行政保护的重要内容。新《商标法》的颁布实施为商标行政保护提供了更加坚实的法律基础，有利于营造公平竞争的市场环境，促进我国经济的健康发展。

党的十八大报告中提出要实施创新驱动发展战略，党的十八届三中全会指出要建设创新型国家，这表明创新对我国经济发展的重要作用。商标是企业创新活动的集中体现，实证结果表明，商标注册申请与创新活动之间相互影响、相互促进。促进商标注册申请和创新活动两者间的有效互动和相辅相成，有利于促进我国经济的健康发展。

商标密集型产业的发展对我国经济的发展也有促进作用。实证结果表明，商标密集型产业在拉动经济增长、创造就业机会方面作用显著，相比非商标密集型产业的平均工资溢价近两成，出口交货值占销售产值比重约为非商标密集型产业的3.6倍。然而，与发达国家相比，我国商标密集型产业的发展水平还不够高，还有很大的进步空间。

在我国，地理标志商标已经成为区域经济发展的新途径，成为区域经济特别是县域经济发展的一支重要力量。地理标志商标对当地就业、居民增收和经济发展的综合贡献率和影响程度比较高，并呈现出影响面在扩大、作用力在增强的趋势。

商标对我国经济的发展具有不可忽视的作用，为了更好地运用商标，使商标服务于我国经济的发展，我们要更加清楚地认识商标、了解商标，认清我国商标发展的现状，进一步完善立法和行政工作，制定和实施合适的商标战略，实现我国由商标大国向商标强国的转变，促进我国国民经济平稳较快发展。

商标行政管理机构需要在诸多方面做出努力，推动商标事业的全面发展。第一，需要全方位营造商标品牌发展的良好环境，不仅要完善商标立法与政策，还要进一步优化商标注册流程，提高企业商标运用的积极性，并加强商标保护工作，做好商标管理和数据整合。第二，要加强商标品牌建设和运用，推动产业升级与经济发展，一方面，围绕区域和产业发展特色，以品牌带动发展；另一方面，充分发挥商标富农效应和区域经济带动效应，与此同时，围绕打造现代服务业的发展目标打造服务品牌。第三，深入实施商标战略，推动落实创新驱动发展战略，这需要加强商标保护的核心作用，重点培育主打产业，鼓励创造优秀商标，发挥甄别机制，推动商标注册环节的创新。第四，加快推动商标密集型产业的发展，提高商标管理水平，不仅要建立商标密集型产业跟踪、研究、分析的常态化机制，还要大力推进企业商标培育、投入和管理工作，并且继续加强在商标密集型产业中的商标战略实施。第五，努力推动商标企业"走出去"，提升商标品牌国际化水平。

商标的功能与作用

一、商标的基本功能及其发展

（一）商标的基本功能

商标不是一个先验的存在，而是在商品交换中产生的。商标是一种工业产权，作为知识产权的一部分，与著作权、专利权一样，都是人为的法律建构的结果。商标并非是一个脱离商品或服务而存在的抽象标识，它一定要与其他的商品或服务结合在一起，才能起到区别出处的作用。

在现代商标理论中，主流观点认为商标主要有三大功能：区分来源功能（识别功能）、品质一致性担保功能与广告宣传功能。其中，区分来源功能（识别功能），是指商标是帮助消费者对商品或服务的不同供货商或提供者进行区分的工具，这也是商标的最基本和最核心的功能；品质一致性担保功能，指的是商标可以使公众识别那些他们曾有过消费经验，对其品质特性有所了解的产品，它保证下一次购买同样商标的商品时也具有同样的特性；广告宣传功能，指的是商标通过其文字、图形等简单明了地引导消费者进行消费的特性，是商品生产者或服务提供者提高其商品或服务知名度的最佳途径。

（二） 商标功能的发展

随着社会的进步和经济的进一步发展，商标的功能在不断延伸和扩展。除了上述为大众所普遍接受的三种功能外，又逐渐衍生出其他功能，例如符号表彰功能、商誉积累功能、文化载体功能等。这些功能都是在三大基本功能的基础上发展而来的，是商标经营到了一定水平后的必然产物。符号表彰功能指商标作为一种财富、声望、地位、文化品位的象征符号，为公众所认知、接受和利用；商誉积累功能是指商标作为商誉的载体可以作为复制商誉的一种常见途径，通过复制一个企业的商标就可以复制其所负载的商誉；文化载体功能是指商标的构成、表现形式以及宣传方式可以向社会传递企业文化和经营理念。表1—1 显示的是商标的基本功能及其延伸功能。

表 1—1　商标的功能

功能名称	功能概述
区分来源	商标是帮助消费者将一个企业的商品或服务与其他企业的商品或服务区别开来的工具。
品质一致	商标可以使公众识别那些他们曾有过消费经验、对其品质特性有所了解的产品，它保证下一次购买同样商标的商品时也具有同样的特性。
广告宣传	商标的文字、图形等简单明了，易于记忆，且一般较醒目。由于这些特点，商标能起到引导消费者选择商品的广告效果。
符号表彰	商标作为一种财富、声望、地位、文化品位的象征符号，为公众所认知、接受和利用。
商誉积累	商标作为商誉的载体可以成为复制商誉的一种常见途径，通过复制一个企业的商标就可以复制其所负载的商誉。
文化载体	商标的构成、表现形式以及宣传方式可以向社会传递企业文化和经营理念。

（三）商标的类型

商标按照不同的标准，有各种不同的分类。按商标构成要素的不同，可以从不同角度分类，例如按照人类感知器官的不同，可以将商标分为视觉商标、触觉商标、听觉商标（声音商标）、嗅觉商标（气味商标）和味觉商标等；按使用对象不同，可分为商品商标和服务商标；按申请主体不同，可以分为普通商标、集体商标和证明商标；按有无商标专用权不同，可分为注册商标和非注册商标。

（四）注册商标的发育过程

注册商标的发育是一个比较漫长的过程，一般认为分为六个阶段：创建型阶段、区别型阶段、质量型阶段、稳定型阶段、风格型阶段、持续型阶段。其中，从质量型阶段开始，商标的附加价值开始体现，并从此逐渐积累。到了风格型阶段，商标的"附加价值"已经极大丰富，逐渐超越了其标识商品或服务质量的躯体，形成了独立的商誉价值。

（五）商标产生的社会成本

在商标制造、培育和发展的过程中，会产生大量的成本。这些成本中的一部分通过市场作用转移给消费者。生产成本和消费成本的增加即商标所产生的社会成本，其中包括商标体系建立的社会成本、注册商标的社会成本、维护商标的社会成本。商标体系建立的社会成本包括商标保护意识的形成和培养所需要的意识成本、商标立法的制度成本和维护商标体系正常运行的秩序成本。

二、商标与品牌的关系

（一）商标的来源、概念及其延伸

"商标"二字是清末传入我国的舶来词，英文为"Trademark"，曾被翻译为"商牌""货牌"等。早在宋朝，山东济南刘家"功夫针"铺所使用的"白兔"标记就已经起到了商标作为商品标识的功能。

我国《商标法》第八条的规定，商标是指"任何能够将自然人、法人或者其他组织的商品与他人的商品区别开的标志，包括文字、图形、字母、数字、三维标识、颜色组合和声音等，以及上述要素的组合"。从上述规定来看，商标即"市场主体用来使自己的产品或服务与其他市场主体的产品或服务相区别的具有显著特征的标志"。其所有者为市场主体，而消费者通过这种标志，可以识别或者确认该商品、服务的生产经营者和服务提供者。这是"商标"二字本身最基本的概念，也是应用于法律领域的固定术语。

当商标的功能逐渐地扩大和延伸的时候，商标的概念也在逐步更新。例如，商标的广告宣传功能和商誉积累功能，已经超出了"区分商品或服务的标记"这个范畴。因此，不妨把上述商标的定义理解为狭义的商标，其主要是指商标的外在形态，主要起到感官上的区别作用。而广义的商标则更加强调商标的内涵，它超越了商标本身，与商品的品质、形象、知名度挂钩。一般地，我们又将拥有这些内涵的商标称为"驰名商标""著名商标""知名商标"等，其含义仍与品牌有着一定差异。但随着商标功能的不断发展和完善，商标含义的外延在不断地丰富，与品牌的含义也日趋接近。

（二）品牌的来源与概念

"品牌"这个词来源于古斯堪的纳维亚语"brandr"，意思是"燃烧"，指的是生产者燃烧印章烙印到产品上。根据美国市场营销协会（AMA）的定义，品牌（brand）是一个"名称、专有名词、标记，或设计，或是上述元素的组合，用于识别一个销售商或销售商群体的商品与服务，并且使他们与其竞争者的商品与服务区分开来"。

上述品牌定义跟"商标"是十分类似的，不过，根据现代学者的观点，品牌的概念有了进一步的发展。奥美的创始人大卫·奥格威在1955年曾这样阐述品牌的定义："品牌是一种错综复杂的象征，它是品牌属性、名称、包装、价格、历史、声誉、广告的方式的无形总和。"这个定义更强调了品牌所具有的无形价值。因此，品牌的概念更倾向于是一种商品综合品质的体现和代表。《Random House 英语大词典》对其的定义是"代表某一种产品或服务的广为人知的名称。"这个定义强调了消费者的主体作用，也就是说，品牌的概念不仅包括品牌名称和品牌标志，还包括人们对商品或服务的印象、认知和评价的总和。

综上所述，品牌是一个集合概念，首先它

《*Random House* 英语大词典》

> Random House 即兰登书屋，是德国媒体集团贝塔斯曼（Bertelsmann AG）旗下的一家出版社，总部设在美国纽约市。书屋于1927年成立，创始人是 Bennett Cerf 和 Donald Klopfer，在1998年时为贝塔斯曼收购，号称世界最大的英语商业国际性出版社。《Random House 英语大词典》是兰登公司出版的英语词典，该词典收词量大，共收词条60000余条，其中除了一般词典收录的常见词以外，还包括许多历史、地理、人物、文化、科技等方面的词条。

本身拥有和"商标"一样的区分功能；其次，对于企业来说，它又是带来溢价、产生增值的无形资产；再次，对于消费者来说，它是对商品或服务总印象和认知的总和。

（三）商标与品牌的联系

首先，从品牌和商标本身的概念上来看，二者的定义是非常接近的。在现实生活中，大多企业的品牌名称或标识往往也常是公司的商标。因此，二者也有相同的功能，即用于识别一个企业的商品或服务。俗语"某某牌子"既可以指某个商标，也可以指某种品牌，恰好是二者概念有重叠部分的体现。

其次，商标是品牌的载体和核心。一方面，品牌增值的源泉来自于消费者心中形成的关于其载体的印象。另一方面，品牌不能直接进行交易，品牌无形资产价值得以实现的主要方式是作为商标许可、出资、出质和转让。商标是品牌的核心部分，商标价值是品牌价值在交易时的价格，是品牌价值的最佳代表。因此，品牌的主要表现形式和核心是商标。

同时，实施商标战略和品牌战略的出发点是一致的。实施商标战略或者品牌战略并不是简单地意味着增加商标的数量或者提高品牌的数量，而是通过实施这样的战略，让商标和品牌的功能得以体现，让商标的知名度更好地服务于品牌的建设和发展，让品牌的无形价值更好地鼓励商标的注册和商品的创新。

（四）商标与品牌的区别

第一，二者应用范围不同。商标是一个法律概念，而品牌是一个经济学的概念，是市场主体对于承载商业声誉的标识的统称。商标是承载区别不同企业的商品或服务的显著性标记的传统法律手段；而品牌则是一种名誉资产，它们凭借公司的投资和在所有商业策略中的出色表现向消费者做出一种承诺。品牌如果想得到完善的法律保护，就需要通过注册商标这个途径。显然，商标是品牌的一种法律表现形式。

第二，商标的内涵不等同于品牌的内涵。品牌体现为一种口碑、一种品位、一种格调和一种影响，品牌的内涵表现于产品质量和服务的同时，还表现于一个公司的企业文化、员工素养和市场营销策略等。商标的申请注册是营造优势品牌的基础，但不是全部，公司品牌的营造需要多方面的努力，比如产品质量的保证，优质服务的承诺，多种媒体的整合传播以及有效的市场策略等。WIPO 总干事高锐指出，"一个品牌有可能包含一个或多个商标，但不是每一个商标都是一个品牌。品牌本身比单纯注册商标的涵义更广，但如果一个企业的商标没有注册，品牌投资很容易陷于危险境地。"

总而言之，商标与品牌的关系是辩证的关系。在最本质的定义上，两者是等同的，因为两者的基本功能是一致的，就是区分商品或者服务来源。商标是品牌的重要载体，对品牌的价值具有巨大的反作用。

另外，值得注意的是，随着商标功能与作用的不断发展和完善，商标概念的外延逐渐扩大，商标所代表的意义与品牌日趋相同。日常生活中，人们在使用"商标"和"品牌"时也不加区别。但这并不是混淆概念，而是二者涵义日益趋同的表现之一。仅仅从实务角度出发的话，商标与品牌其实是同一事物的两种表述。

三、商标的作用

(一) 商标对企业的作用

1. 向消费者传递信息的渠道

商标就是商品或服务的标识，是企业为了使自己生产或经营的商品或服务同其他商品生产者或者经营者生产或经营的商品或服务区别开来而使用的一种标记。消费者在关注企业的产品的时候，首先就会关注该产品的商标。也就是说商标是产品的标识，是一种信息资源，是企业向消费者传递信息的渠道。

一方面，通过商标的区别来源功能，企业的商品或服务被消费者所识别或熟知，从而达到了向消费者传递信息、创造需求、引导消费的作用。另一方面，任何商标都代表着它所依附的特定产品的内在质量和标准，在某种程度上表明了生产者或经营者对该产品所应承担的品质责任，从而保证消费者能在互相竞争的同类产品中凭借商标对产品进行选择和识别。

简而言之，商标是企业的信息资源，有创造价值的功能，通过对商标的广泛宣传，可以开拓市场，给企业带来巨大收益。

2. 企业商誉的集中表现

商誉是企业的一项重要的无形资产，它是指能在未来期间为企业经营带来超额利润的潜在经济价值，或一家企业预期的获利能力超过可辨认资产正常获利能力的资本化价值。

一般认为，商标的知名度越高，企业的形象和信誉越好，这正是商标的商誉积累功能所带来的。企业通过商标的显著性等具体特征向消费者展示其形象和信誉，加深消费者对其产品的印象，引起消费者的注意，刺激消费者购买的欲望，进而达到扩大产品销量的最终目的。同时，良好的品牌形象还可以增强消费者对商标的忠诚性，促使消费者反复购买。

3. 企业的无形资产

商标是企业的一项重要的知识产权，是受法律保护的凭证，是企业的无形资产。商标专用权是一种无形财产权，注册商标能为商标权利人带来效益，而且信誉越高，影响越大，其价值也就越高。由于商标具有这样的性质，它当然属于财产权的范畴。培育一个好的商标，不但能证明该企业在同行业中的地位，还可以增加产品的附加值；同时，它还能够变成企业的无形资产，成为企业永久的财富。

4. 有助于企业培育和发展核心竞争力

核心竞争力是指企业开发独特产品、发展独特技术和发明独特营销手段的能力，它使企业在战略上与众不同。具体地说，核心竞争力具有以下特征：价值性、稀缺性、能力整体性、资源集中性和延展性。而商标恰恰拥有上述核心竞争力的特征。商标的信誉价值、权利价值和艺术价值构成了企业商标对核心竞争力产生作用的价值基础。

简言之，商标是企业核心竞争力不可或缺的部分，是核心竞争力的外在表现，也是核心竞争力的主要源泉之一。培育和发展商标的过程就是培育和发展企业核心竞争力的过程。企业的核心竞争力决定着企业的综合实力，综合实力决定着商品的声誉，商品的声誉又决定着商标的价值，而商标的价值正体现着企业的核心竞争力。这个相互影响的良性循环进一步强化了商标与企业核心竞争力之间的关系。

5. 商标对中小企业的意义

商标对于中小企业的意义主要有以下三点:

(1) 关乎中小企业的生存和发展

中小企业作为市场中的弱小单元,面临的首要问题是企业的生存与发展,也就是企业与企业之间竞争成败的问题。现代市场竞争的终极是基于被消费者认同的、以高知名度商标为核心的品牌知名度。中小企业要想在市场竞争中生存下来,就要重视企业商标战略的运作。

(2) 关乎中小企业的扩张和升级

要想在激烈的市场竞争中获得可持续发展,必须有足够的资金支持,而资金短缺是企业普遍面临的问题,中小企业更是如此。以商标为核心,培养产品的品牌价值,可以使中小企业获得超额利润,从而拥有稳定的资金来源。

(3) 商标战略是企业战略的重要环节

商标战略的成败直接影响到企业战略的成败。总而言之,对于中小企业来说,商标具有十分重要的意义。科学地认识商标,及时地注册商标,有效地运用商标,系统地实施商标战略,这是中小企业做大做强的必由之路。

(二) 商标对消费者的作用

1. 商标是指导消费者消费的主要标志

商标帮助消费者比较、鉴别及挑选所要购买的商品或服务。现代经济中,依靠科技的进步,商品的差异越来越小,产品的复杂程度越来越高,消费者几乎无法对商品做出直接的判断,对商品的认同从对商品的具体分辨判断转向依靠对信誉和形象的认同,从直接性评估转向间接性评估。商标是区分商品不同来源的商业性标志，凝聚着商品的综合品质，代表着企业的形象，消费者根据商标的知名度和信誉度购买到自己需要且放心的商品。

同时，商标引导消费者购买高价值的精神文化商品或服务。消费者认牌消费时，对物质利益的需求是通过商品实现的。而对文化品位的追求则主要是通过凝聚着文化、品位、时尚和代表着一定身份地位的商标来实现的，人们购买商品，不仅仅是购买商品本身，也是购买附于商品之上的商标，商标成为和商品本身相对应的文化商品。

此外，商标自身的艺术价值也是消费者购买商品或服务的重要因素。商标具有艺术价值，它是商标的设计者脑力劳动创造的价值，是从法律上得到确认和保护的精神产品。随着商标数量的不断增多和商标设计的持续发展，商标的目的不仅仅是执行语言符号的指谓功能，更重要的是诱使潜在的消费者对商品产生兴趣，激发其购买欲并采取购买行动。

2. 商标是引导消费者维权的重要途径

只有当消费者而不是其他人将商标视为表示商品或服务来源的标志时，商标才开始存在。只有通过消费者的感觉，商标的功能才能够发挥。当消费者因商标而发生混淆时，就有可能存在商标侵权。当消费者所购买的商品或服务出现侵权行为时，消费者可以通过对商标的辨认，比较容易地进行维权。相比之下，如果商品或服务并没有相应的商标标识，一般而言，消费者既很难得到企业的联系方式也很难向工商部门投诉，此时消费者的合法权益将很难得到保证。所以，在一定程度上，消费者选择购买具有高知名度商标标识的商品或服务，也是为了避免潜在的侵权行为出现时，无法保护自己的权益。而当企业拥有高知名度的商标之后，也愿意为消费者提供维权服务，以保证该企业商标的地位，或者说，积累该企业的商誉。

（三）商标对国家的作用

1. 商标在改善国民生产总值结构中的作用

消费在 GDP 中是一个重要组成部分，而长期以来中国的 GDP 构成中，消费所占的比例一直呈现较小的份额。如何扩大内需，促进消费，提高消费在 GDP 中所占的比重，一直是我国宏观经济面临的一个难题。商标是消费者选择消费商品的主要依据，是消费者认识和了解企业的重要载体。企业的所有生产要素以及专利等知识产权都会集中体现在商标上，商标的知名度是企业竞争力最直观的表现。打击侵犯知识产权和制售假冒伪劣商品的行为，保护商标权利人和广大消费者的合法权益，是建设公平有序的竞争环境、维护健康有序的消费环境的必然要求和有效途径。

商标已逐渐成为指导消费者消费的主要标志。以商标为核心建立现代意义上的企业形象识别系统，通过商标把企业的可靠质量、良好服务、先进技术、高尚品位等信息传递给消费者和社会公众，增强消费者的消费安全感，是企业实施商标战略的重要目的。

实施商标战略，加强商标专用权保护，不仅向消费者提供了消费保障，也向企业提供了保证品质、追求创新的强心剂。消费者对于商标的认可使得企业更加注重维护其商品质量和商誉积累，企业对于商标的重视使得消费者更加信赖企业所提供的商品和服务，从而形成了一个"促进消费—培育商标—促进消费"的良性循环。

2. 商标在推动经济转型升级中的作用

商标战略是国家知识产权战略的重要组成部分，是发展品牌经济的核心和关键。商标凝结着产品的科技含量，体现了企业的文化和信用，同时又代表着商品的质量，彰显着商品的声誉，商标的培育和发展在品牌经济的建设中起到举足轻重的作用。通过对商标战略的成功实施，有利于知名品牌的创建，提升企业核心竞争力，从而推动经济的转型升级。

3. 商标在创新驱动发展战略中的作用

实施创新驱动发展战略是党的十八大关于建设创新型国家做出的重要战略部署。加快转变经济发展方式必须依靠新的驱动力，而实现创新发展，作为知识产权重要组成部分的商标将发挥不可替代的作用。

商标是企业创新活动的集中体现，是提高创新收益和市场价值的重要载体，是我国创新保护的重要形式，并显著推动了创新成果的形成。企业通过创立品牌、提升品牌知名度增加市场份额，继而将集聚的资本致力于产品研发，从而借助知识产权竞争优势嵌入全球价值链，而这种技术优势的获取反过来又强化了企业的商标和品牌优势。

4. 商标在推动社会主义新农村建设中的作用

地理标志商标和特色农产品的商标以其地域性资源性及独特性，有效地传递着农产品所具有的重要信息。一方面，它们的使用可以把地域资源优势转化为市场竞争优势，有效提高农产品的附加值，打造知识农业，从而提高农副产品在国内国际市场上的竞争力。另一方面，农村专业经济协会所注册的地理标志商标和农产品商标具有广泛的辐射性，能起到纽带的作用，把农户和农业企业紧密联系起来，推动当地农业的产业化发展，并延长产业链条，促进农业产业集群效应的形成。

5. 商标在助力国家参与国际竞争中的作用

经济全球化时代的市场竞争，大型跨国公司是主角。而跨国公司之间的竞争，从本质上来说就是商标品牌的竞争。只有具备商标优势，依靠品牌赢得消费者的认可度、购买力和市场份额，企业才能够具备强有力的竞争力和长远的发展动力。在广大的国际市场中，品牌效益带给企业的商机是无限的。国内外成功企业的发展历程证明，通过对商标和品牌的成功培育，可以使利润成倍增长，同时可以扩大细分市场，巩固市场份额，并树立企业在国际上独有的品牌形象，拥有全球各地的忠实消费客户。实施商标战略是缓解经济全球化竞争压力的需要，是转变经济发展方式的内在需求，对保证我国经济长远、持续、健康、快速发展具有全局性影响。

第二章

我国商标注册和世界品牌建设的发展特征

一、我国商标注册的发展特征

（一）商标注册申请总体特征

1. 总量居世界首位

2013 年，我国商标注册申请量 188.15 万件，同比增长 14.15%，连续 12 年位居世界第一；核准注册量 99.67 万件，同比减少 0.81%。截至 2013 年年底，我国累计商标注册申请量 1324.13 万件，累计商标注册量为 865.24 万件，商标有效注册量为 723.79 万件，均居世界首位。

2. 处于高速发展阶段

如图 1—1 所示，从我国恢复商标注册申请以来商标注册申请量的变化趋势看，商标注册申请大致经历了三个时期：恢复发展阶段（1980—1992 年）、快速发展阶段（1993—1999 年）和高速发展阶段（2000 年至今）。

从图中可以看出，从 2000 年开始，我国的商标事业步入了高速发展时期。除 2007—2008 年受自然人申请注册受限及金融危机的影响，商标年注册申请量略有下降之外，其余时期，我国商标年注册申请量

图1—1　1980年以来我国商标年注册申请量变化趋势图

均保持了较快的增长速度。

3. 年核准注册量大

"十五" 以前商标核准注册量以年均 7.83% 的增长速度恢复发展；"十五" 到 "十一五" 的十年间，以 23.88% 的增长速度飞速发展，2010 年商标年核准注册量为 134.92 万件，是 2000 年的 8.5 倍；"十二五" 以来，商标核准注册量进入平稳发展时期，其中，2011～2013 年商标年核准注册量保持在 100 万件左右，2014 年则突破 135 万件，达到 137.51 万件。

4. 市场主体拥有商标量逐年稳步增加

如图1—2所示，近几年每万户市场主体拥有商标量①呈现逐年稳步增长趋势。2013 年每万户市场主体拥有商标 999.71 件，比 2009 年

----

① 每万户市场主体拥有商标量＝（注册商标总存量/市场主体数量）×10000

增长了 59.7%，表明市场主体对商标重要性的认识和商标品牌价值对其发展的重要性逐步增强，平均拥有量逐年提高。

图 1—2　2009—2013 年每万户市场主体拥有商标量

5. 国内申请占主导地位

2013 年，国内申请 173.34 万件，占总申请量的 92.12%；国外申请 14.82 万件，占总申请量的 7.88%。其中，国外来华直接申请量 9.52 万件，占总申请量的 5.06%；马德里商标国际注册领土延伸申请 5.30 万件，占总申请量的 2.82%。2010 年至今，我国国内商标注册申请量占比基本稳定在九成左右。

6. 服务类商标占比逐年增加

图 1—3 显示的是我国服务类商标申请量及占比变化情况。2013 年，我国服务类商标注册申请量为 47.21 万件，同比增长 21.23%，是 1993 年服务类商标注册申请量的 29.74 倍；从服务类商标注册申请量占商标注册申请总量的比重看，其呈现出波动中上升的趋势，2013 年，服务类商标注册申请量占商标注册申请总量的 25.09%，比 1993 年提升了 13.09 个百分点。

图1—3　我国服务类商标申请量及占比变化情况

7. 商标注册申请行业集中于仪器设备、商业服务、服装、食品等领域

从2013年申请商标指定使用的商品或服务类别看，第25类（21.64万件）、第35类（15.58万件）、第9类（11.50万件）、第30类（10.32万件）、第29类（7.62万件）排在前五位，共计66.66万件，占商标注册申请总量的35.43%。从近五年排在前五位的类别看，2013年与2012年完全相同，与前几年不同的是第29类超过第11类挤进前五。这表明，服装、商业服务、仪器设备、食品依然是我国商标申请比较集中的领域。

（二）国内商标注册申请特点

1. 商标注册申请量超过十万件的省市集中于东部沿海省市

从2013年国内申请量的省市分布看，排在前五位的依次为广东、浙江、北京、江苏和上海，共计84.77万件，占国内总申请量的

48.91%。从国内申请量的省市的同比增速看，山西、西藏、香港、安徽、河北等 19 个省市同比增速高于 15.36%的全国平均水平。

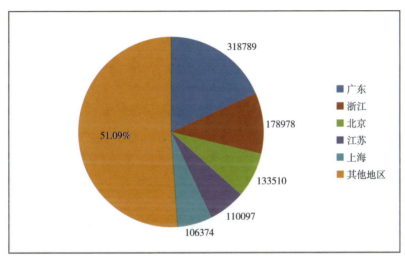

图 1—4　2013 年国内商标注册申请量前五位（单件：件）

从国内申请量的区域分布看，东部最多，西部次之，中部最少。从近五年的区域分布看，东部地区的商标申请量占比呈逐年下降的趋势，而中、西部地区商标申请量的同比增速均高于东部地区，占比均略有上升。

2. 各省市商标注册申请类别与该地区优势产品吻合

从 2013 年各省市排在首位的商标注册申请类别与该省市的特色产品相对比来看，二者基本相符。如：江浙一带是全国的主要服装鞋帽供应地，该区域的第 25 类，即服装鞋帽类商标注册申请量最高；内蒙古、新疆两个自治区以肉类、奶类、干果等产品著名，在这两个地区的第 29 类，即肉蛋奶、干果类等食品商标注册申请量最高。

从 2013 年商标注册申请量排在前五位的<u>类别偏好</u>看，第 9 类仪表仪器类商标在长江三角洲经济区、珠江三角洲经济区及北京等经济发达地区更具有比较优势；第 25 类服装鞋帽类在香港、浙江等东南沿海省市具有比较优势；第 29 类肉蛋奶、干果等食品类在新疆、

本书中特指某地区该类别商标申请量占比/全国该类别商标申请量占比。类别偏好系数值大于 1 表示该类别具备相对优势。如仪表仪器类商标在长江三角洲经济区、珠江三角洲经济区及北京等经济发达地区更具有比较优势，服装鞋帽类在香港、浙江等东南沿海省市具有比较优势。

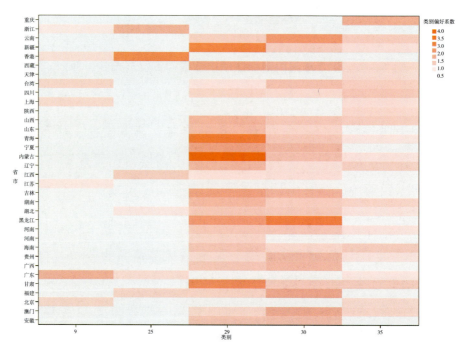

图 1—5　商标注册申请量排在前五位的类别的各省市偏好系数

内蒙古、黑龙江等西北及东北地区具有明显的比较优势；第 30 类咖啡、可可、茶等饮料及面粉、食盐等主食调料在云南等南方热带气候省市及黑龙江等粮食大省具有明显的比较优势。

3. 不同区域的类别结构差异明显

从全国划分的经济区内省市商标申请类别的结构相似系数① 🔍看，中原经济区四省与河南的类别结构相似系数，西北经济区的三省、自治区与青海的类别结构相似系数，成渝经济区的类别结构相似系数都较高，均在 0.9 以上；相比之下，长三角、珠三角及京津冀类别结构相似系数略低，与该类经济区产业实行差异化发展吻合。

> **结构相似系数** 🔍
>
> 结构相似系数是由联合国工业发展组织（UNIDO）国际工业研究中心提出的，用于比较两个地区产业结构的相似程度。计算结果为 0~1 之间，数值越高，表明两个地区的产业结构相似程度越高，反之则越低。本书中的计算结果，中原经济区四省与河南的类别结构相似系数、西北经济区的三个省或自治区与青海的类别结构相似系数均较高，均在 0.9 以上。

---

① 结构相似系数由联合国工业发展组织（UNIDO）国际工业研究中心提出，用于比较两个地区产业结构的相似程度。区域 i 和区域 j 之间的类别结构相似系数计算公式为：$S_{ij} = \dfrac{\sum_{k=1}^{n}(X_{ik}X_{jk})}{\sqrt{\sum_{k=1}^{n}X_{ik}^2 \cdot \sum_{k=1}^{n}X_{jk}^2}}$，$S_{ij}$ 为类别结构相似系数；X_{ik} 和 X_{ij} 分别为区域 i 和区域 j 中 k 类商标申请量占区域 i 和区域 j 的比重；取值范围为 0 到 1，S_{ij} 数值越高，表明两个地区的产业结构相似程度越高，反之则越低。

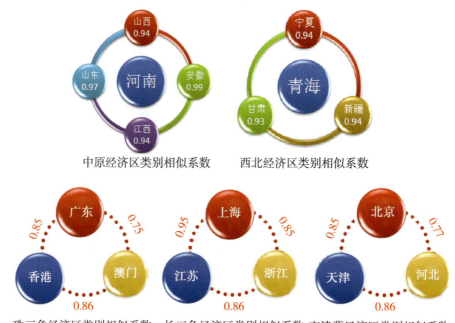

中原经济区类别相似系数　　西北经济区类别相似系数

珠三角经济区类别相似系数　长三角经济区类别相似系数　京津冀经济区类别相似系数

图1—6　经济区类别结构相似系数

4. 山东、重庆、湖北地理标志商标增量存量均居前列

从2013年核准注册和初步审定的地理标志商标的省市分布看，山东（88件）、江苏（51件）、重庆（46件）排在前三名。从地理标志证明商标、集体商标的累计注册量的省市分布看，山东（340件）、福建（202件）、重庆（173件）、浙江（171件）、湖北（133件）排在前五位，共1019件，占地理标志证明商标、集体商标总量的近五成。

5. 制造业、批发零售业企业商标申请量占比近六成

从近五年全国申请商标注册的企业所属的行业看，制造业、批发零售业企业申请商标数量远高于其他行业，两类行业合计的商标申请量在企业商标申请总量的占比在六成左右。其中，制造业企业商标申请量占比逐年下降，2013 年制造业企业商标申请量占比为 27.20%；批发零售业、租赁和商务服务业、科学研究和技术服务业企业比重略有上升，与 2009 年相比，分别上升了 5.95、3.32、2.50 个百分点。

（三）国际商标注册申请特点

1. 美日德领衔国外在华商标注册申请

从外国来华申请量（包括马德里商标国际注册领土延伸申请）的国别分布看，美国（3.09 万件）、日本（1.66 万件）、德国（1.08 万件）排在前三位，共计 5.82 万件，占外国在华商标注册申请总量的 39.30%。从近五年排名靠前的国家或地区看，美国、日本、德国一直稳居前五位范围内。近三年法国超过英国、韩国跻身前五。

2. 国外申请人指定我国的马德里商标申请量连续 9 年联盟第一

2013 年国外申请人指定我国的马德里商标申请量为 2.03 万件（一标多类），连续 9 年保持马德里联盟第一位，累计注册量为 19.61 万件。自 1989 年我国加入马德里联盟以来，受理马德里商标国际注册领土延伸至我国的申请量呈波动上升趋势。仅 2009 年、2010 年受金融危机的影响，申请量同比有所下降，但年申请量也保持在 3 万件（类）以上，远高于"十五"末（1.85 万件（类））水平。"十二五"以来，申请量逐年攀升，2013 年年申请量突破了 5 万件（类），为 5.30 万件（类）。

3. 国外食品、餐饮类商标的马德里申请量增长较快

从外国来华申请（包括马德里商标国际注册领土延伸申请）指定

使用的商品或服务类别看，仪器设备、商业服务、服装、化妆品及洗涤用品、药品是外国来华申请比较集中的类别。从同比增速来看，2013年国外申请人指定我国的马德里商标申请数量同比增长超过20%的类别均为食品、餐饮类商标。

4. 国内申请人的马德里商标国际注册申请量晋升一位

2013年，我国申请人的马德里商标国际注册申请量达到2273件（一标多类，指定多个国家），同比增长8.2%，位居马德里联盟第六位，较2012年上升一位，累计注册量为1.72万件。2007年以来，我国申请人的马德里商标国际注册申请量年均增速7.9%，仅次于欧盟（14.0%）、日本（11.0%）和美国（8.4%），表明实施企业"走出去"战略卓有成效。

从"十一五"以来的趋势看，除2009年受金融危机的影响，同比下降幅度较大外，国内申请人的马德里商标国际注册申请量基本保持稳步上升的态势。

（四）对国内几种特殊商标的估计

1. 相关界定

（1）注销或吊销企业的商标。指注册商标的企业已经被注销或吊销，而其注册的商标仍然有效，该类商标企业已经不再使用，而其他主体也无法注册。

（2）投机性商标。指商标注册的目的是为了商标转让而非自己使用。部分市场主体或者自然人出于转让目的，注册了多类多件商标，导致商标闲置。

（3）防御性商标。指企业为了更好地保护其核心商标而注册的防御性商标。这些防御性商标没有用于商品流通，可能因为连续三年不使用而被撤销。

2. 估算结果

（1）注销或吊销企业的商标

通过国家工商总局商标局商标数据库与国家工商总局企业主体数据库相关联，匹配出有效注册商标的企业，从中找出被注销或吊销的企业，该类企业拥有的有效注册商标量即为"注销或吊销企业的商标"，再根据该"注销或吊销企业的商标"占匹配总体有效注册商标的比例进行折算，得出我国现有有效注册商标量（723.79万件）中存在的注销或吊销企业的商标量。

截至2013年年底，根据匹配出的有效注册商标数据所得到的"注销或吊销企业的商标"数量共计23.4万件，占匹配商标总量的6.28%，以该比例推算，我国有效注册商标总量中存在"注销或吊销企业的商标"约计45.47万件。从"注销或吊销企业的商标"的行业分布看，教育业、居民服务业、住宿餐饮业居前三位，分别为10.23%、8.64%、8.49%。

（2）投机性商标

对商标转让信息表分析发现，部分企业或自然人转让商标的频率、数量较高，而受让人不单一，且受让人受让商标数很少。因此认为该类型企业或自然人有投机行为，申请注册的商标为"投机性商标"。同时对被注销或吊销企业中转让的有效商标量按比例予以剔除后，将申请注册的有效商标数大于等于10件，受让人大于等于5

个，且受让人受让商标数小于等于 6 个的主体申请注册的商标定义为"投机性商标"。

截至 2013 年年底，根据商标转让信息表得到的"投机性商标" 13.37 万件，占转让商标的 14.94%。在此基础上剔除与"注销或吊销企业的商标"中重复计算的部分后，推算出我国有效注册商标总量中存在"投机性商标" 11.22 万件。从"投机性商标"的类别分布看，服装鞋帽、药品、科学电子仪器类的"投机性商标"最多，分别占全部"投机性商标"的 51.78%、7.49%、3.84%。从"投机性商标"的省市分布看，广东、浙江、福建三省市的"投机性商标"最多，分别占全部"投机性商标"的 22.14%、21.87%、9.34%。

（3）防御性商标

从行业、区域、规模的角度计算我国每个企业持有有效注册商标的平均值。在剔除被注销或吊销企业的有效注册商标量、转让的有效注册商标量的前提下，将匹配出的我国企业申请的商标数据，按行业、区域、规模三个指标分为 324 个组，计算每组的平均值和标准差，进而找出组内超过 2 个标准差的企业，将该类企业有效商标注册量中高于 2 个标准差的有效注册商标定义为"防御性商标"。

结果显示，截至 2013 年年底，根据匹配的分组商标数据得到的"防御性商标" 54.49 万件，占匹配分组数据商标总量的 16.23%。再剔除"注销或吊销企业的商标"和"投机商标"，推算出我国有效注册商标总量中存在"防御性商标" 95.59 万件。

3. 发展趋势

截至 2013 年年底，我国"注销或吊销企业的商标"和"投机性商标"约为 56.69 万件，占全部有效注册商标总量的 7.83%。如果加上"防御性商标"的数量，我国以上几种特殊商标量约为 152.28 万件，占全部有效注册商标总量的 21.04%。

从近五年新注册商标的情况看，"注销或吊销企业的商标""投机性商标"占比呈逐年减少的趋势，"防御性商标"占比基本稳定，如图 7 所示。

图 1—7　近五年新注册商标中各类型商标占比变化趋势图

二、我国的世界品牌发展特点

（一）上榜数量逐年增加

虽然从总量上看我国已经是"商标大国"，但离"商标强国"还存在一定的距离。根据世界品牌实验室发布的数据显示，2004 年我国仅有"海尔"一个品牌进入"世界品牌500强"排行榜，位居第95位。经过10年的发展，2013年我国进入"世界品牌500强"排行榜的品牌已达25个。

世界品牌500强

由世界品牌实验室（World Brand Lab）独家编制的《世界品牌500强》排行榜。其评判的依据是品牌的世界影响力。品牌影响力（Brand Influence）是指品牌开拓市场、占领市场并获得利润的能力。按照品牌影响力的三项关键指标，即市场占有率（Share of Market）、品牌忠诚度（Brand Loyalty）和全球领导力（Global Leadership），世界品牌实验室对全球8000个知名品牌进行了评分，最终推出了世界最具影响力的500个品牌。2014年《世界品牌500强》排行榜入选国家共计27个。美国占据500强中的227席；法国以44个品牌位居第二；英国以42个品牌入选超越日本排名第三。日本、中国、德国、瑞士和意大利是品牌大国的第二阵营，分别有39个、29个、23个、21个和18个品牌入选。中国有29个品牌入选。

与其他国家相比，我国入围"世界品牌500强"排行榜的品牌总量逐年提升。2008年我国上榜的世界品牌有15个，世界排名第7位；2013年我国上榜品牌25个，排第5位，比2008年提升2位，如图1—8所示。

图1—8　进入世界品牌500强排行榜的中国品牌数量

数据来源：世界品牌实验室

表1—2　2007—2013年《世界品牌500强》各国家入选数量

	中国	美国	日本	法国	英国	德国	瑞士	意大利
2007	12	247	43	47	35	23	22	10
2008	15	243	42	47	38	23	21	11
2009	18	241	40	46	39	24	22	11
2010	17	237	41	47	40	25	21	14
2011	21	239	41	43	39	25	21	14
2012	23	231	43	44	40	23	21	21
2013	25	232	41	47	39	23	21	18

数据来源：世界品牌实验室

表1—3　2013年《世界品牌500强》排名前十位的国家

位次	国家	上榜品牌数量
1	美国	232
2	法国	47
3	日本	41
4	英国	39
5	中国	25
6	德国	23
7	瑞士	21
8	意大利	18
9	荷兰	9
10	瑞典	7

数据来源：世界品牌实验室

（二）上榜次数最多的行业分布

自 2007 年以来，进入《世界品牌 500 强》的中国品牌突破 10 个（见图 1—9），最多时一年有 14 个细分行业上榜。其中，累计上榜次数最多的三个行业是银行、数码与家电、电信，分别为 21 次，18 次和 16 次，如图 1—10 所示。

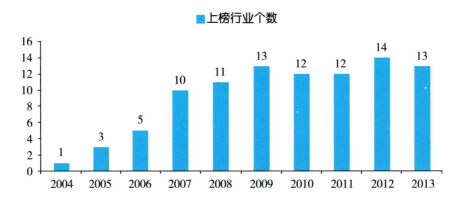

图 1—9 进入"世界品牌 500 强"排行榜的中国品牌所属行业

数据来源：世界品牌实验室

（三）上榜次数最多的企业情况

截至 2013 年，从累计上榜次数来看，排名前五位的品牌分别为：海尔、联想、中央电视台、长虹、中国移动，其中海尔为上榜次数最多的国际品牌，上榜次数为 10 次。从排行榜的位次来看，2013 年上榜的品牌中，排位最靠前的是"中央电视台"，排第 53 位，而 2005 年"中央电视台"首次上榜时排第 341 位。

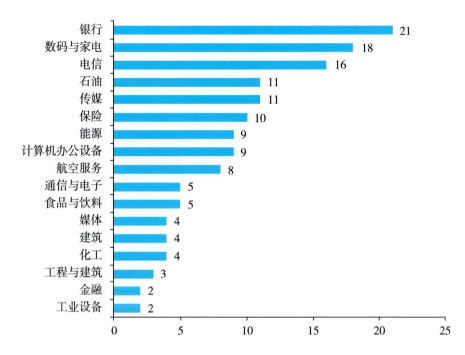

图1—10 2007—2013年各行业累计上榜次数

数据来源：世界品牌实验室

（四）上榜企业的年龄比较

从历年我国上榜企业的平均年龄而言，上榜企业平均年龄均超过10年。电信、工业设备生产、通信与电子等新兴行业的企业上榜年龄较低，国家电网2007年上榜时，企业成立仅5年；建筑、银行、化工、食品等传统行业的企业上榜年龄较高，青岛啤酒2013年上榜时，企业已成立110年（见图1—11、图1—12）。

图 1—11　各行业上榜企业的最低年龄

数据来源：世界品牌实验室

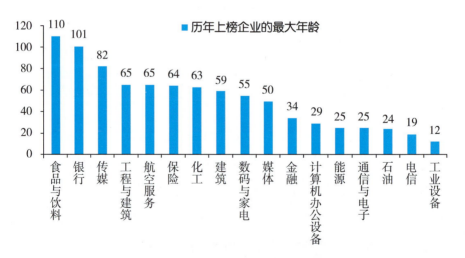

图 1—12　各行业上榜企业的最高年龄

数据来源：世界品牌实验室

第三章
商标注册申请量的影响因素

一、影响因素选取

（一）选取原则

商标注册申请量的影响因素的选取主要遵循以下原则：

（1）全面性。力求全面考察影响商标注册申请量的因素。研究角度与信息来源不限于国家工商总局系统。

（2）客观性。影响因素的选取以客观性、结果性指标为主，尽量避免采用主观性、过程性指标。为使各影响因素含义更加明确，对各影响因素外延不做过度展开。

（3）科学性。对选取的影响因素，应尽可能地予以量化，做到口径统一，标准一致，便于比较。

（4）经济性。为了便于进行比较，主要选取具有可持续性、相对稳定的因素。同时为了保证评价的可操作性，尽量选取相对易于获取数据的因素。

（二）变量内涵

基于上述原则，参考国内外对商标注册申请影响因素的研究，在借鉴与商标相近的专利申请影响因素研究的基础上，结合对业界人士的访谈，充分考虑数据的针对性和可获得性，本报告采用绝对值指标与相对值指标兼顾、定性指标和定量指标结合的方式，从与商标注册申请量密切相关的政策因素、经济环境因素和企业特征因素出发，选取了如表1—4所示的指标。

表1—4　商标注册申请量影响因素指标汇总

指标维度	指标名称
政策因素	《商标法》修订 代理机构政策变革 商标规费调整 对商标申请人的限制 商标战略的实施 商事制度改革①
经济环境因素	经济总量因素：国内生产总值、社会消费品零售总额、在营市场主体户数、实际利用外资额 经济周期因素：世界实际GDP波动、国内生产总值波动 经济发展水平：人均国民生产总值、三次产业增加值占比
企业特征因素	企业所有制性质 行业因素 企业年龄 企业规模

---

① 限于数据周期原因，在全因素方差分析模型中暂未引入商事制度改革的影响。

二、政策因素对商标注册申请量的影响

(一)《商标法》的修订

1. 第一次《商标法》修订

1993 年 2 月《商标法》进行第一次修订,一是将服务商标纳入《商标法》的保护范围,这将直接增加商标的注册申请量。二是增加了注册不当商标的撤销程序。这将减少注册不当的商标数量,但对商标注册申请量影响较弱。三是增加对流通领域商标侵权责任的追究规定,间接鼓励企业进行商标注册申请,增加商标注册申请量。图 1—13 显示了 1993 年前后两年商标注册申请量及增幅。1993 年商标注册申请量为 13.23 万件,比上年增加了 4.15 万件,是上年增量的 1.83 倍;商标注册申请量同比增长 45.74%,比上年增速提高了 11.43 个百分点;表明该次《商标法》的修订对商标注册申请量的增加具有积极作用。

图 1—13 1993 年前后两年商标注册申请量及增幅

2. 第二次《商标法》修订

2001 年 10 月《商标法》进行第二次修订，一是扩大了商标权利主体的范围，规定了自然人也可以申请注册并取得商标权；二是增加了可以申请注册商标的要素范围。2002 年的年商标注册申请量为 37.19 万件，比上年增加了 10.15 万件，同比增长 37.54%，同样表明《商标法》的修订对商标注册申请量的增加具有积极作用。

（二）代理机构政策

1. 代理机构的政策变动（2000—2004 年）

图 1—14 显示的是 1994—2004 年商标注册申请量及增幅。1999 年 12 月，国家工商局颁布了《商标代理管理办法》，全面向社会放开商标代理行业；2000 年 2 月，国家工商局下发《关于实施商标代理管理办法有关问题的通知》《商标代理人资格考核办法》和《商标代理人资格考试办法》；2002 年 1 月，国家工商总局要求各级商标代理机构与行政部门脱钩，实现社会化；2003 年 2 月，商标代理行业完全向市场公开；2004 年 11 月，国家工商总局允许港澳服务者在内地开设商标代理机构。受这一系列商标代理机构的利好政策的影响，从 2000 年到 2004 年，商标注册申请量一直保持高位增长，年均增长率高达 28.06%，与 1999 年前 5 年的年均增长率（3.66%）相比，提高了 24.4 个百分点，印证了允许商标代理机构代理申请商标对商标注册申请量的增加具有积极作用。

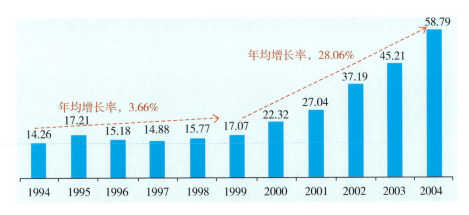

图1—14 1994—2004 年商标注册申请量及增幅

2. 代理机构的政策变动（2010—2013 年）

2009 年 11 月和 2010 年 7 月，国家工商总局两度放宽商标代理机构准入条件，下放监管权限；2012 年 11 月，允许律师事务所以商标代理机构身份从事商标代理业务，两项政策均为利好政策。2010 年以来，商标年均申请量为 150.47 万件，是 2006—2009 年期间年均申请量（75.07 万件）的 2 倍；2010—2013 年商标注册申请量年均增长 22.67%，年均增长量为 26.28 万件，表明了对代理机构的积极政策对商标注册申请量的增加有促进作用。

（三）商标规费

1995 年，商标局规定，自 1996 年 1 月 1 日起，受理商标注册申请规费为 1000 元，比 1991 年（605 元）增长了 65.29%。受理集体商标注册费 3000 元，受理证明商标注册申请规费为 3000 元。受商标注册申请规费变动的影响，1996 年的年申请商标量仅为 15.18 万件，比上年减少 2.03 万件，下降了 11.82%。1997 年商标注册申请量仅为 1.49 万件，比上年减少 3049 件，下降了 2.01%。

2007年，商标局规定，自2008年10月1日起，网上受理商标注册申请收费标准比纸件商标注册申请优惠20%，即每件800元。受商标规费变动的影响，2009年年申请商标量为83.05万件，扭转了商标注册申请量下滑的趋势，比上年增长了18.96%。

综上所述，商标注册申请规费的变动对商标注册申请量的变动有反方向影响。商标规费的增加对商标注册申请量的增加具有消极作用，商标注册申请规费的减少对商标注册申请量的增加具有积极作用。

（四）商标申请人限制

2007年2月，商标局发布《自然人办理商标注册申请注意事项》，规定以自然人名义办理商标注册、转让等申请事宜的，需要提交《个体工商户营业执照》等经营资质证明，并受经营范围的限制。当时以自然人名义申请商标注册的情况占据相当比例，因此该政策对商标注册量也带来一定的影响。2007年商标注册申请量为70.79万件，比上一年减少5.84万件，同比下降7.62%，表明限制商标申请人对商标注册申请量的增加具有消极作用。

（五）商标战略的实施

2008年，国务院印发《国家知识产权战略纲要》，决定实施国家知识产权战略，商标战略是国家知识产权战略的重要组成部分。为贯彻落实《国家知识产权战略纲要》，大力推进商标战略实施，明确各项商标战略任务，充分发挥商标促进经济社会又好又快发展的重要作用，2010年确定了首批国家商标战略城市（区）以来，各示范城市（区）切实加大商标战略实施力度，为商标战略的实施起到了良好的引领带动作用。从 2010 年以来全国 53 个国家商标战略实施城市（区）的商标注册申请量变化看，示范城市（区）商标注册申请量的年均增速为 24.6%，高于全国平均水平（23.6%）1 个百分点，示范城市（区）的商标注册申请量在全国商标申请总量的比重上升了 1.3 个百分点，说明商标示范城市（区）的示范带动作用初现。

（六）商事制度改革

商事制度改革全面实施以来，极大地激发了市场活力，据统计，2014 年 3 月到 2014 年年底，全国累计新登记市场主体总量 1147.1 万户。据统计，截至 2014 年年底，商事制度改革后新设市场主体带来商标注册申请量 22.05 万件，占 2014 年商标注册申请量的 9.6%。受新商标法实施等因素的影响，2014 年全年商标申请量达到了 228.5 万件，同比增长 21.47%，增速较上年提升了 7.39 个百分点。按照 2014 年 1、2 月份的同比增速测算，商事制度改革对新登记市场主体总量带来了约 137 万户的额外增长，这批市场主体对 2014 年商标申请量的促进为 26335 件，对商标申请量增长贡献为 6.5%。

三、经济环境对商标注册申请量的影响

（一）经济总量

1. 国内生产总值

从长期来看，经济总量和商标注册申请量之间存在稳定的均衡关系。对国内生产总值与商标注册申请量进行回归分析，回归结果 $y = 21.951x - 11.968$（$R^2 = 0.9949$）表明，国内生产总值每增加 1 亿元，商标注册申请量同时增加 22 件（见图 1—15）。

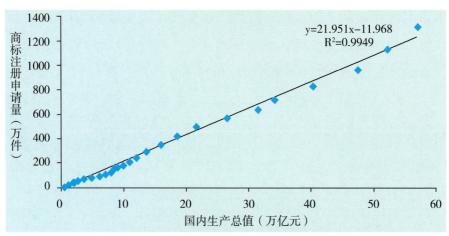

图1—15 国内生产总值与商标注册申请量的线性关系拟合图

数据来源：国家工商总局商标局、国家统计局

2. 社会消费品零售总额

运用回归分析拟合社会消费品零售总额与商标注册申请量的关系，回归结果 y = 55.366x − 8.5946（R^2 = 0.9951）表明，社会消费品零售总额每增加 1 亿元，商标注册申请量同时增加 55 件（见图1—16）。

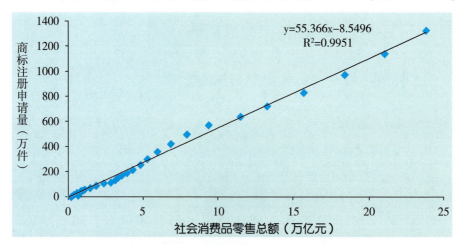

图1—16 社会消费品零售总额与商标注册申请量线性关系拟合图

数据来源：国家工商总局商标局、国家统计局

3. 在营市场主体数量

运用回归分析拟合市场主体数量与商标注册申请量的关系，回归结果 $y = 0.331x - 694.42$ （$R^2 = 0.988$） 表明在营市场主体每增加 1 万户，商标注册申请量同时增加 3331 件（见图 1—17）。

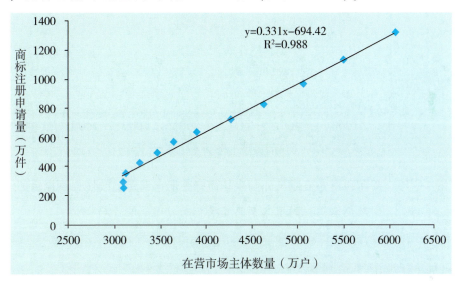

图 1—17　在营市场数量与商标注册申请量的线性关系拟合图

数据来源：国家工商总局

4. 实际利用外资额

运用回归分析拟合实际利用外资额与外国来华商标注册申请量（含外国来华直接申请和马德里商标国际注册领土延伸申请）的关系，回归结果 $y = 0.118x - 17.48$ （$R^2 = 0.864$） 表明实际利用外资额每增加 1 亿美元，外国来华商标注册申请量同时增加 1118 件（见图 1—18）。

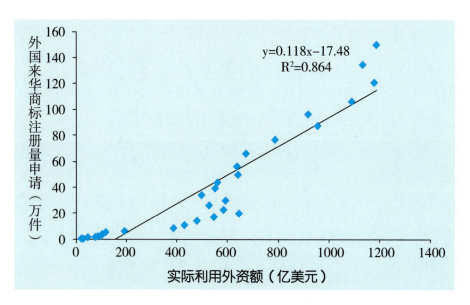

图1—18 实际利用外资额与外国来华商标注册申请量的线性关系拟合图

数据来源：国家工商总局商标局、国家统计局

（二）经济周期因素

1. 世界经济周期波动

参考尹华旭（2011）的研究，采用"谷—谷"分析法，研究结果显示，加入世界贸易组织以后，国际经济环境对商标注册申请量的影响日益加深。

2. 国内经济周期波动

1990—2013年，国内实际 GDP 的波动对商标注册申请量的波动有领先性，由时差相关分析发现，商标注册申请量波动比国内 GDP 波动晚3年（见图1—19）。

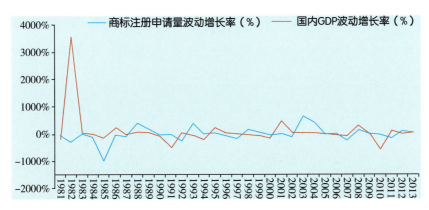

图 1—19 商标注册申请量波动百分比与国内实际 GDP 的波动百分比

数据来源：国际货币基金组织、国家工商总局商标局

（三）经济发展水平

1. 人均国内生产总值

为了考察经济发展水平的不同对商标注册申请量的影响程度，对各省市的人均 GDP 与亿元 GDP 商标贡献率两个指标进行相关性分析发现，相关系数为 0.56，说明人均 GDP 与每亿元 GDP 商标注册申请量有一定程度的正相关关系。

2. 三次产业增加值占比

研究结果表明，商标注册申请量与产业结构调整之间存在正相关关系，产业结构越优化，商标注册申请量越高。

四、企业特征对商标注册申请量的影响

（一）企业所有制性质

不同所有制性质的企业对商标的意识不同，商标申请行为也有差异。总体而言，外资企业相较于内资企业商标保护意识更强。截至

2013 年年底，外资企业商标申请覆盖率为 17.17%，分别高出内资（非私营）企业和私营企业 6.56 和 6.88 个百分点；申请商标的外资企业户均商标申请量为 6.70 件，分别高出内资（非私营）企业和私营企业 1.94 和 3.08 件。从近五年的变化趋势可以看出，随着企业对商标重视程度的逐步提高，商标保护意识的不断增强，各类型企业的商标申请覆盖率、户均商标申请量均呈上升趋势，其中外资企业户均商标申请量增速更快（见图 1—20）。

图 1—20　近五年不同企业类型的商标申请覆盖率变化

数据来源：国家工商总局

（二）行业差异

不同行业的企业寿命、生产周期、产品或服务均不同，商标注册申请行为也存在显著差异。

2013 年年底，有三个行业的商标申请覆盖率超过了全国平均水平（10.54%），分别是制造业（24.23%）、科学研究和技术服务业（15.67%）、农林牧渔业（11.44%）；而电力、热力、燃气及水生产和

图 1—21 近五年不同企业类型的户均商标申请量变化

数据来源：国家工商总局

供应业（3.35%），交通运输、仓储和邮政业（3.26%），采矿业（2.63%）居后三位。从近五年的变化看，各行业的商标申请覆盖率均呈上升趋势，而且商标申请覆盖率较高的三个行业一直领先全国平均水平。覆盖率较低的行业中电力、热力、燃气及水生产，交通运输、仓储和邮政业多为垄断经营，采矿业的产品差异性较小。

从 2013 年不同行业的户均商标申请量看，金融业（10.19 件）、房地产业（6.21 件）、文化体育娱乐业（5.87 件）居前三位；居民服务（3.37 件）、建筑业（3.19 件）、农林牧渔业（2.97 件）等产品服务相对单一的行业商标申请量排在后五位。从近五年的变化看，金融业企业受其金融产品品种多的影响，户均商标申请量一直遥遥领先于其他行业，而农林牧渔业企业受其产品单一的影响，户均商标申请量一直较低，居末位。

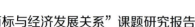

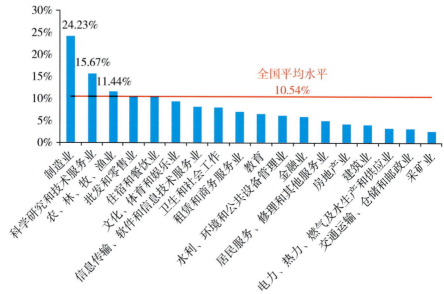

图1—22　2013年不同行业企业商标注册申请覆盖率

图1—23　2013年不同行业企业的户均商标注册申请量

（三）企业年龄

从企业申请商标时的年龄看，近半数企业申请商标时年龄在两年以内，占比达到 47.14%，申请的商标量占比为 38.20%。随着企业生存时间增长，其商标注册意识也进一步提高，户均商标注册申请量也逐渐增加，尤其是企业在成立 15 年以后户均商标注册申请量达到 5 件以上（见图 1—24）。

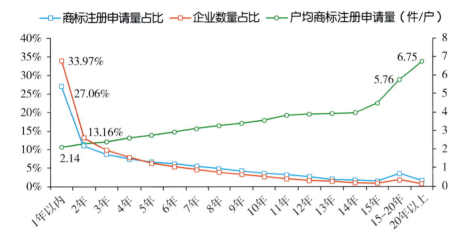

图 1—24　不同年龄段商标注册申请情况

（四）企业规模

企业规模不同，申请商标的意识、重视程度均不同，商标申请注册行为也存在差异。一般来说，企业注册资本越大，商标申请覆盖率越高，户均申请量越大。从不同规模段企业的商标注册申请量占比看，2006 年是商标申请注册的一个分水岭，注册资本 1000 万以上的中大型企业申请商标占比下降，注册资本 1000 万以下的小规模企业申请商标数量占比持续提升，尤其是注册资本 100 万以下的企业，商标申请意识愈发强烈，申请数量占比大幅度上升，成为商标申请的主力军（见图 1—25）。

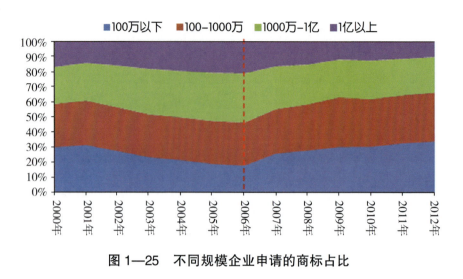

图1—25 不同规模企业申请的商标占比

五、不同因素间的比较

长期来看，商标申请总量与经济总量、市场主体总量存在长期协调发展关系，并受到经济周期波动的影响。从微观上看，不同特征企业的商标申请注册行为存在差异。区域经济发展水平、政策调整也会影响企业的商标注册行为。通过方差分析，能够发现不同因素对商标注册申请行为差异的解释程度，间接表明不同因素对商标注册申请的影响程度。

模型构建的因变量选择分时间分区域不同类型企业的商标注册覆盖率（当年注册量/企业量），解释变量有政策因素、经济发展水平和企业特征，结果如下：

表1—5 不同因素对商标注册申请行为影响方差分析结果

	模型未加权	模型加权
模型整体解释度	36.4%	23.9%
经济发展水平	2.1%	14.8%

续表

	模型未加权	模型加权
三产增加值占比	0.8%	7.2%
二产增加值占比	1.2%	6.7%
人均 GDP	0.1%	0.9%
法规政策调整	15.3%	2.40%
第一次《商标法》修改	2.4%	0.0%
第二次《商标法》修改	4.3%	0.2%
代理政策修改	2.4%	1.9%
规费调整	2.7%	0.1%
申请人限制修改	2.7%	0.1%
商标战略实施	0.8%	0.1%
企业特点	82.6%	82.8%
所有制类型	0.5%	4.8%
规模	1.9%	42.6%
年龄	50.0%	2.6%
行业	30.2%	32.8%

模型采用未加权和按照企业量加权两种方法,其中加权方法考虑了企业总量增长的影响,进而反映了商标申请总量发展和结构变化,能够更好的反映商标发展的长期趋势,未加权更多的反映了短期特征。无论是加权和不加权,企业特点都是影响商标注册申请行为的最大因素。其中,长期来看企业规模和行业对商标注册申请行为影响较大,而短期来看企业年龄的影响相对较大。

长期来看,经济发展水平对商标注册申请行为的影响大于商标相关法规政策的调整,而短期效应恰恰相反,法规政策的变动对商标注册申请行为影响较大。

第四章

商标运用与经济发展

一、商标运用的界定及方式

（一）商标运用的界定

随着我国以市场为取向的经济体制改革的推进、知识经济的加速到来和经济全球化的日益深入，商标在我国社会经济发展中的作用日益凸显，不仅对微观企业主体影响巨大，对区域经济发展以及产业发展等也具有显著的带动作用。

商标的价值不在于商标构成本身，而在于商标所标示商品及其企业的商誉。只有当商标所有人将商标使用于商品或服务上时，消费者才能将商标与商品或服务联系起来，商标的功能及其价值才能得以体现。因此，运用才是商标价值形成的真正途径。

我国现行《商标法》第四十八条在 2002 年《商标法实施条例》第三条内容的基础上，增加商标功能的描述，将商标使用定义为"将商标用于商品、商品包装或者容器以及商品交易文书上，或者将商标用于广告宣传、展览以及其他商业活动中，用于识别商品来源的行为"。这是对商标使用界定的充实和完善。同时，将商标使用制度的规定从《商标法实施条例》上升到《商标法》中，也说明商标的使用具有重要意义。

概括起来，商标使用的共同特点为：第一，在商业活动中公开使用。只有在以交易为目的的商业活动中的使用才属于商标真正意义上的使用。第二，连续使用。商标只有持续不断地使用和宣传，才能产生识别相同商品或服务来源的功能，让消费者对该商标和某种商品或服务形成唯一对应的联系。为此，各国商标法均规定了3年到5年不等的商标连续不使用撤销的年限。第三，真实善意的运用。各国商标法要求当事人的商标使用行为应当是在真实和善意的状态下进行，而不能仅仅为了保留或维持商标权利而进行"象征性"的使用。第四，以区分商品或服务来源为目的的使用。

（二）商标运用的具体方式

商标运用的具体方式包括：使用、许可使用、定牌加工、商标权质押、商标转让、商标出资、证券化等。商标使用是商标运用最主要、最基本的方式。许可他人使用注册商标也是一种商标使用的方式。在商标使用累积商誉的基础上，商标也相应地成为了企业经营不可或缺的重要资产，具备了资产属性，产生了可以用金钱衡量的价值，在此基础上派生出来对于商标无形资产价值的一系列运用方式，如质押融资、转让、特许经营、作为无形资产作价出资入股、商标证券化等。

二、我国商标运用情况

由于商标一般使用情况数据难以获取，而商标注册申请量和注册量及其变化趋势是市场主体商标运用意识及积极性的主要表现之一，也是商标运用的基础和前提，续展是延续商标有效性的制度，续展商标所有人相对活跃，维护、运用商标意识较强，因此本部分将首先对商标注册申请及续展等情况进行分析，来间接反映商标运用的情况。

截至 2013 年年底，我国商标累计注册申请量为 1324.13 万件，累计注册量为 865.24 万件，商标有效注册量为 723.79 万件，每万户市场主体平均拥有商标量①为 999.71 件。

（一）市场主体注册商标总量增长，运用商标意识不断提升

1. 近几年申请商标注册的积极性大幅提高

2009 年商标战略实施以来，申请商标的主体数量、商标注册申请量和注册量快速增长，2013 年分别达到 71.53 万个、188.15 万件和 99.67 万件，申请量占全球总量的 26.7%，注册量连续四年维持在百万件的数量级。市场主体平均拥有注册商标量呈逐年增加趋势，2013 年达到 999.71 件/万户，比 2009 年增长 59.7%，市场主体对商标品牌价值重要性的认识逐步增强，注册商标的积极性逐步提高（见图 1—26）。

图 1—26　历年申请商标注册的主体数量

---

① 每万户市场主体平均拥有商标量＝国内有效注册商标量/市场主体数量×10000，有效注册商标量和市场主体数量统计数据不包含港澳台地区。

2. 市场主体对商标专用权的维护意识不断增强

如图 1—27 所示，商标战略大力推进以来，商标权利人对商标专用权的维护意识不断提升，续展申请量逐年增长，2012 年申请量超过 10 万件，2013 年达 11.93 万件；"十五"以来商标续展率总体小幅波动上升，2008—2013 年一直保持在 40%以上。

图 1—27　2001 年以来商标续展申请量及续展率

（二）商标运用的结构特征比较明显

1. 商标运用呈现明显的东中西递减格局

东部地区各省市有效注册商标量和每万户市场主体所拥有的有效注册商标明显高于中西部省市，呈现明显的东中西递减格局。截至 2013 年年底，东部各省市中广东、浙江和北京分别以 112.66 万件、86.42 万件和 46.73 万件有效注册量居于全国前三甲，有效注册量合计占比 40.6%。北京、上海和浙江每万户市场主体注册商标拥有量位居全国前三，分别为 3086.29 件/万户、2497.87 件/万户和 2317.95 件/万户。

2. 商品类有效注册商标远多于服务类商标

截至 2013 年年底，商标有效注册量达到 723.79 万件，其中商品类商标占八成以上,远远高于服务类商标。商品类商标中"服装、鞋帽"类商标最多;服务类商标中"广告商业、办公事务"类商标最多。

3. 企业主体规模越大,注册商标拥有量越高

表1—6 显示了不同规模段企业主体拥有有效注册商标的情况。从拥有注册商标的企业主体分布看,注册资本在100万以下的企业占主导地位,占比为44.5%,注册商标拥有量最多(27.0%);注册资本在1亿以上的大企业仅占2.5%,注册商标拥有量占比14.6%。从平均拥有注册商标数量来看,注册资本在1亿以上的大企业平均拥有注册商标22.34件,比注册资本在100万以下的小企业平均多20.06件。可见,企业的规模越大实力越强,对商标的重视程度越高,平均拥有的注册商标量也越多。

表1—6 不同规模段企业主体拥有有效注册商标情况

企业注册资本规模段	企业拥有的有效商标量占比	拥有商标的企业主体数量占比	企业主体平均拥有商标数(件/户)
(0,100万)	27.0%	44.5%	2.28
(100万,500万)	21.3%	26.9%	2.98
(500万—1000万)	9.8%	9.8%	3.74
(1000万—5000万)	19.6%	13.5%	5.45
(5000万—1亿)	7.7%	2.9%	10.11
(1亿,∞)	14.6%	2.5%	22.34

4. 制造业企业注册商标拥有量最多、覆盖率最高

表1—7 给出的是商标覆盖率在前五位的行业。可见,制造业企业注册商标拥有量最多,占企业主体有效注册商标总量的43.5%,商标

覆盖率最高，达到 16.9%，是企业总体水平（8.1%）的两倍。制造业细类中，由于烟草制品和医药制造业两个行业在商标注册上有强制性要求，企业平均拥有商标量较高，远大于其他行业；医药制造业和酒、饮料及精制茶制造业两个行业的商标覆盖率最高。

表 1—7　商标覆盖率前五位行业

行　业	各行业拥有商标数量占比	拥有商标企业数量占比	平均拥有商标量(件/户)	商标行业覆盖率
制造业	43.5%	43.7%	3.73	16.9%
科学研究和技术服务业	8.2%	8.1%	3.79	10.4%
农、林、牧、渔业	2.5%	3.2%	2.87	7.3%
住宿和餐饮业	1.4%	1.5%	3.38	6.8%
批发和零售业	24.2%	28.0%	3.23	6.6%

（三）商标运用的典型分析

1. 各种典型方式商标运用作用均较为突出

（1）商标转让申请快速增长，助力企业品牌建设

商标转让申请快速增长，主要市场集中于东部省市。2002—2013年商标转让申请量由 3.87 万件增长至 11.34 万件，年均增长 10.3%。东部经济发达省市商标需求较高，是商标转让的主要市场，其中国际贸易繁荣的京沪粤对国外商标需求旺盛，国外商标转让申请量位列全国前三。制造业商标流动性较大，转让量和转让获得率①最高。制造

---

①　转让获得率=有效商标中由转让方式获得的商标/有效商标总量。

业、批发零售和商务服务业转让申请量和转让商标量均位列各行业前三名；制造业转让获得率同样高居首位，达到 11.1%。

（2）商标权质押成为解决企业融资问题新途径

质押申请及质押金额稳步增长。2009 年以来商标质押申请量进入快速增长期，2013 年达到了 818 件，同比增长 19.2%，是 2009 年的 4 倍；质押金额达到 401.8 亿元，同比增长 87.2%。

国内企业质押申请以制造业企业为主，科技型企业比重有所上升。制造业申请量和质押金额比重均在 90% 以上，科技型企业比重"十一五"以来则明显上升。制造业中农副食品加工业、食品制造业、酒饮料和精制茶制造业三类食品饮料加工企业申请量较大。

商标质押方式运用各地发展不平衡，安徽申请量全国领先，广东商标质押金额最大；各地商标质押行业结构各具特色，北京科研服务企业申请达到 24.2%，居于全国首位。商标质押民营经济推动作用较为明显，私营企业申请占比走高，2013 年达到 74.9%。

商标价值评估体系不完善，质押形式以组合质押为主，质押金额相对较低。目前我国还没形成被普遍接受的统一的商标专用权价值评估体系，这已成为推广商标权质押融资的最大障碍之一。

（3）商标特许经营有利于实现商标无形资产增值

"十二五"以来，越来越多的企业体会到商标使用许可策略的重要性，商标许可合同备案申请量快速增长，2012 年和 2013 年商标许可合同备案申请量连续两年在 3 万件左右。从各类别商标许可使用情况看，第 25 类"服装鞋帽"上的商标许可合同备案申请最多。

2. 商标运用的典型问题

（1）"撤三" 量逐年增长

即撤销三年连续不使用的商标。根据我国《商标法》规定：注册商标成为其核定使用的商品的通用名称或者没有正当理由连续三年不使用的，任何单位或者个人可以向商标局申请撤销该注册商标。

因连续三年不使用导致撤销（简称"撤三"）的商标量呈逐年走高趋势。从总体上看，我国连续三年不使用撤销制度督促商标使用的力度逐步增强。截至 2014 年 7 月底，"撤三"商标共有 4.13 万件，占商标撤销总量的九成以上。从商标撤销量的地区分布看，东部地区连续三年不使用撤销量相对较大。从行业分布上看，15 个类别商标"撤三"量过千件，服装鞋帽类"撤三"量最高，达 5373 件；其次是电子产品和专用设备类，为 4173 件；副食调料、医药制剂分类上的撤销量也都在 2000 件以上。同时，商标覆盖率较高的行业"撤三"量相对也较高。

（2）商标退化为通用名称

显著性是指商标所具有的标示企业商品或服务出处并使之区别于其他企业的商品或服务的属性。当商标自身显著性逐步退化乃至完全丧失，将导致一个原为有效注册使用的商标演变为商品通用名称，从而进入共有领域无法为注册人专有使用。

我国现行《商标法》对 2001 版《商标法》进行了修正，增加了对注册商标退化为通用名称予以撤销的规定。通用名称本质上应该是一种无形的公共资产，为一定范围内的生产者、经营者共同使用，不应具有排他性，不能对抗他人正当使用。对通用名称的使用涉及公共利益、经济秩序和公众认知规律，基于防止垄断公共资源的目的，若注册商标成为其核定使用的商品的通用名称的，任何单位或者个人都可以向商标局申请撤销该注册商标。

商标退化为通用名称主要有以下两种原因：1. 因商标注册人使用不当导致商标显著特征退化成通用名称；2. 因他人将某注册商标作为商品名称使用，注册人怠于行使权利，致使注册商标退化成通用名称。可见不当使用以及保护不力是商标退化为通用名称的主因，且涉及此类纠纷的商标多为驰著名商标。作为注册人无形资产的重要组成部分，注册商标一旦被认定为通用名称予以撤销，将对企业的品牌树立乃至发展战略造成很大的负面影响，即使保留商标注册，也会因他人主张合理使用而在商标保护上受到极大限制。

三、商标运用与经济发展的关系

（一）商标运用与宏观经济发展高度相关

1. 商标运用与经济发展水平高度相关

（1）商标总量与经济总量具有强相关性

利用 1990 年以来全国 GDP、商标注册申请总量、商标注册总量三个指标作相关性分析，发现 GDP 与商标注册申请量和注册量均高度相关。其中，GDP 与商标注册申请量的相关系数为 0.9813，GDP 与商标注册量的相关系数为 0.9209。表明经济发展水平越高，商标注册申请意识越强，对商标的运用也越重视。

运用格兰杰因果检验研究 GDP 与商标注册申请量的关系，发现 GDP 与商标注册申请量存在长期的格兰杰因果关系，且这种因果关系呈现出阶段性特征。表现在商标注册申请的头两三年内，经济发展水平是影响商标申请量的重要因素，即此时 GDP 是商标申请量的格兰杰原因；在商标注册申请四年后，商标的作用开始发挥，成为了影响经济发展变化的重要因素，即此时商标申请量是 GDP 变动的格兰杰原因（见表1—8）。

表1—8　GDP 与商标注册申请量的格兰杰因果关系检验

滞后阶数	△GDP △SQL	△SQL △GDP
2	7.940＊＊	0.084
3	4.756	2.459
4	0.963	14.616＊＊＊
5	1.227	9.490＊＊

（2）注册商标平均拥有量与地区经济发展水平高度相关

通过人均 GDP 和每万户市场主体拥有注册商标量两个指标，我们将全国31个省、市、自治区进行了划分，以人均 GDP 反映地区经济发展水平，以每万户市场主体拥有注册商标量反映商标运用方面的情况（见图1—28）。

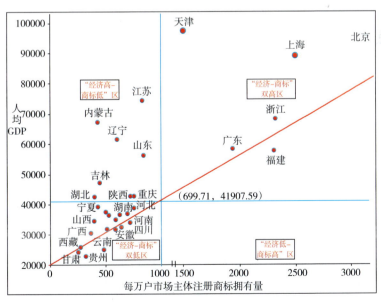

图1—28　经济发展水平和商标运用水平的对比分析图

总体上来看，通过对 31 个省、市、自治区的分析可以发现，经济发展水平和商标运用之间存在高度一致性，经济发展水平较高的地区商标对运用较为重视，平均拥有注册商标量较多；反之，经济发展水平较低的地区对商标运用的意识相对较为薄弱，平均拥有注册商标量较少。

2. 商标注册申请量与经济变动基本同步

商标的注册申请反映了主体对商标运用的积极程度，在一定程度上能反映商标运用的情况，并且可以规避一些影响商标注册量的客观因素的干扰。为了定量的衡量二者的变化关系，建立简单线性回归模型，得到回归方程：ln 商标注册申请量 $= 1.025 + 0.999 \times \ln GDP$，即 GDP 变化 0.999 个百分点，商标注册申请量相应的变化 1 个百分点，即二者之间的变动存在高度一致同步性（见图 1—29）。

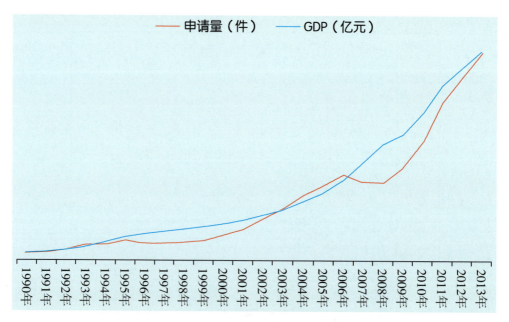

图 1—29　历年商标注册申请量和 GDP 走势图

3. 商标续展与经济增长变动趋于一致

从续展申请总量发展趋势分析来看，除到期商标量和商标相关政策外，经济增长成为影响商标续展申请量的主要因素之一。对商标续展申请量与我国 GDP 总量进行回归分析发现，两者之间的相关系数达到 0.96，存在高度正相关关系。同时，F 值为 257.62（P 值为 0.000<0.05），表明我国 GDP 总量对商标续展申请量有显著影响。对比续展申请量同比增长情况与 GDP 同比增长情况可以发现，2005 年以前，相对于 GDP 的平稳变动，续展申请量变动幅度相对较大，2005 年之后续展申请与经济发展关系愈加密切，尤其是 2008 年金融危机以来，两者拐点基本同步同向，总体趋势趋于一致。

4. 商标转让与经济增长形势密切相关

商标转让与经济增长高度相关，变动趋于一致。从转让申请总量发展趋势分析来看，除商标相关政策外，经济环境是影响商标转让申请量的主要因素之一。对商标转让申请量与我国 GDP 总量进行回归分析发现，两者之间的相关系数达到 0.98，存在高度正相关关系。同时，国外商标转让比重下降，与国际经济形势也密切相关。

(二) 商标运用与微观企业发展关联性强

企业是运用商标的主体之一，为了考察商标运用与微观企业主体的关系，考虑到企业相关财务指标数据的可获得性和准确性，本部分对典型地区进行分析研究，所选地区为北京市。原因一是北京市企业年检数据质量较好，企业相关财务指标数据较为准确；二是北京市累计商标有效注册量（46.73 万）在全国居第三位，每万户市场主体平均拥有商标量（3086.29 件/万户）居全国首位，这些均表明北京市市场主体注册商标、维护商标、运用商标的意识较高，采用北京作为典型地区研究商标运用与微观企业主体的关系具有一定的代表性。

1. 有注册商标企业盈利能力突出

（1）有注册商标企业销售利润率高

有注册商标企业销售利润率明显高于无注册商标企业。从销售利润率看，2008—2012年五年间有注册商标企业销售利润率均高于北京企业总体水平和无注册商标企业，2012年有注册商标企业高于无注册商标企业3.9个百分点。

（2）企业利润率同商标拥有量正相关

注册商标量在200件以上的企业盈利能力最强，销售利润率高于总体水平15.7个百分点。这是由于注册商标数量在200件以上的企业多为集团性公司等大规模企业，企业品牌美誉度高，市场竞争力较强，盈利能力也相应较高。

从2012年拥有注册商标的企业经营情况来看，注册商标数量在200件以上的企业销售利润率最高，为22.8%，高于北京市有商标企业总体水平15.7个百分点，其次是注册商标数量在10—100件以上的企业，利润率为7.8%，注册商标数量为1—10件的企业利润率最低，为4.5%。

（3）有注册商标的外资企业利润率相对较高

拥有注册商标的各类型企业获利能力均高于同类型企业总体水平，外资企业销售利润率最高。2012年，各类型企业中拥有注册商标的企业利润率均高于总体利润率和无商标的企业利润率。其中，拥有注册商标的外资企业的利润率最高，为8.5%，高于外资企业总体水平2.0个百分点；拥有商标的内资（非私营）企业利润率为7.5%，高于内资（非私营）企业总体水平 3.0 个百分点；拥有注册商标的私营企业盈利能力稍弱，为 3.6%，但仍高于私营企业总体水平 2.3 个百分点。

（4）拥有商标的房地产企业利润率领先

拥有注册商标的房地产企业利润率领先，比该行业企业总体利润率高 9.1 个百分点。从北京拥有注册商标企业销售利润率前十个行业来看，九个行业利润率高于北京该行业总体水平，其中房地产业居首位，为 28.9%，高于北京房地产业总体水平 9.1 个百分点，教育业位列第二，高于北京教育业总体水平 14.5 个百分点。

2. 有注册商标企业生存能力相对较强

（1）存活率及平均寿命相对较高

有商标企业存活率及平均寿命明显高于企业总体水平。选取北京市 2008 年以来被注销或吊销企业为研究对象，对其平均寿命进行分析，可以发现曾注册商标的企业平均寿命为 7.3 年，比北京市企业寿命总体水平高出 2.1 年。

（2）注册商标拥有量与企业生存时间正相关

注册商标拥有量与企业生存时间存在正向相关关系。从平均年龄来看，拥有 1 件注册商标的企业平均年龄为 8.6 年，拥有 200 件以上的企业平均年龄则达到了 13.1 年，可见注册商标拥有量和企业生存时间存在明显的正向相关关系。

商标行政保护与市场环境研究

一、公平竞争市场环境的作用

（一）国家规制竞争活动的指导思想

市场竞争是市场经济的基本特征。我国的社会主义市场经济鼓励公平的市场竞争，并将公平竞争市场环境作为国家规制竞争活动的指导思想。公平竞争市场环境为市场经济健康发展提供了重要保证，它能促使微观经济运行保持高效率，促进生产效率的提高，提高资源的配置效率。

（二）竞争群体的利益要求

公平的市场竞争能充分发挥优胜劣汰市场竞争机制的作用，优化经济资源的配置，推动市场经济的发展。反之，如果没有公平竞争市场环境的保证，市场竞争中的道德风险增加，市场均衡产生扭曲，市场良性竞争的秩序遭到破坏，最终损害的仍是企业自身的利益，形成"劣币驱逐良币"的局面。

（三）商标保护与公平竞争市场环境

商标保护与公平竞争市场环境密不可分，商标保护是营造和维护公平竞争市场环境的有机组成部分。因此，从商标保护的角度说，我们可以通过以下措施营造和维护公平竞争市场环境。

首先，要完善商标行政授权确权程序，优化商标审查体系，建立健全便捷高效的商标审查协作机制，完善商标审查标准，提高商标审查质量和效率。其次，要加强商标行政执法，促进市场的自由公平竞争，严惩侵犯商标专用权的不法分子，维护合法经营者的正当权益。同时，要提高企业的自主品牌保护能力，加强经营者的品牌意识，促进企业实施符合自身情况的商标品牌战略，壮大我国自主品牌队伍，促进公平竞争市场环境的形成和发展。

二、商标行政授权确权与市场环境

商标是企业私有的知识产权和无形资产，商标行政授权确权对于不同发展阶段的企业来说有着不同的作用。

对于发展初期的企业来说，在完成商标行政授权确权之后，商标成为了企业的初始资产。一个好的注册商标能让企业迅速吸引消费者的注意，打响产品的知名度。同时，企业在完成商标行政授权确权后，可以最快地制定企业的品牌路线和商标战略，扩大商标的影响力，推进企业迅速发展壮大。

对于发展瓶颈期的企业来说，商标行政授权确权为企业确认了商标的所有权，为企业继续使用既有商标厘清了障碍。同时，经过确权的商标以知识产权的形态进入资产负债表，可以美化报表，使企业更容易向金融机构借贷或上市融资。

对于发展成熟期的企业来说，商标已经成为企业自身非常重要的一项无形资产，甚至在企业估值中占据了不可忽视的一部分。因此，商标行政授权确权可为企业提供重要法律保护，维护企业长期经营所获得的成果。同时，可以利用商标许可使用协议等方式发掘商标的内在价值，从而获得最大化的利益。另外，经过行政授权确权之后的商标作为一项重要的无形资产提高了企业的市场估值，在企业合并、并购、上市融资等方面发挥重要作用。

三、商标行政执法与市场环境

（一）商标行政执法的涵义

商标行政执法，是指工商行政管理部门依据《商标法》及相关法律法规规定的职权和程序对商标使用行为行使行政管理权，并对违反《商标法》规定的行为依法作出行政处理的行为。

商标侵权与假冒行为，尤其是侵犯注册商标专用权的行为，给商标注册人、消费者和市场管理者都会造成不等程度的损失。首先，商标侵权行为是市场上一种恶意的搭便车行为，侵犯了商标注册人的知识产权；其次，仿造和盗用商标的假冒伪劣产品会稀释品牌价值，给企业带来难以挽回的损失；同时，商标侵权行为使消费者无法通过品牌来判别商品的质量，侵犯了消费者的合法权益；再次，商标侵权行为造成了市场管理的混乱，增加了市场管理成本。

因此，商标行政执法成为了营造和维护公平竞争市场环境的重要一环。提高商标行政执法的水平和能力，有利于净化市场风气，为全体市场参与者提供相对公平的法律环境，进而促进市场经济健康发展。

（二）我国商标行政执法现状

1. 日常行政执法

日常行政执法是我国商标行政执法中最基础的工作，通过对商标违法行为保持日常的高压态势，大力打击侵犯注册商标专用权的违法行为，我国在商标行政执法中取得了丰硕的成果，有力维护了市场公平和商标注册人的合法权益。表1—9 显示了 2013 年全国查处商标一般违法案件基本情况：

表1—9　2013 年全国查处商标一般违法案件基本情况

案件类型	数量（件）	案值（万元）	罚款（万元）
一般违法	6896	16371	5101
假冒侵权	49971	65230	46406
其中：商标侵权	42185	52499	32567
总　计	56867	81601	51508

与此同时，我国还通过加强立法、健全打击假冒法律法规制度体系的方式为商标行政执法扫清障碍。另外，全国工商系统还积极推动商标行政执法信息平台的建设，加快实现全国范围内商标行政执法信息的内部公开和共享，打造一体化电子办公信息共享平台，为执法部门在商标案件查办过程中收集线索、调查取证、真伪鉴别、证据固定等提供便利。

2. "双打"专项行动

2010 年，国务院决定，从 2010 年 10 月到 2011 年 3 月，用半年时间在全国范围内集中开展打击侵犯知识产权和制售假冒伪劣商品专项行动，后延长至 2011 年 6 月底。此次"双打"专项行动取得了丰硕的成果。截至 2011 年 6 月 30 日，全国工商系统共出动执法人员 397.84 万人次，检查经营户 922.56 万户，检查各类市场 80.16 万个，吊销营业执照 1745 户。已立案查处侵权假冒案件 90701 件，已结案侵权假冒案件 79003 件，移送司法机关处理案件 757 件，捣毁制假售假窝点 4966 个。

同时，为了巩固和发展打击行动的成果，我国还建立起一系列长效机制，将"双打"行动纳入常态化、制度化轨道，以延续对侵犯商标专用权违法行为的高压态势。

3. 面临的挑战

随着商标活动越来越频繁，商标行政执法的难度也越来越高。在未来的商标行政执法活动中，市场参与者的要求会越来越高，并且越来越集中到公平和效率这两个核心的问题上来。所以，在未来的商标行政执法活动中，既要要求处理迅速、处罚得力，也要要求处置适当、合理合法，而这样的要求也会影响到和商标行政执法相关的立法活动、部门职能、工作制度、处置方法等一系列问题。

(三) 商标行政执法的未来方向

在未来的商标行政执法过程中，执法部门需要更多地采取有效措施，保持高压态势，加大打击力度，妥善维持公平和效率的平衡。同时，要通过加强立法、完善商标法律体系等手段，改善商标行政执法，使执法部门更顺畅有效地行使其职能，营造和维护公平竞争市场环境。

在不同的时期和时间跨度中，对商标实行行政保护侧重点也不同。在短期内，应该着重强化行政执法；从长期来看，则更需要注重行政管理能力和效率的提高。

随着科技的发展，未来的市场形势将会更加错综复杂，各种市场违法活动会更加隐蔽，侵权手法也会更加多样化。互联网的发展和国际贸易活动势必会给商标行政执法和保护带来更多的挑战。因此，在未来的商标行政执法和保护中，要紧跟形势，创新工作方法，以应对更加困难的挑战。

四、自主品牌保护与国际竞争的关系

（一）我国自主品牌保护现状

目前，我国自主品牌保护存在问题比较突出。首先是消灭式并购屡见不鲜，跨国公司通过收购国内自主品牌达到进入市场的目的之后，常常将被收购的品牌冷藏，以达到占领市场的目的。其次是国内企业品牌意识普遍较弱，大部分企业缺乏明确的品牌战略，不善于充分利用品牌的价值，发挥品牌的潜力。再次是某些区域品牌管理不善，地方企业的恶性竞争和无序生产严重影响了区域品牌形象。在国际上假冒伪劣产品和"山寨"商品给我国国家品牌形象带来了很大的负面影响，而在国家品牌形象改善上还乏善可陈。最后是自主品牌保护的法律政策环境仍需改善，仍需要通过加强立法和政策引导来促进我国自主品牌保护的发展。

（二）自主品牌保护与国际竞争

对企业来说，保护自主品牌与参与国际竞争并不是两个独立的过程，二者相互渗透、相互影响、相互促进，企业要想在国际竞争市场中取得成功，绝不能厚此薄彼，给竞争对手以可乘之机。对政府来说，在促进企业参与国际竞争的同时，也要加强对自主品牌的行政立法保护工作，切实加强我国的政策保护体系以应对国际市场的冲击，为自主品牌走向世界保驾护航。图1—30给出了国家—企业自主品牌保护模型。

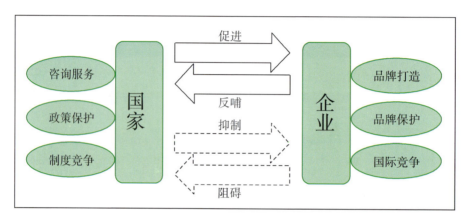

图1—30　国家—企业自主品牌保护模型

从国家层面来看，促进自主品牌保护有利于国内企业参与国际竞争。促进自主品牌保护，一方面，可以保护本土企业在国内市场的权益不受到恶意侵犯，为企业参与国际竞争提供坚实的基础，免除企业的后顾之忧；另一方面，通过促进自主品牌保护，提高企业的品牌保护意识，帮助企业未雨绸缪，在进入外国市场时能够切实地维护自身的正当权益，有利于企业的发展壮大。反过来，当前日益激烈的国际竞争也对自主品牌保护提出了挑战，促使自主品牌发展壮大以应对激烈的竞争冲击。

总之，经济新常态下营造开放有序市场环境，加强商标保护，主要应做好以下几方面工作：

一是要继续推动商标制度发展，提升商标注册与公共服务水平，营造良好的市场环境，推动经济增长；二是继续规范商标执法，细化执法标准，为市场经济制度保驾护航；三是要继续提升市场主体管理和保护商标能力，引导和推动市场主体在经济活动中自觉注册商标、有效运用商标、规范管理商标、积极保护商标；四要继续支持支柱和优势产业率先发展，引导企业将商标战略与产业政策和产业结构升级相结合，加强自主品牌保护，促进自主品牌做优、做大、做强。

第六章
商标与创新的关系

一、创新的内涵与类型

（一）创新的内涵

从经济学上讲，可以把技术创新作为狭义的创新。由于技术创新所具备的功效性而使其成为备受关注的研究对象，以至于被当作创新的代名词。但是，创新是一个动态的、历史的范畴，其概念随着时代的发展而变化，且内涵在不断拓展。著名经济学家熊彼特在其《经济发展理论》一书中认为，创新具体包括以下五种情况：（1）采用一种新的产品，即消费者还不熟悉的产品；（2）采用一种新的方法，即引进新的未经检验鉴定的技术；（3）开辟一个新的市场；（4）掠夺或控制原材料或成品的一种新的供应来源；（5）创造一种新的企业组织形式。

（二）创新的类型

广义的创新包括技术创新和非技术创新两个方面。根据创新的性质和创新的内容，可以进一步对技术创新和非技术创新进行分类。从创新的性质这一角度，可以把技术创新划分为渐进性创新、根本性创新、结构性创新和模块化创新四种类型。按照创新内容的不同，可将技术创新划分为产品创新和工艺创新两种类型。而非技术创新包含的内容比较宽泛，可以将经营活动中除技术创新之外的所有创新活动都称为非技术创新。

（三）创新活动的多样性与创新内涵的拓展

现实中创新形式的不断演变，客观上要求创新概念范畴从单纯的技术创新向组织创新和市场创新延伸和拓展。随着产业结构的不断深化和调整，创新的概念界定已经被极大地拓展。创新的含义也开始由强调以技术创新为具体体现的"硬创新"向涵盖市场创新、服务创新等"软创新"的新方向转变。

二、商标与创新的相互关系

（一）商标是企业创新活动的集中体现

商标作为识别商品特征的显著性标识，是企业市场创新活动的直接体现，并与企业的其他技术创新活动之间存在着紧密的联系。在创新内涵不断拓展延伸的背景下，商标与创新之间的关联也变得更加复杂和多样。这主要体现在：

1. 商标与广义创新概念下的各种创新活动均存在密切联系

商标创新的引入，围绕产品推广和商标重复使用所展开的品牌培育战略使得商标集中承载了企业的商业模式和企业文化，从而集中体现了企业在组织变革、市场开拓和经营模式上的创新努力。

2. 商标的强化和品牌的成长从根本上来说，还要取决于企业产品和服务的内在质量和企业创新活力

在缺乏有效的技术、商业模式和组织创新支撑的前提下，商标与品牌不可能赢得消费者的长期认可。卓越的质量、领先的技术、不断创新的商业模式以及富有时代精神和鲜明个性的企业文化，既是品牌竞争力的体现，也是企业培育品牌、提高品牌价值的基本要求。这就使得商标与企业的创新活动之间紧密联系，相互交织。即使在传统的技术创新领域内，商标与企业创新活动之间的关联也是极其紧密的，这不仅仅因为技术创新是品牌成长的根本技术后盾，还因为新技术和新产品的市场推广往往借助产品系列商标来展开。

（二）商标是知识产权保护的重要形式

1. 商标注册是知识产权保护的重要形式，具有灵活性的基本特征

商标是知识产权的重要组成部分，商标直接关系到生产者、经营者和消费者的切身利益，是知识产权中商业财富和文化信息的载体，体现着不断发展的创新成果，同时也推动着市场竞争和管理创新。商标注册是知识产权保护的重要途径。作为技术创新和产业转型升级的主体，企业创新的首要任务就是确保创新成果的权利归属清晰合法，保护有力。商标作为一种基本的知识产权保护形式，具有灵活性的基本特征。与专利这一创新保护机制相比，商标申请更加灵活，要求更低。

2. 商标的灵活性使它对低技术企业和中小企业的创新保护具有重要意义

商标的特性使它非常适合作为低技术企业和中小企业的知识产权保护形式。相比于专利这一知识产权保护形式而言，商标具有明显的灵活性。对于低技术企业和中小企业而言，这种灵活性的主要意义在于：

（1）商标不像专利那样对新颖性、创造性和实用性存在着硬性要求，这使得各种企业创新活动都可以通过商标来进行保护。

（2）商标的申请和维持费用要显著低于专利，这为资金实力薄弱的中小企业提供了一种经济可行的知识产权保护措施。

（3）商标授予与专利授予相比具有显著的快捷性。这种灵活性使得商标成为各类企业普遍采用的知识产权保护手段。

3. 对于无法专利化的创新活动，商标是知识产权保护的主要可行载体

在创新内涵迅速延伸和拓展的背景下，专利仍然主要集中于技术创新领域。这就使得大量的"软创新"不具备以专利来实现知识产权保护的可能。在很多情况下，企业的创新活动，尤其是市场创新和组织创新，并不具备专利化的客观条件，在这种情形下，商标成为专利之外的知识产权保护的重要补充。商标的灵活性使它成为企业服务创新的知识产权保护的最主要形式。

（三）商标是提高创新收益和市场价值的重要载体

1. 商标有助于实现创新的范围经济 🔍

范围经济 ⌄ 🔍
范围经济（Economies of Scope）是指由厂商的范围而非规模带来的经济，就是说当同时生产两种产品的费用低于分别生产每种产品所需成本的总和时，所存在的状况就被称为范围经济。只要把两种或更多的产品合并在一起生产比分开来生产的成本要低，就会存在范围经济。经济学上的定义是指在一个给定的技术水平上，随着规模扩大，产出的增加而平均成本（单位产出成本）逐步下降。本书中的范围经济，表示由于一个地区集中了某项产业所需的人力、相关服务业、原材料和半成品供给、销售等环节供应者，从而使这一地区在继续发展这一产业中拥有比其他地区更大的优势。

商标能够带来创新的范围经济和规模报酬 🔍 递增。企业的商标和品牌一旦被市场所认可，那么在相当长的一段时期内，这种与品牌相关的消费者信任都将持续地存在。这不仅意味着

商标和品牌声誉能够在降低累积性创新活动的市场风险上带来范围经济效应，还使得商标与专利的结合成为企业技术创新和市场竞争策略的重要手段。

↑接上页

规模报酬

> 规模报酬（Returns to Scale）是指在其他条件不变的情况下，企业内部各种生产要素按相同比例变化时所带来的产量变化。规模报酬分析的是企业的生产规模变化与所引起的产量变化之间的关系。企业只有在长期内才能变动全部生产要素，进而变动生产规模，因此企业的规模报酬分析属于长期生产理论问题。规模报酬研究的问题是，当生产资源按照某一比例增加的时候，其产品产量或收益会按照什么比例增加。

2. 商标是商品提供者和消费者之间最重要的沟通载体，有助于实现企业技术优势向市场竞争优势的转化

企业采用新技术，开发新产品，取得竞争优势，这种竞争优势凝聚在商标上传递给市场，成为沟通商品提供者和消费者之间的桥梁，成为企业在市场经济条件下竞争制胜的锐利武器。

在实现企业技术优势向竞争优势的转化方面，商标的主要作用具体体现在：（1）商标是特许经营协议的核心；（2）商标的声誉与信号传递功能有助于显示企业技术优势，推动新技术的市场应用，作为信息交流媒介，显示产品质量和技术品质，降低信息传递和搜寻成本，同时建立信誉机制，激励企业保证商品品质；（3）商标是企业产品差异化战略的重要载体。

（四）商标是创新的凝聚和集中体现

商标本身是企业创新能力以及核心竞争力的集中凝聚体现，是向消费者呈现企业创新成果和竞争能力的重要载体。正因为商标是企业

创新的集中体现，商标和企业形象的确立都离不开产品内在品质和企业技术实力的支撑。商标战略和商标的可持续成长客观上要求企业进行不懈的创新努力，提高自身的核心竞争力。

对于企业来说，除了要不断加大对技术创新的投入，保证自己拥有的技术的先进性和主导性，不断提高产品的质量和生产效率之外，还要从企业发展的长远规划出发，遵循市场规律进行商标、专利的规划、管理和运作，使消费者通过商标更好地与特定产品以及与该产品的品质信誉之类的优良品质联系起来，使商标真正成为企业产品和服务质量、管理水平、信誉和形象的载体，增强消费者对企业产品的认知度，进而稳定和扩大企业的市场规模。

（五）电子商务发展对商标创新提出的新要求

网络市场的发展使得网络外部性的作用越发明显，而这对企业商标战略的实施效果起到了放大作用。网络外部性描述的是消费者的效用、得益与该消费总人数正相关的经济现象。这种网络外部性的存在虽然并不局限于互联网，但在电子商务平台、第三方支付等方面体现得最为突出。

在互联网和电子商务背景下，商标的形式出现了新的变化。在网络背景下，价值的主要载体是流量，而企业的商标可以融合在域名、链接、加框、关键词以及字串中，从而成为引导访问者和信息流量的指向标。此外，网上搜索是互联网提供的一种强大的信息查询功能，而搜索结果与关键字之间关联紧密。善于使用这些网络化商标活动的企业，可以有效地借助网络推广的便利性，提高企业站点知名度，增加企业的被识别和被选择概率。

因此，互联网和电子商务的发展不仅对企业商标战略提出了新的要求，也对商标权的保护提出了新的问题。

三、商标与创新关系的案例研究

（一）联想品牌的发展

1. 产品运营阶段（1984—1987 年）

该阶段联想没有自主品牌，没有注册商标，收入来源为自主研发的汉卡销售及微机代理。联想在此阶段形成了汉卡销售+微机代理的业务模式，在代理业务中学习和认识市场规律，积累资金和技术，为打通自主品牌的微机之路奠定基础。

2. 品牌运营阶段（1988—1994 年）

此阶段联想开始进行商标注册，注册商标使得联想的技术创新得到相应的保护，同时联想的产品研发能力不断提高（但尚无核心技术研发能力），联想的自主品牌开始形成。此时注册商标只是为了谋生，但仍然保护并促进了联想的技术创新。

3. 区域性知名品牌阶段（1995—2003 年）

此阶段联想不断加强核心技术研发，同时通过注册商标来保护取得的技术成果，使得联想商标数量不断增加，商标知名度不断提高。

4. 中国品牌乃至世界品牌阶段（2004 至今）

联想在该阶段已具有较强的新产品研发能力，联想建立了以中国北京、日本东京和美国罗利三大研发基地为支点的全球研发架构，逐步关注前沿技术的研发。由此联想新开发的产品系列不断增加，商标保护力度不断强化，商标数量快速增加，联想开始成长为具有自主知识产权的世界品牌，在全球价值链中拥有主导优势。

通过对联想品牌成长路径的研究可知，联想集团商标与创新的关系是，创新推动商标的产生，商标保护促进持续创新。随后通过注册商标保护技术创新成果，创新水平的不断提高使得联想品牌知名度不断提高，联想走上自主品牌之路。联想市场份额不断扩大，在中国市场占有率达到第一，继而联想将高市场占有率集聚的资本通过自主研发及收购方式获取产品核心技术，并对研发新产品进行商标注册保护，商标保护力度不断加大，注册商标数量不断增加，商标及品牌影响力不断提高，最终形成国际化知名品牌，从而借助知识产权竞争优势嵌入全球价值链。

（二）小米品牌的发展

1. 商标保护小米创新活动

2015 年 1 月 5 日，小米科技有限责任公司名下拥有 1033 件商标，其中已注册商标 588 件、正在申请注册商标 442 件、无效商标 3 件，涉及的商品范围有机械装置、电子产品、小家电、办公用品、体育用品等，涉及的服务类别有广告、商业经营、金融货币服务、电信服务、物流运输、教育、咨询、研发、餐饮旅行服务等。同时，小米注册了许多行业倾向性明显的商标，这些都是小米沉睡的商标，一旦唤醒，其商业触角将延伸至各个领域，为小米公司业务拓展和创新活动做好了准备。

2. 创新提升小米商标价值

在四年时间里，小米公司通过互联网开发模式、"铁人三项"商业模式、新颖的营销方式以及发明专利开发新的产品，不仅让原有商标更有活力，也让一些沉睡商标逐渐发挥作用。同时，小米公司在营销手法上进行了许多创新和应用，其线上营销和饥饿营销的方式成功打响了小米的品牌。

3. 商标价值促进创新

小米商标价值的提升使小米公司的竞争力得到提高。随着市场竞争的日益激烈，小米公司也利用其商标的知名度，通过吸引资金、人才等方式加快创新，丰富和创新商标内涵，提升企业竞争力，已成为全世界最有价值的私人科技公司之一。

从小米公司的商标策略来看，小米公司采取全类商标保护、单一LOGO推广策略，其所有产品的产品标识均为"MI"形，并通过首创的互联网开发模式、"硬件+软件+互联网服务"的商业模式以及新颖的营销方式等创新活动打造了小米公司核心竞争力，提升了小米商标的知名度以及附着于商标上的专有技术、商业模式和销售渠道等商标资产。同时小米公司利用商标资产价值，吸引优秀的人才和更多的资金进行创新活动，丰富创新小米商标内涵。

四、商标与创新关系的实证研究

（一）我国商标和专利申请的特点

1. 商标与专利申请量快速增长

改革开放以来，我国商标申请和专利申请均保持了很高的增长速度。从增速来看，专利申请呈现出相对更快的增长趋势。

从知识产权保护的角度来看，商标和专利申请量的快速增长体现了实施创新驱动发展战略所取得的成就。随着国家创新战略的持续推进，我国科技研发投入大幅增长。在1995—2012年，我国R&D支出占 GDP 的比重由 0.57% 上升至 1.98%；剔除价格因素后，R&D 支出的年均增速达到 12.77%。技术创新的兴起直接推动了商标和专利申请量的增长。

商标和专利增长速度上的相对差异可能说明了三个问题。首先，相对于商标申请背后所反映出的"软创新"，我国现阶段更加偏重于强调推进技术创新的发展；其次，专利申请量的更快增长也反映出我国科技创新能力的稳步增长；再次，商标与专利的主要作用不同，一个产品（如手机）可能需要多个专利技术支持，但一般只需要一到两个商标来区分来源。

2. 大型企业比中小型企业更加强调商标的重要性

从总体上看，我国大型企业的创新实力显著强于中小型企业，这使得它的平均注册商标和专利申请数均显著高于中小型企业。图1—31 展示了我国 2011 年平均每家工业企业的注册商标和专利申请数量。从商标的运用方面来看，图1—31 的数据有以下三个基本特征：

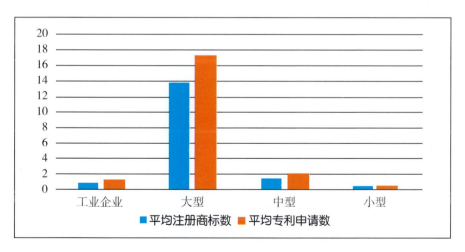

图1—31 2011 年工业企业平均注册商标和专利申请数（单位：件）

（1）商标与专利在知识产权保护方面具有几乎相同的重要性。无论何种规模类型的工业企业，商标注册和专利申请的平均水平均基本相当。这说明对于我国工业企业来说，商标是与专利同等重要的知识产权保护形式。

（2）从商标和专利的应用倾向上来看，所有规模类型的工业企业在平均商标注册量和专利申请量上呈现出相近的分布特征。

（3）大型企业相比中小型企业要更加重视商标注册。小型企业申请专利的数量大约是注册商标的 2 倍。对于中型和大型企业而言，这一数字则分别为 1.51 倍和 1.27 倍。

3. 中低技术产业相对更依赖于商标进行知识产权保护

商标在知识产权保护上的灵活性主要体现在它不像专利那样对创新性设置了较高的技术门槛，从而成为低技术企业进行知识产权保护的重要手段。

4. 商标申请和专利申请具有区域不平衡性

受经济的地区间不平衡发展的影响，我国的商标申请和专利申请在地区间呈现出明显的不均衡性，2012 年东部地区的商标注册申请量占全国的 70.18%，专利申请量占全国的 75.58%。而中西部地区的专利申请量和商标注册申请量近年来有较快的增长。

（二） 商标与创新关系的协整研究

在这一部分研究中，本报告采用 1995—2012 年我国核准商标注册申请量（rtm）、专利申请量（patent）和研发（rd）支出相关数据对商标和创新之间的关系进行经验性检验，样本数据来自历年《中国科技统计年鉴》。由于数据的自然对数变换不改变原有的协整关系，并能使其趋势线性化，消除时间序列中存在的异方差影响，因而在分析中，对上述数据均取自然对数。

通过对数据进行协整检验和格兰杰因果检验，结果表明，商标注册与创新活动之间存在着稳定的长期关系。这种关系表明，商标是我国创新保护的重要形式，并显著推动了创新成果的形成。实证结果表明，一方面，R&D 支出每增加 1%，商标申请量将增加 0.869%，说明在我国现实的经济活动中，商标是一种重要的知识产权保护形式。因此，R&D 支出增长使得商标作为创新成果保护的需要而相应增长。另一方面，商标申请量每增加 1%，专利申请量将增加 1.226%，说明商标申请量与专利申请量之间存在长期的均衡关系，商标对企业创新有着积极的推动作用，不仅可以带来创新的范围经济，还可以促进创新成果

协整检验

协整检验（Cointegration Test）的出现是由于非平稳序列很可能出现伪回归，协整的意义就是检验它们的回归方程所描述的因果关系是否是伪回归，即检验变数之间是否存在稳定的关系。所以，非平稳序列的因果关系检验就是协整检验。有些时间序列，虽然它们自身非平稳，但其线性组合却是平稳的。非平稳时间序列的线性组合如果平稳，则这种组合反映了变量之间长期稳定的比例关系，称为协整关系。协整关系表达的是两个线性增长量的稳定的动态均衡关系，更是多个线性增长的经济量相互影响及自身演化的动态均衡关系。协整检验是在时间序列的向量自回归分析的基础上发展起来的空间结构与时间动态相结合的建模方法与理论分析方法。通俗一些讲，比如，如在股票交易过程中，由于交易费用、交易政策等因素会导致股价的非对称调整；国家的货币政策由于制度方面的原因也会对通货膨胀率产生非对称调整行为，协整检验就可以用来描述这些经济变量之间的长期关系。

格兰杰因果检验

格兰杰因果检验为 2003 年诺贝尔经济学奖得主克莱夫·格兰杰（Clive W. J. Granger）所开创，用于分析经济变量之间的格兰杰因果关系。其定义为"依赖于使用过去某些时点上所有信息的最佳最小二乘预测的方差。"通俗些讲，就是通过比较"已知上一时刻所有信息，这一时刻 X 的概率分布情况"和"已知上一时刻除 Y 意外的所有信息，这一时刻 X 的概率分布情况"，来判断 Y 对 X 是否存在因果关系。

向市场价值的转化。这反映在商标增长对专利申请的长期正向促进作用上。

(三) 基于中关村微观企业数据的分析

1. 描述性统计

我们采用 2008—2011 年中关村企业的微观数据对商标和创新之间的关系进行讨论。在剔除商标数据和研发数据缺失的企业观测量后，这里的研究所使用的样本包含 8263 家中关村企业。

在上述中关村样本企业中，有研发活动的企业的平均商标申请量要明显高于无研发活动的企业。其中，无研发活动企业的平均商标申请数量约为 0.41 件，而有研发活动企业的平均商标申请量则达到 1.46 件，是前者的 3.5 倍，说明商标和企业创新活动之间存在显著的关联。

和之前使用全国工业企业进行的统计分析相一致，企业规模和商标战略的重视程度之间呈现出正相关关系：大型企业相比中小型企业要更加重视商标注册。其中，小型企业的平均商标申请量为 0.25 件，中型企业和大型企业的平均商标申请量分别为 0.90 件和 3.16 件，三者有商标申请活动的企业比例则分别为 37%、42%和 49%。这说明，大型企业不仅在商标申请的绝对量上占优，而且从实施商标战略的倾向上来看也要明显高于规模相对较小的企业。将有商标申请的企业比重和有研发活动的企业比重进行比较可以发现，有将近 40%的小型企业有商标申请活动，而进行 R&D 活动的小型企业比重尚不足 10%；这两个比重之间的差距在中型企业和大型企业中则要小得多。

2. 商标和企业研发之间的关系

我们使用 R&D 研究与开发支出来体现企业技术创新上的投入，用注册商标数量作为主要的解释变量，此外还加入了企业规模、所有制和盈利能力作为控制变量。其中，企业规模用总资产来衡量，所有制依照企业注册类型区分了国有企业、外资企业以及非国有内资企业，盈利能力则通过企业利润率来反映。在估计中，注册商标数、规模和盈利能力均滞后一期。具体的计量估计结果如表1—10所示。

表1—10　商标对企业 R&D 支出影响效应的计量估计

	(1) 全样本	(2) 国有	(3) 外资	(4) 非国有内资	(5) 大中型	(6) 小型
注册商标数	1.501***	0.073	40.567***	1.737**	1.577**	2.645***
	(4.905)	(0.217)	(16.794)	(2.532)	(2.413)	(13.534)
总资产	0.000***	0.000	0.000**	0.000***	0.000***	0.000***
	(9.513)	(0.832)	(2.287)	(9.494)	(3.771)	(7.497)
利润率	0.308	0.888	0.518	0.301	1.512	-0.053
	(0.749)	(0.235)	(0.334)	(0.723)	(0.536)	(-0.674)
国有	10.876				-68.890	9.279
	(0.427)				(-1.054)	(0.533)
外资	31.699**				12.650	2.194
	(2.371)				(0.311)	(0.255)
N	20753	499	2160	18094	4590	16163

注：$^*p < 0.10$，$^{**}p < 0.05$，$^{***}p < 0.01$；括号中为 t 值。

从表1—10的结果可以得到以下三个方面的基本结论：

首先，商标对企业技术创新存在着显著的正向推动作用。从全样本的估计结果来看，注册商标数的系数估计值为1.501，并且在统计上显著。这说明，注册商标数每提高1项，可以推动企业 R&D 支出提高1.501万元。

其次，内资企业商标对 R&D 支出的推动效应弱于外资企业。结果表明，国有企业注册商标的系数估计值虽然为正，但是并不显著，这说明对于国有企业而言，商标对技术创新的影响并不明显；外资企业和非国有内资企业注册商标数的系数估计值均在统计上显著，但从系数值大小来看，对于外资企业而言，注册商标数每提高一项，可以推动企业 R&D 支出提高 40.567 万元，而对于非国有内资企业而言，注册商标数每提高一项，则可以推动企业 R&D 支出提高 1.737 万元。从影响效果的对比上来看，内资企业商标对 R&D 支出的推动效应相比于外资企业差距显著。

再次，小型企业商标对 R&D 支出的推动效应强于大中型企业。一方面，大中型企业和小型企业注册商标数的系数估计值均正显著，说明商标在两类企业中均对技术创新有显著的推动作用。另一方面，小型企业注册商标数的系数估计值为 2.645，高于大中型企业的 1.577。这不仅说明小型企业商标对 R&D 支出的推动效应强于大中型企业，而且表明商标对于小型企业的技术创新有更加重要的意义。

3. 商标、创新和企业的市场收益

（1）商标、创新和市场收益

考察商标和企业市场价值之间关系的实证检验显示：①注册商标数的符号为正且显著，系数为 1.703，说明商标对企业的市场收益有显著的促进作用。②注册商标数和 R&D 支出的交互项系数均不显著，说明企业在运用商标的过程中，并未有效发挥商标促进技术创新向市场收益转化的功能。

我们进一步按所有制考察商标对企业市场收益的影响效应，发现非国有企业注册商标数的系数估计值显著为正，而国有企业注册商标

数的系数估计值在统计上不显著；此外，注册商标数和 R&D 支出的交互项的系数对于内资企业而言在统计上不显著，而在外资企业中虽然统计上显著，但在经济上不显著。

综上所述，商标对于企业市场收益有着显著的正向促进作用，且这种效应主要存在于非国有企业；但是，商标和研发支出的交互项并不显著。这暗示着至少本研究的样本而言，企业的商标战略可能并未与技术创新战略紧密有机地结合。

（2）商标、研发和企业市场收益的增长

从系数估计结果来看，注册商标数和 R&D 支出的系数均显著为正，说明商标和 R&D 有助于推动企业市场收益的增长；此外，注册商标数和 R&D 支出的交互项的系数不显著，说明商标并未能够影响 R&D 对企业市场收益增长的促进效果。

进一步按所有制考察了商标对企业市场收益增长的影响效应，结果表明，内资非国有企业注册商标数的系数估计值显著为正，而国有企业和外资企业注册商标数的系数估计值在统计上不显著；此外，注册商标数和 R&D 支出的交互项的系数对于各种所有制类型的企业而言均不显著。

综上所述，商标对于企业市场收益的增长有着显著的正向促进作用，且这种效应主要存在于内资非国有企业；但是，商标与 R&D 支出的交互项不显著。这说明商标尽管本身有助于推动企业市场收益的增长，但企业在运用商标的过程中，可能并未有效地发挥商标推动企业研发向市场收益增长转化的功能。

4. 规模和企业商标参与程度

表 1—11 显示的是企业规模对该企业注册商标影响的计量结果。

从表中可以得到企业规模（用企业的总资产代表）的系数在全样本、国有企业样本或非国有企业样本下均为正，并且在5%的水平下是显著的，说明该指标对企业注册商标呈正向影响，企业规模越大，企业注册商标的可能性越大。

表1—11　企业规模对该企业注册商标的影响

	全样本	发生比 (odds ratio)	国有企业	发生比 (odds ratio)	非国有企业	发生比 (odds ratio)
企业规模	3.78e-07**	1.004**	3.26e-06***	1.033***	3.46e-07**	1.003**
	(1.55e-07)	(1.55e-07)	(1.01e-06)	(1.01e-06)	(1.58e-07)	(1.58e-07)
常数项	-3.901***		-3.498***		-3.906***	
	(0.07)		(0.40)		(0.07)	
观测值	31,704		532		31,172	

注：括号内为标准差；*** p< 0.01，* * p< 0.05，* p< 0.1。

计量结果表明，整体而言，如果企业规模增加一个单位，也就是说总资产增加100万元，企业注册商标的概率将增加30%~40%。

第七章

商标密集型产业与经济发展

一、商标密集型产业对经济发展的作用

当今社会，知识产权日益成为国家发展战略性资源和参与综合国力竞争的核心要素。在此背景下，系统评估我国商标对国民经济社会的贡献日益迫切。国际上通常将根据某些方法测度出商标密度🔍 高于平均水平的行业定义为商标密集型产业，如欧盟、美国等采用单位就业人数的商标数量作为计算商标密度的指标。为更好与一流发达国家知识产权发展对比，特开展我国商标密集型产业对经济影响研

本书中所定义的某一行业的商标密度是指该行业的商标注册数与该行业就业人员数的比值，或者是指该行业的商标注册数与该行业的企业法人数的比值，实际上考察的是某行业中每单位就业人员数所占有的商标数量或每单位企业数所拥有的商标数量。

究，以定量评估的方法研究商标密集型产业对经济的作用，结合宏观经济数据，定量和定性说明商标密集型产业对中国经济做出的杰出贡献。此研究有利于加大全社会对商标的重视程度，增强全社会的品牌意识，为制定推动知识产权开发和利用相关政策提供决策依据。

商标密集型产业对我国经济的发展有以下几个重要的作用：

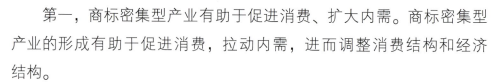

第一，商标密集型产业有助于促进消费、扩大内需。商标密集型产业的形成有助于促进消费，拉动内需，进而调整消费结构和经济结构。

第二，商标密集型产业有助于产业结构升级。在发展农村经济、增加农民收入、推进农业产业化经营、加快产业升级上，商标发挥着关键的纽带作用；在推进制造业内部产业结构转型上，商标发挥着重要的导向作用；在加快提升现代服务业竞争力上，商标发挥着强有力的支撑作用。

第三，商标密集型产业有助于提升对外贸易的国际竞争力。未来的国际竞争，是品牌与商标的竞争，全球化竞争需要全球化的品牌与商标，品牌与商标是打开国内市场的通行证，是通向国际市场的绿卡，全球市场竞争最终的稳定格局是品牌和商标切分市场。也就是说品牌与商标对于形成和提高国际竞争力具有重要作用。

第四，商标密集型产业有助于提升企业竞争力。重视商标战略在国际竞争、企业竞争中的作用，可以提升市场活力，促进市场良性竞争，刺激投资于商标等智力创造的活动持续不断地进行，从而促进技术创新、进步，并能够在一定时期内占领市场主导权和获得超额利润，或者盈利率高于所在产业平均水平盈利率，创造更高的产值附加值，为社会提供更多的就业机会，有能力为企业员工提供更高的薪资水平。

因此，加快商标密集型产业研究，探讨商标与经济发展关系颇显重要。

二、我国商标密集型产业的界定

本报告在国际商标密集型产业定义的基础上，采用 3 种不同的方法综合筛选出我国的商标密集型产业。

（一）数据来源

GDP 贡献考察的数据来源于国家统计局；就业数据主要来源于国家统计局统计年鉴，其补充数据来源于中国劳动统计年鉴。私营单位就业人员数数据来源于国家工商总局。

在对贸易影响研究中，考虑到海关采取的 **HS Code 编码** 与行业分类编码区别较大，且不具有明显的对应关系，故采用各行业的出口交货值数据来研究商标密集型产业的对外贸易的贡献度。

HS Code 编码

即海关编码，为编码协调制度的简称。其全称为《商品名称及编码协调制度的国际公约》(International Convention for Harmonized Commodity Description and Coding System)。1983 年 6 月海关合作理事会（现名世界海关组织）主持制定的一部供海关、统计、进出口管理及与国际贸易有关各方共同使用的商品分类编码体系。HS 编码"协调"涵盖了《海关合作理事会税则商品分类目录》(CCCN) 和联合国的《国际贸易标准分类》(SITC) 两大分类编码体系，是系统的、多用途的国际贸易商品分类体系。它除了用于海关税则和贸易统计外，对运输商品的计费、统计、计算机数据传递、国际贸易单证简化以及普遍优惠制税号的利用等方面，都提供了一套可使用的国际贸易商品分类体系。从 1992 年 1 月 1 日起，中国进出口税则采用 HS 编码，目前全球贸易量 98% 以上使用这一目录，已成为国际贸易的一种标准语言。

此外，本报告还从历年的《中国统计年鉴》、《中国工业经济统计年鉴》、《中国基本单位统计年鉴》、《中国人口和就业统计年鉴》、《中国贸易外经统计年鉴》等年鉴资料获取其补充数据。

涉及商标和市场主体的基本信息的数据均来源于国家工商总局。

（二）商标密集型产业的界定方法及分析

1. 基于市场主体与行业类别匹配法的商标密度

借鉴《知识产权和美国经济：产业聚焦》[1] 报告中所使用的高专利（商标）密集度产业划分计量法并结合中国的实际，我们采用两种不同的指标去衡量商标密度。我们定义某一行业的商标密度为该行业的商标注册数与该行业就业人员数的比值或者为商标注册数与该行业的企业法人数的比值，实际上考察的是某行业中每单位就业人员数所占有的商标数量和每单位企业数所拥有的商标数量。

（1）就业数据密度值

所谓商标密度，是指按照一个行业中 2009—2012 年的商标注册总数的均值，除以该行业这 4 年的平均就业人员数，即：

$$某行业的商标密度 = \frac{该行业 2009—2012 年商标注册量总和/4}{该行业 2009—2012 年就业人数总和/4}$$

计算出 96 个行业的商标密度值，然后再计算出行业总体的商标密度平均水平为 2.68 个商标每千人。那么，96 个行业大类中大于平均水平的则认定为商标密集型产业，共找出 39 个商标密集型产业。其中，食品制造业（12.7885 件/千人）、资本市场服务（11.3735 件/千人）、科技推广和应用服务业（10.8693 件/千人）三个行业排名前三。

（2）企业数数据密度值

首先，根据之前匹配的数据，得到 2009—2012 年 96 个行业大类的商标注册量数据以及各行业企业法人数数据。为了找出商标密集型

---

[1] Economics and Statistics administration and United States Patent and Trademark Office. "INTELLECTUAL PROPERTY AND THE U.S. ECONOMY: INDUSTRIES IN FOCUS". 2012-03.

产业，根据公式：

$$某行业的商标密度 = \frac{该行业 2009—2012 年商标注册量总和/4}{该行业 2009—2012 年企业法人数总和/4}$$

计算出 96 个行业的商标密度值，然后再计算出行业总体的商标密度平均水平为 0.0794 个商标/企业法人。那么，96 个行业大类中大于平均水平的则认定为商标密集型产业，共找出 34 个商标密集型产业。其中，烟草制品业（2.1971 件/法人）、资本市场服务（0.9159 件/法人）、航空运输业（0.6726 件/法人）三个行业排名前三。

2. 绝对申请量法

绝对申请量法主要是通过筛选出每一年度注册商标数量最多的 500 户企业，确定其归属的行业大类，以此统计 2009—2012 年间企业所属行业出现的次数。为了能进一步分析商标密集产业的发展以及确保方法的稳健性，以 2008 年为界（主要考虑金融危机的影响）分为两个时间段：2004—2008 年和 2009—2012 年，分别进行计算对比。为了能统一量纲，并与其他两种方法相对应，我们将统计出来的各行业出现的次数，首先通过公式将其标准化，然后借助 NORM. DIST 函数

NORM. DTST 函数

是指返回指定平均值和标准偏差的正态分布函数。此函数在统计方面应用范围广泛（包括假设检验）。这个函数能建立起一定数据频率分布直方与该数据平均值和标准差所确定的正态分布数据的对照关系。通俗些说就是表示一种常态分布，它是连续随机变量概率分布的一种，自然界、人类社会、心理和教育中大量现象均按这种正态形式分布，例如能力的高低，学生成绩的好坏等都属于正态分布。

标准化后的值转化到 0 与 1 之间，结果 2004—2008 年超过平均值 0.4492 的行业主要有 32 个；2009—2012 年间超过平均值 0.4537 的行业主要有 35 个，其中批发业（1.00），纺织服装、服饰业（0.96），零售业（0.95）三个行业排名前三。

3. 基于商标类似群与行业类别匹配法的商标密度

第一种计算商标密度的方法是基于第一种匹配的方法，由于第一种方法关联了企业层面的数据，所以存在一定程度上由于企业数据缺失而导致的商标数据损失。所以，本方法采用商标注册类似群与国民经济行业分类直接对应的方法对商标所属行业进行直接的匹配。计算得出，行业总体的商标密度平均水平为 2.71 个商标每千人。那么，96 个行业大类中大于平均水平的则认定为商标密集型产业，共找出 35 个商标密集型产业。其中，娱乐业（43.54 件/千人），金属制品、机械和设备修理业（34.86 件/千人），食品制造业（22.29 件/千人）三个行业排名前三。

（三）我国商标密集型产业的确定

为了能统一量纲，我们将每种方法计算出的数据指标首先通过公式将其标准化，然后借助 NORM. DIST 函数将标准化后的值转化到 0 与 1 区间之间，最后再利用比例加权法得到最终排名结果。其中，按照就业数据计算的基于市场主体与行业类别匹配法的商标密度赋予 70% 的比重，按照企业数数据计算的基于市场主体与行业类别匹配法的商标密度赋予 10% 的比重，绝对申请量法赋予 10% 的比重，基于商标类似群与行业类别匹配法的商标密度占 10% 的比重。我们认定高于最终得分值均值的行业为商标密集型产业，共筛选出 40 个商标密集型产业，具体见下表：

表 1—12　商标密集型产业计算测算结果①

行业大类代码	行业名称	最终得分值（7∶1∶1∶1）
01	农业	0.470
04	渔业	0.614
13	农副食品加工业	0.749
14	食品制造业	0.960
15	酒、饮料和精制茶制造业	0.536
16	烟草制品业	0.586
18	纺织服装、服饰业	0.703
19	皮革、毛皮、羽毛及其制品和制鞋业	0.596
20	木材加工和木、竹、藤、棕、草制品业	0.606
21	家具制造业	0.855
24	文教、工美、体育和娱乐用品制造业	0.792
26	化学原料和化学制品制造业	0.798
27	医药制造业	0.900
29	橡胶和塑料制品业	0.485
33	金属制品业	0.634
34	通用设备制造业	0.503
35	专用设备制造业	0.483
36	汽车制造业	0.705
37	铁路、船舶、航空航天和其他运输设备制造业	0.736
38	电气机械和器材制造业	0.731

---

① 计算商标密集型时农业和渔业从业人员未包含农村人口，因此商标密度得分会有所偏高。

行业大类代码	行业名称	最终得分值 （7：1：1：1）
40	仪器仪表制造业	0.736
41	其他制造业	0.623
43	金属制品、机械和设备修理业	0.617
51	批发业	0.773
52	零售业	0.551
56	航空运输业	0.466
64	互联网和相关服务	0.780
65	软件和信息技术服务业	0.845
67	资本市场服务	0.877
69	其他金融业	0.870
72	商务服务业	0.776
73	研究和试验发展	0.840
74	专业技术服务业	0.619
75	科技推广和应用服务业	0.853
80	机动车、电子产品和日用产品修理业	0.468
81	其他服务业	0.560
86	广播、电视、电影和影视录音制作业	0.644
87	文化艺术业	0.805
88	体育	0.716
89	娱乐业	0.566

三、商标密集型产业对经济发展的贡献

1. 国内商标密集型产业与 GDP 贡献

从 2009—2012 年，我国主要的商标密集型产业增加值合计 60.82

万亿元，占当期国内生产总值（GDP）的 35.11%。自 2009 年以来，商标密集型产业增加值占 GDP 的比重逐年提高，到 2012 年商标密集型产业的增加值已经达到 19.18 万亿元，GDP 占比 36.40%。另外，从商标密集型产业的增加值的增速来看，四年的平均增长率为 18.30%，要明显高于国内生产总值的年均增长速度，这也说明 2009—2012 年，商标密集型产业对国内生产总值的拉动作用是显著的，其对国内生产总值的贡献率要优于非商标密集型产业（见表 1—13）。

表 1—13　主要商标密集型产业的增加值及 GDP 占比（单位：亿元）

年份	2009 年	2010 年	2011 年	2012 年	四年合计
商标密集型产业增加值	115863.1	138835.2	161693.5	191832.8	608224.6
全国 GDP	340902.8	401512.8	473104.0	518942.1	1734461.7
占比	34.027%	34.619%	34.242%	36.998%	35.112%

2. 国内商标密集型产业与就业

从就业看，2009—2012 年商标密集型产业所创造的就业绝对数量稳步提升，2012 年末商标密集型产业的城镇单位和私营单位总就业人员数达到 10826.0 万人，占到全部城镇、私营单位就业人数的 44.51%。这四年当中，平均每年可创造 9414.87 万人的就业机会，占全部城镇、私营单位就业人数的 45.61%（见表 1—14）。

表 1—14　商标密集型产业的就业及占比（单位：万人）

年份	2009 年	2010 年	2011 年	2012 年	四年合计
商标密集型产业就业	8231.8	8834.4	9767.4	10826.0	37659.5

续表

年份	2009 年	2010 年	2011 年	2012 年	四年合计
全国就业	18173.5	19207.3	20859.4	24324.7	82564.8
占比	45.296%	45.995%	46.825%	44.506%	45.612%

具体地说，商标密集型产业创造就业机会排名前 10 位的行业分别为批发业，零售业，商务服务业，纺织服装、服饰业，通用设备制造业，酒、饮料和精制茶制造业，电气机械和器材制造业，金属制品业，化学原料和化学制品制造业，专用设备制造业。从排名前 10 位的行业分布来看，前 3 名属于第三产业，后 7 名属于第二产业工业行业，这也从侧面反映出近年来我国成长为工业制造业大国和第三产业及相关高新技术、创新产业的迅速成长壮大，与商标作用的发挥与保护、商标密集型产业的迅速发展有着密切的联系。

3. 国内商标密集型产业与薪资水平

从 2009—2012 年间商标密集型产业城镇单位就业人员的平均工资看，均明显高于非商标密集型产业的薪资水平，并且商标密集型产业的平均工资水平有稳步上升的趋势。2012 年商标密集型产业相对于非商标密集型产业的 "工资溢价 " 水平为 18.46%，而在这四年当中，"工资溢价" 最高可达 21.11%，四年的平均溢价水平为 19.60%。商标密集型产业的就业员工相对于非商标密集型产业来说，具有更高的人力资本回报，这也是商标密集型产业经济作

> **工作溢价** 🔍
>
> 工作溢价表示雇员基本薪酬之间的差异以及雇主愿意为具备他们需要的技能的员工支付的价钱。比如，那些传统意义上的"低端职位"（如清洁工人），由于职业"声誉"不好，或者工作太辛苦，被有更多选择空间的劳动者所摒弃，雇主需要有更高的薪水来吸引，这就是工资的"溢价"。

用的进一步体现（见图1—32）。

图1—32　商标密集型产业与非密集型产业薪资水平（单位：元）

4. 国内商标密集型产业与外贸

从2009—2011年三年平均看，商标密集型产业工业企业的出口交货值占出口总额的比例平均为71.18%，这反映出商标密集型产业充当了我国出口的主力军，也说明商标的作用价值在国际出口贸易的竞争中扮演了很重要的角色。通过考察商标密集型产业和非商标密集型产业的出口交货值占工业销售产值比重的动态变化情况，可以看出，自2009年以来商标密集型产业的出口交货值占销售产值比重历年均高于非商标密集型产业，前者约为后者的3.6倍，表明商标密集型产业的产品比非商标密集型产业的产品具有更高的产品出口水平和更强的国际出口竞争力（见图1—33）。

5. 商标密集型产业经济贡献的国际比较

根据表1—15的数据显示，在综合对比了欧盟、美国和我国的经济贡献指标后发现，中国的商标密集型产业相对非商标密集型产业的

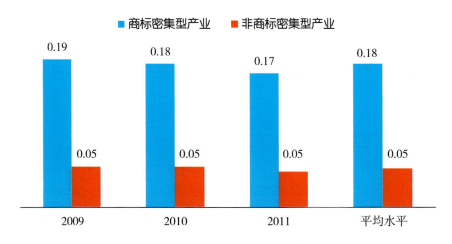

图1—33 工业产业出口交货值占销售产值比重动态比较

薪资溢价高出的不多。可能的原因是欧美国家更加重视商标等知识产权的战略地位，商标等知识产权体系保护发展的更为完善，所以在欧美国家商标密集型产业的薪资水平要比非商标密集型产业高出较多，但是在中国商标战略、意识、保护水平可能都不如发达国家，所以商标密集型产业相对于非商标密集型产业的发达水平并不明显，导致其薪资溢价水平比较低；此外，由于我国商标密集型产业企业中具有高国内外知名度的品牌不多，大部分从规模、品牌和实力上仍处于发展阶段，因此会导致两者对比差异不大明显。

表1—15 商标密集型产业经济贡献的国际比较

国家	GDP 贡献率	就业贡献率	薪资溢价比
欧盟	34%	21%	42%
美国	31%	15.7%	36%
中国	35.1%	45.6%	19.6%

另一方面，由于欧盟、美国的研究数据可以达到 4 位行业，但是中国的商标密集型产业研究由于数据有限只能精确到 2 位行业，所以在统计 GDP 和就业的时候，难免会导致部分的高估。

根据数据研究，我国商标密集型产业存在高 GDP 贡献率、高就业贡献率和比较明显的工资溢价水平，同时商标密集型产业对对外贸易也有较大的贡献。

四、我国商标密集型产业发展及其特征

1. 仍然处于发展初期

目前确定的 40 个商标密集型产业看，其中仍不乏劳动密集型产业，也包含大量资本密集型产业，还包括部分知识密集型产业。但从欧盟和美国的商标密集型产业呈现的态势来看，其主要分布在资本密集型产业和知识密集型产业中。随着我国经济结构转型升级，我国商标密集型产业将会继续将向资本密集型产业及知识密集型产业方向聚合。

2. 普遍市场化程度较高

从现有的 40 个商标密集型产业可以看出，大部分产业处于产业价值链下游，进入门槛不高，市场竞争主体较多，直接面对大众市场，因此竞争也较为激烈。例如，市场化程度较高的零售业，汽车业，食品制造业，酒、饮料和精制茶制造业，家具制造，计算机，通信和其他电子设备制造业，软件和信息技术服务业等。

3. 具有较多高价值品牌

从 2012 年世界品牌实验室 发布的中国品牌 500 强数据来看，中国品牌 500 强企业中 72% 分布在商标密集型产业中。从 2012 年世界品牌排行榜上也可以看到，入围前 500 强的中国企业品牌有 23 家，除去石油、电信、电力和银行业的上榜企业，中央电视台、联想、海尔、华为、长虹、中国国际航空、青岛啤酒、人民日报、中国中化、中信集团等企业都属于商标密集型产业类别。

世界品牌实验室（World Brand Lab）是一家国际化、专业性的品牌研究机构，总部在美国纽约，由 1999 年诺贝尔经济学奖得主、"欧元之父"罗伯特·蒙代尔（Robert Mundell）教授担任主席。世界品牌实验室每年发布"中国 500 最具价值品牌"、"亚洲品牌 500 强"和"世界品牌 500 强"系列榜单，其专家和顾问来自美国哈佛大学、耶鲁大学、英国牛津大学、剑桥大学等世界顶级学府，其研究成果已经成为许多企业并购过程中无形资产评估的重要依据，由其独创的评估方法"品牌附加值"（BVA）评估模型得到企业界和金融界普遍认可。世界品牌实验室按照品牌影响力的三项关键指标：市场占有率（Share of Market）、品牌忠诚度（Brand Loyalty）和全球领导力（Global Leadership）对世界级品牌进行评分，每年经过对全球几千个知名品牌的调查分析和评估，最终推出当年世界最具影响力的 500 个品牌。

4. 吸纳就业能力较强

近四年，所有商标密集型行业所吸纳的就业人数平均值高于全行业整体平均水平（前者平均水平为 235.4 万人，后者为 215.0 万人），这说明在平均意义上商标密集型产业的就业吸纳能力要略高于全产业平均水平。但具体不同商标密集型产业间存在差异。

5. 整体利润率水平较高

以第二产业的行业整体利润率进行比较,可以看出,20 个第二产业密集型产业的其中 18 个行业净利润率都超过 5%(除 29 橡胶和塑料制品业净利润率 3% 和 37 铁路、船舶、航空航天和其他运输设备制造业净利润率 4% 外)。各主要商标密集型产业各年的净利润率水平变化不大,整体平均净利润率水平偏高。平均净利润率水平超过 10% 的行业有 C16 烟草制品业、C27 医药制造业、C15 酒、饮料和精制茶制造业;而第三产业中公布数据的 51 批发业净利润率也有 6%,F52 零售业净利润率超过 10%。

6. 产业商标量仍然偏低

从高水平的商标密集型产业发展来看,我国还与发达国家存在较大差异。我国的商标密集型产业强度最大值为 12.79 个商标每千人,而美国是 82.5 个商标每千人。其最高的四个产业:音像设备制造(82.5 个商标每千人),其他制造业(64.5 个商标每千人),卫星通信(35.3 个商标每千人)和非金融无形资产租赁(33.3 个商标每千人)的商标强度远高于其他产业。从欧盟的商标密度的绝对数量来看,排名第一的"知识产权及类似产品的出租"行业的商标密度为 212.22 个商标每千人,要远高于中国的最高水平,而且从排名前 20 来看,其绝对水平也要高于中国。

地理标志商标与区域经济发展研究

一、我国地理标志制度

我国地理标志制度是一种"混合型"制度，国家工商总局商标局、国家质检总局、农业部三部门进行的地理标志登记注册工作。截至 2014 年 6 月底，国家工商总局商标局已初步审定及注册 2452 件地理标志商标，国家质检总局登记 1556 个地理标志产品，农业部登记 1410 个农产品地理标志。根据中郡研究所第三次发布的《中国地理标志发展报告》显示，有 0.71% 的地理标志在三部门同时注册。

我国《商标法》对地理标志进行了专门规定：地理标志是指标示某商品来源于某地区，该商品的特定质量、信誉或者其他特征，主要由该地区的自然因素或者人文因素所决定的标志。地理标志商标的法律保护层次最高，高于部门规章，若结合地理标志商标运用和管理相关制度和措施的跟进，可以具有更大的吸引力，发挥更大的作用。

二、地理标志商标注册基本情况

（一）地理标志商标数量与产值

截至 2014 年 6 月底，国家工商总局商标局已初步审定及注册 2452

件地理标志商标。由于存在同一产品注册多个商标，经整理后，对应的地理标志产品数量是 2170 个，本文分析以地理标志产品数为基础，表述上地理标志与地理标志商标有时可以通用。

2013 年，地理标志总产值达 11640.88 亿元，比 2010 年总产值 6804.75 亿元[①]增长 71.07%；地理标志产品平均产值为 5.36 亿，比 2010 年的平均产值 4.65 亿元增长 15.27%。

（二）地理标志商标分类别情况

地理标志在十个产品类别中数量平均值为 217 个，在平均数以上的产品类别有 3 个，平均数以下的有 7 个。地理标志数量最多的三个产品类别分别是果品类（522 个）、蔬菜类（325 个）和畜禽品类（262 个）。

十个产品类别的地理标志总产值平均值为 1164.08 亿元，总产值在平均值以上的产品类别有 3 个，平均值以下的有 7 个。地理标志总产值最大的三个产品类别是果品类（2605.72 亿元）、其他类（2042.54 亿元）和粮油类（1413.24 亿元）。

全国地理标志平均产值为 5.36 亿元，平均产值高于全国平均产值的产品类别有 5 个，低于全国平均产值的有 5 个。地理标志产值平均值最大的三个产品类别是其他类（14.69 亿元）、酒类（8.87 亿元）和粮油类（6.54 亿元）。

十个产品类别地理标志数量和产值情况见表 1—16 和图 1—34。

---

① 来源：刘福刚，中国地理标志发展报告 2013 [M]，北京：中国大地出版社，2013.9。

表 1—16　地理标志分产品类别表

产品分类	数量（个）		总产值（亿元）		平均产值（亿元）	
	数值	排序	数值	排序	数值	排序
茶叶类	174	7	1117.11	5	6.42	4
畜禽品类	262	3	928.87	7	3.55	8
果品类	522	1	2605.72	1	4.99	6
酒类	18	10	159.66	10	8.87	2
粮油类	216	4	1413.24	3	6.54	3
其他类	139	9	2042.54	2	14.69	1
食品类	175	6	613.81	9	3.51	10
蔬菜类	325	2	1143.22	4	3.52	9
水产品类	177	5	958.73	6	5.42	5
药材类	162	8	657.98	8	4.06	7

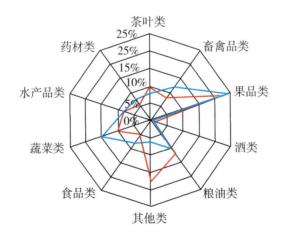

图 1—34　地理标志分类别数量和产值雷达图

（三）地理标志商标分省市区情况

我国 31 个省市区的地理标志平均数为 70 个，在平均数以上的省市区有 10 个，平均数以下的有 21 个。截至 2014 年上半年，地理标志数量最多的三个省市区是山东（364 个）、福建（204 个）和重庆（167 个）。

31 个省市区的地理标志总产值的平均值为 375.51 亿元，总产值在平均值以上的省市区有 10 个，平均值以下的有 21 个。地理标志总产值最大的三个省是山东（1719.79 亿元）、湖南（1068.86 亿元）和福建（1063.85 亿元）。

地理标志平均产值为 5.36 亿元，平均产值在平均值以上的省市区有 12 个，平均值以下的有 19 个。地理标志平均产值最大的三个省市区是湖南（14.85 亿元）、宁夏（14.29 亿元）、河北（10.57 亿元）。

全国 31 个省市区地理标志数量情况见表 1—17。

表 1—17　省市区地理标志数量产值表

省市区	数量（个）		总产值（亿元）		平均产值（亿元）	
	数值	排序	数值	排序	数值	排序
安徽	64	11	288.62	15	4.51	22
北京	8	31	22.14	29	2.77	27
福建	204	2	1063.85	3	5.21	14
甘肃	48	14	275.03	16	5.73	12
广东	32	20	163	23	5.09	16
广西	24	25	115.94	24	4.83	19
贵州	43	15	225.04	19	5.23	13

续表

省市区	数量（个）		总产值（亿元）		平均产值（亿元）	
	数值	排序	数值	排序	数值	排序
海南	11	29	67.82	26	6.17	11
河北	29	22	306.67	13	10.57	3
河南	39	18	260.55	17	6.68	8
黑龙江	35	19	346.47	11	9.90	4
湖北	146	4	527.22	9	3.61	25
湖南	72	10	1068.86	2	14.85	1
吉林	42	16	203.26	20	4.84	18
江苏	115	7	578.31	8	5.03	17
江西	41	17	289.25	14	7.05	7
辽宁	85	9	670.82	4	7.89	5
内蒙古	28	24	197.94	22	7.07	6
宁夏	14	27	200.06	21	14.29	2
青海	29	23	41.91	27	1.45	30
山东	364	1	1719.79	1	4.72	21
山西	31	21	102.16	25	3.30	26
陕西	53	12	341.79	12	6.45	9
上海	12	28	21.55	30	1.80	29
四川	119	6	617.17	5	5.19	15
天津	19	26	14.79	31	0.78	31
西藏	10	30	41.45	28	4.15	24
新疆	50	13	241.19	18	4.82	20

续表

省市区	数量（个）		总产值（亿元）		平均产值（亿元）	
	数值	排序	数值	排序	数值	排序
云南	95	8	610.17	6	6.42	10
浙江	141	5	592.22	7	4.20	23
重庆	167	3	425.84	10	2.55	28

三、地理标志商标运用和管理基本情况

课题研究中，专门设计出《地理标志商标与区域经济发展调查表》。调查表由国家工商总局商标局下发通知，课题组执行。课题组得到反馈调查表格 2032 份，回收率 93.64%，总体而言调查表回收率比较高。

本课题通过系统调查和统计分析《地理标志商标与区域经济发展调查表》，摸清了全国地理标志商标运用和管理基本情况：

1. 地理标志的国际注册

调查发现，地理标志商标在国际注册的样本数有 16 个，其中，安溪铁观音、安吉白茶、平和琯溪蜜柚等三个地理标志注册国家数量较多。从注册类别来看，茶叶类在国外的注册数量较多；从注册国家看，地理标志主要都集中在马德里体系成员国。我国也有被国外抢注的地理标志，分别是苍溪红心猕猴桃（果品类）、镇江香醋（食品类）、桂林米粉（食品类），抢注国家（地区）主要是欧盟、韩国。

2. 地理标志商标许可使用

地理标志商标运用正常的比例是 85%，反映出大部分地理标志商

标运用正常，但还存在 15% 的无实体和未运用的情况。经调查，地理标志商标运用不正常的情况，原因主要有商标刚注册、生产经营以农户为主、行政事业单位调整、无人管理、企业不配合、产业风险等情况。

3. 地理标志商标的富民效应

地理标志的富民效应非常强，就业多增收多等级的占比最大，达到 58.44%，较大等级的比例是 28.84%；地理标志商标注册前后价格平均提高了 50.11%；来自地理标志收入占到当地农民总收入的 65.94%。

4. 地理标志商标与区域经济发展

地理标志带动相关产业发展的产值带动比达到 1：5.20，就业带动比达到 1：3.34，已有 53.38% 的地理标志成为区域经济支柱产业。

5. 地理标志市场状况

经统计，我国地理标志市场区域在本县的占 10.50%，本省的占 20.21%，全国的占 56.81%，国际的占 12.48%；市场销售情况非常好的占 41.12%，销售情况较好的占 49.66%，销售情况一般的占 8.64%，销售情况较差的占 0.26%，销售情况非常差、销售困难的占 0.32%；市场秩序好无假冒的占 42.17%，较好的占 39.87%，一般的占 11.38%，较差的占 5.08%，非常混乱的占 1.50%；有统一市场宣传的为 62.07%，没有统一市场宣传的为 37.93%，市场宣传工作存在力度不够、频次不高等现象，仍需要加大宣传，提高大众的地理标志意识。

6. 地理标志商标运用管理与政府推动

经统计，地理标志商标运用和管理效果很好的占 31.58%，效果明显的占 50.89%，效果不明显的占 15.49%，效果不好的占 2.04%。政府设立专门推动机构的有 60.48%，推动机构的组织形式主要是地方品牌管理办公室、农业局、畜牧局以及产业化办公室（领导小组）等机构；实施财政、金融等支持或奖励政策的有 47.19%，政策主要是注册地理标志商标奖励、财政扶持、补助、贷款低息（免息）等方面支持。

在地理标志商标运用和管理工作中，要本着"发挥市场在资源配置中的决定性作用和更好发挥政府作用"的精神，结合地理标志权益的区域性和市场组织化程度不高的现实，处理"政府、协会、企业、农户"的关系。地方政府发挥推动作用，企业起到市场主体作用，建立利益协调机制，推动地理标志可持续发展。

四、地理标志商标与区域经济发展的关系

（一）理论研究

地理标志商标标示产品产地、品质和声誉，是一种知识产权；地理标志总是与一定的地域相关联，独特的地域自然因素和人文因素决定地理标志的独特品质和声誉；地理标志的独特品质和声誉根植于一定地域的资源禀赋，并构成地理标志比较优势；地理标志比较优势转化为市场竞争优势后，具有市场活力和市场竞争力的地理标志产业进而形成；具有竞争力的地理标志产业成为区域经济的增长极；通过增长极的极化作用与主导产业的集聚作用，在区域内形成以地理标志产业为核心的产业集群；产业集群有机组合相关产业，促使区域经济资源优化配置，促使区域经济产业结构向合理化与高级化方向调整，实现区域经济产业结构优化升级；区域经济产业结构的优化升级是推动

区域经济可持续发展的不竭动力。

基于对地理标志商标与区域经济发展的基础理论梳理，形成以下认识：地理标志商标通过五个方面的综合效应影响区域经济发展。第一，地理标志商标是一种知识产权，标示着产品独特品质和声誉，关联着特定地域自然因素和人文因素，内涵信息丰富，提高消费信息对称性，形成比较好的价格效应，具有比较优势。地理标志的比较优势是地理标志商标影响区域经济发展的基础；第二，发挥政府推动作用，强化地理标志商标的运用和监管；第三，企业强化地理标志商标的市场组织能力，提高市场竞争力，发挥市场在资源配置中的决定性作用；第四，地理标志商标在农村就业、农民增收方面具有富农效应，调动更多社会力量加入到地理标志产业，进一步加快地理标志产业发展；第五，地理标志产业成为区域经济发展的新增长极，成长为区域经济发展的主导产业，形成产业集群，具有集群作用，促进区域经济产业结构优化升级，影响区域经济发展。

(二) 实证研究

经实证研究，全国地理标志商标与区域经济发展影响指数高达0.306，影响力增强，影响面扩大。说明在已注册和运用地理标志商标的全国952个县市区旗中，地理标志商标对当地就业、居民增收和经济发展的综合贡献率和影响程度超过30%。

影响指数最高的三个县是平和县、洛川县和浏阳市。其地理标志数量多，经济价值大。如平和县有平和琯溪蜜柚、平和红柚、平和白芽奇兰等15个地理标志，浏阳花炮的产值已接近200亿。地理标志已成为县域经济的主导产业，对产业、就业、增收、财政贡献等县域经济发展的综合影响程度非常高。

进一步研究发现，2012 年地理标志商标与区域经济发展影响指数比 2011 年高，显示出我国地理标志商标对区域经济发展的影响力在增强。并且，2012 年有 60.13% 的影响指数提高了，显示出地理标志商标对区域经济发展的影响面在扩大。

总体上看，我国地理标志商标与区域经济发展影响指数数值比较大，并且呈现增加趋势，地理标志商标对区域经济发展的影响力在增强，影响面在扩大，地理标志商标在区域经济发展中的作用不断提高。

五、地理标志商标与区域经济发展实地调研

为深入了解全国地理标志商标运用与管理情况，本课题安排了对迁西板栗、东台西瓜、浏阳花炮、郫县豆瓣 4 个地理标志商标进行实地调研。

在实地调研的 4 个地理标志中，地理标志已成为县域经济的支柱产业。"浏阳花炮" 现有生产企业 958 家，其中花炮企业集团公司 13 家，上市公司 2 家，产能占全国总量的 70%，出口额占全国的 60%，内销占全国的 50%，产业集群吸纳就业人口约 30 万人；2013 年在郫县具有 "郫县豆瓣" 证明商标使用资格的企业达到 78 家，实现工业产值 75 亿元；"东台西瓜" 地理标志商标 2014 年许可使用面积达到 4.78 万亩，销售价格比同类产品每市斤高出 0.1 元至 0.2 元不等，以 2013 年产量 104 万吨计算，"东台西瓜" 为当地瓜农多带来直接经济收益至少达到 20800 万元；2013 年 "迁西板栗" 产业实现产值 6.2 亿元，产量达 5650 万公斤，近几年来迁西板栗产业吸引就业人员稳定在 28 万人，占全县总人口的 72%。

　　在实地调研的 4 个地理标志中，地理标志商标运用与管理已取得了一些成绩，积累了一些经验，但还存在一些不足，需要改进。第一，地理标志商标的组织管理力度要进一步加强，需要变被动管理为主动服务。调研的 4 个县市的工商行政管理部门参与地理标志商标管理的力度需要加强，同时地理标志产业管理部门和协会不仅要加强地理标志认证管理，更要加强对地理标志企业的市场服务。第二，地理标志商标宣传和市场打假工作有待进一步加强。社会对地理标志商标认识不足，需要加大宣传力度。如"郫县豆瓣"近几年来出现侵权案件 50 余起，涉案金额 300 余万元，涉案标识 800 余万套（张）。第三，地理标志发展涉及多方工作，需要协调推进。一是运用和管理涉及的工作任务会成倍增加以及产品成本增加，二是如果管理不到位，则会导致"劣币驱逐良币"。如"浏阳花炮"在大力开发国内市场时，如果市场监管没有及时跟上，就会出现假冒产品。

政策建议

一、全方位营造商标品牌发展的良好环境

（一）进一步完善商标立法与政策

政策法规在商标发展中起着提纲挈领的示范指导作用。应积极贯彻落实国家知识产权战略、新《商标法》等相关政策法规，普及、培养和鼓励商标意识的形成，使商标意识深入人心，为商标的培育和发展积极营造有利的法制环境、政策环境和市场环境。同时对相关政策的实施效果进行跟踪、分析和评估，根据市场环境和经济形势的发展变化及时修改完善相关法规。不断改进和完善我国的商标战略，加强理论创新和实践研究，创新工作方法。同时参考吸收世界其他国家的成功经验，推动我国商标战略扎实稳固发展。

（二）进一步优化商标注册流程

政府应进一步健全和完善商标审查体系，使其更加便捷高效；进一步改进工作思路，创新工作方法，优化商标审查协作机制，完善商标审查标准，提高商标审查效率和审查质量；进一步优化商标注册申请流程，以适应新形势下市场对商标审查注册工作提出的更高要求。

应该大幅增加人力、财力和物力方面的投入，缓解商标审查注册部门超负荷工作的状况。

（三）进一步提高企业商标运用的积极性

商标的价值要通过对其的运用发挥出来，并服务于企业的发展。因此，要继续做好商标使用许可备案、质权登记、转让、续展等方面的工作，积极推动构建商标价值评估体系，保证企业对商标充分合理的运用。要简化办事程序，缩短办理时间，为商标注册人提供高效服务，以提高运用商标的积极性。要提高企业的商标管理意识，引导企业加强产品创新和技术研发投入，鼓励企业通过虚拟经营、委托加工、许可加工等品牌经营模式创新，提升品牌价值。

（四）进一步加强商标保护工作

首先，加强商标行政执法，保护商标注册人的合法权益。加强商标行政执法，提高行政执法效率和水平，严惩侵犯商标专用权的不法分子，维护商标注册人的合法权益。同时，要积极改进工作方法，适应新时期、新形势下的市场环境，改善商标行政执法环境。

其次，把商标的国家保护和企业自主保护有机结合起来，促进品牌的发展。同时，要引导企业提高品牌自我保护能力，加强经营者的品牌意识，促进企业实施适合自身情况的商标品牌战略。

再次，建立健全信用监管机制，将实施商标假冒侵权行为的法人信息记入诚信档案并上传至诚信档案共享平台。同时还要完善行政执法与司法的衔接机制，健全衔接机制的组织保障，完善信息共享机制建设，保护商标注册人的合法权益。

（五）进一步做好商标管理和数据整合

一是分层次做好商标品牌管理工作。

在企业层面，进一步推动企业完善管理制度，为企业的商标品牌运用和商标品牌战略的实施提供便利和指导，简化行政程序，提高管理效率；要进一步加大商标行政执法力度，为企业提供良好的发展环境。

在区域层面，进一步加强和完善对区域品牌的管理，规范区域品牌的运用，借助区域行业协会等组织对区域内的同质或相似企业进行引导，发挥地方政府在商标战略中的作用，促进区域内企业的协同发展和差异化发展。

在国家层面，加大知识产权保护力度，保持对商标假冒侵权行为的高压态势，肃清市场的"山寨"之风；加强政策的引导力，鼓励创新，提高国家品牌的影响力。

二是加强商标数据的整合与分析。

通过整合工商系统内部的市场主体数据库与商标数据库，及时掌握经济发展热点动向，获知各地新兴产业的发展动向，为地方商标管理部门更有针对性地开展重点区域、重点产业的商标培育工作提供可靠依据。通过整合市场主体数据库与商标数据库，可以掌握市场主体注册商标的有效期限、商品核定范围、注册人名称、地址等信息，做好提醒服务，督促市场主体按时做好商标的续展、变更等工作。可以考虑通过12315消费维权数据库与商标数据库的整合，获取存在质量纠纷的商品和服务信息，有助于监督企业改善商品和服务质量，维护品牌价值。

（六）进一步加强《商标法》及商标战略的宣传

应通过各种手段积极宣传新《商标法》，使其深入人心，使市场参与者知法、守法、用法。还应加大对商标战略的宣传力度，引导企业制定和实施商标战略。通过各种手段宣传商标战略的意义，培养企业的商标战略意识，开设专门的培训班或者派出专业的指导人员，为企业制定和实施商标战略提供积极的引导和专业的咨询，促进企业发展壮大。

二、加强商标品牌建设和运用，推动产业升级和经济发展

（一）围绕区域和产业发展特色，以品牌带动发展

1. 引导相关产业企业及时注册商标，通过相关政策鼓励企业积极运用商标、树立品牌，加大品牌建设方面的投入。比如鼓励企业在影响力较大的国家级及省级电视台、电台及报刊上宣传品牌商标等。

2. 商标的运用与企业效益和经济增长具有高度相关关系，通过商标品牌的带动，可以促进地区经济发展。要以地区特色产业为依托，大力推介品牌相关产业，以扩大特色品牌影响力，吸引优质企业集聚，以形成优质企业引领，相关产业协调发展的完整产业链条。

3. 依据区域特点发展商标品牌，有利于发挥品牌规模效应，强力带动关联产业发展，形成特色产业集聚群，进而促进经济平稳较快增长。因此，要充分发挥知名品牌产品企业的带动能力，借助资金、技术、市场等优势，以品牌为纽带，通过外包、外协形式带动同行业的中小企业和上下游配套企业发展，提升企业总体竞争力，进而形成规模效应，带动经济平稳较快增长。

（二）充分发挥商标富农效应和区域经济带动效应

一是继续深入实施商标富农工程，继续加强地理标志和农产品商标的注册工作，注重"量"和"质"的有机结合；二是要引导农产品特别是具有地方特色的"名、特、优、新、稀"农副产品申请注册农产品商标或地理标志商标，培育龙头企业，带动区域经济发展；三是加强地理标志商标运用与管理，解决地理标志商标存在的"重注册、轻运用、疏管理、缺服务"的问题，加强地方政府和协会的作用；四是加强地理标志和农产品商标保护，建立"地理标志商标保护基金"；五是加强宣传，搭建地理标志商标促进区域经济发展交流平台。

（三）围绕打造现代服务业的发展目标打造服务品牌

相比于商品商标，服务商标注册率低，知名商标数量少，商标打造服务品牌的作用并未充分发挥。未来相关部门需要引导服务行业，特别是新兴服务企业加强商标意识，积极注册商标；还要鼓励服务企业有效运用商标，创新经营模式，打造服务品牌；另外，积极推动知识产权服务业健康发展，建立健全商标代理机构信用管理机制，为企业实施商标战略提供更为专业、规范、全面的服务。

三、深入实施商标战略，推动落实创新驱动发展战略

实现从投资驱动向创新驱动的转变，必须推动商标等知识产权成为经济发展的重要增长因素，进一步激发市场主体创新活力，推动创新成果应用。在政府管理部门的具体实践中，包含"保护"、"创造"、"甄别"、"推广"四方面工作。

（一）加强商标保护核心作用，推进创新驱动发展

商标是一项重要的知识产权，而知识产权是推动创新驱动发展战略的重要力量。商标管理部门应以商标保护为核心，构建完善的知识产权保护体系，从而推动创新发展。其中的关键在于，在商标保护的过程中建立起创新制度，以制度促能力，以能力带发展，引导、支持和激励市场主体实施企业商标战略，推动企业成为商标使用、自我管理与保护的主体，让市场主体真正成为知识产权的创造者、拥有者和使用者。

（二）重点培育主打产业，鼓励创造优秀商标

优秀的商标本身就代表着创新的成果，商标天然具有的区分功能本身就要求创新。商标设计的优势有助于体现企业精神和创新能力，加深消费者对商标品牌的印象，更有利于企业进行宣传和推广，提高企业知名度，帮助企业争夺市场份额和增加知识产权附加值，提高企业的市场竞争力。

同时，商标管理部门要紧密结合各地产业发展方向和区域特点，重点培育发展现代服务业、高端制造业、战略性新兴产业和文化创意产业等产业商标，提升商标的市场价值和社会价值，并且鼓励产业园区商标和企业商标走互赢发展道路。有效利用老商标不可再生的稀缺资源，支持老商标通过开发转型、许可转让等多种方式获得创新发展。

（三）发挥甄别机制作用，推动商标注册环节的创新

在商标注册环节，政府管理部门要发挥甄别机制的作用，鼓励创

新能力强、具有远大发展前景的企业积极申请注册，在行政管理的各个环节对其给予积极指导和支持。

在具体的推动过程中，要支持高新技术园区商标发展，形成高新技术园区商标吸附科技创新型企业入驻、科技创新型企业商标提升园区影响力的良性发展格局；支持总部经济、研发环节在国内的发展，吸引创新力强的品牌企业及其创新环节向国内聚集；扶持发展有代表性和竞争力的特色农产品商标，鼓励地理标志产品注册集体商标和证明商标，切实推进农业领域的创新发展；支持发展自主创新能力强、成长性好、有发展潜力的小微企业商标，增强小微企业商标运用保护能力。

（四）加强科技创新推广，定期进行"创新商标"展示

商标管理部门可通过各种手段积极宣传科技创新理念，并同行业协会和企业联合，定期组织"创新企业（产品）"商标展示，推出创新能力强、发展前景佳、经济效益好的企业典型，充分展示其商标和创新模式，既能或为商标管理部门更好地为企业提供优质服务的重要手段，又能切实可行地在全社会推广创新理念、传播创新方式，掀起全社会推动创新驱动发展战略的风尚。

四、加快推动商标密集型产业的发展，提高商标管理水平

（一）建立商标密集型产业跟踪、研究、分析的常态化机制

相关政府机关部门需要以动态、发展的眼光来看待商标密集型产业的发展，要加强研究与动态分析，积极研究国际国内商标发展的新动态，跟进和掌握经济形势的新变化，并把对商标密集型企业产业的

跟踪、研究和分析常态化，建立科学合理的机制，为我国商标制度的完善提供参考，以适应新形势下我国商标体系面临的新的挑战。

（二）大力推进企业商标培育、投入和管理工作

既要了解现有商标密集型产业包含了劳动密集型产业、资本密集型和部分知识密集型产业的现状，又要看到随着我国经济结构调整和转型，商标密集型产业的发展呈逐步向资本密集型和知识密集型集中的新趋势。因此，相关政府机关部门需要以动态、发展的眼光来看待商标密集型产业的发展；同时，要以商标密集型产业为重点和抓手，对标欧盟和美国商标密集型产业分布，寻找新的工作切入点。

（三）继续加强在商标密集型产业中的商标战略实施

政府应以商标密集型产业为切入点，继续加强对商标管理工作的重视。通过加大财政预算支持推动商标密集型产业发展；加快推进以商标密集型产业为切入点的商标管理工作推进；加大对商标密集型产业的知识产权管理保护，进一步提升商标在推动产业发展和保护中的作用。通过注重商标的注册、保护和运用，提升企业市场竞争地位，提高企业盈利水平。我国工商管理等相关部门也应该针对高水平商标密度产业的发展特征，推动商标密集型产业继续加快商标注册和保护，加快高水平商标密集型产业的商标保护和发展。

（四）推进专项商标保护、运用和管理工作

首先，促进我国高水平商标密集型产业水平的进一步提升。通过行业商标注册情况，开展专项工作，进一步提升这些产业向高水平商

标密集型迈进，进一步发挥商标在产业升级转型及促进行业市场化竞争发展中的作用。其次，参考商标密集型产业分析结果，结合经济转型和产业发展新趋势，充分分析国民经济产业中具有潜力的行业，开展行业专项商标工作，引导商标管理精细化。

五、推动商标企业"走出去"，提高商标品牌国际化水平

1. 要注重培养具有影响力的出口型商标企业，推动我国出口贸易从低端产业向现代高端产业转型；要加大对国家战略新兴产业、文化产业，以及竞争性产业商标管理和保护，加大对相关产业的政策指引和政策优惠力度，引导相关产业向高水平商标密集型产业发展，提升国际竞争力。

2. 加强宣传力度，让更多的企业意识到注册使用国际商标的重要性，了解注册国际商标的注册途径；要鼓励一些优势企业进行商标国际注册，利用国际规则对商标进行有效的保护；同时要重视商标领域的国际合作交流，向国外学习先进的管理经验，提升自身管理水平，扩大在国际上的话语权。

3. 加大海外商标维权援助机制建设，帮助企业在海外及时维护商标权益。与专业知识产权服务机构合作提供海外维权服务，为企业"走出去"提供专业服务。

4. 要积极培育世界品牌，推进我国品牌"走出去"战略，通过先进的技术、过硬的质量和优秀的品牌打响知名度，提升我国品牌在国际上的影响力，实现我国由商标大国向商标强国的转变。

参考文献

[1]安青虎.品牌与商标[J].中华商标,2006(5):33—38.

[2]曹佳中,大力实施商标战略助推经济转型发展[J],江南论坛,2013(12):6—8.

[3]陈春晖,曾德明,朱丹.知识产权与中国经济增长的协整关系研究[J].湖南大学学报(自然科学版),2007,07:89—92.

[4]陈国宏,郭弢.我国 FDI、知识产权保护与自主创新能力关系实证研究[J].中国工业经济,2008,04:25—33.

[5]陈晓红,陈月萍.商标与商誉评估辨析[J].中国资产评估,2002(3):24—26.

[6]崔宇.品牌竞争策略构建企业核心竞争力[J].科技致富向导.2012(35):195—196.

[7]戴彬.论商标权的取得与消灭[D].华东政法大学,2013.

[8]董佳.论金砖四国知识产权战略[D].吉林大学,2011.

[9]杜美香.试论商标和品牌的区别与联系[J].活力,2010(21):111—112.

[10]范声华,孔珣.论商标的经济价值[J].石家庄经济学院学报,1997,2:001.

[11]费明胜,邹良明.论自主品牌及其发展对策[J].商业时代,2007

(17),28—31,51.

[12]冯楚建.建立面向21世纪的知识产权制度:日本现代知识产权政策与战略研究[J].中国软科学,1998(4):73—81.

[13]冯蕾,聂巧平.结构突变对 KPSS 检验水平与检验功效的影响——基于有限样本情形的模拟及实证研究[J].统计研究,2009,09:96—100.

[14]冯晓青.联合商标策略[J].企业活力,2000,10:018.

[15]冯晓青.美,日,韩知识产权战略之探讨[J].黑龙江社会科学,2008(6):157—161.

[16]冯晓青.企业知识产权战略,市场竞争优势与自主创新能力培养研究[J].中国政法大学学报,2012(2):32—46.

[17]高欢.2012 中国品牌十大问题[J].商品与质量,2013(24),39—42,45—49.

[18]顾海兵,陈芳芳,孙挺.美国知识产权密集型产业的特点及对我国的启示——基于美国商务部的官方报告[J].南京社会科学,2012,11:9—13.

[19]郭之祥.商标与企业竞争行为[D].山东大学.2009.

[20]贺寿天.试论商标战略在经济发展中的作用[J].知识产权,2010(4):43—45.

[21]胡小慧.论商标的显著性[D].南昌大学.2012.

[22]姜南,单晓光.知识产权密集型产业对经济发展的推动作用——《知识产权与美国经济:产业聚焦》报告简评[J].科技与法律,2012(5):75—79.

[23]蒋建业.品牌,商标战略与经济发展[J].广东经济月刊,2003,

2:16—18.

[24]蒋小旭.品牌效益在国际竞争中的作用[J].铁路采购与物流,2012,7(2):33—34.

[25]李江春.商标与商标翻译的经济价值分析[J].湖南社会科学,2010(4):192—194.

[26]李雷雷.章丘市商标战略问题研究[D].山东大学,2012.

[27]李士林.商标质量功能论争与立法抉择[J].法治研究,2013(2):80—86.

[28]李铁宁,罗建华.企业商标形成核心竞争力的机理研究[J].企业经济,2007(5):80—82.

[29]李小侠.特色农产品商标的良性运营机制研究[J].安徽农业科学,2011,39(15):9340—9341.

[30]李玉萍.浅谈商标的作用与市场经济[J].商业经济,2008(12):105—106.

[31]梁宏安.经营商标无形资产[J].中华商标,2003,4:12—14.

[32]梁志文.商标品质保证功能质疑[J].法治研究,2009(10):3—11.

[33]林小爱,林小利.欧盟知识产权战略新进展及其对我国的启示[J].电子知识产权,2008(9):26—30.

[34]刘春田.知识产权法[M].中国人民大学出版社.第三版,2007.

[35]刘东胜,杨志勇.我国商标监管绩效评价及对策——基于灰色关联分析的实证研究[J].天津行政学院学报,2010,05:79—84.

[36]刘洪源.知识产权制度对我国经济增长的影响[D].吉林大学,2013.

[37]刘佩.浅析商誉视角下的商标权保护[J].法制与社会:旬刊,2011(13):99—100.

[38]刘书怡,曾刚辉."王老吉"商标商誉归属初探[J].法制与社会:旬刊,2013(22):236—237.

[39]刘刈.论商标的价值意蕴[J].西北师大学报:社会科学版,2002,39(2):129—132.

[40]刘勇,周宏.知识产权保护和经济增长:基于省际面板数据的研究[J].财经问题研究,2008,06:17—21.

[41]名文.品牌评价与商标评估的不同[J].广告大观,1998,8:013.

[42]皮雅菁.论商标功能的演变对商标转让的影响[D].华东政法大学,2009.

[43]曲三强.知识产权法原理[M].中国检察出版社,2004.

[44]沈国兵.知识产权保护与中国省级经济增长:经验研究[J].世界经济情况,2009,10:4—12.

[45]石树文.论商标及其经济功能[J].商业研究,2001(2):173—174.

[46]苏勇,周颖,郭岩.商标,商誉价值的评估方法探析[J].商业研究,2009(21):12—16.

[47]孙树卫.企业商标战略研究[D].山东大学,2006.

[48]孙玉芸,刘艳妹.欧盟知识产权战略的实施及其对我国的影响[J].企业经济,2013,11:047.

[49]万小丽,朱雪忠,周勇涛.美国专利商标局的战略计划绩效评估模式及其启示[J].情报杂志,2009(10):68—71.

[50]王宏坤.实施商标战略富裕亿万农民[J].中华商标,2011(9):

73—75.

[51]王洪飞.中日美知识产权立国战略比较研究［D］.山西大学,2010.

[52]王小云.对防御商标和联合商标的思考[J].中华商标,2001,2: 21—22.

[53]文学.商标使用与商标保护研究[M].法律出版社,2008.

[54]吴汉东.知识产权基本问题研究［M］.中国人民大学出版社,2005.

[55]吴继英,赵喜仓,陈晓阳.知识产权保护与江苏经济增长的实证研究[J].科技管理研究,2011,24:138—141.

[56]吴凯,蔡虹,蒋仁爱.中国知识产权保护与经济增长的实证研究[J].科学学研究,2010,12:1832—1836.

[57]徐聪颖.论商标符号表彰功能内涵及其法律保护[J].商业时代,2010(9):27—28.

[58]徐大为.商标战略对促进企业经济发展方式转变的重要作用[J].中华商标,2011(9):85—86.

[59]许波.商标的社会成本及其经济价值实现[J].现代情报,2007, 27(2):206—209.

[60]许瑞表.深入推进商标战略实施,努力提高服务发展效能,为建设创新型国家做出更大贡献[J].中华商标,2012(6):6—14.

[61]杨小兰.简析名牌及其与驰名商标,著名商标的关系[J].金卡工程:经济与法.2010,14(003):1—2.

[62]杨玉梅.企业商标战略与核心竞争力的提升[J].中共云南省委党校学报,2008(1):93—95.

[63]易梅欢.知识密集型企业无形资产的价值管理研究[D].湖南大学,2011.

[64]尹伯懿.商标制度对城市经济发展的作用机理及实证研究——以北京工商商标监管为例[J].知识产权,2008,04:48—56.

[65]曾陈明.商标法原理[M].中国人民大学出版社,2003.

[66]曾平,蒋言斌.均衡与效率——知识产权制度的社会成本审视[J].中南工业大学学报(社会科学版),1999,2:018.

[67]张耕等.商业标志法[M].厦门大学出版社,2006.

[68]张吉顺.如何正确认识外资收购和民族品牌保护[J].商业现代化,2010(6),55—56.

[69]张蔚.从达娃之争看中国企业跨国合作中的问题[J].北京市经济管理干部学院学报,2011(2),70—74.

[70]赵刚.浅谈实施商标战略与促进经济结构调整的关系[J].中华商标,2011,1:013.

[71]赵喜仓,刘丹.美国知识产权密集型产业测度方法研究[J].江苏大学学报(社会科学版),2013,4:015.

[72]郑其斌.论商标的独立价值[J].社会科学院,2009(5):84—87.

[73]郑其斌.论商标权的本质[M].人民法院出版社,2009.

[74]郑宇民.实施商标战略促进经济转型[J].工商行政管理,2010,17:019.

[75]中国网.2013年中国知识产权发展状况新闻发布会,http://www.china.com.cn/zhibo/2014—04/22/content_32158885.htm.

[76]中国网络电视台,中国打击侵犯知识产权和制售假冒伪劣商品专项行动成果展,http://ipr.cntv.cn/ipr07/zhanting/index.shtml.

[77]中华人民共和国国家工商行政管理总局商标局,商标评审委员会.中国商标工作年度报告(1994—2007)[R].中国工商出版社.

[78]中华人民共和国国家工商行政管理总局商标局,商标评审委员会.中国商标战略年度发展报告(2008—2013)[R].中国工商出版社.

[79]周波.注册商标专用权的独立性与商誉的延续性[J].电子知识产权,2013,7:034.

[80]周正.中国商标专用权保护政策的目标与绩效分析[D].中国农业大学,2005.

[81]朱宇光.商标富农助推贫困县向十强县转变[J].工商行政管理,2010,17:022.

[82]Anonymous. Protecting Trademarks in China[J].Industry Week, 2008, Vol. 257 (12), pp. 63.

[83]Arnold B. Silverman. How To Customize And Maximize Federal Trademark Protection[J]. JOM, 2005, Vol. 57 (10), pp. 72—72.

[84]C. D. G. Pickering,Trade Marks in Theory and Practice [M], Hart Publishing,Oxford,1998.

[85]Falvey, Rod and Neil Foster, and David Greenaway. Intellectual Property Rights and Economic Growth [J]. Review of Development Economics, 2006, 10 (4): 700—719.

[86]Ferrantino, Michael. The Effect of Intellectual Property Rights on International Trade and Investment [J]. Review of World Economics, 1993, 129 (2): 300— 331.

[87]Furukawa, Yuichi. The Protection of Intellectual Property Rights and Endogenous Growth: Is Stronger Always Better [J]. Journal of

Economic Dynamics and Control, 2007, 1 (11) : 3644—3670.

[88] Gervais, Daniel. Intellectual Property, Trade and Development: Strategies to Optimize Economic Development in a TRIPs—plus Era [M]. Oxford: Oxford University Press, 2007, pp. 1—59.

[89] Gould, David and William Gruben. The Role of Intellectual Property Rights in Economic Growth [J]. Journal of Development Economics, 1996, 48 (2) : 323— 350.

[90] Gutterman, Alan. The North- South Debate Regarding the Protection of Intellectual Property Rights [J]. Wake Forest Law Review , 1993, 28: 89—139.

[91] Kanwar, Sunil and Robert Evenson. Does Intellectual Property Protection Spur Technological Change? [J]. Oxford Economic Papers, 2003, 55 (2) : 235— 264.

[92] Landes W M, Posner R A, Landes W M. The economic structure of intellectual property law [M]. Harvard University Press, 2009.

[93] Mary Jo Hatch, Majken Schultz. Are the Strategic Stars Aligned for Your Corporate Brand [J]. Harvard Business Review, 2001(2), pp. 1—8.

[94] Maskus, Keith and Mohan Penubart i. How Trade- Related Are Intellectual Property Rights [J]. Journal of International Economics, 1995, 39 (3-4): 227—248.

[95] Matthew J. Elsmore. The Implications of Intellectual Property Law For The Auditing And Protection of National And International Brands: Part1. Brands in Cyberspace [J]. Managerial Auditing Journal, 2000, pp. 116—132.

[96] Nunnenkamp, Peter and Julius Spatz. Intellectual Property Rights and Foreign Direct Investment: A Disaggregated Analysis [J]. Review of World Economics, 2004, 140 (3): 393—414.

[97] Ostergard, Robert. The Development Dilemma: The Political Economy of Intellectual Property Rights in the International System[M]. New York: LFB Scholarly Publishing LLC, 2003, pp. 1—163.

[98] Rogers E S. Lanham Act and the Social Function of Trade-Marks, The[J]. Law & Contemp. Probs. ,1949,14: 173.

[99] Schechter F I. The historical foundations of the law relating to trademarks[M]. The Lawbook Exchange, Ltd. ,1925.

[100] Schechter F I. The rational basis of trademark protection[J]. Harvard law review,1927: 813—833.

[101] Steven W. Kopp, John C. Kozup, Tracy A. Suter, Charles R. Taylor. Protecting the Global Brand in the European Union. Journal of Euromarketing, 2008, Vol. 17 (1)

[102] Suzanne Hogan, Simon Glynn, James Bell. Bringing Brand Into M&A Discussions: Misunderstanding Brands Can Put Value at Risk[J]. Mercer Management Journal, 2001, pp. 35—41.

[103] Thompson, Mark and Francis Rushing. An Empirical Analysis of the Impact of Patent Protection on Economic Growth [J]. Journal of Economic Development, 1996, 21 (2): 61—79.

[104] Timothy A. Lemper. Five trademark law strategies for managing brands[J]. Business Horizons, 2012, Vol. 55 (2), pp. 113—117.

[105] WIPO statistics http://www. wipo. int/ipstats/en.

［106］Yu, Peter. Intellectual Property, Economic Development, and the China Puzzle［A］. Daniel Gervais. Intellectual Property , Trade and Development: Strategies to Optimize Economic Development in a TRIPs- plus Era［C］. Oxford: Oxford University Press, 2007, pp. 1—546.

［107］Zhihong Gao. Trademark Law and Litigation in China［J］. Journal of Asia-Pacific Business, 2011, Vol. 12（1）, pp. 43—68.

分报告1 商标的功能与作用研究

　　随着知识经济时代的到来，"商标"二字与人们的日常生活已经变得密不可分，而商标的功能与作用也在不断地丰富和升级。本文通过整理和收集国内外有关商标功能的文献，系统地总结了商标在当代的功能与作用。

　　商标的功能是提供法律保护的基本动因。现代商标理论认为商标有三大基本功能：区分来源功能（识别功能）、品质一致性担保功能与广告宣传功能。其中，识别功能是指商标可以帮助消费者对商品或服务的不同供货商或提供者进行区分，也是商标的最基本和最核心的功能；品质一致性担保功能，指的是商标可以使公众识别产品所具有的品质特性，从而保证下一次购买同样商标的商品时也具有同样的特性；广告宣传功能，指的是商标通过其简单明了的文字、图形引导消费者进行消费的特性，是商品生产者提高其商品或服务知名度的最佳途径。

随着社会的进步和经济的进一步发展，商标的功能在不断延伸和扩展。除了上述为大众所普遍接受的三种功能外，又逐渐衍生出其他功能。例如符号表彰功能、商誉积累功能、文化载体功能等。这些功能都是在三大基本功能的基础上发展而来的，是商标经营到了一定水平后的必然产物。其中，符号表彰功能指商标作为一种财富、声望、地位、文化品味的象征符号，为公众所认知、接受和利用；商誉积累功能是指商标作为商誉的载体可以作为复制商誉的一种常见途径，通过复制一个企业的商标就可以复制其所负载的商誉；文化载体功能是指商标的构成、表现形式以及宣传方式可以向社会传递企业文化和经营理念。

商标按照不同的标准，有各种不同的分类。按构成商标元素的不同，可以从不同角度分类，例如按照人类感知器官的不同，可以将商标分为视觉商标、触觉商标、听觉商标（声音商标）和嗅觉商标（气味商标）、味觉商标等。其中的视觉商标是最常使用的商标类型。根据其构成元素的不同，又可以分为文字（字母、数字）商标、图形商标、立体商标、颜色商标等。另外，视觉商标根据其组合元素是否活动可以分为静态商标和动态商标。按使用对象不同，分为商品商标、服务商标。按商标申请主体不同，分为普通商标、集体商标、证明商标。按有无商标专用权不同，分为注册商标和非注册商标。

注册商标的发育是一个比较漫长的过程，一般认为分为六个阶段：创建型阶段、区别型阶段、质量型阶段、稳定型阶段、风格型阶段、持续型阶段。其中，从质量型阶段开始，商标的附加价值开始体现，并从此逐渐积累。到了风格型阶段，商标的"附加价值"已经极大丰富，逐渐超越了其标识商品或服务质量的躯体，形成了独立的商誉价值。

在商标创造、培育和发展的过程中，会产生大量的成本。其中，部分成本可以通过市场作用转移给消费者。生产成本和消费成本的增加即商标所产生的社会成本，其中包括商标体系建立的社会成本、注册商标的社会成本、维护商标的社会成本。

商标与品牌是一对相辅相成的概念。商标与品牌之间并不能简单地划等号，而是一个辩证的关系。品牌最初的定义与商标十分类似，经过一定时期的发展，逐渐发展成为外延更广的集合概念。商标是品牌的载体和核心，对品牌的价值具有巨大的反作用。品牌的内涵要略大于商标的内涵。品牌的内涵表现于产品质量和服务的同时，还表现于一个公司的企业文化、员工素养和市场营销策略等。但随着商标功能的不断发展和完善，商标含义的外延在不断地丰富，与品牌的含义也日趋接近。

商标的所有者主要是企业，因此有必要重点分析商标对企业的作用。第一，商标是产品的标志，是一种信息资源，是企业向消费者传递信息的渠道；第二，商标代表了企业形象，是企业商誉的集中表现；第三，商标是企业一项重要的知识产权，是受法律保护的凭证，是企业的无形资产；第四，商标有助于企业培育和发展核心竞争力。商标具有核心竞争力的特征——价值性、稀缺性、知识性和延展性，既是企业核心竞争力不可或缺的部分，又是核心竞争力的外在表现，还是核心竞争力的主要源泉之一。第五，商标关乎中小企业的生存和发展，关乎中小企业的扩张和升级，商标战略是中小企业战略的重要环节。

商标的无形价值决定于消费者对其的认可程度，商标对于消费者的作用也变得日益重要。一方面，商标是指导消费者消费的主要标志：帮助消费者比较、鉴别及挑选所要购买的商品或服务；引导消费者购买高价值的精神文化商品或服务。另一方面，商标是引导消费者维权的重要途径：当消费者所购买的商品或服务出现侵权行为时，消费者可以通过对商标的辨认，比较容易地进行维权。

改革开放三十多年来，我国的市场主体逐步从计划经济向社会主义市场经济转型，从内向封闭的经济格局向开放包容的经济格局转变。在这个过程中，知识产权的作用愈发显著。其中，商标对于我国的发展也有着举足轻重的作用。促进消费、推动经济转型升级、实施创新驱动发展战略、推动社会主义新农村建设、增强国际竞争，都是商标对于国家作用的重要体现。

21世纪是知识经济时代，各国之间知识产权的竞争愈演愈烈，越来越多的国家明确提出了知识产权立国战略，不断强化知识产权制度，大幅度提升知识产权水平，以适应世界经济一体化的发展，并把它作为振兴本国经济，增强国际竞争力的手段。中国的主要贸易伙伴美国、日本、韩国、俄罗斯、欧盟等都实施了程度不等、侧重点不同的知识产权战略，其中立法、制定贸易规则、推动国际合作、提高国民知识产权意识等都是主要的战略手段。知识产权密集型产业对一个国家有着重要的贡献和影响。因此，在知识产权战略的目标制定中，知识产权密集型产业的各项指标应该得到足够的重视。借鉴国际经验，我们认为政府在商标工作中应该加强立法，在《商标法》基础上不断健全和完善相关商标规章制度；建立和完善商标工作中可以量化的绩效考核指标；重视知识产权密集型产业的各项指标的建立；培育知识产权文化和加强商标人才建设；重视鼓励创造优秀的商标设计；积极发挥地方政府在商标战略中的作用；引导中小企业树立商标战略意识；培育我国自主品牌和国际知名商标；重视商标领域的国际合作与交流，加强商标的国际保护。

通过对商标功能和作用的总结，我们可以看到商标在知识经济中日益提升的重要地位。商标的功能和作用既是其立法的初衷，也是实施商标战略的出发点。因此，重视对于商标功能和作用的研究学习也是商标战略中不可缺少的一环。

商标的基本功能及其发展

一、商标的基本功能

商标不是一个先验的存在，而是在商品交换中产生的。商标是一种工业产权，作为知识产权的一部分，与著作权、专利权一样，都是人为的法律建构的结果，商标保护是对给商品做标记的社会现象的干预和认可，是商业的具体的产物。商品或服务的经营者借助商标完成信息传递，并弥合经营者与消费者之间在时间和空间上产生的裂痕，同时起到保障公平竞争的作用。《中华人民共和国商标法》第8条规定：任何能够将自然人、法人或者其他组织的商品与他人的商品区别开的标志，包括文字、图形、字母、数字、三维标志、颜色组合和声音等，以及上述要素的组合，均可以作为商标申请注册。因此，商标并非一个脱离商品或服务而存在的一个抽象标识，它一定是与商品或服务结合在一起时，才能起到区别出处的作用。

一般来说，根据现代商标理论，对商标功能的认知是准确理解和把握商标法律制度的关键所在。作为商标法领域中的基础理论问题，商标的功能对于商标的法律定位以及商标权的界定具有至关重要的意义，商标功能的定位因此就成为商标立法和执法的起点和基础。"不探讨商业标记的实际功能，也就不可能界定支撑商标保护的基本原理。

所以，证明其保护的正当性只能从功能中寻找答案。"（余俊，2009）因此，在对商标进行立法之前，必须先透彻地研究商标的实际功能。换言之，商标的功能是对商标提供法律保护的基本动因。

在现代商标理论中，主流观点认为商标主要有三大功能：区分来源功能、品质一致性担保功能与广告宣传功能。例如，张耕等（2006）认为商标的功能应包括指示商品来源的识别功能、保证商品质量一致的功能以及美化和宣传商品的广告功能。刘春田（2007）认为商标的功能包括认知功能、品质担保功能和广告及竞争功能。文学（2008）同样认为商标具有区分功能、质量保障功能和广告功能。

尽管不同学者在表述上有一定程度的差异，但从本质和内涵来看，其观点大同小异，我们简称为"三功能说"。

（一）区分来源功能

商标的区分来源功能，是指商标是帮助消费者对商品或服务的不同供货商或提供者进行区分的功能。世界贸易组织在《与贸易有关的知识产权协定》（TRIPs 协定）第 15 条中规定，"任何能够将一个企业的商品或服务与其他企业的商品或服务区别开的标记或标记的组合，均应能构成商标"。《商标法》第 8 条关于商标的定义同样强调了"与他人的商品区别开"的功能，故商标的区分来源功能已经被其定义所决定了。区分来源功能也是商标的最基本和最核心的功能。

商标的使用可以追溯到人类开始交易的时代，中国、希腊、罗马等文明古国都是最早使用商标的国家。有考古事实能够证明古代商人使用图记、人物花卉作为商品的标识以达到相互甄别的目的。在古罗马时代就有很多工匠技师，通过在自己的产品上使用标志的办法标示商品的来源（张林，2013）。比如，以陶土所制油灯在罗马曾十分流行，出土的相关文物表明在公元前35年~公元265年的300年间，通过标识可以确定大约一千个不同的陶工。虽然那个时代尚无商标的概念，但是已经包含了商标的本意。现代意义的商标起源于中世纪的欧洲国家，特别是欧洲中世纪，在封建行会制度下，商标发挥着表彰商品及区分来源的功能。中世纪的英格兰行会体系是最早开始广泛使用商标的组织，具有显著性的生产商标被要求用在地方行会生产的商品上，商标的信誉随之开始建立，仿冒行为、搭便车行为大量出现，寻求法律保护的要求自然也就产生了。

在现代社会，商标的区分功能尤为重要。当下经济繁荣，商品琳琅满目，市场上充斥着众多相同或近似的商品或服务，这些商品或服务来自不同的厂商和经营者，各厂家的生产条件、制作工艺、产品或服务质量及管理水平参差不齐，价格也会有所不同。企业要想在激烈的市场竞争中吸引消费者的目光，使他们能够选择自己的商品，最大限度争取最大多数的消费者，就必须在其商品上使用醒目的商标，让消费者更容易识别。从消费者的角度来看，能够凭借所认知的商标购买想要的商品也是保障其权益的关键所在。用弗兰克·谢克特（Frank Schechter）的话来说讲，区分功能的另外一个作用就是，厂商可以超越零售商的肩膀与消费者建立起直接的联系，并因此在消费者心目中建立信誉，为实现再销售提供可能（余俊，2009）。要达到上述双重目的，商标作为区别特定产品来源的基本标志必须具有唯一性和显著性，即只能由一家企业所拥有，并且不同企业在相同商品甚至不同商品上使用的商标要能够彼此区别开来，否则就会使得消费者产生混淆、误认，甚至欺骗，使厂商和消费者的利益都受到损害。

《商标法》第 30 条规定："申请注册的商标，凡不符合本法有关规定或者同他人在同一种商品或者类似商品上已经注册的或者初步审定的商标相同或者近似的，由商标局驳回申请，不予公告。"从此规定不难看出，为了保证商标的区分功能，他人在同种或者类似商品上注册相同或近似商标，将被商标局驳回申请，通过法律保障了商标实现其区分来源功能。

（二）品质一致性担保功能

商标的品质一致性担保功能，指的是商标可以使公众识别那些基于经验对其品质特性有所了解的产品，公众基于消费经验，有理由相信在下一次购买同样商标的商品时具有同样的特性。威廉·兰德斯（William M. Landes）和理查德·波斯纳（Richard A. Posner）认为，商标既可以将一企业的商品与其他企业的商品区别开来，也可以通过释放质量信号（quality signal）帮助消费者做出购买日常消费品的决定。商标是产品质量同一性的可靠指示器，它标示着一定经营对象持续稳定的品质。因为从经济学角度分析，经营者如果不能保持同一商标下产品的相同品质，那么采用商标行销产品就会带来负面效应，因为消费者在二次购买过程中，一旦发现自己的预想与实际的效果之间存在落差时，就会有受欺骗的心理感受，此后对该商标下的商品避而远之。正因为这一点，商标并不必然担保优异的质量，它所真正担保的是"一致性"。一方面，商标对商品的品质一致性担保功能，既可以体现该商品品质一流，也可能体现该商品价廉物美；另一方面，如果消费者不喜欢某种商标的商品，那么商品标有同一个商标的事实也会使得消费者拒绝购买该商品。

　　商标的品质一致性担保功能可以追溯到英国中世纪的行会时期。商标不但被行会作为排斥外部竞争的一种重要手段，也被作为内部贸易管理的工具。制造标志被强制要求附着在产品上，方便行会追踪有缺陷或者不合格的产品，从而达到监督和维护产品质量的目的，防止因个别商人的不良行为影响行会整体的声誉和其他商人的利益（李士林，2013）。

　　从经济学意义上，商标可以将商品不易察觉且有价值的特征有效地传递给消费者，从而降低消费者的搜寻成本，并缓解生产者与消费者之间的信息不对称。所以说，商标也是一种缓解信息不对称的工具。另外，商人对于维持质量信誉有很强的动力。另一方面，消费者对生产优质产品的商家也会以重复购买加以回报，对信誉较差者，则以拒绝购买作为惩罚。这也即商标所谓的"自我强化特征"（self-enforcing feature）。

　　我国《商标法》第四十三条规定，"商标注册人可以通过签订商标使用许可合同，许可他人使用其注册商标。许可人应当监督被许可人使用其注册商标的商品质量。被许可人应当保证使用该注册商标的商品质量。"可见在商标许可中，商标许可人有义务监督被许可人的商品质量，而被许可人则有义务保证商品质量，其实就是要求被许可人生产

自我强化特征

　　自我强化是指个人依据强化原理安排自己的活动或行为，每达到一个目标即给予自己一点物质的或精神的酬报，直到最终目标完成，自我强化时人们倾向于做出自我满意的行为，拒绝那些个人厌恶的东西。消费者对生产优质产品的商家也会以重复购买加以回报，对信誉较差者，则以拒绝购买作为惩罚。这也即商标所谓的"自我强化特征"（Self-enforcing Ffeature）。

的商品质量应当符合消费者的期许，即与许可人生产的商品具有同一品质。这其实就是承担品质一致性保证义务。

(三) 广告宣传功能

商标的文字、图形简单明了，易于记忆，且一般比较醒目。故而，随着商品经济的发展，商标逐渐衍生出了广告宣传的功能。"商标是劝诱消费者选择其所需，或在引导后认为其所需的商品的商业捷径。"[1]

如果广告中加载了关于商品或服务的质量、价格、性能等各种信息，消费者一时会难以消化众多信息。反之，如果宣传中把商标放在显著位置，言简意赅、醒目突出、便于记忆、印象深刻，能够增强广告效果。

商标通过自己独特的名称、优美的图形等特征，以经济性、灵活性和宣传的广泛性吸引着消费者，刺激他们的购买欲望（康薇，2009）。近年来，我们看到国内外企业愈发重视商标的广告宣称功能，无论是电视广告、平面广告，还是产品包装、产品说明，到处都有商标的出现。它们总在最醒目的位置跳入消费者的眼球，使得消费者对该商标产生印象，进而选择该商标所标示的商品。这一点在国际贸易兴盛的现代尤其重要。因为商品要行销世界的各个角落，商标特有的表彰功能结合广告功能，在现代化商业交易中愈加重要。

消费者使用带有商标的商品，如果他们对商品的质量、价格、耐用程度等产生了良好的印象，就会不意识地把这种印象传播给其他消费者，其他消费者通过对商标的简单记忆，就可以在琳琅满目的商品中进行选择。在这一过程中，商标起到了无声的推销员的作用，同时

---

[1] 出自弗兰克福特大法官（Jus-tice Frankfurter）在"Mishawaka Rubber"一案中的判决。

也发挥了其广告宣传的功能。换言之，通过商标，生产经营者的产品或服务的信息得到了迅速且有效的传播。可以说，宣传商标是商品生产者提高其商品或服务知名度的最佳途径。

二、商标的功能发展

值得注意的是，随着社会的进步和经济的进一步发展，商标的功能在不断延伸和扩展。在市场经济的早期，由于商品种类有限，消费者的选择重点在于获得货真价实的商品。因此商标的区分来源功能特别重要，避免混淆和欺骗是消费者最关心的事情。但是随着工业时代的到来，商品的生产规模越来越大，商品的生产由手工转向机械化和自动化，有形商品的差异越来越小，厂商的竞争越来越注重服务、形象等软环境的竞争。消费者对商品的认知，开始从满足物质需要转向心理精神需要。因此，商标除了上述为大众所普遍接受的三种功能外，又逐渐衍生出其他功能。例如符号表彰功能、商誉积累功能、文化载体功能等。实际上，这些功能是在商标三大基本功能的基础上产生的附加功能，是企业商标经营到达一定水平后的必然产物，可以说是伴生现象。表2—1中总结了商标的各项功能。

表2—1　商标的功能

功能名称	功能概述
区分来源	商标是帮助消费者将一个企业的商品或服务与其他企业的商品或服务区别开来的工具。
品质一致	商标可以使公众识别那些他们曾有消费经验、对其品质特性有所了解的产品，它保证下一次购买同样商标的商品时也具有同样的特性。

续表

功能名称	功能概述
广告宣传	商标的文字、图形简单明了，易于记忆，且一般比较醒目。由于这些特点，商标起到了引导消费者选择商品的广告效果。
符号表彰	商标作为一种财富、声望、地位、文化品位的象征符号，为公众所认知、接受和利用。
商誉积累	商标作为商誉的载体可以作为复制商誉的一种常见途径，通过复制一个企业的商标就可以复制其所负载的商誉。
文化载体	商标的构成、表现形式以及宣传方式可以向社会传递企业文化和经营理念。

商标的功能与企业商标战略之间存在着一个相互促进的关系。随着对商标认识的不断深化和对其自然属性和社会属性的合理把握，商标的功能将进一步延伸和丰富，企业也会随之更加注重商标战略，更加重视商标专用权的注册、管理和保护工作。随着企业商标战略的进一步深入，商标功能的内涵又将不断发展和创新，从而形成了一个良性循环，有利于我国形成良好的创新氛围，有利于提高我国企业的国际竞争力，有助于推动经济转型升级。

（一）符号表彰功能

随着经济社会的发展，人们的生活水平不断提高，消费结构发生了很大的变化；与此同时，由于物质世界的丰富和市场竞争的加剧，消费者的选择日趋个性化和多元化，在选购商品时，更注重心理情感上的满足。越来越多的消费者已不再将产品的性能、品质以及价格作为影响其购买选择的最为重要的决定性因素，而是更加看重某一产品的品牌所代表的生活方式或理念是否与自身相契合。另一方面，越来越多的商家也开始意识到，不仅产品自身可以创造价值，商标同样也可以成为企业营销的对象，进而为企业带来丰厚的经济利益（徐聪颖，2010）。至此，商标成为了一种文化标识，即此时的商标已不仅仅单纯承载着产品的功能性信息，更蕴含着丰富的社会文化意义。

商标的符号表彰功能，指商标作为一种财富、声望、地位、文化品位的象征符号，为公众所认知、接受和利用。与商标的传统功能相比，符号表彰功能主要具有以下四个方面的特征：

1. 符号表彰功能与商标传统功能产生的社会基础不同。三大功能中的区分来源功能是商标固有的原始功能，在古代商业社会中已然存在。而品质一致性担保功能和广告宣传功能则是工业经济时代的产物。与之相比，符号表彰功能是知识经济时代或者现代消费社会的产物。

2. 符号表彰功能与商标的传统功能分别反映了商标所具有的两种不同价值形态。商标的三大功能——区分来源功能、品质一致性担保功能和广告宣传功能的发挥都依赖于商品本身，脱离商品这个载体，这三个功能都很难体现。通过附着在商品上来发挥作用，这反映了商标的间接价值形态。然而，在符号消费背景下，由于人们购买产品不仅仅是为了获得产品的使用价值，更是为了实现产品的符号价值，进而满足自身精神层面的需求，因此当下人们的认牌购物更多的是在追求商标所蕴涵的文化象征意义，这体现了商标的符号表彰功能所反

> **符号消费**
>
> 是指在消费过程中，消费者除消费产品本身以外，而且消费这些产品所象征和代表的意义、心情、美感、档次、情调和气氛，即对这些符号所代表的"意义"或"内涵"的消费。在符号消费背景下，由于人们购买产品不仅仅是为了获得产品的使用价值，更是为了实现产品的符号价值，进而满足自身精神层面的需求，因此当下人们的认牌购物更多的是在追求商标所蕴涵的文化象征意义，这体现了商标的符号表彰功能所反映的直接价值形态。

映的直接价值形态。

3. 符号表彰功能的实现更加依赖消费者的参与和认可。在现代商业社会中，只要生产经营者在市场上将商标与产品相结合进行"真实的使用"，商标的传统功能即可自动发挥作用。与之相比，符号表彰功能的产生及运作则具有明显的"后天性"，单凭生产经营者单方面的努力并不足以确保符号表彰功能的发挥。因为商标的符号表彰功能是在生产者与消费者的双向互动作用下最终得以形成的，如果缺少了消费者一方的积极参与，生产者所力图使商标蕴含的符号象征意义将无法得到公众的认可，而符号表彰功能的发挥也势必成为生产经营者的一厢情愿。从这个角度来看，消费者一方对于商标符号表彰功能的形成具有格外重要的意义，而商标三大功能的形成相对地独立于消费者的参与。

4. 符号表彰功能并非所有投入使用的商标所共同具有的功能。培育时间较短或者知名度和美誉度较小的商标可能尚未发展出符号表彰功能。商标需要在市场上与消费者进行过足够多的交互之后，才会逐渐拥有这项功能。这与（3）中对符号表彰功能具有"后天性"特征的表述是一致的。但是，这并不意味着只有高知名度商标才具有符号表彰功能。例如，某个具有特定符号象征意义的商标，可能因为较小的受众范围不被大众熟知，因此无法成为高知名度商标。但当今社会消费存在部落化和区隔化，这种知名度并不太高的商标同样可以在较小范围内发挥其符号表彰作用。简言之，符号表彰功能并非高知名度商标所特有。

（二）商誉积累功能

商誉，是指商品或者服务的提供者在生产经营中不断积累起来的一种社会评价，是消费者为了克服与产品或者服务提供者之间的信息不对称问题而建立起来的用于降低消费者行为成本，提高商品交易效率和稳定性的一种行为机制。它是消费者对企业的经营能力、生产水平、资信状态、商品质量、服务态度等整体经营素质的评价。

商誉和商标本是两个独立的概念。商标可以与商誉无关，商誉亦不从属于商标。然而，商标自身的特点决定了商标与商誉不可分割的联系。第一，商标最基本的功能是区别来源。人们通过商标来区分所购买的商品或服务，就是为了买到自己最满意的。在区别商品来源的过程中，消费者逐渐找到自己最认可的商品或服务，甚至找到了自己最信赖的提供商品或服务的生产经营者，从而进行再购买。从购买到再购买的过程，就是商誉建立的过程。第二，商标和商誉同时具有很强的复制性，很容易传播，这在一定程度上使二者密不可分。商标作为商誉的载体便是复制商誉的一种常见途径，复制了一个企业的商标就可以复制其所负载的商誉。

随着品牌经济的蓬勃发展，商标的这种特点越来越多的得到体现，商标从而渐渐地拥有了另外一种重要功能——商誉积累。商标是商誉的主要载体，商标给商品所带来的附加价值源自其所承载的商誉。也就是说，商标附加的经济价值并非来源于商标标识本身，来源于商标所代表的企业或者产品在公众中所建立起来的良好商业信誉。消费者通过对商标的简单记忆，形成了对某种商品或服务的认可和依赖。通过每一次"再购买"，消费者会不断加深这种信赖，生产经营的信誉因此也在不断积累和升级。换句话说，商标的特点和基本功能使得其有能力帮助企业积累客户资源和提高商誉价值。值得注意的是，商标的商誉积累功能是建立在二者紧密相关的基础上的。离开了商标承载的商誉，商标就没有任何附加的经济价值；而脱离了商标的商誉，则没有法律意义上的归属存在。

与此同时，商标的商誉积累功能同样依赖一个重要的中介，即商品或服务。消费者对生产经营者的行为和表现产生良好的评价不可能仅仅通过商标本身，而是商标所附着的商品或服务，即使进入了"符号消费"年代。这种"商标—商品—商誉"的模式仍然是缺一不可的。因为，符号消费的基础就是长期商誉的积累。例如，人们在购买奢侈品的时候，不会太多考虑该奢侈品本身的功能和作用，而仅仅是看中了这个品牌。但是这种品牌效应现象的出现，其根本原因在于该奢侈品牌经过了长时间的信誉积累，当这种奢侈品刚刚出现的时候，人们还是会对这个商品本身的价值进行评价。因此，"商誉积累"并不一定是指商誉不断累积，而是商誉处于不断变化的动态过程中。如果生产经营者所提供的商品或服务持续地使信任它们的消费者失望，那么之前所建立的商誉也会渐渐消失。如此看来，商标的商誉积累功能也是保证企业进行公平竞争的重要手段。

商誉积累功能首先是商标区分来源功能的延伸和升华，同时也与品质一致性担保功能和广告宣传功能有不可分割的联系。商誉积累的过程要求商品的品质有足够的保障，品质担保是商誉积累的必要条件。广告宣传的目标之一就是积累商誉，而逐渐积累的商誉本身就是最好的广告宣传。因而，如上文所述，商誉积累功能也是在三大基本功能上的衍生产物。

商标持有人的经营活动能够在市场交易中实现追求利润最大化的目标，前提条件是商誉必须得到有效保护，而保护商标权是保护商誉的重要手段（刘佩，2011）。市场中的一些经营者因为受到多数消费者的青睐获得了较多的消费者支付的对价而获得利润，而另一些经营者没有得到消费者的支付，从而没有得到那部分利润。从经营者角度来看，商誉发挥着同一市场中在不同经营者间分配市场份额以及竞争利润的重要作用。从消费者角度来看，各个企业的商誉不可能都被消费者熟记于心，消费者是通过关注到商品的某方面特征后联想起该商品提供者的商业信誉及其商品声誉。因此在市场交易中，虽然商号、企业名称等都可以使消费者联想到商誉，但是只有商标成为承载商誉的主要工具。商标权的设立是为了更有效地保护商标，也是为了更积极地保护商誉。商标权是一种财产权利，对商标权的保护就是对商标所承载的商誉的保护，就是对商标持有人争取更多市场份额、追求更大利润空间的保护。所以说，保护商标权是保护商誉的重要手段。

（三） 文化载体功能

企业文化是在一定的条件下，企业生产经营和管理活动中所创造的具有该企业特色的精神财富和物质形态。而企业文化载体是指以各种物化的和精神的形式承载、传播企业文化的媒介体和传播工具，它是企业文化得以形成与传播的重要途径与手段。企业文化是当代企业的灵魂，是推动企业发展的不竭动力。当代企业之间的竞争在一定程度上已经上升为企业文化的竞争。因此，企业文化载体在企业竞争中起到了非常重要的作用。

当人们看到或谈起商标时，不仅能自然联系到其所代表的商品或服务，亦能联想到提供这些商品和服务的企业所拥有的企业文化。例如，看到"同仁堂"，人们就会联想到其"养生济世"的企业文化；看到"IBM"，人们就会联想到沃森所提倡的"完美服务"；看到"阿里巴巴"，人们就会想到马云口中"客户第一、员工第二、股东第三"的核心价值观。

当商标拥有了符号表彰和商誉积累的功能之后，它本身就融入了企业的社会价值。而企业的社会价值中包含着企业文化的积淀。在这个意义上，商标就是企业的文化载体。商标的构成、表现形式以及宣传方式可以向社会传递企业文化和经营理念，这就是商标的文化载体功能。

商标的文化载体功能源于三大功能中的广告宣传功能。因为当今的广告不是在向消费者叙述商品的来源，也没有过多的向消费者保证质量，而更多的是向消费者宣传自己的企业文化。在各类商品广告中，无论是电视播放的广告，或是报纸期刊上登载的广告，还是厂商以各种方式传播的商品广告，商标总是最为突出、显著。在这一过程中，企业文化通过商标的形式被形象地表达出来，它代表着企业的价值观。通过对于商标的宣传，人们更加容易地将商品或服务与企业文化联系到一起。如此，商标逐渐变成了企业文化的载体，如上文所述，提及某商标，人们就会想到该商标所有者的企业文化。

从消费者角度来看，商标的文化载体功能则体现为一种身份认同。随着整个世界进入以消费为导向的社会，由于产品的物理效应趋同以及消费者需求的多元化，人们更加看重如何通过消费活动在人与人之间传递、彰显特定的文化意义。商标除了彰显与其他商品的不同和独特性以外，还产生了社会象征性的功能。即商标成为标识某种社会身份和地位、生活方式、生活品位和社会认同的符号。

三、商标的类型

商标按照构成、使用对象、申请主体和是否注册而有以下分类：

1. 按构成不同：构成商标元素的不同，可以从不同角度分类，例如按照人类感知器官的不同，可以将商标分为视觉商标、触觉商标、听觉商标（声音商标）和嗅觉商标（气味商标）、味觉商标等。其中的视觉商标是日常中最常使用的商标类型，根据其构成元素的不同，又可以分为文字（字母、数字）商标、图形商标、立体商标、颜色商标等。另外，视觉商标根据其组合元素是否活动可以分为静态商标和动态商标。

其中，颜色商标是指颜色及颜色组合构成的商标，分为单色商标和颜色组合商标。目前保护单色商标的国家和地区为数不多，有美国、德国、意大利、韩国等。我国《商标法》第八条中规定"颜色组合"可以作为商标申请注册。

立体商标又称三维商标，是以立体标志、商品整体外型或商品的实体包装物以立体形象呈现的商标，如可口可乐的饮料瓶形状。我国于2001年修改的《商标法》开始对立体商标予以注册保护。

声音商标是指以音符编成的一组音乐或以某种特殊声音作为商品或服务的商标。在我国2013年修订的《商标法》中，声音商标首次纳入可以申请的商标类型之中。

而气味商标就是以某种特殊气味作为区别不同商品和不同服务项目的商标，目前这类商标只在美国等少数国家得到承认。

无论是平面商标还是立体商标，通常都是静止不变的，同时受限于技术手段，申请人提交的申请以及商标局公告的注册商标原则上都是静态的。但随着技术的进步，动态商标的出现成为必然。早期的全息图案就是一种原始的动态商标，可以从不同角度观察到不同的图案。而随着互联网技术的发展，现在技术上能够呈现的商标完全可以是一个活动的标识，最典型的就是利用 FLASH 和 HTML5 技术设计创作的动态图案，因此未来动态商标必然也会成为重要的商标类型。

2. 按使用对象不同：分为商品商标、服务商标。

早期的商标法只保护商品商标，即用来区分不同商品生产者来源的商标。因为早期的服务只是局限在特定的地区，消费者是与服务的提供者直接见面的，不需要通过商标来区分服务的提供。随着服务贸易的发展，服务的提供开始超越特定的地区，竞争不断拓展，区分不同来源者的服务越来越重要，服务商标正式成为法律规制的对象。

其中，服务商标又称服务标记或劳务标志，是指提供服务的经营者为将自己提供的服务与他人提供的服务相区别而使用的标志，其涉及的行业包括广告、医疗、建筑、修理、保险、金融、通讯、储藏、旅游、教育、娱乐等等，如"中国国航""香格里拉"等商标。

另外，商品商标又可以分为制造商标和销售商标。制造商标又称为生产商标，指的是产品的生产、加工或制造者为了将自己与其他生产者区别开而使用的文字、图形或其组合标记，如德国大众汽车公司的"大众"商标，日本日立制作所的"日立"商标。销售商标是指商品销售者为了保证自己所销商品的质量而使用的文字、图形或其组合标记。

3. 按申请主体不同：分为普通商标、集体商标和证明商标。

集体商标，是指以团体、协会或者其他组织名义注册，供该组织成员在商事活动中使用，以表明使用者在该组织中的成员资格的标志。如日常生活中我们经常看到的"新华书店"。证明商标，是指由对某种商品或者服务具有监督能力的组织所控制，而由该组织以外的单位或者个人用于其商品或者服务，用以证明该商品或者服务的原产地、原料、制造方法、质量或者其他特定品质的标志。如"纯羊毛标志"等。

4. 按有无商标专用权不同：分为注册商标和未注册商标。

注册商标是指经国家商标主管机关核准注册的商标。未注册商标，又称为非注册商标，是指未经国家商标主管机关核准注册而自行使用的商标。未注册商标不享有商标专用权，不能获得与注册商标相同的法律地位。关于未注册商标的法律保护，我们在《商标行政保护与市场环境关系研究》中有专门论述。将以上四种划分方式总结如表2—2。

表2—2 商标的类型

划分方式	商标类型	举例
按构成不同	视觉商标、触觉商标、听觉商标（声音商标）和嗅觉商标（气味商标）、味觉商标等	可口可乐瓶子外形属于立体商标
按使用对象不同	商品商标、服务商标	"中国国航"、"香格里拉"属于服务商标
按申请主体不同	普通商标、集体商标、证明商标	"纯羊毛标志"属于证明商标
按有无商标专用权不同	注册商标、非注册商标	"海尔"是注册商标

四、商标专用权及其特点

商标专用权，简称商标权，是指商标主管机关依法授予商标所有人对其注册商标受国家法律保护的专有权。我国立法采用"商标专用权"概念，其含义等同于其他国家立法和理论所称的"商标权"。基于商标专用权，商标注册人依法享有支配其注册商标并禁止他人侵害的权利，具体权利内容包括独占使用权、禁止权、许可权、转让权等。商标专用权的客体是商标，但有了商标未必有商标专用权。因为商标有注册商标和未注册商标之分，而商标专用权专指注册商标权利人所享有的权利，故未注册商标不享有商标专用权。即使是驰名的未注册商标，也不能享有商标专用权的保护。

《商标法》第 3 条规定，"经商标局核准注册的商标为注册商标，包括商品商标、服务商标和集体商标、证明商标；商标注册人享有商标专用权，受法律保护。"商标注册人依法支配其注册商标并禁止他人侵害的权利，包括商标注册人对其注册商标的独占使用权、禁止权、许可权、转让权等。我国现行《商标法》实行的是商标注册原则，商标专用权需要通过注册取得。

商标专用权有以下特点：

1. 独占性，又称专有性或垄断性，是指商标注册人对其注册商标享有在法律授权的商标类别上独占使用的权利。赋予注册商标所有人独占使用权的基本目的是为了通过注册建立特定商标与特定商品的固定联系，从而保证消费者能够避免混淆并能接收到准确无误的商品来源信息。换句话说，在商业活动中未经许可的使用，将构成对商标专用权的侵害。这种专用权表现为三个方面：

（1）商标注册人有权依据《商标法》的相关规定，将其注册商标使用在其核准使用的商品、商品包装上或者服务、服务设施上，任何他人不得干涉；

（2）商标注册人有权禁止任何其他人未经其许可擅自在同一种或类似商品上使用与其注册商标相同或者近似的商标；

（3）商标注册人有权许可他人使用自己的注册商标，也可以将自己的注册商标转让给他人，这种许可或转让要符合法律规定并履行一定的法律手续。

2. 时间性，指商标专用权的有效期限。在有效期限之内，商标专用权受法律保护，超过有效期限，权利人不进行续展的，就不再受到法律的保护。各国的商标法，一般都规定了对商标专用权的保护期限，我国商标法规定的商标专用权有效期为十年。《商标法》第四十条规定："注册商标有效期满，需要继续使用的，商标注册人应当在期满前十二个月内按照规定办理续展手续；在此期间未能办理的，可以给予六个月的宽展期。每次续展注册的有效期为十年，自该商标上一届有效期满次日起计算。期满未办理续展手续的，注销其注册商标。"

3. 地域性，指商标专用权的保护受地域范围的限制。注册商标专用权仅在商标注册国享受法律保护，非注册国没有保护的义务。在我国注册的商标要在其他国家获得商标专用权并受到法律保护，就必须分别在这些国家进行注册，或者通过《马德里协定》等国际知识产权条约在协定的成员国申请领土延伸。

4. 财产性，商标专用权是一种无形财产权。商标专用权的整体是智力成果，凝聚了权利人的心血和劳动。智力成果不同于有形的物质财富，它虽然需要借助一定的载体表现，但载体本身并无太大的经济价值，体现巨大经济价值的只能是载体所蕴含的智力成果。比如"可口可乐"商标、"全聚德"商标等，其商标的载体——可乐、烤鸭等不是具有昂贵价值的东西，但其商标本身却具有极高的经济价值，2007年"可口可乐"商标经评估，其价值达到700多亿美元，而"全聚德"作为中国的民族品牌2005年的评估价值为106.34亿元人民币。

通过商标价值评估，这些商标可以作为无形资产成为企业出资额的一部分。

五、注册商标的发育过程及其价值的形成

商标的注册比较简单，任何符合条件的企业都可以通过法律程序得到独享的商标权，而商标所具有的经济价值却相差甚远。注册商标是如何发育的，其经济价值又是如何形成的，是本节的主要内容。由于我国现行《商标法》实行的是商标注册原则，鼓励商标注册，本节主要讨论注册商标的发育过程及其价值的形成。

一般认为注册商标的发育分为六个阶段，见图2—1。

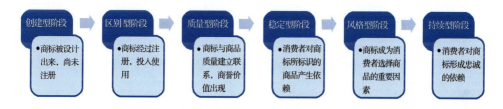

创建型阶段
● 商标被设计出来，尚未注册

区别型阶段
● 商标经过注册，投入使用

质量型阶段
● 商标与商品质量建立联系，商誉价值出现

稳定型阶段
● 消费者对商标所标识的商品产生依赖

风格型阶段
● 商标成为消费者选择商品的重要因素

持续型阶段
● 消费者对商标形成忠诚的依赖

图2—1　注册商标的发育过程

1. 创建型阶段。这个阶段主要是对新的商标进行构思、设计、制作和定型。把商标完整地设计出来，要求企业付出足够的劳动和资本，这也体现了商标的艺术价值。这个阶段的商标被"制造"出来，但尚未注册。

2. 区别型阶段。商标经过注册、投入使用，开始发挥其最基础的区别来源功能，在市场上把自己的商品或服务与其他同类的商品或服务区别开来。注册之后的商标具有了独占权、禁止权等权力，这体现了商标的权力价值。这个阶段的商标功能尚不健全。

3. 质量型阶段。商标所标识的商品或服务在被购买后，其质量在消费者所观察的同类商品或服务中较优，那么消费者就会自觉地将质量优等和这个商标所联系起来，此时商标信誉价值开始出现，也是商标成为企业无形资产的里程碑，商标的"附加价值"开始体现。

4. 稳定型阶段。商标所标识的商品或服务通过在市场上流通，得到了越来越多消费者对于其质量的肯定和认可。通过二次或多次消费，消费者对于此商标所标识的商品或服务产生了信赖甚至依赖，商标具有稳定的信誉，销售额增加，收益也随之增高，此时的商标的"附加价值"逐步增长。

5. 风格型阶段。这个阶段主要表现在消费者会为了特定的"商标"进行消费。即俗语所称，"买的就是这个牌子。"特定风格的商品以商标作为区别标识，形成了人们对于这种风格与这个商标的相互联系。如，"劳力士"三个字就代表了其所标识手表的奢华与品质。人们在购买手表的时候，是不是"劳力士"商标将是一个重要的决定因素。此时商标的"附加价值"已经极大丰富，逐渐了超越了其标识商品或服务质量的躯体，形成了独立的商誉价值。

6. 持续型阶段。商标达到风格型阶段之后，仍能持续地继承和创新，始终保持商标的活力和吸引力，消费者对商标将形成忠诚的依赖，此时消费者又称为该商标的"忠实消费者"。即使是新开发的商品或服务，如果赋予其商标的标识，消费者也会选择对其认可。这种影响是全面的、持续的、具有惯性的。如"阿迪达斯"在体育用品界所积累的商誉，使得该商标使用在洗护用品类商品时仍然可以达到消费者的信赖。此时，商标的发育已经完全，其附加的经济价值已经到达一个相当高的程度。

以苹果公司的"iPhone"商标为例，从第一代产品到现在的第六代产品，就历经了整个商标的发育过程，达到了"风格型阶段"，甚至"持续型阶段"。很多消费者在选择购买苹果手机时，就是为了"iPhone"这个商标，这是"风格型阶段"的特征；另外，一部分自称"果粉"的iPhone系列产品的爱好者，不仅第一时间购买最新一代的iPhone手机，同时也会购买与iPhone相关的电子产品iPad、iPod等，这是"持续型阶段"的特征。

总之，在市场经济时代，采用新技术，开发新产品，增加产品的技术含量，成为企业取得竞争优势的关键，而这种竞争优势需要通过商标这个重要的载体传递给市场。商标成为企业在市场经济条件下取得核心竞争力的锐利武器，而且随着技术创新的步伐，其作用日益显著。而企业如何通过培育商标来发展其核心竞争力也是现代化企业要面临的主要问题之一。

六、商标产生的社会成本

从经济学的角度看，商标最重要的作用就是减少消费者的搜索成本（Search Cost）。在商标功能尚未成熟时，公众为了购买自己称心的产品或寻求满意的服务，需要花费一定的时间、精力、费

搜索成本（Search Cost）

　　是指为找到某物品市场最低价而支付的各种费用、时间、精力及各种风险的总和。由于消费者和商家之间的信息不对称，使得消费者努力寻找在不同地域或商店出售的同质商品的价格信息，以找到性价比最高的商品。搜寻行为无疑会帮助消费者做出比较理想的购买决策。"货比三家"就是对信息搜寻行为的经典描述。但是搜寻也是有成本的，主要指搜寻过程中耗费的时间成本。搜寻成本作为一种机会成本，当其大搜寻带来的商品价格收益时，搜寻可能会失败或者被终止。

用等在众多的商标中搜寻自己所要找的对象。随着经济的发展，商标的功能也日趋完善，生产经营者不惜投入大量的人力、物力、财力以确立一个容易识别的标志，使得消费者在购买商品或服务时可以不用了解过多信息，而是仅仅认定一个"商标"或者"品牌"。

在制造、培育和发展商标的过程中，会产生大量的成本，这些成本并没有直接用来改善或提高商品或服务本身的质量，但势必会导致生产成本的增加。这种成本在一定程度上通过市场分摊给消费者，使得消费者的消费成本增加。生产成本和消费成本的增加即是商标所产生的社会成本。

商标的社会成本构成主要包括三个方面：

意识成本

意识成本是指为了在社会上或企业内培养某种意识或共识所要支付的成本，如在全社会范围内培养环境保护意识而进行宣传推广普及的成本。本书中特指商标保护意识的形成和培养所需要的成本，如商标及商标战略推广宣传的成本等。

制度成本

制度经济学认为，一切制度都是有成本的。制度成本本质上是一种交易成本，就是在一定的社会关系中，人们自愿交往、彼此合作达成交易所支付的成本，也即人与人关系的成本。它与一般的生产成本（人与自然界关系的成本）是对应概念。尽管制度可以系统地防止非效率，但建立任何一项制度都是需要付出代价的。因此在决定建立某种制度之前，首先要计算成本与收益账。本书中特指商标立法及其执法所产生的制度性支出。

1. 商标体系建立的社会成本。这部分成本包括意识成本、制度成本和秩序成本。商标保护意识的形成和培养，需要支出相应的成本。如国家关于商标知识的普及和培训、关于商标法的宣传和解读及关于全体国民商标保护素养的提高等都需要花费大量的财力、人力和物力，这些构成商标保护的意识成本。建立商标体制，需要制定相关的法律法规，如《中华人民共和国商标法》《中华人民共和国商标法实施条例》等，这些制度的形成也需要花费审核、修改、通过等一系列费用。维护商标体系的正常运行又带来了秩序成本🔍，这里又包含了监督成本和查处侵权的成本。

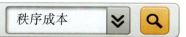

秩序成本

> 本书中特指维护商标体系正常运行所需要的成本。如制定各种商标政策法规和标准，提供信息、调研、咨询、培训等服务，监督、处理和惩罚违法违规事件等索要支付的成本。

社会成本

> 社会成本（Social cost）在经济学上是指按全社会各个生产部门汇总起来的总成本。本书中是指商标的社会平均成本。也可以看成一种机会成本，即把社会的经济资源用于某一种用途而必须放弃的该经济资源最有利可图的其他机会。本书认为，生产成本和消费成本的增加即商标所产生的社会成本，其中包括商标体系建立的社会成本、注册商标的社会成本、维护商标的社会成本。

2. 注册商标的社会成本🔍。这部分成本包括商标设计和注册的有关费用。商标的设计是一项高强度智力劳动的工作，需付出相当多的时间和精力，同时又依赖一定的材料和设备。商标注册也需要企业进行一定资金的投入。根据我国《商标法》及《商标法实施条例》的规定，商标注册及其维持需要交纳费用。此外，商标的注册审查过程也需要政府花费一定的成本。

3. 维护商标的社会成本。这部分成本包括宣传成本和保护成本。宣传成本即维护商标发挥正常功效的成本，只有借助于各种广告宣传和公关合作，才能使商标进入消费者视野，强化消费者对某商标的识别。只有通过对宣传成本的投入，企业所拥有的商标才不会仅仅作为法律名词出现。保护成本即维护商标不受侵害而对抗侵权者的成本。当通过实施商标战略使得自己的商标小有名气甚至家喻户晓时，企业也不得不面对潜在的抄袭者。这些抄袭者注册有一定相似度的商标，从而给部分消费者造成误解，通过"搭便车"获取不法的市场份额或者溢价。企业为了维护自己的商标权，不得不付出异议费用、诉讼费用、调查取证费用、律师费用等进行维权。很多大型企业都有专门的部门负责维护自己商标权的合法权益，这中间又包含了大量的人力资源成本。

总而言之，商标的出现一方面可以减少搜索成本，另一方面增加社会成本，如何控制这两方面之间的关系也是经济学家和法律学家比较关注的话题。商标发展不足时，商标数量少，消费者需要消耗大量的搜索成本，与此同时，由于对商品的不信任而减少消费的可能也是存在的。然而，当商标发展日趋成熟，商标所带来的社会成本也日益增大，商标数量过多导致消费者又陷入搜索的迷宫中。所以，在二者平衡中取得商标效用的最大化，是政策制定者应该考虑的问题。当然，我们不能忘记商标作为知识产权重要组成部分所带来的效用。

第二章
商标与品牌的关系

一、商标的来源与概念

"商标"二字是清末传入我国的舶来词，英文为"Trademark"，曾被翻译为"商牌""贸易牌号""牌号""货牌"等。然而早在宋朝，山东济南刘家"功夫针"铺所使用的"白兔"标记就已经起到了商标的功能——作为商品的标识，使消费者可以区分其商品来源。

世界贸易组织在《与贸易有关的知识产权协定》（TRIPs协定）第十五条中规定，"任何能够将一个企业的商品或服务与其他企业的商品或服务区别开的标记或标记的组合，均应能构成商标"。国际保护工业产权协会（AIPPI）在柏林大会上曾对商标作出的定义："商标是用以区别个人或集体所提供的商品及服务的标记"。法国政府在其《商标法》中则表述为："一切用以

国际保护工业产权协会（AIPPI）

国际保护工业产权协会（International Association For The Protection Of Intellectual Property）成立于1897年，是一个非营利性组织，总部设在瑞士，该协会在全球70多个国家和地区设立了分部，会员达8000多人，每隔一年举办一次国际大会和执委会。其宗旨是，在国际间改善和促进知识产权的保护，促进各国对知识产权立法的研究，实现各国知识产权立法的一致，以利于知识产权在世界范围内能够得到有效的保护。

识别任何企业的产品、物品或服务的有形标记均可视为商标"。我国《商标法》第八条规定，商标是指"任何能够将自然人、法人或者其他组织的商品与他人的商品区别开的标志，包括文字、图形、字母、数字、三维标志、颜色组合和声音等，以及上述要素的组合"。

从上述规定来看，商标即"企业用来使自己的产品或服务与其他企业的产品或服务相区别的具有显著特征的标志"。其所有者为企业，而消费者通过这种标志，可以识别或者确认该商品、服务的生产经营者和服务提供者。这是"商标"二字本身最基本的概念，也是应用于法律领域的固定术语。当然，"商标"经过数百年的发展，在其功能不断完善和丰富的同时，其概念和外延也同时在更新。这将在第 3 节"商标概念的发展和外延"中论述。

二、品牌的来源与概念

"品牌"这个词来源于古斯堪的纳维亚语"brandr"，意思是"燃烧"，指的是生产者燃烧印章烙印到产品上。根据美国市场营销协会（AMA）的定义，品牌（brand）是一个"名称、专有名词、标记，或设计，或是上述元素的组合，用于识别一个销售商或销售商群体的商品与服务，并且使他们与其竞争者的商品与服务区分开来"。

上述品牌定义跟"商标"是十分类似的，很多词典甚至将两个词作为同义词相互解释。不过，根据现代学者的观点，品牌的概念有了进一步的发展。一方面，奥美的创始人大卫·奥格威在 1955 年曾这样阐述品牌的定义："品牌是一种错综复杂的象征，它是品牌属性、名称、包装、价格、历史、声誉、广告的方式的无形总和。"在这个定义中，更加强调了品牌所具有的无形价值。因此，品牌的概念更倾向于是一种商品综合品质的体现和代表。另一方面,《Random House 英语大词典》是这样定义的:"……代表某一种产品或服务的广为人知的名称。"这个定义无疑强调了消费者的主体作用,也就是说,品牌的概念不仅包括品牌名称和品牌标志,还包括人们对商品或服务的总的印象和认知、评价的总和。

综上所述,品牌是一个集合概念,首先它本身拥有和"商标"一样的区分功能;其次,对于企业来说,它又是带来溢价、产生增值的无形资产;再次,对于消费者来说,它是对商品或服务总印象和认知的总和。

三、商标概念的发展和外延

上文提到,当商标的功能逐渐地扩大和延伸的时候,商标的概念也在逐步更新。例如,商标的广告宣传功能和商誉积累功能,已经超出了"区分商品或服务的标记"这个范畴。因此,不妨把上述商标的定义理解为狭义的商标,其主要是指商标的外在形态,主要起到感官上的区别作用。

而广义的商标则更加强调商标的内涵,它超越了商标本身,与商品的品质挂钩、与商品的形象挂钩、与商品的知名度挂钩。一般地,我们又将拥有这些内涵的商标称为"驰名商标""著名商标""知名商标"等。

以驰名商标为例,其概念较早见于《保护工业产权巴黎公约》。该公约所指的驰名商标,即在广大公众中享有较高声誉,有较高知名度的商标。世界贸易组织《与贸易有关的知识产权协定》(TRIPs 协定)和我国《商标法》中也有驰名商标这一术语,其概念是指在一定范围内为相关公众广为知晓并具有较高声誉的商标。

此时，商标所代表的含义超越了其外在形式。因为，商标知名度的形成与其外在表现形式关系并不大，而在于其所标识的商品的综合竞争力。因此，广义的商标能够承载更多功能，这也是实施商标战略的理论基础。

值得注意的是，即使是广义的商标，其含义仍与品牌有一定差异。但随着商标功能的不断发展和完善，商标含义的外延在不断地丰富，与品牌的含义也日趋接近。下文将重点分析商标与品牌直接的关系。

四、商标与品牌的联系

第一，从品牌和商标本身的概念上来看，二者的定义是非常接近的。《牛津词典》《朗文词典》等都将两个词作为同义词相互解释。如，作为品牌本身的"Brand"是一个"名称、专有名词、标记，或设计，或是上述元素的组合"，作为商标本身的"Trademark"是"文字、图形、数字、三维标志和颜色组合，以及上述要素的组合"。现实中，大多企业的品牌名称或标识往往也常是公司的商标，比如"可口可乐""APPLE"和"GOOGLE"等。因此，二者也有相同的功能，即用于识别一个企业的商品或服务。俗语"某某牌子"既可以指某个商标，也可以指某种品牌，恰好是二者概念有重叠部分的体现。

第二，商标是品牌的载体和核心。品牌是给拥有者带来溢价、产生增值的一种无形的资产，它的载体是用以和其他竞争者的产品或劳务相区分的名称、术语、象征、记号或者设计及其组合，即商标。一方面，增值的源泉来自于消费者心中形成的关于其载体的印象。另一方面，品牌不能直接进行交易，品牌无形资产价值得以实现的主要方式是作为商标许可、出资、出质和转让。商标是品牌的核心部分，商标价值是品牌价值在交易时的价格，是品牌价值的最佳代表。因此，品牌的主要表现形式和核心是商标。

案例 1. 奔驰汽车的商标几乎可以代表其品牌的价值。当人们谈论起奔驰汽车时，醒目的商标明确地指示了它的独特性。品牌的价值凝聚在这个小小的商标里，可以说是其最好的载体。

案例 2. 李宁公司经历了大幅度的经营下滑，其中有一部分原因就是其更换商标的频率过快。因为商标承载了李宁品牌的价值，所以在频繁的商标交替当中，不免有相当一部分价值丢失。

第三，实施商标战略和品牌战略的出发点是一致的。实施商标战略或者品牌战略并不是简单地意味着增加商标的数量或者提高品牌的数量，而是通过实施这样的战略，让商标和品牌的功能得以体现，让商标的知名度更好地服务于品牌的建设和发展，让品牌的无形价值更好地鼓励商标的注册和商品的创新。

五、商标与品牌的区别

第一，二者应用范围不同，商标是一种法律概念，而品牌是一个经济学概念，是市场主体对于承载商业声誉的标识的统称。商标是承载区别不同企业的商品或服务的显著性标记的传统法律手段；而品牌则是一种名誉资产，它们凭借公司的投资和在所有商业策略中的出色表现向消费者做出一种承诺。品牌如果想得到完善的法律保护，就需要通过注册商标这个途径。商标的法律作用主要表现在：（1）通过商标专用权的确立、续展、转让、争议仲裁等法律程序，保护商标所有者的合法权益；（2）促使生产经营者保证商品质量，维护商标信誉。

品牌只有打动消费者的内心才能产生市场经济效益，同时品牌只有根据《商标法》注册后才能成为注册商标，才能受到法律的保护以避免其他任何个人或企业的侵权模仿使用企业品牌注册成商标，即获得商标专用权并受到法律保护。显然，商标是品牌的一种法律形式。

案例 3. 苹果公司与深圳唯冠关于"iPad"商标的争夺。深圳唯冠注册了"iPad"商标。没有"iPad"的商标权，苹果公司无法在中国大陆正常地进行销售，即无法受到法律保护。

第二，商标的内涵不等同于品牌的内涵。品牌体现为一种口碑、一种品位、一种格调和一种影响，品牌的内涵表现于产品质量和服务的同时，还表现于一个公司的企业文化、员工素养和市场营销策略等。商标的申请注册是营造优势品牌的基础，但不是全部，公司品牌的营造需要多方面的努力，比如产品质量的保证，优质服务的承诺，多种媒体的整合传播以及有效的市场策略等。WIPO 总干事高锐指出，"一个品牌有可能包含一个或多个商标，但不是每一个商标都是一个品牌。品牌本身比单纯注册商标的含意更广，但如果一个企业的商标没有注册，品牌投资很容易陷于危险境地。"

案例 4. GOOGLE 公司宣布退出中国大陆市场，停用"谷歌"商标，改回以前使用的"GOOGLE"商标。但商标的更选并不影响 GOOGLE 在中国大陆的影响力。多数使用者甚至没有注意到 GOOGLE 公司的这一政策变化。这说明，尽管品牌必须需要商标作为载体，但是可能并不依赖某一特定的商标。

案例 5. 加多宝公司对"王老吉"商标使用权的激烈争夺，反映出商标对品牌存在巨大的价值。因为担心丧失"王老吉"商标使用权后使得品牌成为空中楼阁，加多宝公司进行了多方仲裁、诉讼。这样做一方面是为了争夺使用权，另一方面也是为品牌寻找受法律保护的新载体争取时间，最后通过广告重新将品牌价值凝结到新的商标加多宝上来，从而保证了加多宝在丧失了"王老吉"的许可使用权之后，依然在竞争激烈的凉茶市场获得了足够多的销量。

总而言之，商标与品牌的关系是辩证的关系。在最本质的定义上，两者是等同的，因为两者的基本功能是一致的，就是区分商品或者服务来源。商标是品牌的重要载体，对品牌的价值具有巨大的反作用。

另外，值得注意的是，随着商标功能与作用的不断发展和完善，商标概念的外延逐渐扩大，商标所代表的意义与品牌日趋相同。日常生活中，人们在使用"商标"和"品牌"时也经常混为一谈。这并不是混淆概念，而是二者涵义日趋相同的表现之一。仅仅从实务角度出发的话，商标与品牌其实是同一事物的两种表述。

表2—3总结了商标与品牌的区别与联系。

表2—3　商标与品牌的关系

	商标	品牌
概　念	商标是指任何能够将自然人、法人或者其他组织的商品或者服务与他人的商品或者服务区别开的文字、图形、数字、三维标志、颜色组合和声音等，以及上述要素的组合。	品牌是一个集合概念，首先它本身拥有和"商标"一样的区分功能，其次，对于企业来说，它又是带来溢价、产生增值的无形资产，再次，对于消费者来说，它是对商品或服务总印象和认知的总和。
产生途径	注册商标的产生经过设计和注册，由企业所有。	品牌的形成则需要一个比较漫长的培育过程，且品牌价值植根于消费者。
相互作用	商标是品牌的载体和核心。商标虽然不能完全代表品牌，但对品牌的价值具有巨大的反作用。	品牌的内涵不等于商标的内涵。品牌的内涵表现于产品质量和服务的同时，还表现于一个公司的企业文化、员工素养和市场营销策略等。

六、商标在品牌建设中的作用

正如前面所言，品牌的概念不仅包括品牌名称和品牌标志，还可以包括企业名称等等，以及人们对商品或服务的总的印象和认知、评价的总和。但品牌的核心是商标。尤其是当我们探讨品牌的时候，往往更加看重消费者对商品或者服务的印象和认知。从这个角度分析，一个商标即使已经注册，如果尚未使用，那它实际上还没有成为品牌。反之，一个凝聚了商誉的注册商标，可能因为品牌的崩溃，使得注册商标的区分作用没有任何意义。如"三鹿"奶粉事件导致"三鹿"这个品牌彻底崩溃，但"三鹿"注册商标的权利不会受到任何影响，只是其承载商誉的功能丧失了。因此商标的价值不是来自于设计，而是来自于品牌的建设。商标作为企业商誉最主要的附着物，同样构成了品牌的最主要体现，因此商标也是品牌建设的核心内容。在品牌建设中，应当加强商标与品牌的协同：

首先，体现商标设计与品牌的协同，即在商标设计时不但要考虑商标本身的审美，还应当努力将商标文字及图形所产生的审美感觉、形象与品牌形象一致起来。

其次，品牌强调的是人们对商品或者服务的总的印象，可以在同一品牌下设计多个商标，形成不同商标与品牌间的协同，并相互借用品牌的商誉。当然，这种"一荣俱荣，一损俱损"的品牌战略也会给企业在遇到灾难性事件时带来彻底毁灭的效果。

再次，很多企业在开展自己的品牌战略时，没有法律意识，忽视事先的法律调查，不清楚自己的核心品牌的法律状况，或者为他人做嫁衣裳，没有事先将自己的核心品牌注册，被别人注册后，使得好不容易累积起来的商誉无法正常利用。或者自己的核心品牌落入他人的权利范围，一方面构成对他人权利的侵犯，另一方面导致自己品牌建设的努力付诸东流。

总而言之，一方面，注册和培育商标在品牌建设过程中是不可或缺的环节；另一方面，商标本身特性所致的广告宣传功能也可以为品牌建设助力。世界范围内的著名品牌无一不重视对自己商标的保护，这从一定程度上说明了商标在品牌建设中的作用是至关重要的。

第三章

商标对企业的作用

　　商标是企业用来区别竞争者产品或者服务的标志。商标素有企业"黄金名片"之称，是维系企业产品与顾客之间联系的纽带。它凝聚着企业的信誉、文化、顾客的依赖及情感诉求以及企业及其产品的忠诚等诸多内涵，是企业竞争优势的重要来源之一，是关系企业生存和发展的重要资产。商标体系在支持公司品牌推广方面发挥着重要作用。世界知识产权组织总干事高锐指出，一个品牌体现一家企业的声誉和形象，是一家企业最宝贵的资产之一。本文在这个部分主要论述商标对于企业的作用。

一、商标是企业向消费者传递信息的渠道

　　商标就是商品或服务的标识，是企业为了使自己生产或经营的商品或服务同其他商品生产者或者经营者生产或经营的商品或服务区别开来而使用的一种标记。消费者在关注企业的产品的时候，首先就会关注该产品的商标。也就是说商标是产品的标志，是一种信息资源，是企业向消费者传递信息的渠道。

　　一方面，通过商标的区别来源功能，企业的商品或服务被消费者所识别或熟知，从而达到了向消费者传递信息、创造需求、引导消费

的作用。商标作为企业产品的标记，是产品质量、信誉和知名度的载体，凝聚着企业投入的大量资本、智慧和心血。在竞争激烈的市场上，商标已成为最重要的购物向导，是联系企业和消费者的桥梁，是企业走向国内外市场的"金护照"。而高知名度商标更是企业成功的标志和消费者追求的时尚。

另一方面，任何商标都代表着它所依附的特定产品的内在质量和标准，在某种程度上表明了生产者或经营者对该产品所应承担的品质责任，从而保证消费者能在互相竞争的同类产品中凭借商标对产品进行选择和识别。这是商标品质一致性担保功能的体现。

简而言之，商标是企业的信息资源，有创造价值的功能，通过对商标的广泛宣传，可以开拓市场，给企业带来巨大收益。

二、商标是企业商誉的集中表现

商誉是企业的一项重要的无形资产，它是指能在未来为企业经营带来超额利润的潜在经济价值，或一家企业预期的获利能力超过可辨认资产正常获利能力（如同行业正常投资报酬率）的资本化价值。商誉是企业整体价值的组成部分。

上文中分析了商标所具有的商誉积累功能。一般认为，商标的知名度越高，企业的形象和信誉越好。这正是商标的商誉积累功能所带来的。企业通过商标的显著性特征向消费者展示其形象和信誉，加深消费者对其产品的印象，引起消费者的注意，刺激消费者的购买欲望，进而达到扩大产品销量的最终目的。同时，良好的品牌形象还可以增强消费者对商标产生忠诚性，促使消费者反复购买。

商誉存在于社会公众的观念之中，如要被传播或利用，必须要有用以指代的工具。比如某个经营者在市场上销售产品，该产品被消费者认可和称赞，此时商誉就已经产生，但是该产品并无特殊的标记，消费者无法识别产品来自于谁，虽然商誉仍然存在，但消费者无从得知形成良好商誉的产品来自于谁，无法将产生的商誉归属于某个主体，也无法在下次消费活动中识别那个曾经形成商誉的产品。因此，指代工具成为必要，只有通过指代工具使消费者心目中形成的商誉有所归属，商誉的存在才具有利用的价值。由于商誉的无形性，现代商事主体的商誉需要有伴随着该商事主体所使用的名称、商号、商标、商业外观等商业性标志。商标对于商誉的意义就在于此。

由于商标是企业形象和信誉的集中表现，更有利于对产品进行广泛的广告宣传。通过广告，消费者认识了解了某种产品，同时认识了这种产品所标志的企业；通过广告，企业也给消费者一种承诺，这种承诺的标志就是产品的商标。人们看到商标就能知道某种产品的品质、功能如何，企业的售前、售中和售后服务是否令人满意以及某种产品给消费者带来的其他附加利益的情况。因此，商标的知名度越高，企业的形象和信誉越好。

同时，保护商标是企业保护商誉的重要方式。商标在为经营者和消费者正当利用商誉提供指代工具的同时，无疑也为他人盗用商誉提供了手段。当非法经营者发现来自某一来源的商品具有较高的声誉，企图仿冒该商品的时候，最方便的手段就是冒用商标。从表面上看，非法经营者利用的是他人商标，但其实质目的是利用该商标权人的商誉。这在商标成为各国财产权的对象之前，已经被人所关注。例如在英国，仿冒之诉是商标权保护的前身，而仿冒之诉的重要目的就是禁止使用引人混淆的标记从而不当利用他人的商誉。因此，现代商标法都是通过禁止他人使用盗用商标来禁止他人盗用商誉的。

三、商标是企业的无形资产

理查德·波斯纳（Richard A. Posner）认为，"经济学家最没有感到有形产权与知识产权的不一致性。尤其是财产权的洛克原理已经被运用于我们称之为发明创造的有用思想。" 在有关知识产权制度的专题研究中，吴汉东、胡开忠（2004）的著作《无形财产权制度研究》，自始至终就是将知识产权置于财产的角度进行分析的，站在经济学的角度知识产权是资产，站在法学的角度知识产权就成为财产权。也就是说在他们的研究中知识产权即是财产权。对于商标权，他们指出商标的财产性，以及商标的财产不确定性。

中国社科院法律研究所所著的《法律词典》对财产的定义分为三个方面，一是财产要有经济价值，可带来经济上的权益；二是财产依一定目的而结合；三是财产以及财产权是一系列权利义务的综合体，这里指财产上的权利总体和财产上义务的结合。

商标具有上述财产的性质。首先，商标是可以带来经济收益的标志或符号。没有商标的作用或企业失去商标，企业的生存和发展都是不可想象的。企业商标几乎就是企业的化身，以至于企业之间的竞争往往不是产品的竞争，不是服务的竞争，直接就是"商标的竞争"。在目前对各类知识产权的评估中，商标的价值远大于专利的价值。因此，不仅商标有自身的可肯定、可评估、可质押的价值，而且商标可为企业带来效益。其次，商标这种财产，以及由法律规定其形成的财产权，恰恰是一系列权利义务的综合体，商标权有明确的主体即商标所有人。这不仅仅是法律规定的，即便没有法律规定，在现实经济中，也存在实质上由使用而带来的商誉，在商标、商号、产地等相互印证的情况下，即使没有注册的商标甚至未受保护的商标，也会成为商家促销的有效工具。在近现代法律规定下，商标的财产权利更加清晰，并在大多数国家取得共识，即商标所有人拥有使用权、排他权、许可权、转让权、质押权、灭失权等与财产权有关的各种权利。

综上所述，商标是企业一项重要的知识产权，是受法律保护的凭证，是企业的无形资产。注册商标能为商标权利人带来效益，而且信誉越高，影响越大，其交换价值也就越高。培育一个好的商标，不但能标志该企业在同行业中的地位，还可以增加产品的附加值，同时，还能够变成企业的无形资产，是企业永久的财富。

四、商标有助于企业培育和发展核心竞争力

中国企业管理协会理事长张彦宁教授认为，"核心竞争力是指企业开发独特产品、发展独特技术和发明独特营销手段的能力。或，它使企业在战略上与众不同。"这一概念以比较明了的方式表明核心竞争力是一种具有特殊性质的能力且是企业的重要战略资源，即核心竞争力实际就是一种核心专长。具体地说，核心竞争力具有以下特征：价值性、稀缺性、能力整体性、资源集中性和延展性（崔宇，2012）。

商标恰恰拥有上述核心竞争力的特征：

1. 价值性：商标的形成是企业长期投入和培育的结果，高知名度商标的形成需要企业巨额资金的投入。商标的价值能按用户愿意支付的价格为用户提供根本性的好处或效用。因为，核心竞争力富有战略价值，它能为顾客带来长期的关键性利益，为企业创造长期性的竞争主动权，为企业创造超过同业平均利润水平的超值利润。因此，商标

对于树立企业在市场竞争中的独特形象和营造竞争优势具有重要价值。

2. 稀缺性：企业核心竞争力为企业独自所拥有。同行业中几乎不存在两个企业都拥有准确意义上相同或相似的核心竞争力。企业开发商标需要长期培育和大量资金投入，但是，能否产生高知名度商标的市场效应则具有较大的产出风险，高知名度商标必将掌握在少数有竞争实力的企业中，这决定了商标资产的稀缺性。这种稀缺性表现在企业不仅需要付出成本甚至即使付出成本也无法得到。

3. 能力整体性：核心竞争力是由不同要素有机联系而成的整体竞争力，各种分散的技能、专长和竞争力要素都不能称其为竞争力，必须进行有效整合。核心竞争力超越了具体的产品、服务、单个的业务单元。将企业之间的竞争直接升华为整体实力的对抗，使企业"寿命"大大加长。由于企业竞争的实施主要依托于企业产品的质量等因素和商标的附加价值因素，需要依靠企业资源的综合作用才能形成企业竞争优势。

4. 资源集中性：先进的设备、高水平的生产线，以及关键的技术、资金等等，都是企业赖以形成核心竞争力的重要资源，但它们本身并不是企业核心竞争力。企业核心竞争力就是把企业聚集起来的各种资源进行组合和协调，引导其为特定的生产目标服务的整合能力。因此，商标尤其是高知名度商标具有很强的资源集中性。

5. 延展性：企业核心竞争力有力地支持企业延伸到更有生命力的新领域中去。企业核心竞争力不是局限于某一业务部门或领域，而是能为企业打开多种产品市场提供支持，即帮助企业扩展相关市场，支持多种产品和服务。企业利用商标的辐射效应可以在多个领域拓展其业务和新的价值链。

　　由此可见，商标具有形成企业核心竞争力的条件。而商标的信誉价值、权利价值和艺术价值构成了企业商标对核心竞争力产生作用的价值基础。其中信誉价值是商标的核心价值，对商标的价值起决定性作用。商标的信誉价值包括商标在市场上的知名度、美誉度和消费者的信赖程度。商标的信誉价值受商品质量的高低和适用度的强弱、商标使用时间的长短和使用地域的大小、广告宣传的力度以及消费者心理等因素影响。商标的信誉实际是商品质量的市场表现，能使消费者产生信任感和安全感，放心地购买商品。在同一时期、同一市场条件下，商标的信誉价值也是可以计算和量化的。商标的权利价值，即注册商标所有的商标专用权，具体包括使用权、禁止权、转让权和许可使用权等，其实质是一种财产权，它是企业通过商标申请注册而取得的法定商标专用权限，只有权利人才能享有。商标的艺术价值，即商标的知识产权，它是商标的设计者脑力劳动创造的价值，是从法律上得到确认和保护的精神产品。

　　商标是企业的产品进入市场的敲门砖。竞争是市场经济固有的经济规律。企业要在竞争中立于不败之地，提高和扩大市场占有率，必然要采取诸如价格、推销、商标、广告宣传、营销推广、公共关系等多种竞争形式。现代企业往往更多的是采取非价格竞争形式，通过对商标的广告宣传，建立品牌知名度，使产品顺利打入市场。如我国的"娃哈哈"、"长虹"以及美国的"可口可乐"等都是靠先打出品牌、建立品牌知名度而使产品畅销的。同时，依靠商标的知名度，企业又会不断开拓进取，不断提高产品质量，增加产品的附加值，巩固已有的市场份额，并不断扩大市场占有率，在竞争中占有优势地位。

　　简言之，商标是企业核心竞争力不可或缺的部分，是核心竞争力的外在表现，也是核心竞争力的主要源泉之一。培育和发展商标的过程就是培育和发展企业核心竞争力的过程。企业的核心竞争力决定着企业的综合实力，综合实力决定着商品的声誉，商品的声誉又决定着商标的价值，而商标的价值正体现着企业的核心竞争力。这个相互影响的良性循环进一步强化了商标与企业核心竞争力之间的关系。

五、商标对于中小企业的意义

近年来，中小企业在中国经济发展中的地位越来越重要，其中中小企业总数、GDP 贡献、提供的就业岗位数量等都快速增长。因此，应当深入研究中小企业的发展现状，提高中小企业竞争力，为我国经济的可持续发展提供有力的支持和保证。

在发达国家，小企业更加依赖于商标作为知识产权保护的主要形式。但是，这种现象在我国现阶段并未出现。相反地，在中国，企业规模与商标的偏重程度之间呈现出正相关的关系。在《商标与创新的关系研究》子课题中，我们进行了更加详细的描述。

商标对于中小的企业的意义主要有以下三点：

1. 商标关乎中小企业的生存和发展。中小企业作为市场中的弱小单元，面临的首要问题是企业的生存与发展，也就是企业与企业之间竞争成败的问题。现代市场竞争的终极是基于被消费者认同的、以知名商标为核心的品牌知名度。中小企业要想在市场竞争中生存下来，就要重视企业商标战略的运作。如果商标知名度得以大幅提高，市场份额就会得到根本改善，中小企业就有了竞争的有力筹码，就会为企业的发展奠定良好的基础。

2. 商标关乎中小企业的扩张和升级。要想在激烈的市场竞争中获得可持续发展,必须有足够的资金支持,而资金短缺是企业普遍面临的问题,中小企业更是如此。中小企业没有像大企业那样多的融资方式,资金主要来源于产品的销售收入。以商标为核心,培养产品的品牌价值,可以使中小企业获得超额利润,从而拥有稳定的资金来源。事实上,当中小企业可以从产品中获得超额利润时,就意味着其产品拥有了一定的垄断力,这也是商标所带来的好处。

3. 商标战略是企业战略的重要环节。企业战略中包含诸多子战略,如产品战略、市场战略、人才战略、竞争战略等。对于中小企业来说,以销售为中心的产品战略非常重要。而产品战略的根本就在于培养以知名商标为媒介的知名产品。企业的商标战略,往往是以品牌创建作为企业经营战略的中心,以品牌价值增值为目标和抓手,树立品牌经营的核心理念,通过品牌整合企业各种要素资源,综合利用加大技术创新,提升产品质量,培育企业文化,开展营销传播等手段,不断提高产品的商标附加值,最终创建市场领袖品牌,实现企业利润最大化。可见,品牌价值归根结底就是商标价值,商标战略是企业特别是中小企业的战略运作的重要环节之一,商标战略很多时候都统领着市场战略、人才战略乃至竞争战略,其成败直接影响到企业发展的成败。

总而言之,对于中小企业来说,商标也同样具有十分重要的意义。科学地认识商标,及时地注册商标,有效地运用商标,系统地实施商标战略,这是中小企业做大做强的必由之路。目前我国中小企业商标战略的意识普遍淡薄,商标注册率低下,大多数中小企业根本没有商标,这对于中小企业的长期发展无疑是不利的。中小企业可以从以下几个方面入手,积极发挥商标对于企业的作用:

1. 要树立正确的商标意识。企业的商标意识决定企业商标的有无、命运及前途。要形成科学的商标意识，企业领导的作用最为关键。领导率先改变商标可有可无的思想观念，同时让每个员工都切实认识到商标对于企业生存和发展的重要性，从而使企业内部在商标工作上达成共识。

2. 做好长期规划，抓好专业人才队伍建设。对于商标的投资短期内是很难看到回报的。中小企业应从长远发展出发，根据市场和自身特点，制定企业商标工作的长远规划，避免商标工作的随意性。与此同时，根据企业自身的预算，或单独引进，或与其他中小企业联合引进商标专业人才。

3. 抓好商标管理。商标管理对于商标的培育与发展有着举足轻重的作用。中小企业应建立起一套适合企业自身条件的商标管理制度，切实做好注册商标印制、验收、使用的监督管理和许可管理。预算充足时，企业应当设计防伪标识，采用商标防伪技术。

商标是商品的提供者和消费者之间最重要的沟通载体。企业的技术进步和竞争优势可以凝聚在商标上传递给市场，从而成为连接消费者和商品提供者之间的桥梁。下一章将进一步讨论商标对于消费者的作用。

第四章

商标对消费者的作用

商标是商品经济的产物，其作用随着商品经济的发展而日益重要。当知识经济时代到来，科技发展日新月异，企业数量不计其数，商品种类不胜枚举，商标对于消费者的作用也空前重要。在这个部分，本书讨论商标对于消费者的作用。可以看出，商标的三大功能——区别来源、品质一致性担保、广告宣传都对消费者起着显著的作用。从消费者消费过程的角度来看，商标主要起到两个作用：指导消费者消费和引导消费者维权。

一、商标是指导消费者消费的主要标志

1. 商标帮助消费者比较、鉴别及挑选所要购买的商品或服务

在传统的市场中，消费者可以通过自己的经验和知识对商品进行检验，如用指尖碰刀口检验刀的锋利程度，凭色泽和声音判断器皿的优劣（李玉萍，2007）。在现代经济中，依靠科技的进步，商品的差异越来越小，产品的复杂程度越来越高，消费者几乎无法对商品作出直接的判断，对商品的认同从对商品的具体分辨判断转向依靠对信誉和形象的认同，从直接性评估转向间接性评估。商标是区分商品不同来源的商业性标志，凝聚着商品的综合品质，代表着企业的形象，消

费者根据商标的知名度和信誉度购买到自己需要且放心的商品。

因此，在知识经济时代，商标成为指导消费者消费的主要标志，认牌消费逐渐成为消费者的主要消费方式，商标与商品（或服务）的关系已经密不可分。人们购买商品，不仅仅是购买商品本身，也是购买附于商品之上的商标，商标逐渐成为一种和商品本身相对应的文化商品，也即"商品的商标化"。甚至有学者指出，商品依附于商标，商标已成为影响商品交换价值大小的重要指标。

2. 商标引导消费者购买高价值的精神文化商品或服务

随着人们的生活水平不断提高，消费结构发生了很大的变化。在衣食住行等物质需求被满足后，精神需求表现得越来越突出。消费者在选购商品时，更注重心理情感上的满足，比如购买什么品牌的服装，用什么品牌的家电产品。商标成为消费者对商品认可的高度代表。如上文所述，当商标发育进入风格型阶段之后，其引导消费者购买高价值精神文化商品或服务的作用开始得到体现。

消费者认牌消费时，对物质利益的需求是通过商品实现的，而对文化品位的追求则主要是通过凝聚着文化、品位、时尚和代表着一定身份地位的商标来实现的。如前所述，人们购买商品，不仅仅是购买商品本身，也是购买附于商品之上的商标，商标成为和商品本身相对应的文化商品。

3. 商标自身的艺术价值也是消费者购买商品或服务的重要因素

上文曾提到，商标具有艺术价值，它是商标的设计者脑力劳动创造的价值，是从法律上得到确认和保护的精神产品。随着商标数量的不断增多和商标设计的持续发展，使用商标的目的不仅仅是执行语言符号的指谓功能，更重要的是诱使潜在的消费者对商品产生兴趣，激发其购买欲并采取购买行动。成功的商标能够体现商品特性，具有象征意义、易引起注意、便于记忆、朗朗上口等特点。有时候，人们会因为商标是否具有美感而选择消费。

以法国迪奥（Christian Dior）化妆品公司的一款香水 Poison 为例。当初打入中国市场时直译若为"毒药"，显然不易被人接受，后改为"蒩芳"，同样因为不符合中国女性的心理而不受欢迎，因为传统文化下的中国女性应该是"温柔、内向、不富冒险精神"的品格，所以只有当它被翻译为"百爱神"时才被中国女性接受。而现在的年轻女性大多是年轻、有朝气、充满梦想的，有些甚至寻求冒险刺激、与传统娇柔闺秀型相悖。"毒药"在某种程度上却满足了这种心理，于是"毒药"这个商标重新被启用。

二、商标是引导消费者维权的重要途径

只有当消费者而不是其他人将商标视为表示商品或服务来源的标志时，商标才开始存在。只有通过消费者的感觉，商标的功能才能够发挥。只有当消费者因商标而可能发生混淆时，才存在商标侵权。作为最"善于思维的"知识财产，商标纯粹存在于消费者脑海中。因此，消费者是商标法中万能的尺度。正因为消费者在商标法中有如此重要的地位，才受到了各国商标立法和学术研究的广泛重视。

我国《商标法》第一条即明确规定了保护消费者利益是立法的目的之一。日本《商标法》第三条规定，保护消费者权益不仅是商标法立法的目的之一，也是商标注册的条件之一。英国《商标法》中有 12 处出现了"公众"（the public，义同消费者）一词。美国《商标法》最近的一次修改中，美国参议院解释该法时明确：该法旨在"提高社

会公众不受假冒、混淆和欺诈的保护水平"。尽管由于立法传统、经济发展等国情的不同，各国《商标法》立法目的的侧重点有所不同，但《商标法》都为消费者进行维权提供了重要依据。这也为商标引导消费者维权提供了法律基础。

当消费者所购买的商品或服务出现侵权行为时，消费者可以通过对商标的辨认，比较容易地进行维权。相比之下，如果商品或服务并没有相应的商标标识，消费者则既难以得到企业的联系方式也很难向工商部门进行投诉，此时消费者的合法权益将很难得到保证。所以，在一定程度上，消费者选择购买具有高知名度商标的商品或服务，也是为了避免潜在的侵权行为出现时，无法保护自己的权益。而当企业拥有高知名度商标之后，也更倾向于为消费者提供维权服务，以保证该企业商标的地位；或者说，积累该企业的商誉。

商标对国家的作用

一、商标在改善国民生产总值结构中的作用

消费是国民生产总值（GDP）占有重要地位的组成部分。而长期以来中国的 GDP 构成中，消费所占的比例一直呈现较小的份额。如何扩大内需，促进消费，提高消费所占 GDP 的比例，一直是我国宏观经济面临的一个难题。知识经济时代，商标是消费者选择消费商品的主要依据，是消费者认识和了解企业的重要载体，企业的所有生产要素以及专利等知识产权都会集中体现在商标上，商标的知名度是企业竞争力最直观的表现。打击侵犯知识产权和制售假冒伪劣商品的行为，保护商标权利人和广大消费者的合法权益，是建设公平有序的竞争环境、维护健康有序的消费环境的必然要求和有效途径。

加强对商标专用权的保护，严厉打击商标侵权假冒行为，一方面可以使假冒伪劣商品的生存空间越来越小，增强消费者的安全感，有助于促进消费，维护市场稳定，提振消费者消费信心；另一方面可以促进企业创新，丰富商品的品种，有利于不断形成新的消费热点，营造消费者喜爱和放心的市场环境，从而拉动消费、释放消费潜力、促进消费结构升级，大大增强我国经济发展中的内需主导作用。

与此同时，通过提升消费者的品牌意识，培养认牌购物的消费习惯。品牌的主体是企业，品牌的竞争离不开消费者的参与，品牌的生命力更需要企业和消费者来共同维护。

通过商标战略实施，促使企业注重商品质量和售后服务质量的提高，保证使用商标的商品和服务的质量稳定、可靠，向消费者提供质量信得过、品种丰富的商品，维护品牌的美誉度和公信度；追求技术创新，增强研发能力，保持并不断提高使用商标的产品的竞争后劲，使消费者形成对品牌的持续认可。前文提到，商标已逐渐成为指导消费者消费的主要标志，以商标为核心建立现代意义上的企业形象识别系统，通过商标把企业质量可靠、服务良好、技术先进、品位高尚等信息传递给消费者和社会公众，增强消费者的消费安全感，是企业实施商标战略的重要目的。

总而言之，实施商标战略，加强商标专用权保护，不仅向消费者提供了消费保障，也向企业提供了保证品质、追求创新的强心剂。消费者对于商标的认可使得企业更加注重维护其商品质量和商誉积累，企业对于商标的重视使得消费者更加信赖企业所提供的商品和服务，从而形成了一个"促进消费—培育商标—促进消费"的良性循环。

二、商标在推动经济转型升级中的作用

改革开放三十多年来，我国的市场主体从计划经济到社会主义市场经济逐步转型，从内向封闭的经济格局到开放包容的经济格局转变。现如今，知识经济、品牌经济迅速崛起并逐渐成为经济发展主导力量，如何通过全面开展品牌经营，进而全方位推动品牌经济的发展，成为推动经济转型升级的核心问题。遵循市场经济普遍规律，借鉴发达国家市场运作方式，在实体资本运营的基础上，加大信用资本的培育和运用，推

动广大市场主体从产品经营上升到品牌经营，是深层次推进市场改革、转变经济发展方式的内在要求。通过打造知名品牌带动企业经营模式和市场运作方式的转型升级，促进市场行为能力的全面提升。

商标战略是国家知识产权战略的重要组成部分，是发展品牌经济的核心和关键。商标凝结着产品的科技含量，体现了企业的文化和信用，同时又代表着商品的质量，彰显着商品的声誉，商标的培育和发展在品牌经济的建设中起到举足轻重的作用。通过对商标战略的成功运用，有利于知名品牌的创建，有利于提升企业核心竞争力，从而推动经济的转型升级。

国家"十二五"发展规划中明确提出，坚持把经济结构战略性调整作为加快转变经济发展方式的主攻方向，并明确要求要提升制造业核心竞争力，发展战略性新兴产业，加快发展服务业，促进经济增长向依靠第一、第二、第三产业协同带动转变。中共十八大强调要"实施知识产权战略，加强知识产权保护"。十八届三中全会又再次提出要"加强知识产权运用和保护"。通过实施商标战略，大力提升各类企业商标注册、运用、保护和管理能力，提高企业核心竞争力，扩大市场占有率。通过实施商标战略，充分发挥商标在集聚要素、整合资源、增加产品附加值和提升企业自主创新能力等方面的重要作用，促进制造业企业向重品牌方向发展、促进战略性新兴产业培育和拓展市场、推进服务业向规模化和品牌化发展，从而促进第一、第二、第三产业的协调发展。

三、商标在创新驱动发展战略中的作用

实施创新驱动发展战略是党的十八大关于建设创新型国家做出的

重要战略部署，也是"十三五"规划的重要内容。创新驱动发展，特别着重强调"实施知识产权战略，加强知识产权保护"。加快转变经济发展方式必须依靠新的驱动力，而实现创新发展，作为知识产权重要组成部分的商标将发挥不可替代的作用。

随着知识经济时代的到来，以及后工业化阶段第三产业特别是服务业的兴起，组织管理模式的不断革新和市场创新逐渐在创新活动中占据更加重要的地位。现实中创新形式的不断演变，客观上要求创新概念范畴从单纯的技术创新向组织创新和市场创新延伸和拓展。

商标是企业创新活动的集中体现。这主要体现在，商标创新的引入，围绕产品推广和商标重复使用所展开的品牌培育战略使得商标集中承载了企业的商业模式和企业文化，从而集中体现了企业在组织变革、市场开拓和经营模式上的创新努力。因此，商标与广义创新概念下的各种创新活动均存在密切联系。此外，商标显著性的强化和品牌的成长从根本上来说，还要取决于企业产品和服务的内在质量和企业创新活力。在缺乏有效的技术、商业模式和组织创新支撑的前提下，商标与品牌不可能赢得消费者的长期认可。

商标注册是知识产权保护的重要形式，具有灵活性的基本特征。首先，与专利这一企业创新的保护机制相比，商标申请更加灵活，要求更低。商标申请只要求所申请的标识符合商标使用的标志和显著性要求，且不与在先权利冲突，并不像专利那样在技术新颖性和创新上设置了系统的条件，这使得各种企业创新活动都可以通过商标来进行保护。低技术企业和中小企业受企业资金实力和技术实力的限制，往往难以在技术创新上进行显著的实质性突破。由于专利比商标设置了更高的技术门槛，因此对于技术密集程度较低的企业和无力进行较高水平的技术研发的中小企业来说，用商标来实施知识产权保护是比专利更加切实可行的策略。其次，商标的申请费用明显低于专利，这为资金实力薄弱的中小企业提供了一种经济可行的知识产权保护措施。再次，商标授予与专利授予相比具有显著的快捷性。这种灵活性使得商标成为各类企业普遍采用的知识产权保护手段。

对于无法专利化的创新活动，商标是知识产权保护的主要可行载体。在创新内涵迅速延伸和拓展的背景下，专利仍然主要集中于技术创新领域。这就使得大量的"软创新"不具备以专利来实现知识产权保护的可能。在这种情形下，商标成为专利之外的创新成果保护的重要补充。

商标是提高创新收益和市场价值的重要载体。商标能够带来创新的范围经济和规模报酬递增。此外，商标是商品提供者和消费者之间最重要的沟通载体，可以通过特许经营、产品差异化效应、声誉效应与信号传递实现企业技术优势向市场竞争优势的转化。

企业通过创立品牌，提升品牌知名度增加市场份额，继而将集聚的资本致力于产品研发，从而借助知识产权竞争优势嵌入全球价值链，而这种技术优势的获取反过来又强化了企业的商标和品牌优势。

商标是我国创新保护的重要形式，并显著推动了创新成果的形成。一方面，商标是一种重要的知识产权保护形式。因此，研发支出增长使得商标作为创新成果保护的需要而相应增长。另一方面，商标对企业创新有着积极的推动作用，不仅可以带来创新的范围经济，还可以促进创新成果向市场价值的转化。

四、商标在推动社会主义新农村建设中的作用

提起商标，人们总是把它看成是工商业的标记。因为在我国，商

标在农产品上使用的历史相对较短。具体地说，我国农产品商标的迅速发展是从 20 世纪 90 年代之后开始的。整体来看，我国农村农产品的商品化率较低，品牌化率更低。中国是美国农产品最大的进口国，每年的进口数量都在上升。这其中很大一部分原因是中国的农产品没有形成品牌化，没有形成替代进口的能力。农业的现代化发展受到了明显的阻力。

"坚持走中国特色农业现代化道路，加快转变农业发展方式，提高农业综合生产能力、抗风险能力和市场竞争能力。"这是"十二五"规划中明确提出的。而现代农业本质上是品牌农业。面对激烈的市场竞争，农产品经营者只有提高品牌保护意识，正确培育和发展商标，保护拓展品牌资源，才能在现代农业市场竞争中立稳脚跟。因此，实施商标战略不仅要落实到城市，也要落实到农村。

地理标志和特色农产品商标的使用可以把地域资源优势转化为市场竞争优势，有效提高农产品的附加值，打造知识农业，从而提高农副产品在国内国际市场上的竞争力。另一方面，政府和农村专业经济协会所注册的农产品商标具有广泛的辐射性，能够起到纽带的作用，把农户和农业企业紧密联系起来，推动当地农业的产业化发展，并延长产业链条，促进农业产业集群效应的形成。

目前，一种比较有效的产业化经营模式是"公司（涉农组织）+商标（地理标志）+农户"，通过注册和保护农产品商标和地理标志，增加了农产品附加值，将地理资源优势转化为品牌优势和市场竞争优势，提高了农民进入市场的组织化程度，从而实现农业产业化经营，促进地方特色农业和农村经济发展。

五、商标在国际竞争中的作用

经济全球化时代的市场竞争，大型跨国公司是主角。而跨国公司之间的竞争，从本质上来说就是品牌的竞争。只有具备商标优势，依靠品牌争夺消费者认可度、消费者购买力和市场份额的竞争，企业才能够具备强有力的竞争力和长远的发展动力。我国改革开放三十多年的发展经验和市场经济的发展趋势告诉我们，产品如果没有过硬的商标和"叫得响"的品牌，在市场上就没有知名度，就打不开局面，更难以长期在市场上立足。当前，只有具备了品牌优势，才能够拥有强大的竞争力和长久的生命力。联合国工业计划署的调查表明，知名商标占所有注册商标不足3%的比例，但其产品所占有的市场份额则高达40%以上，销售额超过50%。因此，推进商标战略，是在经济全球化形势下，提高我国企业国际竞争力和参与国际市场竞争的客观要求。

对于每一个参与国际竞争的出口企业而言，毫不例外，利润最大化是企业生存发展的根本。追求效益，是企业发展的动力和源泉。充分利用品牌带来的附加值效益，正是提高当前出口型企业国际竞争力和影响力的重要举措。在广大的国际市场中，品牌效益带给企业的商机是无限的。国内外成功企业的发展历程证明，通过对于商标和品牌的成功培育，可以使得利润成倍增长，同时可以扩大细分市场，巩固市场份额，并树立企业在国际上独有的品牌形象，拥有全球各地的忠实消费客户。随着全球化的进程逐渐深化，全球对于商标和品牌的认可程度也日益加大。我们已经见证了很多国内小有名气的企业在国际大品牌的巨大攻势下被迫转型甚至破产。简言之，培育和发展商标与品牌，不仅可以使出口型企业摆脱被大型跨国公司挤垮的困境，还能使企业不断拓宽发展途径，保持活力，真正站在国际竞争优势的前列。

表2—4和表2—5列出了2007—2014年由世界品牌实验室编制的《世界品牌500强》中各国家的入选数量。从表2—4中的数据不难看出，中国品牌在500强中的数量呈现逐渐上升的趋势，但是跟美国、日本、法国、英国等品牌强国相比还有相当大的距离。而表2—5中，2014年我国品牌在世界前100强的数量仅占5席，这充分说明了中国品牌的世界竞争力和影响力还不强，与中国的经济规模和发展速度不相适应。我国亟需通过培育和发展商标，提升我国的品牌形象。所谓国家品牌形象，意味着一旦消费者形成对于国家产品的总体印象，他就会带着这个印象看待这个国家生产的所有产品。例如标有"德国制造"的商品在世界市场上普遍可以得到消费者的认可。

表2—4　2007—2014年《世界品牌500强》各国家入选数量

年份	中国	美国	日本	法国	英国	德国	瑞士	意大利
2007	12	247	43	47	35	23	22	10
2008	15	243	42	47	38	23	21	11
2009	18	241	40	46	39	24	22	11
2010	17	237	41	47	40	25	21	14
2011	21	239	41	43	39	25	21	14
2012	23	231	43	44	40	23	21	21
2013	25	232	41	47	39	23	21	18
2014	29	227	39	44	42	23	21	18

数据来源：世界品牌实验室2007—2014年《世界品牌500强》

表 2—5 2007—2014 年《世界品牌 500 强》各国家入选前 100 强数量

年份	中国	美国	日本	法国	英国	德国	瑞士	意大利
2007	3	63	5	6	5	5	4	1
2008	2	63	5	5	7	5	4	1
2009	4	59	5	4	4	5	4	1
2010	4	60	3	4	7	5	4	1
2011	4	58	2	4	6	6	5	1
2012	4	58	2	6	7	7	4	2
2013	4	57	2	7	5	7	3	2
2014	5	54	4	6	7	9	3	1

数据来源：世界品牌实验室 2007—2014 年《世界品牌 500 强》

另外，据美国波士顿咨询公司近期对 25 个国家和地区的调查显示，"中国制造"的廉价"皇冠"已受到前所未有的挑战。以我国与美国对比为例，2004 年，我国的制造成本比美国低 14%，如今只低 5%。照此趋势发展，到 2018 年，我国的制造成本将高于美国。这表明，我国需要大力加强品牌建设，应对劳动力成本优势逐步消失的影响，努力形成新的品牌竞争优势。通过大力实施商标战略，依靠品牌的力量，以商标品牌提高产品的附加值，市场主体才能在竞争中取胜，赢得生存和长远的发展空间，获取源源不断的发展动力，这是我国经济实现跨越式发展的必由之路。其根本途径在于引导和帮助广大市场主体在了解商标的基础上，结合产品研发进行商标注册和保护，并在经营活动中有效运用商标。用质量上乘的产品，配合有效的宣传手段，在市场中打造强势品牌，提升企业无形资产价值。改变传统竞争模式，将竞争手段实现由质量、价格竞争向商标、品牌竞争转变，从而带动企业经营模式和市场运作方式的转型升级，达到提高我国经济市场化水平和国际竞争力的目的。因此，可以说实施商标战略是缓解经济全球化竞争压力的需要，是转变经济发展方式的内在需求，对保证我国经济长远、持续、健康、快速发展具有全局性影响。

中国主要贸易伙伴的知识产权战略

知识产权战略是从战略高度运用知识产权制度促进国家和经济社会发展的一种战略模式。知识产权战略是在建立有效的知识产权保护制度的基础之上，从宏观性、全局性和战略性出发，将知识产权保护作为实现国家政策的重要工具和手段。

21 世纪是知识经济时代，来自全世界各国之间的竞争愈演愈烈。国与国之间的竞争是综合国力的比较，综合国力的高低很大程度上依赖于科学技术这一生产力的发展，而科学技术竞争实质上是知识产权的竞争。所以，我们看到许多国家明确提出了知识产权立国战略，不断强化知识产权制度，大幅度提升知识产权水平，以适应世界经济一体化的发展，并把它作为振兴本国经济，增强国际竞争力的手段。知识产权保护已日益成为跨国公司及其背后主权国家争夺国际市场份额、维护国家安全核心利益的重要手段。为此，世界各国不断强化对知识产权的保护，制定并实施知识产权立国战略。

2008 年 6 月，国务院正式实施《国家知识产权战略纲要》，其中明确指出了商标工作的五项专项任务，即切实保护商标权人和消费者的合法权益；支持企业实施商标战略；充分发挥商标在农业产业化中的作用；加强商标管理；完善地理标志保护制度等。

商标是知识产权的重要组成部分，商标战略也是知识产权战略的重要组成部分，是工商部门服务经济社会发展的一个重要抓手。下文将论述中国主要贸易伙伴知识产权战略的发展与现状，并分析其中有关商标战略的内容。

一、美国的知识产权战略

美国是世界上公认的最注重知识产权的国家之一，也是实行知识产权制度最早的国家之一，其知识产权法律制度可追溯到联邦政府成立的第一天。二战后，美国科学技术得到了迅猛发展，经济也越来越依赖于知识、技术、信息、服务等产业。由于这些产业与专利、商标、著作权、商业秘密等知识产权具有密切联系，美国政府部门、企业十分重视知识产权保护对美国经济发展以及实现其经济、技术世界霸主地位方面的重要作用。美国总统卡特早在 1979 年就提出"要采取独自的政策提高国家的竞争力，振奋企业精神"，并第一次将知识产权战略提升到国家战略的层面。

近年来，美国实施知识产权战略的主要特点包括：

1. 以立法为基础，不断修改和完善相关法律，为实施知识产权战略提供保障；

2. 在对外贸易领域建立有利于美国的国际贸易规则，最大限度地控制他国市场的机制；

3. 战略和规划与时俱进。2002 年，美国专利商标局公布了《21世纪战略计划》，2010 年又出台了《2010—2015 战略计划》，旨在实现以质量为核心、高产出、高市场导向型知识产权制度目标。

其中，在商标战略方面，根据国家利益和美国企业的竞争需要，美国对《商标法》不断地修改和完善，扩大保护范围，加强保护力度。在《2008 财政年绩效与责任报告》中，"提高商标质量，加快审查速度"被列为三大战略目标之一，并规定了 5 个可以量化的绩效指标，包括商标首次通知正确率、商标最终通知正确率、商标首次通知平均周期、商标审查平均周期、电子商标申请提交率。在 21 世纪国家知识产权战略中，商标战略也作为重点之一，目标就是建立保持美国发明者在全球竞争优势所需要的专利商标制度，将专利商标局发展成以质量为核心，对市场变化反应灵敏的市场驱动型知识产权机构。

美国商务部下属经济和统计局及美国专利商标局在 2012 年 4 月共同发布了一份名为《知识产权和美国经济：聚焦产业》（Intellectual Property and the U. S. Economy：Industries in Focus）的综合报告，报告指出了知识产权密集型产业在整个美国经济中的重要地位。这一份报告对于知识产权与宏观经济关系的研究视角是开创性的，传统的研究将知识产权作为宏观经济总量的一个影响因子加入模型，由于研究方法与数据获得方面的局限，针对同一经济体的研究结论往往会出现分歧而该报告将知识产权与产业相结合，基于产业视角有力证明了知识产权密集型产业对宏观经济增长的重要影响，同时为各国政府知识产权政策设计方面提供了全新的思路。

知识产权的主要形式有专利、商标、版权三个部分，因此美国商务部报告从专利密集型产业、商标密集型产业、版权密集型产业这三个部分分析了知识产权密集型产业。下面重点讨论商标密集型产业。

就商标密集型产业来说，美国商务部的这份报告中采用了三种方法判断，分别为商标强度、注册商标 50 强和随机抽样。其中，第一种方法"商标强度🔍", 被定义为商标注册数和就业量的比值, 商标密集型产业则被定义为商标强度（商标数/就业量）大于平均值的行业。此种方法的缺陷是只选取上市公司作为样本, 可能遗漏了一些重要的非上市公司。第二种方法"商标 50 强🔍", 是指美国专利商标局每年公布的商标注册量最多的 50 家公司, 然后按照这 50 家公司所属行业的分类, 找出商标密集型行业。上述两种方法的缺陷在于选取的大公司比较多, 而比较小的年轻的公司则比较少。为了弥补这个缺陷, 采用第三个方法, 此方法是对 2010 财年注册的所有商标进行 300 个商标的随机抽样, 找到这 300

商标强度 🔽 🔍

> 本书中是指表示商标密集型产业强度的一种方法, 即采用用行业商标注册总数与行业从业人员数的比值。由于欧盟和美国的密集型产业只有此一种方法测算其密集型产业强度, 因此, 在和国外商标密集型产业对标也采用此方法。但由于我国商标密集型产业强度算法是按照城镇从业人员测算, 测算的强度指标会偏高。如中国的音像设备制造、其它制造业、卫星通信和非金融无形资产租赁等四类产业的的商标强度远高于其它产业。

商标 50 强 🔽 🔍

> 本书中特指美国专利商标局（United States Patent and Trademark Office）每年公布的商标注册量最多的 50 家公司。2015 年, 美国专利商标局共授权 298407 件专利。TOP 3 的排名与 2014 年相同, 依次是 IBM 公司、三星公司和佳能公司, IBM 公司凭借 7355 件专利连续 23 年位居美国年度首位。在 TOP 50 排名中, 美国 20 家, 日本 16 家, 韩国 6 家, 德国 2 家, 中国台湾 2 家, 瑞典、加拿大、荷兰和中国大陆各 1 家, 华为公司是中国大陆唯一一家上榜 50 强的企业, TOP 50 的专利授权总量为 79095 件, 约占总授权量的 26.5%。

个注册商标所属的行业, 由此认定该行业为商标密集型产业。这三种

方法一共确定了 60 个商标密集型的产业。表 2—6 给出了按商标强度排名的前十位商标密集型行业。

表 2—6　按商标强度排名的前十位商标密集型行业

行业（NACIS 代码）	行业名称	商标强度
3343	音频和视频设备制造业	82.5
3399	其他杂项制造业	64.5
5174	卫星通信	35.3
5331	非金融无形资产出租业	33.3
5191	其他信息服务	14.8
5615	旅行服务业	13.5
5179	其他电讯	12.4
5311	房地产出租业	11.2
5112	软件出版商	8.2
4541	电子购物及邮购	7.7

数据来源：美国商务部报告《知识产权和美国经济：聚焦产业》中表 3。

专利密集型产业和版权密集型产业与商标密集型产业在很大程度上重叠，三者合成知识产权密集型产业，共 75 个产业入选。这 75 个知识密集型产业对美国有着举足轻重的影响，其中（数据均以 2010 年为准）：

1. 经济总量方面，为美国 GDP 贡献了 5.06 万亿美元，占 GDP 的 34.8%；提供了共计 7750 亿美元的出口商品，占美国商品总出口的 60.7%。

2. 就业方面，知识产权密集型产业以发放工资或以雇佣合同的形式直接提供就业职位 2710 万个，间接提供就业职位 1290 万个，提供就业职位总数达 4 千万个，占当年美国总就业数的 27.7%。其中，雇佣人员最多的知识产权密集型产业是 60 个商标密集型产业，提供就业职位 2260 万个。

3. 另外，知识产权密集型产业的职位薪酬较之其他职位要高，知识产权密集型产业职位的每周平均工资比非知识产权密集型产业职位高出 42%。知识产权密集型产业相对较高的工资是因为就业者的受教育时间更长，知识产权密集型产业的就业者（年龄在 25 岁以上）大专以上学历的比例为 42%，而非知识产权密集型产业的该比例仅为 34%。

二、日本的知识产权战略

同样作为经济强国的日本，也是实施知识产权战略的高手。早在 19 世纪，日本就制定了有关知识产权的法律制度。20 世纪以来，日本通过对于知识产权的鼓励和保护，不仅有效抵制了美国、欧洲等外国企业的进攻，并成功开辟了国内及国际市场。二战之后，日本为了走出低谷、追赶欧美，采取了在引进基本专利基础之上的专利网战略，成功地遏制了欧美基本专利的进攻。这一阶段专利战略的主要特点是立足于引进技术，并在引进、消化的基础之上实现模仿创新。至 20 世纪 80 年代，日本经济水平和综合国力已排世界前列，科学技术空前发达，日本的专利战略也逐渐演变为自主创

专利网战略

专利网是指以主导技术申请的基础专利为核心、各种应用改进型的外围专利纵横交错所形成的对某一产品领域的保护网。如企业在完成某一发明特别是重大发明时，必须布置下严密的专利网，不给竞争对手留下任何可利用的空隙，从而充分发挥专利权的作用。专利网战略就是企业将专利网的设防与企业的技术开发、市场竞争等经营活动相结合的产物。

新、自主专利战略。

为实现知识产权立国的目标，2002 年 7 月日本知识产权战略会议通过了《知识产权战略大纲》，强调要用知识产权创造高附加值的产品，以此达到激励经济和社会发展的目的，并提出了日本知识产权战略的四大支柱，即创造、保护、应用和人才培养。2013 年 6 月，日本知识产权战略本部在总结战略实施经验的基础上，根据国内外经济形势的新变化，特别是针对新兴经济体的兴起与数字信息全球化市场的快速发展，发布了《日本知识产权政策展望》，拟定未来十年日本知识产权战略及相关政策的发展方向。

近年来，日本实施知识产权战略主要特点包括：

1. 日本将知识产权战略视为立国之本、发展之根、创新之源，从而上升到国家战略；

2. 提高国民知识产权意识，高度重视知识产权人才培养。日本政府认为实现知识产权立国，基础是人才资源；

3. 推进知识产权法律国际合作，保护本国利益。日本在全球范围内，通过经济合作开发组织、世贸组织等国际组织，加强知识产权合作。

在商标战略方面，第一，同美国一样，日本也积极修订《商标法》，不断地加强对商标的保护。例如，2005 年 6 月，对《商标法》作了修订，地域名或商品名可以作为当地集体商标注册，通过合理保护地区品牌，增强地方产业的竞争力，搞活地区经济。政府对企业在开发产品、举办展览、市场调查、开拓销路、出口等方面提供支持。政府还调查、收集各地创立品牌的成功案例，并予以公布，以此提高企业的品牌意识。

第二，2006 年 1 月，日本知识产权战略总部所属知识创造周期专门调查会发表《知识产权人才培养综合战略》，集中统筹规划未来 10 年日本知识产权人才培养，其中就包括了对商标知识人才的培养。2007 年的年度推进计划中又再次提出培养国民知识产权意识，其中亦包括了商标权意识。

第三，日本的知识产权战略大纲特别重视鼓励创造优秀的商标设计。为促进创造富有魅力的商标设计，大纲提出要讨论促进有效利用特许厅所拥有的外观设计、商标信息的方针，并拿出了成熟的方案。日本的产品素以富有美感的商标设计著称，商标设计的优势有助于企业争夺市场份额和提高商品价格，使其市场竞争力大幅提高。日本的措施颇有成效，其中"丰田"曾在美国市场上获得销量第一的成就，在历年《世界品牌 500 强》的评选中，日本紧随美国和法国，列全世界第三位。

除此之外，日本以中国为重点，实施反仿冒、反盗版措施，保护日本本土商标。与此同时，日本企业在国外登记注册的商标也逐年增多。根据日本专利局 2014 年年报，日本在中国登记注册的商标由 2009 年的 13340 个上升为 2012 年的 24676 个；在美国登记注册的商标由 2009 年的 4832 个上升为 2013 年的 6110 个。

三、韩国的知识产权战略

韩国是亚洲经济"四小龙"之一，与美国和日本相比，韩国实施知识产权战略较晚。但作为经济振兴、科技崛起的成功典范，韩国在知识产权战略方面也积累了相当丰富的经验，尤其值得发展中国家学习。韩国著名的技术经济学者 Kim Linsu 认为，韩国 20 世纪七八十年代能够快速追赶的背景之一是当时韩国企业面临的危机。这里所说的危机主要是 20 世纪 80 年代韩美之间发生的一系列知识产权争端给韩国企业引发的危机。这一危机给韩国提供的启示是：只有知识产权的战略性运用才是摆脱危机的唯一出路。

2004 年 3 月，为了促进韩国知识产权的创造、保护和利用，韩国知识产权局公布了《韩国知识产权管理：愿景和目标计划》，明确提出了经济发展要转向以知识为基础的高附加值经济模式，从制造业强国发展为知识产权强国。2006 年 7 月，韩国知识产权局公布了"地方政府品牌支持项目"内容和成果的白皮书，目的在于通过知识财产创造刺激地方经济发展。

总结韩国近年来的知识产权战略，其主要特点包括：

1. 及时引进国外先进技术，并积极通过消化、吸收、改进，最终实现自主创新、奠定雄厚的技术创新基础。其知识产权战略具体实施经验可以概括为：政府实施引进、吸收先进技术与自主研究开发的政策；放松对引进技术的限制，使企业能够自由引进所需要的技术；充实和完善相关法律法规，给所有产业以平等发展机会；加强政府与企业的合作，研究、开发关键产业技术；健全、完善国家技术开发资金援助制度等。

2. 韩国政府对中小企业知识产权的创造也给予了必要的重视。其实施中小企业知识产权战略的经验值得我国政府和企业借鉴。其经验主要体现为以下几点：一是政府帮助企业促进自主知识产权创造。韩国知识产权局提出了"中小企业知识产权普及运动"，为中小企业提供指导和服务。二是对中小企业减免相关费用，其中包括了商标注册费用，这样使得一些财力不够的中小企业不至因为费用问题而放弃知识产权确权。三是向中小企业提供信息服务。韩国知识产权局组织专利和技术专家团，应中小企业的要求对进口的技术和已开发的技术进行技术发展动态和知识产权状况分析，为中小企业技术战略提供依据。

3. 面向新世纪，实施了 21 世纪知识产权战略，将建设知识社会作为政府的管理目标之一。其 21 世纪知识产权战略的核心是：将知识产权制度发展成为对创新知识和技术的创造、产权化、商业化具有促进功能的系统化社会基础结构；同时，为全面应对经济全球化和高技术的快速发展带来的知识产权新问题，积极参与全球高效知识产权制度的建立。

韩国对于企业商标战略高度重视，并积极提供措施予以保护。第一，韩国注重世界驰名商标的建设，积极宣传国内高质量的品牌，提升本国特有地方产品相对于进入韩国的国外知名产品的竞争力，使本国的品牌在激烈的市场竞争中占据至高点，诸如"三星"、"现代汽车"、"LG"、"SK"这样的世界驰名商标，就是在政府的积极推进和企业的积极实施下产生的。

第二，韩国对于商标和品牌拥有系统的管理，政府在商标战略中可以最大化地发挥作用。早在 1995 年，韩国颁布实施了《地方政府法》，其中明确规定各地方政府必须致力于独立完善自身形象定位，提高地方品牌影响力，使得"品牌管理"成为企业管理和地方政府管理的核心策略之一。2005 年韩国政府推出地方展示集团标志系统，地方政府可以通过这一系统进行国内商标注册，然后再进行商标国际注册，从而达到占领国际市场的目的。

四、欧盟的知识产权战略

欧洲专利局与欧盟内部市场协调局联合公布的一份调查报告显示，

知识产权密集型产业贡献了欧盟就业岗位的 35%、对外贸易的 90%，可见知识产权对于欧盟国家的重要性。

欧盟是我国最大的贸易伙伴，而我国也是欧盟的第二大贸易伙伴。2006 年欧盟发表第六份对华文件，即《欧盟与中国：更紧密的伙伴、承担更多责任》，其中涉及多项知识产权问题。中国当局回应并强调：中欧经贸具有很强的互补性，未来中欧将成为更重要、更紧密的合作伙伴。由此，研究欧盟知识产权战略的新进展对于我国知识产权战略的制定不仅具有借鉴意义，而且也是我国制定对欧知识产权战略所必须了解的课题之一。

为建设知识型欧洲，2005 年欧盟提出"第七研究框架计划建议 "，

并于 2007 年签署《里斯本条约》，取代原有的《欧盟宪法条约》，《里斯本条约》的签订为欧盟的知识产权一体化进程提供了良好的制度保障。2008 年，欧盟颁布了《关于统一成员国商标法的第 2008/95/EC 号欧洲议会及理事会指令》，要求继

| 第七研究框架计划建议 | |

2005 年 4 月，欧盟委员会批准了新的关于欧盟研究计划的建议，即欧盟第七框架计划（2007—2013）的建议。期间，欧盟投入 544 亿欧元的科研经费，这一数字比欧盟第六个研究框架计划的增加了 60%。新研究计划确定的重点领域是能源、健康医疗、环境和气候变化、农业及生物技术、纳米技术、材料和制造技术、交通、安全技术、航天以及信息技术。另外，有效转化研究成果首次被列入研究计划。

续完善共同体商标体系，确保欧盟内共同市场发挥正常功能。2011 年提出了旨在加强知识产权保护的新战略，涉及商标、专利、版权等多方面，希望以此进一步促进改革创新。欧盟的知识产权战略特点如下：

1. 以法律为保障，协调欧盟各国知识产权立法问题。知识产权立

法是知识产权战略实施的前提。就欧盟而言，各成员国在知识产权制度方面的差异成为知识产权战略实施的障碍。为克服这一阻碍，欧盟加快了知识产权立法一体化进程。其中，在商标保护方面，修改《欧共体商标条例》，优化了共同体商标（CTM）的注册申请，CTM 在欧盟商标协调领域的重要作用也日益增强。

共同体商标（CTM）

> 　　1993 年 12 月 20 日，欧盟议会通过了《欧洲共同体商标条例》，创立欧共体商标体系，企业通过取得共同体商标注册而可以获得在欧共体整个范围内对商标的统一保护。2008 年，欧盟颁布了《关于统一成员国商标法的第 2008/95/EC 号欧洲议会及理事会指令》，要求继续完善共同体商标体系，确保欧盟内共同市场发挥正常功能。2011 年提出了旨在加强知识产权保护的新战略，其中，在商标保护方面，修改《欧共体商标条例》，优化了共同体商标（CTM）的注册申请，共同体商标在欧盟商标协调领域的重要作用也日益增强。

2. 建立创新激励体系，推进创新和科研成果的转化。2000 年的"里斯本战略"提出了欧盟在 2010 年前成为"以知识为基础的、世界上最有竞争力的经济体"的远大目标。2002 至 2003 年，"欧洲技术平台"成立，其是由欧盟主导、由产业界、学术界、大学、金融界以及非政府组织和民众团体所形成的产学研联盟，希望通过各部门的联合研究与创新，提升欧洲工业界的竞争能力。2006 年，欧洲在创新政策领域又相继推出了多项举措，1 月，欧盟委员会的一个专家小组提交了题为《创建创新型欧洲》的报告，提出了创建创新型欧洲的战略。9 月，欧盟委员会根据欧洲政府首脑会晤提交的《欧洲广泛创新战略——把对知识的投资转化为生产和服务》报告，又出台了一项雄心勃勃的创新计划，并呼吁各成员国和候选国积极协助实施该计划。

3. 对欧盟各国提供知识产权的国际保护。首先，为了应对来自全球范围内日益严峻的盗版及仿冒行为的挑战，欧盟加强了其对第三国的知识产权立法与执法监督工作。2004 年 11 月 10 日，欧盟委员会正式通过了《在第三国知识产权执法的战略》。其次，针对中国的盗版和仿冒市场，欧盟采取了启动中欧保护知识产权行动方案、设立中国知识产权服务处、建立"China IPR SME Helpdesk"免费信息平台以及贸易报复等多种方式，希望在中国建立符合欧盟利益的知识产权立法与执法保护体系，保护欧盟各种商标和品牌在中国的合法权益。

五、如何发挥政府在商标战略中的作用：来自国际经验的启示

知识产权对一个国家的未来有着重大的影响，实施知识产权战略是富国兴邦的必经之路。商标战略是知识产权战略中的重要组成部分。全面深入推进商标战略，激发各类市场主体的创新活力，为市场主体创新发展提供政策支持和制度保障，是工商部门贯彻落实创新驱动发展战略的实际行动。

通过各国商标战略的总结，我们认为国家政府及各级行政部门应做好以下工作：

1. 加强立法，在《商标法》基础上不断健全和完善相关商标规章制度。进一步加大商标的保护与扶持力度，加强商标专用权保护，推动商标工作上新台阶。认真贯彻落实《商标法》各项规定，不断提升公共服务水平，进一步加大商标知识产权保护力度，切实保护品牌产品和生产企业的合法权益，创造一个良好的公平竞争环境。

2. 建立和完善商标工作中可以量化的绩效考核指标。美国在

《2008 财政年绩效与责任报告》中就规定了包括商标首次通知正确率、商标最终通知正确率、商标首次通知平均周期、商标审查平均周期、电子商标申请提交率在内的五个可以量化的绩效指标。有了绩效指标，才能在商标工作中建立相应的激励机制，最大程度上发挥商标工作人员的积极性，同时绩效指标也给工作人员指明了努力的方向。

3. 知识产权密集型产业的各项指标应该得到足够的重视。因此，在这个方面，我国需要建立完善的知识产权密集型产业的统计体系，确定中国自身的知识产权密集型产业以及此类产业对我国经济和社会的重要性。对于商标战略来说，计算出我国的商标密集型产业，并进一步估算出商标密集型产业对中国经济中经济总量、就业、外贸、薪金等各方面的作用，这些数据对国家制定和修改知识产权战略具有非常重要的参考价值，能帮助国家有效地分配有限的资源。

4. 培育知识产权文化和加强商标人才建设。日本政府认为实现知识产权立国，基础是人才资源，因此高度重视提高国民知识产权意识和知识产权人才的培养。2006 年 1 月，日本知识产权战略总部所属知识创造周期专门调查会发表《知识产权人才培养综合战略》，集中统筹规划未来 10 年日本知识产权人才培养，其中就包括了对商标知识人才的培养。2007 年的年度推进计划中又再次提出培养国民知识产权意识，其中亦包括了商标权意识。借鉴日本的经验，商标战略工作中应该加大宣传《商标法》等法律法规，提高全社会的商标意识；宣传实施商标战略的重要意义，宣传商标工作对企业发展的重要作用；向社会各方面，特别是广大消费者普及商标知识，营造商标文化氛围。通过举办经验交流会、座谈会等形式，不断加强对企业负责人的培训，引导企业从开拓市场的角度认识商标的特殊作用，从知识产权的角度认识知名品牌的巨大价值，不断增强企业注册商标、争创名牌的积极性和参与意识。同时，要统筹规划着重培养专门的商标知识人才。

5. 重视鼓励创造优秀的商标设计。为促进创造富有魅力的商标设计，日本的知识产权战略大纲提出要讨论促进有效利用特许厅所拥有的外观设计、商标信息的方针，并提出了成熟的方案。日本的产品素以富有美感的商标设计著称，商标设计的优势有助于企业争夺市场份额和提高商品价格，使其市场竞争力大幅提高。日本的措施颇有成效，其中"丰田"曾在美国市场上获得销量第一的成就，在历年《世界品牌 500 强》的评选中，日本紧随美国和法国，列全世界第三位。借鉴日本的经验，我们也应该重视和鼓励企业设计优秀的商标。

6. 积极发挥地方政府在商标战略中的作用。韩国在 1995 年颁布实施了《地方政府法》，其中明确规定各地方政府必须致力于独立完善自身形象定位，提高地方品牌影响力，使得"品牌管理"成为企业管理和地方政府管理的核心策略之一。2005 年韩国政府推出地方展示集团标志系统，地方政府可以通过这一系统进行国内商标注册，然后再进行商标国际注册，从而达到占领国际市场的目的。借鉴韩国的经验，我国也应该积极发挥地方政府在商标战略实施中的作用，形成"政府主导、企业主创、部门联合、社会协作"的合力机制。相关职能部门联动，帮扶辖区内有一定影响力的企业培育高知名度商标。对拥有高知名度商标的企业，大力宣传推广，加大对该企业商标专用权的保护力度，将其打造成城市名片。

7. 引导中小企业树立商标战略意识。韩国政府对中小企业知识产权的创造也给予了必要的重视。韩国知识产权局提出了"中小企业知识产权普及运动"，为中心企业提供指导和服务，组织专利和技术专家团，应中小企业的要求对进口的技术和已开发的技术进行技术发展动态和知识产权状况分析，为中小企业实施技术战略提供依据。在商标战略中，借鉴韩国的经验，应该重点引导中小企业树立商标战略意识。一方面加强对于中小企业的法律教育，另一方面对于其注册商标的行为在政策方面予以支持。不仅要从数量上增加中小企业注册商标所占比例，也要进一步提高中小企业的商标质量。对具有地方特色，特别是具有原产地特征的名优新农副产品，积极指导生产者申请地理标志商标，充分发挥农产品商标和地理标志商标在建设社会主义新农村中的作用。

8. 引导企业实施商标品牌战略，促进企业管理创新，培育我国自主品牌和国际知名商标。日、韩等国都很注重世界高知名度商标的建设，提升本国品牌在国际上的竞争力。对于符合产业政策和产业结构调整思路、科技含量高、市场潜力大、发展前景好的产品与服务，我国也应该积极鼓励和引导企业利用商标走出去参与国际市场竞争，促进商标品牌国际交流与合作。

9. 重视商标领域的国际合作与交流，加强商标的国际保护。美国和日本都非常重视知识产权法律的国际合作，保护本国利益。因此，我们也应该注重推动商标领域的国际合作与交流，加强商标的国际保护。积极与世界知识产权组织加强合作，利用商标注册体系实施"走出去"战略。通过国际交流，及时了解和掌握国际商标领域动态，争取其他国家给予我国在商标工作领域的支持，扩大我国商标工作在国际上的影响。

参考文献

［1］安青虎. 品牌与商标［J］. 中华商标，2006（5）：33—38.

［2］曹佳中. 大力实施商标战略助推经济转型发展［J］. 江南论坛，2013（12）：6—8.

［3］陈晓红，陈月萍. 商标与商誉评估辨析［J］. 中国资产评估，2002（3）：24—26.

［4］崔宇. 品牌竞争策略构建企业核心竞争力［J］. 科技致富向导，2012（35）：195—196.

［5］戴彬. 论商标权的取得与消灭［D］. 华东政法大学，2013.

［6］董佳. 论金砖四国知识产权战略［D］. 吉林大学，2011.

［7］杜美香. 试论商标和品牌的区别与联系［J］. 活力，2010（21）：111—112.

［8］范声华，孔珣. 论商标的经济价值［J］. 石家庄经济学院学报，1997，2：001.

［9］冯楚建. 建立面向 21 世纪的知识产权制度：日本现代知识产权政策与战略研究［J］. 中国软科学，1998（4）：73—81.

［10］冯晓青. 美日韩知识产权战略之探讨［J］. 黑龙江社会科学，2008（6）：157—161.

［11］冯晓青. 联合商标策略［J］. 企业活力，2000，10：018.

［12］冯晓青. 企业知识产权战略，市场竞争优势与自主创新能力培养研究［J］. 中国政法大学学报，2012（2）：32—46.

［13］顾海兵，陈芳芳，孙挺. 美国知识产权密集型产业的特点及对我国的启示——基于美国商务部的官方报告［J］. 南京社会科学，2012，11：9—13.

［14］郭之祥. 商标与企业竞争行为［D］. 山东大学，2009.

［15］贺寿天. 试论商标战略在经济发展中的作用［J］. 知识产权，2010（4）：43—45.

［16］胡小慧. 论商标的显著性［D］. 南昌大学，2012.

［17］蒋建业. 品牌，商标战略与经济发展［J］. 广东经济月刊，2003，2：16—18.

［18］蒋小旭. 品牌效益在国际竞争中的作用［J］. 铁路采购与物流，2012，7（2）：33—34.

［19］姜南，单晓光. 知识产权密集型产业对经济发展的推动作用——《知识产权与美国经济：产业聚焦》报告简评［J］. 科技与法律，2012（5）：75—79.

［20］李江春. 商标与商标翻译的经济价值分析［J］. 湖南社会科学，2010（4）：192—194.

［21］李雷雷. 章丘市商标战略问题研究［D］. 山东大学，2012.

［22］李士林. 商标质量功能论争与立法抉择［J］. 法治研究，2013（2）：80—86.

［23］李铁宁，罗建华. 企业商标形成核心竞争力的机理研究［J］. 企业经济，2007（5）：80—82.

［24］李小侠. 特色农产品商标的良性运营机制研究［J］. 安徽农

业科学，2011，39（15）：9340—9341.

[25] 李玉萍. 浅谈商标的作用与市场经济 [J]. 商业经济，2008（12）：105—106.

[26] 梁宏安. 经营商标无形资产 [J]. 中华商标，2003，4：12—14.

[27] 梁志文. 商标品质保证功能质疑 [J]. 法治研究，2009（10）：3—11.

[28] 林小爱，林小利. 欧盟知识产权战略新进展及其对我国的启示 [J]. 电子知识产权，2008（9）：26—30.

[29] 刘春田. 知识产权法 [M]. 中国人民大学出版社，第三版，2007.

[30] 刘佩. 浅析商誉视角下的商标权保护 [J]. 法制与社会：旬刊，2011（13）：99—100.

[31] 刘书怡，曾刚辉. "王老吉"商标商誉归属初探 [J]. 法制与社会：旬刊，2013（22）：236—237.

[32] 刘刈. 论商标的价值意蕴 [J]. 西北师大学报：社会科学版，2002，39（2）：129—132.

[33] 名文. 品牌评价与商标评估的不同 [J]. 广告大观，1998，8：013.

[34] 皮雅菁. 论商标功能的演变对商标转让的影响 [D]. 华东政法大学，2009.

[35] 曲三强. 知识产权法原理 [M]. 中国检察出版社，2004.

[36] 石树文. 论商标及其经济功能 [J]. 商业研究，2001（2）：173—174.

［37］苏勇，周颖，郭岩. 商标，商誉价值的评估方法探析［J］. 商业研究，2009（21）：12—16.

［38］孙树卫. 企业商标战略研究［D］. 山东大学，2006.

［39］孙玉芸，刘艳妹. 欧盟知识产权战略的实施及其对我国的影响［J］. 企业经济，2013，11：047.

［40］万小丽，朱雪忠，周勇涛. 美国专利商标局的战略计划绩效评估模式及其启示［J］. 情报杂志，2009（10）：68—71.

［41］王洪飞. 中日美知识产权立国战略比较研究［D］. 山西大学，2010.

［42］王宏坤. 实施商标战略富裕亿万农民［J］. 中华商标，2011（9）：73—75.

［43］王小云. 对防御商标和联合商标的思考［J］. 中华商标，2001，2：21—22.

［44］文学. 商标使用与商标保护研究［M］. 法律出版社，2008.

［45］吴汉东. 知识产权基本问题研究［M］. 中国人民大学出版社，2005.

［46］许波. 商标的社会成本及其经济价值实现［J］. 现代情报，2007，27（2）：206—209.

［47］徐聪颖. 论商标符号表彰功能内涵及其法律保护［J］. 商业时代，2010（9）：27—28.

［48］徐大为. 商标战略对促进企业经济发展方式转变的重要作用［J］. 中华商标，2011（9）：85—86.

［49］许瑞表. 深入推进商标战略实施努力提高服务发展效能为建设创新型国家做出更大贡献［J］. 中华商标，2012（6）：6—14.

[50] 杨小兰. 简析名牌及其与驰名商标，著名商标的关系 [J]. 金卡工程：经济与法，2010，14（003）：1—2.

[51] 杨玉梅. 企业商标战略与核心竞争力的提升 [J]. 中共云南省委党校学报，2008（1）：93—95.

[52] 易梅欢. 知识密集型企业无形资产的价值管理研究 [D]. 湖南大学，2011.

[53] 余俊. 商标功能辨析 [J]. 知识产权，2009（6）：74—78.

[54] 曾陈明. 商标法原理 [M]. 中国人民大学出版社，2003.

[55] 曾平，蒋言斌. 均衡与效率——知识产权制度的社会成本审视 [J]. 中南工业大学学报（社会科学版），1999，2：018.

[56] 郑其斌. 论商标权的本质 [M]. 人民法院出版社，2009.

[57] 郑其斌. 论商标的独立价值 [J]. 社会科学家，2009（5）：84—87.

[58] 郑宇民. 实施商标战略促进经济转型 [J]. 工商行政管理，2010，17：019.

[59] 张耕等. 商业标志法 [M]. 厦门大学出版社，2006.

[60] 赵刚. 浅谈实施商标战略与促进经济结构调整的关系 [J]. 中华商标，2011，1：013.

[61] 赵喜仓，刘丹. 美国知识产权密集型产业测度方法研究 [J]. 江苏大学学报（社会科学版），2013，4：015.

[62] 周波. 注册商标专用权的独立性与商誉的延续性 [J]. 电子知识产权，2013，7：034.

[63] 朱宇光. 商标富农助推贫困县向十强县转变 [J]. 工商行政管理，2010，17：022.

［64］C. D. G. Pickering, Trade Marks in Theory and Practice ［M］. Hart Publishing, Oxford, 1998.

［65］Landes W M, Posner R A, Landes W M. The economic structure of intellectual property law ［M］. Harvard University Press, 2009.

［66］Rogers E S. Lanham Act and the Social Function of Trade-Marks ［J］ TheLaw & Contemp. Probs. , 1949, 14: 173.

［67］Schechter F I. The rational basis of trademark protection ［J］. Harvard law review, 1927: 813—833.

［68］Schechter F I. The historical foundations of the law relating to trade—marks ［M］. The Lawbook Exchange, Ltd. , 1925.

分报告2　影响商标注册申请量的因素研究

商标能够塑造产品与竞争对手形成有效区分，从而摆脱同质化竞争的困境，借助差异化获取竞争优势。商标对于提升市场主体的竞争力，促进我国经济可持续发展有着极为重要的作用。因此，2008年国务院出台了《国家知识产权战略纲要》，明确了"支持企业实施商标战略""加强商标管理"等专项任务。本报告从商标申请和注册的角度出发，对商标申请和注册量的影响因素进行了全面、深入的探讨。

一、我国商标发展情况特点分析

1. 截至2013年年底，我国商标累计注册申请量1324.13万件，累计商标注册量为865.24万件，商标有效注册量为723.79万件，均居世界首位。自1979年我国恢复商标注册申请以来，商标注册申请大致经历了三个时期：1980—1992 年为恢复发展阶段，1993—1999 年为快速发展阶段，2000 年至今为高速发展阶段。2013 年，中国商标注册申请量 188.15 万件，同比增长 14.15%，连续 12 年位居世界第一。近几年每万户市场主体拥有商标量呈现逐年稳步增加趋势，2013 年每万户市场主体拥有商标 999.71 件，比 2009 年增长了 59.7%。

2. 从商标申请人的国别看，国内商标申请为主力，2010 年至今国内商标注册申请量占比基本稳定在九成左右。

3. 1993 年第一次修改《商标法》，增加了对服务商标的保护，服务类商标注册申请量逐年增加，占商标注册申请总量的比重不断提升。2013 年，服务类商标注册申请量占商标注册申请总量的 25.09%，比 1993 年提升了 13.09 个百分点。服装、商业服务、仪器设备、食品依然是我国商标申请比较集中的领域。

4. 近五年来商标注册申请量超过十万件的省市为广东、浙江、北京、江苏和上海。从国内申请量的区域分布看，东部最多，其次为西部，中部排在最后，2013 年东部、西部和中部的商标注册申请量占比分别为 65.80%、14.88% 和 14.81%。各省市商标申请的类别与该地区的产业优势相吻合，如仪表仪器类商标集中在长江三角洲经济区、珠江三角洲经济区及北京；服装鞋帽类商标集中在香港、浙江。同时，经济发展程度高的省市，各类商标注册申请量也保持在全国前列。2013 年广东在 31 个类别上商标注册申请量均排首位，浙江和北京分别在 6 个、4 个类别上商标注册申请量排在首位。从行业来看，近五年全国申请商标的企业主要集中在制造业、批发零售业、租赁和商务服务业、科学研究和技术服务业。

5. 从外国来华申请量（包括马德里商标国际注册领土延伸申请）

的国别分布看，美国、日本、德国排在前三位。截至 2013 年，国外申请人指定我国的马德里商标注册申请量连续 9 年保持马德里联盟第一位。从类别而言，2013 以年，外国来华申请指定使用的商品或服务类别中，仪器设备、商业服务、服装、化妆品及洗涤用品、药品比较集中，其中国外申请人指定我国的马德里商标申请数量最多的三个类别为 9 类（科学电子仪器）、35 类（广告商业、办公事务）和 25 类（服装鞋帽），合计占指定我国的马德里商标申请总量的 21.9%；同比增长超过 20% 的类别为食品、餐饮类商标。

6. 2013 年我国申请人的马德里商标国际注册申请量 2273 件（一标多类，指定多个国家），位居马德里联盟第六位，较 2012 年上升一位。

7. 2013 年我国进入世界品牌实验室"世界品牌 500 强"排行榜的世界品牌有 25 个，位居世界第五位。上榜企业的平均年龄均超过 10 年，其中新兴行业的企业上榜年龄较低，传统行业的企业上榜年龄较高。从累计上榜次数来看，排名前十位的品牌为海尔、联想、长虹、中国银行、中国移动、中国石化、中国人寿、中国国际航空、中国工商银行和国家电网。从排行榜的位次来看，2013 年"中央电视台"排位最靠前，为第 53 位。

二、商标注册申请量影响因素分析

1. 通过对文献梳理及对数据资源的研究，将商标注册申请量影响因素分为政策因素、经济环境以及企业特征三类。政策因素包括《商标法》修订、商标代理机构准入条件的放宽、商标战略的实施、商标规费变动和商事制度改革等方面。经济环境包括经济总量、经济周期、经济发展水平等方面。企业特征包括企业所有制性质、行业、年龄、规模等方面。

2. 1993年《商标法》第一次修订后，商标注册申请量同比增长45.74%，比上年增速提高了11.43个百分点；2001年《商标法》第二次修订后，2002年商标注册申请量同比增长37.54%。表明《商标法》两次修订均对商标注册申请产生了积极作用。

3. 商标代理机构准入条件的逐步放宽，对商标注册申请量增长有明显促进作用。2000—2004年，商标注册申请量一直保持高位增长，年均增长率高达28.06%。2010—2013年，商标年均申请量为150.47万件，是2006—2009年期间年均申请量（75.07万件）的2倍。

4. 受商标规费变动的影响，1996年和1997年商标规费上调，商标的注册申请量增速分别下降11.82%和2.01%；2008年末商标规费下调，2009年商标注册申请量同比增长18.96%。表明商标规费调整对商标注册申请量的变动有反方向影响。

5. 由于对自然人申请商标的限制条件出台，2007年，商标注册申请量为70.79万件，同比减少7.62%，表明限制商标申请人对商标注册申请量的增加具有消极作用。

6. 自2009年商标战略实施以来，商标注册申请量呈逐年递增的趋势。从2010—2013年，53个国家商标战略示范城市（区）的商标注册申请量年均增速为24.6%，高于全国平均水平（23.6%）1个百分点，示范城市（区）的商标注册申请量占全国商标申请总量的比重上升了1.3个百分点，说明商标示范城市（区）的示范带动作用初现。

7. 据统计，截至2014年年底，商事制度改革后新设市场主体带来商标注册申请量22.05万件，占2014年商标注册申请量的9.6%。

受新商标法实施等因素的影响，2014 年全年商标申请量达到了 228.5 万件，同比增长 21.47%，增速较上年提升了 7.39 个百分点。按照 2014 年 1、2 月份的同比增速测算，商事制度改革为新登记市场主体总量带来了约 137 万户的额外增长，这批市场主体对 2014 年商标申请量的促进为 26335 件，对商标申请量增长贡献为 6.5%。

8. 从长期来看，经济总量和商标注册申请量存在稳定的均衡关系。国内生产总值每增加 1 亿元，商标注册申请量增加 22 件。社会消费品零售总额每增加 1 亿元，商标注册申请量增加 55 件。在营市场主体每增加 1 万户，商标注册申请量增加 3331 件。实际利用外资额每增加 1 亿美元，外国来华商标注册申请量增加 1118 件。

9. 加入世界贸易组织以后，国际经济环境对商标注册申请量的影响日益加深。我国的经济周期对商标注册申请总量的周期波动有领先性，领先时间为 3 年。

10. 人均 GDP 与 GDP 商标贡献率①有正相关关系，表明经济发展水平越高，商标注册申请的密度越高。从 2013 年的数据来看，天津、北京、上海 3 个直辖市属于富裕水平，平均亿元 GDP 商标贡献率为 15.40 件；广西、西藏、云南、甘肃和贵州五省份属于中等偏下水平，平均亿元 GDP 商标贡献率为 5.01 件。GDP 商标贡献率与一产增加值占比、二产增加值占比呈负相关关系，与三产增加值占比呈正相关关系。说明产业结构转型升级有利于商标注册申请量的增长。从全国各省来看，第三产业比重较高的省市，其亿元 GDP 商标贡献率也较大。

11. 不同所有制、不同行业、不同注册规模和不同年龄的企业商标注册申请行为存在显著差异。近半数企业在成立两年后开始申请注

---

① 亿元 GDP 商标贡献率＝各省市商标注册申请量/当年各省市的 GDP

册商标，随着企业年龄增长，户均商标注册申请量也越大。企业的注册资本规模越大，商标申请覆盖率越高，户均商标注册申请量也越大。2006年以来，注册资本1000万以下的小规模企业注册申请商标数量占比持续提升，已成为我国商标申请的主力军。

12. 综合而言，企业特征对商标注册申请行为的影响最大，高于宏观经济发展水平和短期政策调整。其中，企业规模和行业对商标注册申请行为的长期影响较大，企业年龄对商标注册申请行为的短期影响较大。从长期来看，经济发展水平对商标注册申请行为的影响大于商标相关法规政策的调整，而短期效应恰恰相反，法规政策的变动对商标注册申请行为影响较大。

三、发展建议

一是推进商标相关政策贯彻实施，营造商标发展良好的环境；二是紧密围绕经济发展和产业升级，实现商标与经济间的联动；三是加强企业数据整合与分析，提升企业商标管理和运用能力；四是加强商标管理，提高商标有效运用比重；五是积极培育品牌，由商标大国向商标强国转变。

研究概述

本节首先介绍我国商标注册申请研究的政策背景，以及我国商标注册申请的基本情况，在此基础上提出研究我国商标注册申请量影响因素的思路。

一、背景及意义

随着市场竞争日趋激烈，品牌的重要性日益受到经营者的认同。品牌的直接载体是名称、符号等品牌元素，间接载体是与产品和企业有关的品牌知名度、美誉度和忠诚度等。品牌资产的创建和维护是一个长期的系统工程，与其所代表的产品或企业密不可分。企业的品牌资产一旦建立，其它竞争对手就很难模仿和复制。因此，品牌对企业的长期发展有重要作用。

商标作为商品或服务的标志，是品牌的显化载体。商标能够塑造产品，与竞争对手形成有效区分，从而摆脱同质化竞争的困境，借助差异化获取竞争优势。Srinivasan 等学者（2008）对美国高科技企业生存情况的研究表明，企业的商标拥有量与其存活时间有正向相关关系，也就是说，企业拥有的商标数量越多，其生存时间越长。Sandner 和 Block（2011）对 4085 户大型上市公司的研究表明，商标作为一种无形资产，对上市公司的市值有正向影响，一个商标的市值约为 1350 万欧元。

商标也是知识产权的重要体现，是企业的重要无形资产，反映了市场经济状况，体现了地区的综合竞争力。2008 年，国务院为提升我国知识产权创造、运用、保护和管理能力，制定《国家知识产权战略纲要》，明确了"支持企业实施商标战略""加强商标管理"等专项任务。为深入贯彻落实《国家知识产权战略纲要》，2009 年 6 月国家工商总局出台了《关于贯彻落实〈国家知识产权战略纲要〉大力推进商标战略实施的意见》，从 11 个方面确定了实施商标战略的具体任务，明确了"到 2020 年，把我国建设成为商标注册、运用、保护和管理水平达到国际先进水平的国家"的目标。

商标注册，是指商标申请人依照法律规定的条件程序，向国家商标主管机关（国家工商总局商标局）提出商标注册申请，经国家商标主管机关依法审查，核准注册登记的法律事实。在我国，商标注册是确定商标专用权的法律依据。商标一旦获准注册，就标志着它获得了商标的专用权，并受到法律保护。根据《中华人民共和国商标法（2013 修正）》的规定，任何能够将自然人、法人或者其他组织的商品或服务与他人的商品或服务区别开的标志，包括文字、图形、字母、数字、三维标志、颜色组合和声音等，以及上述要素的组合，均可以作为商标申请注册。

本报告首先对商标注册申请量的发展特点进行描述，对 1979 年我国恢复统一商标注册制度以来商标的发展情况进行分析。然后从政策、经济和企业的角度分析商标注册申请量的影响因素：从政策角度分析政策因素对商标注册申请量的鼓励作用和抑制作用；从经济角度分析经济总量、经济周期、经济发展水平对商标注册申请量的影响；从企业角度分析申请注册商标的企业的所有制性质、行业、区域、年龄和规模对商标注册申请量的影响；最后综合所有变量做方差分析，通过不同因素对商标注册行为差异的解释程度，间接说明不同因素对商标注册的长、短期的影响程度。本报告可以让我们对我国的商标注册申请量发展情况有全面深入的了解，并对商标注册申请量的影响因素及其影响的程度有更好的把握，为今后更好地对商标注册申请行为进行管理提供借鉴。

二、我国商标注册发展概述

随着我国经济发展，市场竞争程度加深，越来越多的经营者开始重视商标的注册申请。从 1979 年我国恢复商标注册申请以来，商标注册申请量的变化趋势大致可以分为三个阶段：1980—1992 年为商标注册申请量的恢复发展阶段，年均商标注册申请量为 4.42 万件；1993—1999 年为商标注册申请量的快速发展阶段，年均商标注册申请量为 15.37 万件；2000 至今为商标注册申请量的高速发展阶段，2000—2013 年年均商标注册申请量为 82.79 万件。2013 年我国商标注册申请量达 188.15 万件，截至 2013 年年底，我国商标累计注册申请量超过 1300 万件，商标注册申请量连续 12 年保持世界第一（见图 3—1）。

1992 年邓小平同志发表南巡讲话，提出"加快改革开放步伐"。此后，我国改革开放程度不断加深，越来越多外资企业来华投资，外国来华商标注册申请量不断增长。2013 年，我国实际利用外资额 1187.21 亿美元，为 1992 年的 6.18 倍；2013 年外国来华商标注册申请量（含外国来华直接申请和马德里商标国际注册领土延伸申请）为 14.82 万件，为 1992 年的 13.52 倍（见图 3—2）。

此外，政府管理部门也不断修改完善商标法律法规，以满足经济

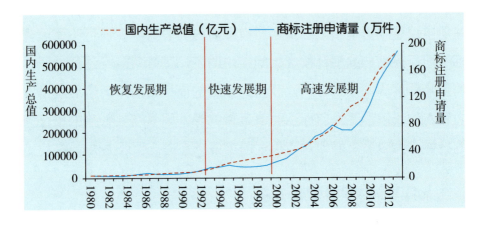

图 3—1   1980 年以来中国商标每年注册申请量和国内生产总值的变化趋势

资料来源：国家工商总局商标局，国家统计局

图 3—2   1979 年以来我国实际利用外资额与外国来华商标注册申请量的变动趋势

资料来源：国家工商总局商标局，国家统计局

发展的要求。1979 年，我国恢复了全国性的商标统一注册制度。1982 年全国人大常委会审议通过《中华人民共和国商标法》，1989 年我国正式加入马德里联盟；1993 年我国第一次修订《商标法》，增加了服

务类商标；2001 年我国第二次修订《商标法》，以应对我国加入 WTO 的要求；2008 年国务院发布了《国家知识产权战略纲要》，提出了实施商标战略的四个专项任务；2013 年，我国第三次修订《商标法》，以适应实践的需求。

除了法律法规的修订，商标管理的其他方面也不断完善。以商标代理制度而言，1979—1989 年，我国的商标注册实行的是二级核转制度，1990 年后开始推行商标代理制度。1990 年，我国商标注册申请量为 57272 件，同比增长 18.3%，增速比前一年提高 16.5 个百分点（见图 3—3）。

图 3—3　商标代理机构与商标注册申请量的发展趋势

资料来源：国家工商总局商标局

三、研究框架设计

商标政策、经济环境、企业特征、商标管理水平都对商标注册申请量有影响。本报告将逐一分析这些因素对我国商标注册申请量的影响。研究分为五个部分，第一部分说明研究的背景意义，论述我国商标注册申请量发展概况，并说明课题的研究架构。第二部分分析我国

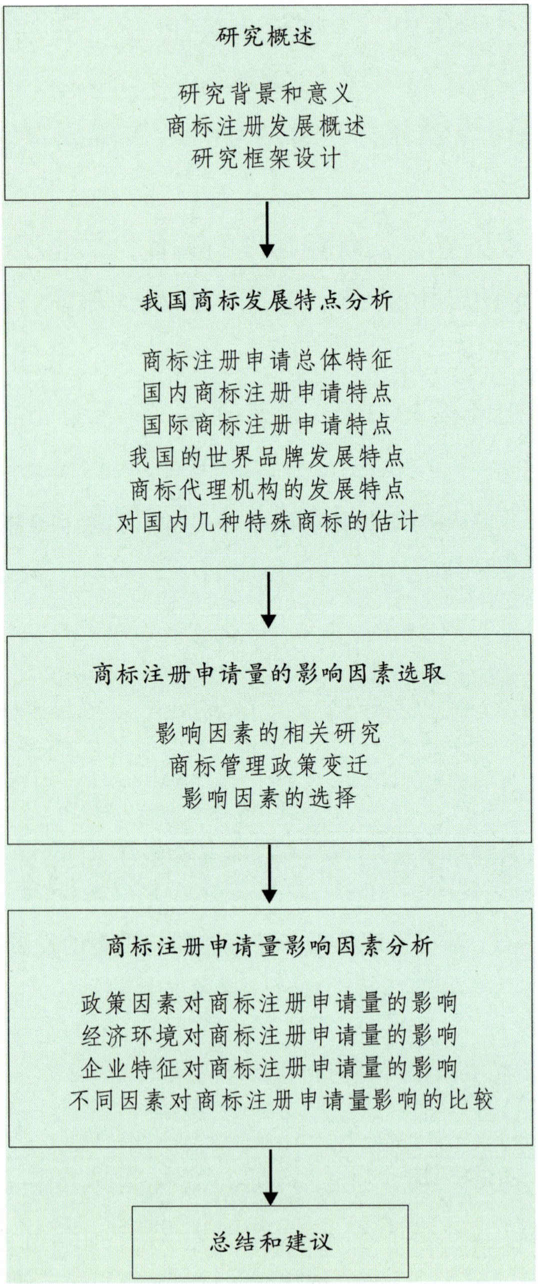

研究概述

研究背景和意义
商标注册发展概述
研究框架设计

我国商标发展特点分析

商标注册申请总体特征
国内商标注册申请特点
国际商标注册申请特点
我国的世界品牌发展特点
商标代理机构的发展特点
对国内几种特殊商标的估计

商标注册申请量的影响因素选取

影响因素的相关研究
商标管理政策变迁
影响因素的选择

商标注册申请量影响因素分析

政策因素对商标注册申请量的影响
经济环境对商标注册申请量的影响
企业特征对商标注册申请量的影响
不同因素对商标注册申请量影响的比较

总结和建议

图3—4 研究框架图

商标注册申请的总体特征，国内商标注册申请特点，国际商标注册申请（包含外国来华商标注册申请和国内申请人马德里注册申请）特点，我国的世界品牌发展特点，商标代理机构的发展特点，以及国内注销、吊销企业的商标量、投机性商标量和防御性商标量等几种特殊商标量的估计。第三部分回顾商标注册申请量影响因素的相关研究，商标管理政策的发展变迁，并对选取的商标注册申请影响因素进行说明。第四部分从政策变迁、经济环境、企业特征的角度分析商标注册申请量的影响因素。第五部分提出研究结论与建议。(见图 3—4)

第二章

我国商标发展特点分析

本节对我国商标注册申请情况进行分析。首先，分析我国商标注册申请的总体特点，国内商标注册申请特点，国际商标注册申请特点，以及我国的世界品牌发展特点。其次，目前 90% 以上的商标注册申请通过商标代理机构提交，因此本节会对商标代理机构的发展特点进行分析。再次，将估算我国有效注册商标量中的注销、吊销企业的商标量、投机性商标量和防御性商标量。

一、商标注册申请总体特征

（一）商标年注册申请量连续 12 年居世界首位

2013 年，中国商标注册申请量 188.15 万件，同比增长 14.15%，连续 12 年位居世界第一。截至 2013 年年底，中国商标累计注册申请量为 1324.13 万件，累计商标注册量为 865.24 万件，商标有效注册量为 723.79 万件，均居世界首位。

2003 年以来，我国商标注册申请量①持续上升，2012 年，我国商

---

① 本段数据中美国、日本、韩国的商标注册申请量为一标一类，数据分别来源于美国专利商标局、日本专利局和韩国知识产权局；德国、法国、英国商标注册申请量为一标多类，来源于世界知识产权组织数据库，因此在商标注册申请量上与我国商标局数据有一定的出入。

标注册申请量为 161.99 万件，美国为 41.50 万件，日本为 20.83 万件，韩国为 16.04 万件，法国为 9.73 万件，德国为 8.48 万件，英国为 5.32 万件。

图 3—5　我国与发达国家历年商标注册申请量（万件）

资料来源：世界知识产权组织数据库、美国专利商标局、日本专利局、韩国知识产权局

对比我国与经济发达国家的商标注册申请量（见图 3—5）与历年 GDP① 比值，2012 年我国 1 亿美元 GDP 的商标注册申请量为 15.07 件，韩国为 11.46 件，日本为 5.20 件，法国为 4.96 件，美国为 3.07 件，德国为 2.98 件，英国为 2.57 件。2010 年，我国 1 亿美元 GDP 的商标注册申请量超过韩国，位居世界第一位。与世界主要发达国家相比，我国每单位 GDP 产生的商标注册申请量最多（见图 3—6）。

（二）商标注册申请处于高速发展阶段

从中国恢复商标注册申请以来商标注册申请量的变化趋势看，商

_____

① 以 2005 年的固定价格计算。

标注册申请大致经历了三个时期：恢复发展阶段（1980—1992 年）、快速发展阶段（1993—1999 年）和高速发展阶段（2000 年至今）（见图 3—7）。

图 3—6　我国与发达国家的历年商标注册申请量与 GDP 比值

资料来源：世界知识产权组织数据库

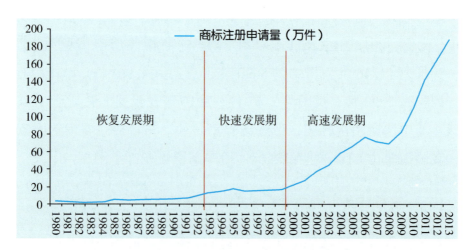

图 3—7　1980 年以来中国商标年注册申请量变化趋势图

1. 恢复发展时期

1978 年 11 月，国家工商总局发出《关于清理商标的通知》，开始对全国商标进行清理登记，并于 1979 年 11 月 1 日恢复全国商标统一注册工作。恢复统一注册后的最初五年，中国的商标年申请量为 2 万件左右。1985 年，随着经济体制改革由农村向城市的转移，中国开始大力发展"有计划的商品经济"，商标年申请量比前几年翻了一番，接近 5 万件，结束了改革开放初期年申请量在 2 万件左右徘徊的局面。1986 年以后，商标注册申请量逐年增加，到 1992 年达到 9.08 万件，是恢复全国商标统一注册最初几年年申请量的 4 倍。到 1992 年年底，累计商标注册申请量 57.40 万件，核准注册商标 37.65 万件，有效注册商标 36.62 万件。

2. 快速发展时期

随着 1992 年邓小平同志的南巡讲话和同年 10 月党的十四大将建立社会主义市场经济体制确定为经济体制改革的目标，中国经济进入新的振兴时期，中国商标事业也步入了快速发展时期。1993 年第一次修改《商标法》，增加了服务类商标，中国商标注册申请量突破 10 万件，达 13.23 万件，同比增长了 45.74%。在此之后，中国商标年申请量均保持在 10 万件以上的水平。到 1999 年，年申请量达到 17.07 万件，累计商标注册申请量 165.01 万件，核准注册商标 115.70 万件，有效注册商标 109.12 万件。

3. 高速发展时期

从 2000 年开始，随着中国进入完善社会主义市场经济体制阶段，中国的商标事业也步入高速发展时期。2000 年中国商标年申请量突破 20 万件，达 22.32 万件，比 1999 年增加 5 万余件，同比增长 30.73%，2001

年，申请量比 2000 年增加近 5 万件；2002 年，商标注册申请量则飙升至 37.19 万件，比 2001 年增加 10 万余件，在随后的四年，商标年申请量增量基本保持在 10 万件左右的水平；2007—2008 年受自然人注册申请条件限制及金融危机的影响，商标年申请量略有下降，但也维持在 70 万件左右；2009 年商标年申请量增量再次超过 10 万件；2010 年以来，商标年申请量呈爆炸式增长，申请量增量均超过 20 万件。

（三）商标年核准注册量维持较高水平

从商标核准注册的变化趋势看，"十五"以前商标核准注册量以年均 7.83% 的增长速度恢复发展；"十五"至"十一五"十年间，以 23.43% 的增长速度飞速发展，2010 年商标年核准注册量为 134.92 万件，是 2001 年的 6.7 倍；"十二五"以来，商标核准注册进入平稳发展时期，2011—2013 年年核准注册量保持在 100 万件左右，高于 2000—2009 年的平均水平。

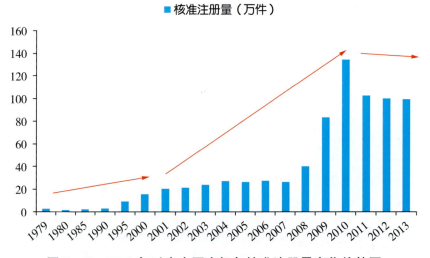

图 3—8 1979 年以来中国商标年核准注册量变化趋势图

从近几年每万户市场主体拥有商标量来看，呈现逐年稳步增加趋势。2013 年每万户市场主体拥有商标 999.71 件，比 2009 年增长了59.7%。表明市场主体对商标重要性的认识和商标品牌价值对其发展的重要性逐步增强，平均拥有量逐年提高（见图 3—9）。

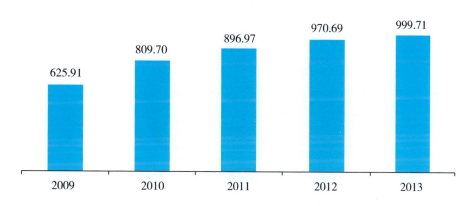

图 3—9　2009—2013 年每万户市场主体拥有商标量

（四）国内申请仍然占主导地位

从商标申请人的国别看，2013 年，国内申请人商标注册申请量为173.34 万件，占总申请量的 92.12%；国外申请人商标注册申请量为14.82 万件，占总申请量的 7.88%。其中，外国来华直接注册申请量9.52 万件，占总申请量的 5.06%；马德里商标国际注册领土延伸申请5.30 万件，占总申请量的 2.82%（见图 3—10）。

从商标申请人国别构成的趋势看，2000 年以前，国内商标注册申请量占比呈现波动中下降的趋势，2000 年国内申请量占比仅为81.42%，与 1982 年（91.57%）比较下降了 10.15 个百分点；2001 年中国加入世贸组织之后，全社会的商标意识进一步加强，带动了国内商标注册申请量占比的回升，2010年至今国内商标注册申请量占比基本稳定在九成左右（见图3—11）。

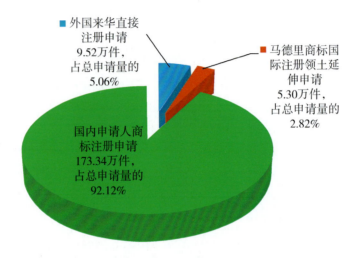

图3—10　2013年商标注册申请量（万件）按国别比重图

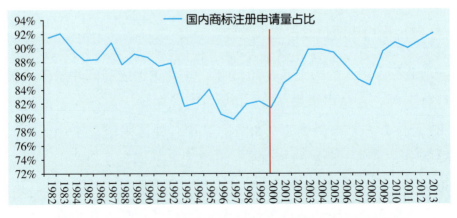

图3—11　1982年以来国内商标注册申请量比重变化趋势图

（五）服务类商标占比逐年增加

从 1993 年第一次修改《商标法》增加了对服务商标的保护起，服务类商标注册申请量逐年增加，占商标注册申请总量的比重不断提升。2013 年，服务类商标注册申请量为 47.21 万件，同比增长 21.23%，是 1993 年服务类商标注册申请量的 29.74 倍；从服务类商标注册申请量占商标注册申请总量的比重看，呈波动中上升的趋势，2013 年，服务类商标注册申请量占商标注册申请总量的 25.09%，比 1993 年提升了 13.09 个百分点（见图 3—12）。

图 3—12　服务类商标注册申请量及占比变化情况

（六）申请商标集中于服装、商业服务、仪器设备、食品

从 2013 年申请商标指定使用的商品或服务类别看，第 25 类（21.64 万件）、第 35 类（15.58 万件）、第 9 类（11.50 万件）、第 30 类（10.32 万件）、第 29 类（7.62 万件）排在前五位，共计 66.66 万

件，占商标注册申请总量的 35.43%。从近五年排在前五位的类别看，2013 年与 2012 年完全相同，与前几年不同的是第 29 类超过第 11 类挤进前五。这表明，服装、商业服务、仪器设备、食品依然是我国商标申请比较集中的领域。

二、国内商标注册申请特点

(一) 商标注册申请量超过十万件的省市集中于东部沿海省市

从 2013 年国内申请量的省市分布看，排在前五位的依次为广东省 (31.88 万件)、浙江省 (17.90 万件)、北京市 (13.35 万件)、江苏省 (11.01 万件)、上海市 (10.64 万件)，共计 84.77 万件，占国内总申请量的 48.91%；从近五年的省市分布看，五省市一直排位前五，虽然五省市的申请量占比呈逐年下降的趋势，但与 2009 年 (54.46%) 相比仅下降 2.56 个百分点，占比均在五成左右。从国内申请量各省市的注册申请量同比增速看，有 19 个省市同比增速高于全国平均水平 (15.36%)，山西 (39.82%)、西藏 (37.08%)、香港特别行政区 (28.00%)、安徽 (27.57%)、河北 (23.99%) 同比增幅排在前五位。

从 2013 年国内申请量的区域分布看，东部最多，11 个省市商标注册申请量 114.05 万件，占国内总注册申请量的 65.80%；其次为西部，12 个省市商标注册申请量 25.78 万件，占国内总注册申请量的 14.88%；中部排在最后，8 个省市商标注册申请量 25.66 万件，占国内总注册申请量的 14.81%。从近五年的区域分布看，东部地区的商标注册申请量占比呈逐年下降的趋势，但占比均在六成以上，中、西部商标注册申请量占比略有上升；从增速来看，除 2013 年以外，中、西部商标注册申请量的同比增速均高于东部地区 (见表 3—1)。

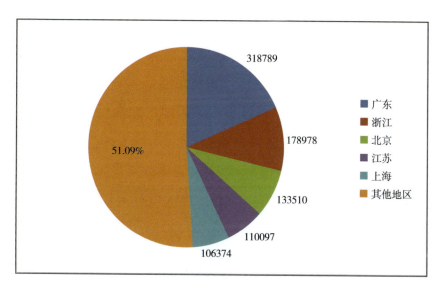

图 3—13　2013 年国内商标注册申请量前五位（单位：件）

表 3—1　东部、西部、中部商标注册申请量及占比情况

年份	注册申请量（万件）			占比			同比		
	东部	西部	中部	东部	西部	中部	东部	西部	中部
2009 年	51.19	9.48	10.21	69.01%	12.78%	13.77%	—	—	—
2010 年	66.42	13.03	13.52	68.23%	13.39%	13.89%	29.76%	37.49%	32.44%
2011 年	86.74	18.24	17.47	68.09%	14.32%	13.71%	30.59%	39.94%	29.17%
2012 年	99.38	22.78	21.05	66.14%	15.16%	14.01%	14.57%	24.90%	20.52%
2013 年	114.05	25.79	25.66	65.80%	14.88%	14.81%	14.76%	13.18%	21.89%

（二）各省市商标申请类别与该地区优势产品吻合

从 2013 年各省市商标注册申请的类别（见表 3—2）看，排在首位的类别分别是第 25 类（11 个省市）、第 35 类（11 个省市）、第 30 类（6 个省市）、第 29 类（3 个省市）、第 33 类（2 个省市）和第 5 类

（1个省市）。各省市排在首位的商标注册申请类别与该省市的特色产品基本相符合。如：江浙一带是全国主要的服装鞋帽供应地，该区域的第25类即服装鞋帽类商标注册申请量最高；内蒙古、新疆两个自治区以肉类、奶类、干果等产品著名，在这两个地区第29类即肉蛋奶、干果类等食品商标注册申请量最高。

表3—2　各省市商标注册申请量排在首位的类别

类别	数量（个）	省　　市
25	11	安徽、福建、广东、河北、湖北、湖南、江苏、江西、上海、香港、浙江
35	11	北京、甘肃、海南、河南、辽宁、山西、陕西、四川、台湾、天津、重庆
30	6	澳门、广西、黑龙江、吉林、山东、云南
29	3	内蒙古、青海、新疆
33	2	贵州、宁夏
5	1	西藏

从2013年各商标类别在全国各省市（含港、澳、台）的注册申请量（见表3—3）看，广东在31个类别上排首位，其次是浙江、北京分别在6个、4个类别上排在首位。

表3—3　各类别商标注册申请量最高的省市

类别	数量（个）	类　　别
广东	31	2、3、4、5、6、8、9、10、11、14、15、16、17、18、19、20、21、25、26、28、29、30、32、34、35、36、37、39、40、43、44
浙江	6	12、22、23、24、27
北京	4	38、41、42、45

类别	数量（个）	类　　别
贵州	1	33
湖南	1	13
江苏	1	31
山东	1	1

　　从 2013 年商标注册申请量排在前五位的类别偏好系数①（见图 3—14）看，第 9 类仪表仪器类商标在长江三角洲经济区、珠江三角

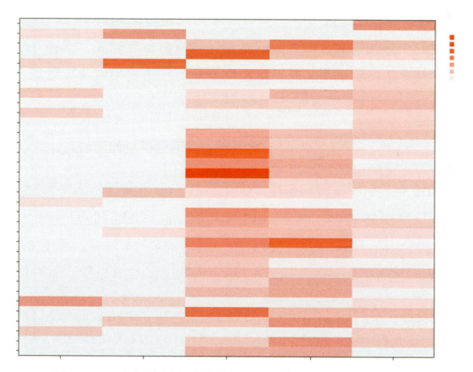

图 3—14　商标注册申请量排在前五位类别的各省市偏好系数

---

　　①　类别偏好系数 = 本区该类别商标申请量占比/全国该类别商标申请量占比。类别偏好系数值大于 1 表示该类别具备相对优势。

洲经济区及北京等经济发达地区更具有比较优势；第 25 类服装鞋帽类在香港、浙江等东南沿海省市具有比较优势；第 29 类肉蛋奶、干果等食品类在新疆、内蒙古、黑龙江等西北及东北地区具有明显的比较优势；第 30 类咖啡、可可、茶等饮料及面粉、食盐等主食调料在云南等南方热带气候省市及黑龙江等粮食大省具有明显的比较优势。

（三）不同经济圈内省市间类别结构差异明显

从全国划分的经济区内省市商标申请类别的结构相似系数[①]（见图 3—15）看，中原经济区四省与河南的类别结构相似系数、西北经济区的三个省或自治区与青海的类别结构相似系数较高，均在 0.9 以上；相比之下，长三角、珠三角及京津冀类别结构相似系数略低，与该类经济区产业实行差异化发展吻合。

（四）山东、重庆、湖北地理标志商标增量存量均居前列

2013 年，中国注册和初步审定地理标志证明商标、集体商标 436 件，同比增长 16.89%。截至 2013 年年底，累计注册和初步审定地理标志证明商标、集体商标 2190 件，同比增长 24.86%，是 2007 年（301 件）的 7 倍。其中，外国在我国注册和初步审定地理标志商标 46

---

① 结构相似系数是由联合国工业发展组织（UNIDO）国际工业研究中心提出的，用于比较两个地区产业结构的相似程度。区域 i 和区域 j 之间的类别结构相似系数计算公式为：

$$S_{ij} = \frac{\sum_{k=1}^{n}(X_{ik}X_{ij})}{\sqrt{\sum_{k=1}^{n}X_{ik}^2 \cdot \sum_{k=1}^{n}X_{ij}^2}}$$

S_{ij} 为类别结构相似系数；X_{ik} 和 X_{ij} 分别为区域 i 和区别 j 中 k 类商标申请量占区域 i 和区别 j 的比重；S_{ij} 取值范围为 0 到 1，S_{ij} 数值越高，表明两个地区的产业结构相似程度越高，反之则越低。

件，同比增加 4 件。截至 2013 年年底，我国农产品商标累计注册量达144.73 万件，占商标总注册量的 16.73%，同比增长 13.02%。近五年农产品商标占比在 16%~17% 之间。

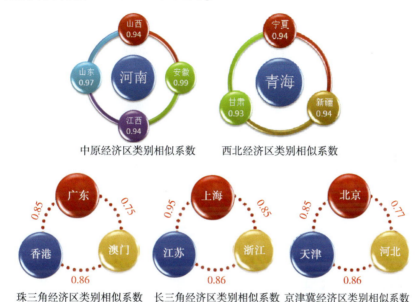

中原经济区类别相似系数　　西北经济区类别相似系数

珠三角经济区类别相似系数　长三角经济区类别相似系数　京津冀经济区类别相似系数

图3—15　经济区类别结构相似系数

从 2013 年核准注册和初步审定的地理标志商标的省市分布看，山东（88 件）、江苏（51 件）、重庆（46 件）排在前三名。从 2013 年地理标志商标新增数量与"十一五"末期相比较看，江苏、山东、重庆和湖北差值均在 20 件以上；从地理标志证明商标、集体商标累计注册量的省市分布看，山东（340 件），福建（202 件），重庆（173件），浙江（171 件），湖北（133 件）排在前五位，共 1019 件，占地理标志证明商标、集体商标总量的近五成。

（五）制造业、批发零售业企业商标注册申请量占比近六成

从近五年全国申请商标企业所属的行业看，制造业、批发零售业企业申请商标数量远高于其他行业，两类行业的商标注册申请量合计在企业商标申请总量的占比均在六成左右，其次是租赁和商务服务业、科学研究和技术服务业，两类企业的商标注册申请量占比均在一成左右。其中，制造业企业商标注册申请量占比逐年下降，2013 年制造业企业商标注册申请量占比为 27.20%，比 2009 年（41.85%）下降 14.65 个百分点；相比之下，批发零售业、租赁和商务服务业、科学研究和技术服务业企业商标注册申请量比重略有上升，与 2009 年相比，分别上升了 5.95、3.32、2.50 个百分点。

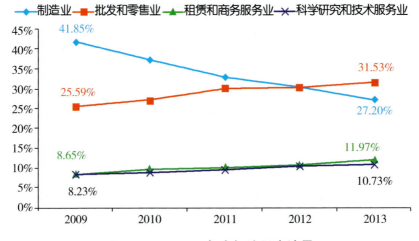

图 3—16　2013 年商标注册申请量
占比过一成行业近五年的商标注册申请量占比变化

三、国际商标注册申请特点

国际商标注册申请主要包括两部分，一方面是我国申请人的马德里商标国际注册申请情况，另一方面是国外申请人来华商标注册申请情况。

（一） 美日德领衔国外在华商标注册申请

从 2013 年外国来华商标申请量（包括马德里商标国际注册领土延伸申请）的国别分布看，美国（3.09 万件）、日本（1.66 万件）、德国（1.08 万件）排在前三位，共计 5.82 万件，占外国在华商标注册申请总量的 39.30%（见表 3—4）。从近五年排在前列国家或地区看，美国、日本、德国一直稳居前五位。近三年法国超过英国、韩国跻身前五。

表 3—4　2013 年外国来华申请量排在前三的国家或地区

外国（地区）	2013 年	占比	同比增速
合计	148185	100%	1.65%
美国	30875	20.84%	7.24%
日本	16604	11.20%	−32.71%
德国	10765	7.26%	−1.27%

（二） 国外申请人指定我国的马德里商标注册申请量连续 9 年联盟第一

2013 年国外申请人指定我国的马德里商标注册申请量为 2.03 万件（一标多类），连续 9 年保持马德里联盟第一位，累计注册量为 19.61 万件。自 1989 年我国加入马德里联盟以来，受理马德里商标国际注册领土延伸至我国的申请量呈波动上升趋势（见图 3—17）。仅 2009 年、2010 年受金融危机的影响，申请量同比有所下降，但年申请量也保持在 3 万件（类）以上，远高于"十五"末 1.85 万件（类）的水平。"十二五"以来，申请量逐年攀升，2013 年年申请量突破了 5 万件，为 5.30 万件（类）。

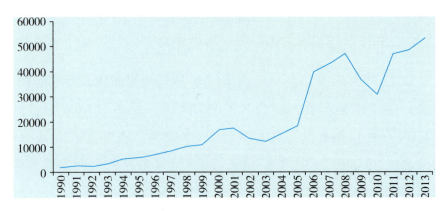

图 3—17　1989 年以来马德里商标注册申请量趋势图

(三) 国外食品、餐饮类商标的马德里申请量增长较快

从 2013 年外国来华申请（包括马德里商标国际注册领土延伸申请）指定使用的商品或服务类别看，第 9 类（1.41 万件）、第 35 类（1.09 万件）、第 25 类（9905 件）、第 3 类（6816 件）、第 5 类（6488 件）排在前五位，共计 4.82 万件，占外国来华申请总量的 32.53%。近五年排在前五位的类别均为该五类，且占比均在三成以上。这表明，仪器设备、商业服务、服装、化妆品及洗涤用品、药品是外国来华申请比较集中的类别。其中，国外申请人指定我国的马德里商标申请数量最多的三个类别为 9 类（科学电子仪器）、35 类（广告商业、办公事务）和 25 类（服装鞋帽），马德里商标申请数量分别为 5216 件、3532 件和 3256 件，占马德里商标申请总量的 9.8%，6.7%和 6.1%。从同比增速来看，2013 年国外申请人指定我国的马德里商标申请数量同比增长超过 20%的类别为食品、餐饮类商标。

图 3—18　2013 年国外申请人指定
我国的马德里商标申请数量最多的 20 个类别

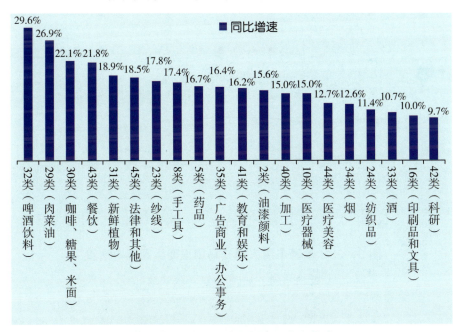

图 3—19　2013 年国外申请人指定
我国的马德里商标申请数量增长最快的 20 个类别

（四）国内申请人的马德里商标国际注册申请量晋升一位

2013 年，我国申请人的马德里商标国际注册申请量再创新高，达到 2273 件（一标多类，指定多个国家），连续三年超过 2000 件，同比增长 8.2%，位居马德里联盟第六位，较之前一年上升一位，累计注册量为 1.72 万件。2007—2013 年，我国申请人的马德里商标国际注册申请量年均增速 7.9%，仅次于日本（11.0%）和美国（8.4%），表明实施企业"走出去"战略卓有成效。

从"十一五"以来的趋势看，除 2009 年受金融危机的影响，同比下降幅度较大外，国内申请人的马德里商标国际注册申请量基本保持稳步上升的态势（见图 3—21）。

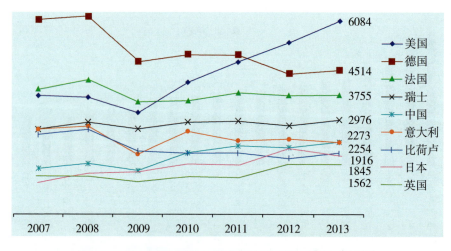

图 3—20　本国申请人提交马德里商标国际申请量

数据来源：世界知识产权组织

图3—21　近五年我国国内申请人的马德里商标国际注册申请量

四、我国的世界品牌发展特点

（一）我国的世界品牌数量位居第五位

虽然从总量上看我国已经是"商标大国"，但与"商标强国"还存在一定的距离。根据世界品牌实验室发布的数据显示，2004年我国仅有"海尔"一个品牌进入"世界品牌500强"排行榜，位居第95位。经过10年的发展，2013年我国进入"世界品牌500强"排行榜的品牌已达25个（见图3—22）。

图3—22　进入"世界品牌500强"排行榜的中国品牌数量

数据来源：世界品牌实验室

与其他国家相比，我国入围"世界品牌500强"排行榜的品牌总量逐年提升。2008年我国上榜的世界品牌有15个，在世界排名第7位；2013年我国上榜品牌25个，排第5位，比2008年提升2位。

表3—5 2013年世界品牌500强排名前十位的国家

位次	国家	上榜品牌数量
1	美国	232
2	法国	47
3	日本	41
4	英国	39
5	中国	25
6	德国	23
7	瑞士	21
8	意大利	18
9	荷兰	9
10	瑞典	7

数据来源：世界品牌实验室

（二）银行、数码与家电、电信为累计上榜次数最多的行业

自2007年以来，进入"世界品牌500强"的中国品牌突破10个。从上榜行业来看，2012年上榜行业最多，有14个细分行业上榜（见图3—23）。其中，累计上榜次数最多的三个行业是银行、数码与家电、电信，分别为21次，18次和16次（见图3—24）。

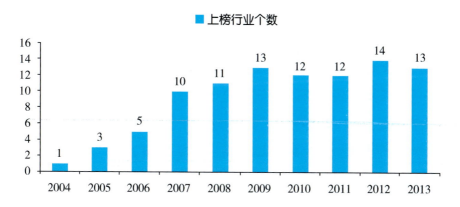

图 3—23　进入世界品牌 500 强排行榜的中国品牌所属行业

数据来源：世界品牌实验室

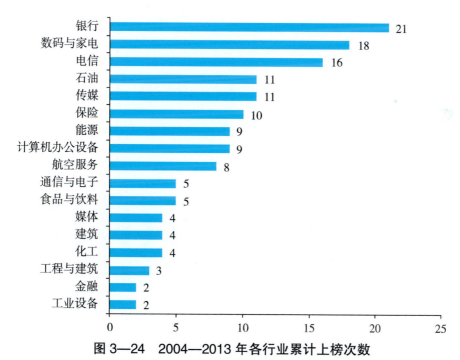

图 3—24　2004—2013 年各行业累计上榜次数

数据来源：世界品牌实验室

(三) 新兴行业上榜企业的年龄较低

从历年上榜企业的平均年龄而言，上榜企业平均年龄均超过 10 年。电信、工业设备生产、通信与电子等新兴行业的企业上榜年龄较低，国家电网 2007 年上榜时，企业成立仅 5 年；建筑、银行、化工、食品等传统行业的企业上榜年龄较高，青岛啤酒 2013 年上榜时，企业已成立 110 年。

(四) "海尔" 上榜次数最多, "央视" 排名最靠前

从累计上榜次数来看，排名前五位的品牌分别为：海尔、联想、中央电视台、长虹和中国移动，海尔为上榜次数最多的国际品牌，上榜次数为 10 次。

图 3—25　各行业上榜企业的最低年龄

数据来源：世界品牌实验室

从排行榜的位次来看，2013 年上榜的品牌中，排位最靠前的是"中央电视台"，排第 53 位，而 2005 年"中央电视台"首次上榜时排 341 位。

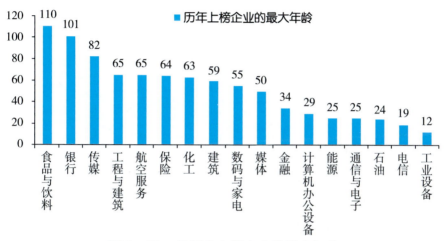

图 3—26　各行业上榜企业的最大年龄

数据来源：世界品牌实验室

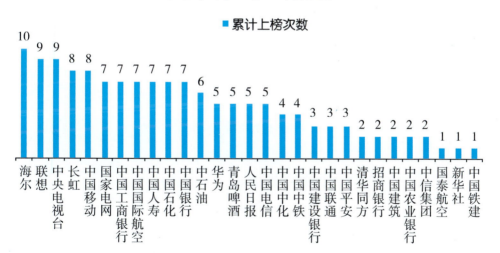

图 3—27　2004—2013 年我国品牌进入世界品牌 500 强的累计次数

数据来源：世界品牌实验室

表 3—6 上榜品牌排名情况

上榜时间	最靠前排位	最靠后排位
2004 年	95	95
2005 年	89	477
2006 年	86	476
2007 年	66	473
2008 年	63	498
2009 年	63	468
2010 年	61	427
2011 年	50	464
2012 年	46	418
2013 年	53	452

数据来源：世界品牌实验室

五、商标代理机构的发展特点

（一）商标代理机构数量和代理率均呈稳步上升趋势

自 1990 年 5 月国家工商局发出《关于试点建立商标事务所，推行

图 3—28 2002 年以来商标代理机构数量

商标代理制的通知》，决定推行商标代理制以来，商标代理行业进入快速发展阶段。特别是 2003 年取消商标代理机构和商标代理人资格审批，2013 年律师获准可以全面从事商标代理业务以后，商标代理机构数量呈现爆发式增长（见图 3—28）。截至 2013 年年底，全国共有商标代理机构 1.88 万户，是 2003 年年底的 22 倍。

从商标代理机构代理申请的商标数量看，2013 年，商标代理机构代理申请商标 174.18 万件，申请代理率为 92.6%。2000 年以来，无论是代理机构代理申请的商标数量，还是申请代

申请代理率

申请代理率即当年代理机构代理注册申请的商标数量/当年商标注册申请总量。本书中用以表示中国商标代理机构的发展情况。

理率均呈逐步上升的趋势，特别是 2009 年以来，商标代理机构代理申请的年均增量为 22.77 万件，申请代理率均在 90% 以上（见图 3—29）。

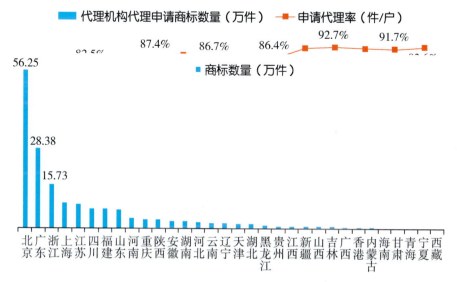

图 3—30　2013 年商标代理机构代理申请的商标数量省市分布

（二）北京、广东的商标代理机构数量最多

从 2013 年商标代理机构的省市分布（见图 3—30）看，北京、广东两省市有商标申请代理行为的代理机构数量均过千，分别为 1106 户、1048 户，共占 2013 年有商标申请代理行为的商标代理机构总量的 37.41%，两省市代理机构代理申请的商标数量分别为 56.25 万件、28.38 万件，合计占代理申请商标总量的 48.59%。

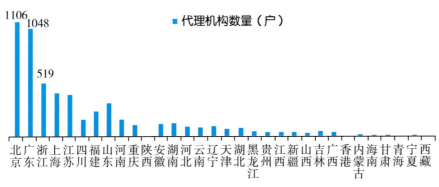

图 3—31　2013 年商标代理机构省市分布

（三）代理申请量过万件的商标代理机构集中在北京

从各代理机构代理申请的商标数量看，2013 年，代理机构户均代理申请量有五个省市高于全国平均水平（302.50 件/户），分别为北京市（508.59 件/户）、陕西省（450.81 件/户）、四川省（423.78 件/户）、青海省（369.67 件/户）、浙江省（303.02 件/户）。其中，代理申请量过万件的代理机构有 4 户，全部集中在北京，代理申请商标共计 5.15 万件，占代理申请商标总量的 2.96%（见图 3—32）。

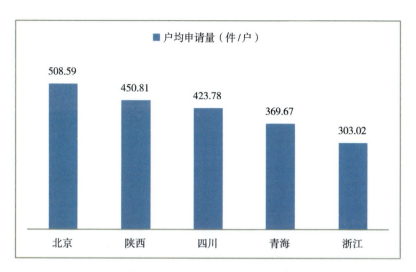

图 3—32　2013 年商标代理机构户均商标代理注册申请量排名前五位

（四）商标代理机构存在囤积商标的现象

从代理机构以自己名义申请的商标看，截至 2013 年年底，商标代理机构共申请商标 3.74 万件，剔除第 45 类（商标代理机构相关商标类别）商标后，商标注册申请量为 3.49 万件，占商标代理机构商标申请总量的 93.28%。自 2000 年以来，申请商标的代理机构的户均商标注册申请量（不含第 45 类）呈逐步上升的趋势（见图 3—33）。这说明代理机构囤积商标的现象日趋严重，同时表明新《商标法》对代理机构的商标注册申请行为进行规范的及时性及必要性。

图 3—33 2000 年以来商标代理机构户均商标注册申请量

六、对国内几种特殊商标的估计

(一) 相关界定

相关研究主要包括以下三种情况:

1. 注销或吊销企业的商标。指注册商标的企业已经被注销或吊销,而其注册的商标仍然有效,该类商标企业已经不再使用,而其他主体也无法注册。

2. 投机性商标。指商标注册的目的是为了商标转让而非自己使用。部分市场主体或者自然人出于转让目的,注册了多类多件商标,导致商标闲置。

3. 防御性商标。指某些竞争性较强的行业,或企业规模达到一定程度后,为了更好地保护其核心商标而注册的防御性商标。这些防御性商标没有用于商品流通,可能因为连续三年不使用而被撤销。

（二） 注销或吊销企业的商标估算结果

通过将商标局商标数据库与国家工商总局企业主体数据库相关联，匹配出有效注册商标的企业，从中找出被注销或吊销的企业，该类企业拥有的有效注册商标量即为注销或吊销企业的商标，再根据该注销或吊销企业的商标占匹配总体有效注册商标的比例进行折算，得出我国现有有效注册商标量（723.79 万件）中存在的注销或吊销企业的商标量。

数据选取规则：在匹配出的有效注册商标数据中剔除撤销的有效注册商标量后找出被注销或吊销企业的有效注册商标总量，定义为注销或吊销企业的商标。

截至 2013 年年底，根据匹配出的有效注册商标数据得到的注销或吊销企业的商标 23.40 万件，占匹配商标总量的 6.28%，以该比例推算我国有效注册商标总量中存在注销或吊销企业的商标 45.47 万件。从注销或吊销企业的商标的行业分布看，8 个行业的注销或吊销企业的商标率高于平均水平，其中教育业、居民服务业、住宿餐饮业居前三位，分别为 10.23%、8.64%、8.49%；从注销或吊销企业的商标的省市分布看，有 14 个省市的注销或吊销企业的商标率高于平均水平，其中山西、辽宁、新疆居前三位，分别为 12.45%、18.89%、8.63%。

（三） 投机性商标估算结果

对商标转让信息表分析发现，部分企业或自然人转让商标的频率、数量较高，而受让人不单一，且受让人受让商标数很少。因此认为该类型企业有投机行为，申请注册的商标为投机性商标，同时对被注销或吊销企业中转让的有效商标量按比例予以剔除。

数据选取规则：通过商标转让表与商标基本信息表匹配出的商标数据，定义各主体（含企业、自然人）有效注册商标量、受让人（含企业、自然人）数、受让人受让商标数三个指标，从三个指标的众数及累计占比综合考虑，将申请注册的有效商标数大于等于 10 件，且受让人大于等于 5 个，且受让人受让商标数小于等于 6 个的主体申请注册的商标定义为投机性商标。

截至 2013 年年底，根据商标转让信息表得到的投机性商标 13.37 万件，占转让商标的 14.94%。在此基础上剔除与注销或吊销企业的商标中重复计算的部分后，推算我国有效注册商标总量中存在的投机性商标 11.22 万件。从投机性商标的类别分布看，服装鞋帽、药品、科学电子仪器类的投机性商标最多，分别占投机性商标的 51.78%、7.49%、3.84%。从投机性商标的省市分布看，广东、浙江、福建三省市的投机性商标最多，分别占投机性商标的 22.14%、21.87%、9.34%。

（四）防御性商标估算结果

从行业、区域、规模的角度计算我国每个企业持有有效注册商标的平均值，如果企业的有效商标注册量超过平均值的 2 个标准差，则认为该企业存在商标防御性注册行为。

数据选取规则：在剔除被注销或吊销企业的有效注册商标量、转让的有效注册商标量的前提下，将匹配出的我国企业申请的商标数据按行业、区域、规模三个指标分为 324 个组，计算每组的平均值和标准差，进而找出组内超过 2 个标准差的企业，将该类企业有效商标注册量中高于 2 个标准差的有效注册商标量定义为防御性商标。其中行业按照行业门类来划分；区域按照商标注册地划分为东部、中部和西部；规模按照商标申请人的注册资本划分为 100 万元以下，100 万—1000 万元，1000 万—1 亿元，1 亿元以上。

计算举例：以第一组为例，第一组企业所属区域为"东部"省份，注册资本规模在"100 万—1000 万元"范围内，所属行业为"采矿业"，该组共有企业 123 户，有效注册商标共 307 件，平均每户企业拥有有效注册商标 2.496 个，标准差为 6.503。本报告中，如果企业的有效商标注册量超过平均值的 2 个标准差，则认为该企业存在商标防御性注册行为。因此，如果企业的有效商标注册量超过 15.502 个[①]，则认为该企业存在防御性注册行为，该企业所注册的商标中超过平均值 2 个标准差的商标为防御性商标。第 1 组中，仅有 3 户企业的有效商标注册量超过 15.502 个，这 3 户企业的有效商标注册量分别为 56 个，44 个和 20 个，则认为这三户企业存在防御性注册行为，其中防御性注册商标量分别为 40 个，28 个和 4 个[②]（见表 3—7，表 3—8）。

表 3—7　第 1 组企业有效注册量的统计数据

序号	区域	注册资本规模	行业	企业数量（户）	有效注册商标总量（件）	有效注册商标量均值	有效注册商标量标准差
1	东部	100 万—1000 万元	采矿业	123	307	2.496	6.503

① 15.502 = 2.496+2 * 6.503

② 计算过程：56−15.502 = 40.498，44−15.502 = 28.498，20−15.502 = 4.498，经四舍五入后，得出防御性注册商标量分别为 40 个，28 个和 4 个。

表 3—8　第 1 组企业的有效注册量

企业序号	有效商标注册量（件）	企业序号	有效商标注册量（件）	企业序号	有效商标注册量（件）	企业序号	有效商标注册量（件）
1	56	32	2	63	1	94	1
2	44	33	2	64	1	95	1
3	20	34	2	65	1	96	1
4	6	35	2	66	1	97	1
5	6	36	2	67	1	98	1
6	6	37	2	68	1	99	1
7	6	38	1	69	1	100	1
8	5	39	1	70	1	101	1
9	5	40	1	71	1	102	1
10	4	41	1	72	1	103	1
11	4	42	1	73	1	104	1
12	4	43	1	74	1	105	1
13	3	44	1	75	1	106	1
14	3	45	1	76	1	107	1
15	3	46	1	77	1	108	1
16	3	47	1	78	1	109	1
17	3	48	1	79	1	110	1
18	2	49	1	80	1	111	1
19	2	50	1	81	1	112	1
20	2	51	1	82	1	113	1
21	2	52	1	83	1	114	1

续表

企业序号	有效商标注册量（件）	企业序号	有效商标注册量（件）	企业序号	有效商标注册量（件）	企业序号	有效商标注册量（件）
22	2	53	1	84	1	115	1
23	2	54	1	85	1	116	1
24	2	55	1	86	1	117	1
25	2	56	1	87	1	118	1
26	2	57	1	88	1	119	1
27	2	58	1	89	1	120	1
28	2	59	1	90	1	121	1
29	2	60	1	91	1	122	1
30	2	61	1	92	1	123	1
31	2	62	1	93	1		

结果显示，截至 2013 年年底，根据匹配的分组商标数据得到的防御性商标 54.49 万件，占匹配分组数据商标总量的 16.23%。再根据剔除注销或吊销企业的商标和投机商标之后的数字，推算出我国有效注册商标总量中存在防御性商标 95.59 万件。从防御性商标的三个指标综合来看，东部地区注册资本在 1000 万—1 亿元、1 亿元以上的制造业企业申请的防御性商标最多，总量均在 5 万件以上，分别为 8.70 万件、5.10 万件，其次是东部地区注册规模在 100 万以下的批发零售业和制造业，总量均在 4 万件以上，分别为 4.65 万件、4.60 万件。

（五）国内几种特殊商标的发展趋势

从近五年新注册商标的情况（见图3—34）看，注销或吊销企业的商标、投机性商标的商标量占比呈逐年下降的趋势，防御性商标的商标量占比基本稳定。

图3—34　近五年新注册商标中各类型商标占比变化趋势图

商标注册申请量的影响因素选取

本节首先对国内外商标注册申请量影响因素的相关研究进行回顾，以建立研究的理论框架。然后详细梳理我国的商标管理制度变迁。在此基础上，同时考虑数据的可获得性，提出从政策变迁、宏观经济环境和微观企业特征的角度选取商标注册申请量影响因素指标。

一、商标注册申请量影响因素的相关研究

国外对商标注册申请量的相关研究中，选取的影响因素可分为经济总量因素和经济周期因素。世界知识产权组织总干事弗朗西斯·高锐指出了国际商标注册申请量与经济周期的关系。在经济衰退时期，企业融资较为困难，且消费者的需求下降，经济的不确定性高，企业向市场投入新产品时更加谨慎，可能导致商标注册申请量下滑。在经济复苏时期，商标及其所代表的品牌是企业进行业务扩张的基础。因此，在经济复苏时期，商标的注册申请量可能会逐步上升。马德里体系的国际商标注册申请量 2009 年因全球经济下滑而减少 16%。Hidalgo 和 Gabaly（2013）选取多个宏观经济因素，对西班牙的商标注册申请量进行相关分析。结果表明，GDP、GDP 增长率、企业研发投入、工业生产指数、西班牙 IBEX-35 股市指数、人均 GDP、风险投资总额、

资本形成总额与商标注册申请量均呈显著正相关关系。

国内对商标注册影响因素的研究较少。袁培元和朱立（2008）对云南省企业的商标累计注册量与 GDP 进行回归分析，结果表明云南企业商标累计注册量与 GDP 呈显著正相关关系。相对而言，对专利申请的影响因素的研究要多一些，基本上分为宏观经济因素、区域创新环境、企业研发投入等。

综上所述，相关文献主要选取宏观经济因素、区域创新环境因素、企业研发投入等因素研究对商标注册申请量的影响，而对政策因素影响商标注册申请量的定量研究较少。

二、我国商标管理政策变迁

（一）我国商标政策的发展沿革

1. 我国恢复商标统一注册制度，加入商标相关国际组织，商标注册与管理迈向国际化（1978—1989 年）

1978 年工商行政管理总局建立，国务院指出在商标管理方面一定要在清理整顿的基础上，快速恢复我国商标的统一注册。在国务院的指示下，1979 年 11 月工商行政管理总局恢复了全国的商标统一注册制度，同时，为了健全社会主义法律体制，成立了起草《商标法》小组。1980 年 6 月，中国正式成为世界知识产权组织成员国。1982 年 8 月，全国人大第五次会议通过了《中华人民共和国商标法》，并于 1983 年 3 月 1 日起实施，这是我国知识产权法律体系中的第一部法律。明确了侵权行为的责任和处理办法，建立了商标评审制度，并改全面注册为自愿注册，保护商标专用权。1983 年 3 月，国务院发布了《商标法实施细则》。

1985 年 3 月，我国正式成为《巴黎公约》成员国，建立了中法商标工作组，每年定期举行一次中法商标工作组会议。1988 年 1 月，国务院批准了第一次修订的《商标法实施细则》；11 月，中国正式采用《商标注册用商品和服务国际分类》和《商标图形要素国际分类》，向商标注册与管理的国际化、科学化迈出了关键的一步。1989 年，我国正式成为商标国际注册马德里协定成员国后，开始办理来自马德里协定其他成员国商标所有人在中国的领土延伸申请。

2. 推行商标代理制度，接受服务商标申请，商标管理制度不断完善（1990—2000 年）

1990 年 5 月，国家工商局发出了《关于试点建立商标事务所，推行商标代理制的通知》，决定推行商标代理制；8 月，中国商标事务所成立。1991 年 5 月国家工商局批准了首批国内商标代理机构，开展商标代理业务。

1993 年 2 月，为了兑现与美国达成的保护知识产权协议，第七届全国人大第三十次会议审议通过了《中华人民共和国商标法修正案》，对《商标法》进行了第一次修订，并颁布了《关于惩治假冒注册商标犯罪的补充规定》。同时对《商标法实施细则》进行了第二次修订。6月，宣布从 7 月 1 日起正式受理服务商标的申请。1994 年，我国正式成为尼斯联盟成员国，之后，相继出台了新的《商标审查准则》、《集体商标、证明商标注册和管理办法》、《商标评审规则》、《特殊标志管理条例》、《驰名商标认定和管理暂行规定》和《商标代理管理办法》等一系列商标管理办法。

3. 商标制度与国际接轨，商标管理更符合实践需求（2001 年至今）

2001 年，为了履行中国加入 WTO 的相关承诺，全国人大第二十四次会议审议并通过了《关于修改〈中华人民共和国商标法〉的决定》，此次是我国颁布《商标法》以来的第二次修订。2002 年，国务院颁布了《奥林匹克标志保护条例》，出台了《商标法实施条例》。2003 年，国家工商总局发布了《驰名商标认定和保护规定》，下发了《关于取消第二批行政审批项目和改变一批行政审批项目管理方式的决定》。2007 年，商标局发布了《地理标志产品专用标志管理办法》。

2008 年，国务院印发《国家知识产权战略纲要》，提出商标的四个专项任务。2009 年，国家工商总局发布《关于贯彻落实〈国家知识产权战略纲要〉，大力推进商标战略的实施意见》，提出了商标战略的具体目标任务。2013 年，为了满足国内实践对商标法提出的要求，全国人大第四次会议对《商标法》进行了第三次修订。

(二)《商标法》的三次修订

从 1983 年《中华人民共和国商标法》实施以来，我国商标法经历了三次修订。

1993 年《商标法》进行第一次修订，其直接动因是为了兑现中美《谅解备忘录》中，中方要对商标权加以保护的承诺，并且，随着我国社会主义经济发展，国内也对商标保护的需求也日益加大。第一次《商标法》修订的内容有三：一是将服务商标纳入商标法的保护范围。这将直接增加商标的注册申请量。二是增加了注册不当商标的撤销程序。这将减少注册不当的商标数量，但对商标注册申请量影响较弱。三是增加对流通领域商标侵权责任的追究规定，并对签订商标使用许可协议的被许可人使用商标的行为进行严格规定，以保证被许可后注册商标的产品质量。这提升了已注册商标的价值，间接鼓励企业进行商标注册申请，增加商标注册申请量。

2001 年《商标法》进行第二次修订，其直接动因是为了使我国《商标法》与国际接轨，符合 WTO《与贸易有关的知识产权协定》的要求。此次从六个方面对《商标法》进行修订。第一，扩大了商标权利主体的范围，规定了自然人也可以申请注册并取得商标权。鼓励了自然人申请注册商标的积极性，直接增加了商标注册申请量。第二，扩大了可以申请为注册商标的标志范围，数字、颜色组合、三维标志，以及经过使用取得显著性的商业标志，均可以申请注册为商标。这丰富了商标类型，有利于商标注册申请量的增加。第三，扩大了《商标法》的客体保护范围，将集体商标、证明商标（含地理标志）纳入其保护范围。这促进了地方特产、优势农产品的商标注册申请，增加了商标注册申请量，并推动了区域经济的发展。第四，明确规定了保护驰名商标，对恶意抢注商标的行为进行限制，使得商标局、商标评审委员会以及人民法院在认定驰名商标和保护驰名商标时有法可依。第五，增加了对商标在先权的法律规定，有利于解决市场经济生活中有关商标权与在先权冲突的问题。第六，修订了商标侵权责任的构成要件，规定了商标权的无过错责任。

2013 年《商标法》进行第三次修订，其直接动因是为了实施国家知识产权战略，适应实践需要，充分发挥商标制度的作用。此次从四个方面对《商标法》进行了修订。一是扩大可以作为商标注册的标志范围，规定声音可以作为商标注册；明确可以采取"一标多类"的申请方式；增加商标局可以要求对申请进行说明或者修正的规定，增加了申请人获得商标注册的机会，节约了商标注册的成本；完善商标异议制度，缩短商标确权时间，遏制恶意商标异议行为；增加商标审查时限的规定，以提高商标管理和服务水平。二是完善了驰名商标的保护制度，从驰名商标认定原则、认定主体和事由，以及禁止使用"驰名商标"字样进行商业宣传等方面全面完善了驰名商标保护制度；加强对未注册商标的保护，对将他人商标注册为企业名称的行为通过反不正当竞争法进行规制，规范了注册商标的使用行为。三是增加侵犯注册商标专用权行为的种类，引进惩罚性赔偿制度，提高法定赔偿额，建立减轻权利人举证责任制度。四是规定商标代理执业规范，明确相关违法行为的法律责任。

（三）商标代理机构政策

1979 年我国恢复统一的商标注册制度后，商标注册实行二级核转制度，1990 年后开始推行商标代理制度。

1983 年《商标法实施细则》规定商标注册等有关事项应当由地方工商行政管理部门核转，1985 年国家工商局颁布《商标核转工作若干规定》，确立了二级核转制度。

1990 年 5 月，国家工商局发出《关于试点建立商标事务所，推行商标代理制的通知》，决定在 13 个省市建立商标事务所。1993 年 6 月，根据修订后的《商标法》和《商标法实施细则》，国家工商局发出《关于申请商标注册有关问题的通知》停止核转工作，转为代理制。2003 年 2 月，国务院下发《关于取消第二批行政审批项目和改变一批行政审批项目管理方式的决定》，取消了商标代理机构审批和商标代理人资格批准行政审批，商标代理行业完全向市场放开。2004 年 11 月，国家工商总局发布《香港、澳门服务提供者在内地开展商标代理业务暂行办法》，允许港澳服务者在内地开设商标代理机构。2012 年

11 月，国家工商总局、司法部联合下发《律师事务所从事商标代理业务管理办法》，允许律师事务所以商标代理机构身份从事商标代理业务。2014 年 4 月，《商标法实施条例》再次修订，规定商标代理机构除对其代理服务申请商标注册外，不得申请注册其他商标。

（四）商标注册的分类调整

从 1988 年 11 月我国开始采用《商标注册用商品和服务国际分类》（以下简称"尼斯分类"）起，截至 2013 年年底，我国共三次调整商标注册的类别。

1988 年 11 月我国开始采用《尼斯分类》中第 1—34 类的商品分类。1993 年 2 月我国对《商标法》进行了第一次修订，将服务商标纳入保护范围。至此，我国全面采用《尼斯分类》中的 42 个类别，其中服务类商标为第 35 至 42 类。2002 年《尼斯分类》第八版将第 42 类进行了拆分，新增第 43、44、45 类，我国的商标注册分类也随之增至 45 类。2013 年 1 月起，我国接受药用、兽医用、卫生用制剂和医疗用品的零售或批发服务申请商标。

（五）商标注册申请价格调整

商标注册申请的价格在不同的时间段内有所差异。1986 年 3 月至 1991 年 2 月底，商标注册申请规费为 300 元。1991 年 3 月至 1995 年 12 月底，商标注册申请规费为 605 元。1996 年 1 月至 2008 年 9 月底，商标注册申请规费为 1000 元（限定本类 10 个商品。10 个以上商品，每超过一个商品加收 100 元），集体商标和证明商标的注册申请规费均为 3000 元。2008 年 10 月至 2013 年 9 月底，网上商标注册申请规费降为每件 800 元（限定本类 10 个商品。10 个以上商品，每超过 1 个商品加收 80 元），纸件商标注册申请规费仍为每件 1000 元。2013 年 10 月起至 2015 年 10 月，纸件商标注册申请规费与网上商标注册申请规费均为每件 800 元（限定本类 10 个商品。10 个以上商品，每超过 1 个商品加收 80 元）。自 2015 年 10 月 15 日起，商标注册申请规费降为 600 元（限定本类 10 个商品。10 个以上商品，每超过 1 个商品加收 60 元）。

（六）商标注册的受理要求变化

1. 对申请人的限制

2001 年 12 月以前，申请人申请商标注册，受经营范围的限制。其中个体工商户可以以字号名义申请。外国申请人、港澳台申请人不受此限。2001 年 12 月《商标法》第一次修订后实施，自然人、法人和其他组织申请商标注册，不受经营范围的限制。

2007 年 2 月，商标局发布《自然人办理商标注册申请注意事项》，以自然人名义办理商标注册、转让等申请事宜，需要提交《个体工商户营业执照》等经营资质证明，并受经营范围的限制。至此，以自然人名义办理商标注册申请开始受经营范围的限制。

2. 申请方式的变化

2006 年 12 月开始试行商标注册的网上申请。对网上商标注册申请不进行现行的书式审查，只能申报规范项目。2014 年 5 月起，调整了受理流程，由先发受理通知书再补正，改为先补正再发受理通知书，并且对网上申请也开始进行书式审查。

试行网上商标注册申请初期，网上申请仅对部分代理机构开放，后逐步增加代理机构的数量。2009 年 1 月《商标网上申请试用办法》

实行，代理机构可自愿申请开通网上申请权限，代理机构每天可提交10件申请。2012年12月起每户代理机构网上申请件由10件/天放开到30件/天，之后逐步放开网上申请数量限制。

（七）全国各省市的商标战略

2008年6月国务院颁布《国家知识产权战略纲要》，决定实施国家知识产权战略。商标战略是国家知识产权战略的重要组成部分。2009年6月国家工商总局发布《关于贯彻落实〈国家知识产权战略纲要〉，大力推进商标战略实施的意见》，对至2020年商标工作的指导思想、战略目标和战略任务做了中长期规划。2009年7月国家工商总局又发布了《关于商标工作达到国际水平的规划》《关于开展国家商标战略实施示范城市（区）、示范企业工作的指导意见》等配套文件，系统地指导商标战略的实施。此后全国30个省成立了商标战略领导小组，29个省、市、自治区制定了实施商标战略文件。

目前，国家认定的商标战略示范城市（区）有53个，其名单如下：

表3—9 商标战略示范城市（区）名单

省份	示范城市（区）	省份	示范城市（区）
北京	顺义区、中关村科技园区	湖北	武汉市、宜昌市
天津	北辰区、天津经济技术开发区	湖南	株洲市、岳阳市、湘潭市
河北	石家庄市	广东	广州市、深圳市、佛山市
山西	运城市	广西	柳州市
内蒙古	包头市	海南	澄迈县
辽宁	沈阳市、大连市、鞍山市	重庆	九龙坡区、江北区

续表

省份	示范城市（区）	省份	示范城市（区）
吉林	长春市、吉林市	四川	成都市、广安市
黑龙江	哈尔滨市、齐齐哈尔市	贵州	遵义市
上海	嘉定区、浦东新区	云南	昆明市
江苏	南京市、苏州市、无锡市	西藏	山南地区
浙江	杭州市、宁波市、绍兴市	陕西	西安市、汉中市
安徽	合肥市	甘肃	天水市
福建	厦门市、泉州市	青海	西宁市
江西	南昌市	宁夏	灵武市
山东	济南市、青岛市、烟台市	新疆	乌鲁木齐市
河南	郑州市		

　　各省的商标战略主要有七个方面：一是加强商标宣传，提高全社会的商标意识。二是根据各省资源禀赋差异，对重点行业、地方特色产业开展商标培育。各省从农业、制造业和服务业选取了地方特色产业，进行商标培育，如下表所示。在农业方面，各地将农产品商标和地理标志的培育作为商标培育的重点工作之一。三是对重点区域开展商标培育，如对高新技术开发区和工业区进行商标培育，建立健全产业集群品牌。四是各省对知名商标和著名商标有诸多优惠，如政府优先采购、科研项目优先安排、对企业研发投入的税收减免、贷款融资优惠等。五是鼓励出口企业进行商标国际注册，运用多种方式提升国际商标价值，争创国际知名品牌。六是打击商标违法侵权行为，加强商标权益保护。七是引导企业加强科技创新和新产品开发，增强产品科技含量，完善售后服务，提升品牌价值。

表 3—10 各省实施商标培育的重点行业

省市	重点培育行业
北京	高新技术产业、现代服务业、文化创意产业、特色农业
天津	高新技术、现代物流、会展经济、融资租赁、轻工产品制造、商贸服务
山西	特色农业产业、能源产业、煤化工产业、装备制造业、金属材料及其制品工业、医药产业、新型材料产业、旅游文化产业和现代服务业
内蒙古	农业：乳品、肉食、绒毛、皮革、粮油、瓜菜、饲草料、中药材；制造业：农牧畜副产品深加工；服务业：旅游、餐饮、文化等行业
辽宁	先进装备制造、新能源、新材料、新医药、信息、节能环保、海洋、生物育种、高技术服务
吉林	行走机械制造、农产品深加工、医药、光电子、化工
黑龙江	农业
江苏	高新技术产业、高端制造业、现代服务业和新兴产业。新能源、港口物流、环保、新材料等产业
浙江	制造业：纺织服装、食品饮料、家用电器、皮革制品、机械制造、电子信息、生物医药、仪器仪表。服务业：动漫、现代商贸、现代物流、网上交易、金融、旅游、餐饮、文化、房地产信息、中介、科教、社区服务、公共服务
安徽	重点产业包括装备制造业、原材料产业、轻纺产业、高新技术产业、现代服务业、现代农业
江西	信息、金融、物流、餐饮、红色旅游和公共服务等服务行业
山东	高新技术、战略新兴产业、文化产业以及服务业。化工、机械、纺织、服装、家电、建材、造纸、制药、轮胎、食品等传统优势产业
湖北	工业：汽车、钢铁、石化、装备制造、食品、纺织、建材。服务业：金融保险业、信息业、现代物流业、旅游业及法律、管理、市场销售、人力资源、工程设计

续表

省市	重点培育行业
广西	制造业：汽车、铝业、工程机械、糖业、沿海石油化工、锰业、钢铁、林产工业、茧丝绸等。农业：蔬菜、茶叶、水果、特色养殖业等。服务业：现代商贸、现代物流、网上交易、金融、旅游、餐饮、文化、房地产、信息、中介、科教
重庆市	第三产业、支柱产业、高新技术产业、新兴行业
四川	农业、支柱产业、高新技术产业、现代服务业
贵州	农业。制造业：烟酒、优势原材料、航天航空电子信息、新材料、药业。服务业：旅游
云南	农业：花卉、蔬菜、水果等。制造业：烟草行业、化工产品（磷化工、化肥等）、有色金属及冶炼、光学仪器、生物制药、茶叶。服务业：物流、旅游、餐饮、民族文化
西藏	农牧业、民族手工业、食品、旅游业
陕西	农业
甘肃	农业。制造业：装备制造、高新技术、电子信息、生物技术、新医药、新材料、新能源等现代制造业；特色食品、工艺美术、民族饰品、文体用品等传统制造业。服务业：金融保险、法律咨询、市场营销、人力资源、工程设计、信息技术、科教、文化、医疗、餐饮、旅游、房地产、社区服务
青海	农业：农畜产品。制造业：藏毯、药材、机械装备、建材、钢材、铝型材、民族服饰、生物制品、盐湖化工、有色金属、油气化工、煤化工、青海昆仑玉。服务业：旅游
宁夏	现代农业。制造业：清真食品、电解铝、煤炭、新材料、装备制造、生物制药。服务业：批发、餐饮、物流、会展、旅游
新疆	农业：特色林果业，以及特色农副产品精深加工业。制造业：石油化工、能源和优势矿产业、生物、新能源、新材料、电子信息。服务业：旅游业、餐饮、旅馆、交通、民族工艺品、娱乐业

资料来源：《地方商标战略文件汇编》（2010）

三、商标注册申请量影响因素选择

（一）影响因素选取原则

商标注册申请量的影响因素的选取主要遵循以下原则：

1. 全面性原则。力求全面考察影响商标注册申请量的因素。研究角度与信息来源不限于国家工商总局系统。

2. 客观性原则。影响因素的选取以客观性、结果性指标为主，尽量避免采用主观性、过程性指标。同时，为了使各影响因素含义更加明确，对各影响因素外延不做过度展开。

3. 科学性原则。对选取的影响因素中，应尽可能地予以量化，做到口径统一，标准一致，便于比较。

4. 经济性原则。为了便于进行季度比较，主要选取具有可持续性、相对稳定的因素。同时，为了保证评价的可操作性，尽量选取相对易于获取数据的因素。

（二）变量内涵

基于上述原则，参考国内外对商标注册申请影响因素的研究，在借鉴与商标相近的专利申请影响因素研究的基础上，结合对业界人士的访谈，充分考虑数据的针对性和可获得性，本报告采用绝对值指标与相对值指标兼顾、定性指标和定量指标结合的方式，从与商标注册申请量密切相关的政策因素、经济环境因素和企业特征因素出发，选取了以下指标：

1. 政策因素

（1）商标法修订

1979 年恢复商标统一注册以来，我国《商标法》进行过三次修订，分别在商标申请、商标使用、商标违法方面进行了修订，使得商标管理更适应经济发展和商标实践的要求，使得我国的商标制度与国际商标制度逐步接轨，降低了商标注册申请的交易成本，规范了商标使用行为，使得商标专用权得到有效保护，有利于商标注册申请量的增加。

（2）代理机构政策变革

随着商标代理机构准入政策逐渐放宽，商标代理机构呈快速增长的态势，为商标申请人带来了便利和选择，有利于开放市场，促进公平竞争，有利于商标注册申请量的上升。

（3）商标规费调整

商标规费的增加使得商标注册成本增加，会减少非刚性的商标申请需求，导致商标注册申请量的下降。反之，商标规费的下降会鼓励商标的注册申请行为，导致商标注册申请量的上升。

（4）对商标申请人的限制

2007 年商标局发布《自然人办理商标注册申请注意事项》，对商标申请人是自然人的，将其申请商标的类型限制在经营范围以内。这将减少非刚性的商标申请需求，导致商标注册申请量的下降。

（5）商标战略的实施

2008 年，国务院印发《国家知识产权战略纲要》，决定实施国家知识产权战略，商标战略是国家知识产权战略的重要组成部分。为贯彻落实《国家知识产权战略纲要》，大力推进商标战略实施，明确各项商标战略任务，充分发挥商标促进经济社会又好又快发展的重要作用，2009 年，国家工商总局发布《关于贯彻落实〈国家知识产权战略纲要〉，大力推进商标战略的实施意见》，提出了商标战略的具体目标任务，进一步完善商标法律体系和政策体系，将对商标注册申请量起到积极作用。

（6）商事制度改革

2014 年 2 月 7 日，国务院以国发［2014］7 号印发《注册资本登记制度改革方案》，明确注册资本登记制度改革于 2014 年 3 月 1 日全面实施，这标志着 2014 年 3 月 1 日起商事制度改革开始全面启动。商事制度改革极大的激发市场活力，市场主体大量进入，会间接影响商标申请注册状况。

2. 经济因素

（1）经济总量因素

经济总量因素包括国内生产总值、社会消费品零售总额、在营市场主体户数、实际利用外资额。

国内生产总值是指在一定时期内，一个国家或地区的经济中所生产出的全部最终产品和劳务的价值，可以反映一国的国力与财富。

社会消费品零售总额是指通过交易直接售给个人、社会集团非生产、非经营用的实物商品金额，以及提供餐饮服务所取得的收入金额。社会消费品零售总额是研究社会零售商品购买力、社会生产的重要指标。

在营市场主体户数是指在一定时期内，国内所有在营企业、个体工商户和农民专业合作社的数量。在营市场主体户数用于反映市场主体整体的活跃程度。

实际利用外资额指外国投资者实际出资额和企业投资总额内外国投资者以自己的境外自有资金实际直接向企业提供的贷款。该指标用于观察外国投资者在我国的实际投资情况。

（2）经济周期因素

经济周期是指经济体运行过程中对均衡状态的偏离和调整过程。经济周期因素包括世界实际 GDP 波动增长率和国内生产总值波动增长率。本报告参考黄砺和王佑辉（2012）的研究，运用 H-P 滤波法 将世界实际 GDP 和国内生产总值分别分解为趋势部分和波动部分，取世界实际 GDP 的波动部分和国内生产总值的波动部分，分别计算其波动增长的百分比，用于反映世界经济的周期性波动规律和国内经济的周期性波动规律。

H-P 滤波法

H-P 滤波法是由 Hodrick 和 Prescott 于 1980 年在分析美国战后的经济景气时首先提出的，这种方法被广泛地应用于对经济指标趋势的分析研究中，其理论基础是时间序列的谱分析方法。H-P 滤波法把宏观经济运行看作是潜在增长和短期波动的某种组合，因而可运用计量技术将实际产出序列分解为趋势成分与周期成分，其中的趋势成分即潜在产出，周期成分即产出缺口。本书运用该方法将世界实际 GDP 和国内生产总值分别分解为趋势部分和波动部分，取世界实际 GDP 的波动部分和国内生产总值的波动部分，分别计算其波动增长的百分比，用于反映世界经济的周期性波动规律和国内经济的周期性波动规律。

（3）经济发展水平

本报告选取的经济发展水平衡量指标为人均国民生产总值和三次产业增加值占比。人均国民生产总值指一国在一定时期内（通常为一年）生产的按市场价格计算的商品和劳务总值的按人口平均值。反映一个国家或地区的经济发展水平。三次产业增加值占比为一国在一定时期内，三次产业增加值占国民生产总值的比重，反映一个国家或地区的产业结构调整情况。

3. 企业个体因素

将商标数据与企业市场主体数据进行关联，可以得到申请商标的企业的经济特征。考虑到数据的可获得性，与企业经营状况相关的数据在本报告中暂不予考虑，因此，企业个体因素仅包括企业所有制性质、行业因素、企业第一次注册申请商标年龄和企业规模。

（1）企业所有制性质

根据企业的注册资本性质，企业可分为内资（非私营）企业、外资企业和私营企业。企业类型不同，其商标战略规划不同，反映在企业申请商标上需求也不同。

（2）行业因素

行业因素指申请商标的企业所属行业。不同行业企业对商标注册申请的需求不同，因此其注册申请量也会有差异。

（3）企业第一次注册申请商标年龄

企业第一次注册申请商标年龄指在营企业从成立到第一次申请商标之间的时长，反映了企业第一次申请商标时的年龄。企业发展速度不同，商标保护意识不同，企业第一次注册申请商标年龄也不同，导致企业申请商标量的差异。

（4）企业规模

企业注册资本规模是根据每户企业的注册资本额划分的。企业规模大小反映了企业的实力和抗风险能力。企业的实力不同，用于市场开拓的投入不同，导致企业申请商标的数量差异。

（三）数据来源

连续性变量的数据分别来自国家工商总局商标局数据库、国家工商总局市场主体数据库、国家统计局网站和世界银行数据库（见表3—12）。

表 3—11　商标注册申请量影响因素指标汇总

指标维度	指标名称
政策因素	1. 商标法修订 2. 代理机构政策变革 3. 商标规费调整 4. 对商标申请人的限制 5. 商标战略的实施 6. 商事制度改革①
经济因素	1. 经济总量因素：国内生产总值、社会消费品零售总额、在营市场主体户数、实际利用外资额 2. 经济周期因素：世界实际 GDP 波动、国内生产总值波动 3. 经济发展水平：人均国民生产总值、三次产业增加值占比
企业个体因素	1. 企业所有制性质 2. 行业因素 3. 企业第一次注册申请商标年龄 4. 企业规模

表 3—12　连续变量的数据来源

数据来源	变量名称
国家工商总局商标局数据库	商标注册申请量、有效注册商标量
国家工商总局市场主体数据库	企业所有制性质、所属行业、区域、企业第一次注册申请商标年龄、企业注册资本规模、在营市场主体户数
国家统计局网站 （www.stats.gov.cn）	国内生产总值、社会消费品零售总额、实际利用外资额、人均国民生产总值、三次产业增加值占比
世界银行数据库 （data.worldbank.org.cn）	世界实际 GDP

---

① 限于数据周期原因，在全因素方差分析模型中暂未引入商事制度改革的影响。

第四章

商标注册申请量影响因素分析

　　本节在对商标注册申请情况进行分析的基础上，研究政策因素、经济环境因素、企业特征因素对商标注册申请的影响。政策因素包括《商标法》的修订、代理机构政策放宽、商标规费调整、对商标申请人的限制、商标战略的实施以及商事制度改革；经济环境因素包括经济总量因素、经济周期因素和经济发展水平；企业特征因素包括企业的所有制性质、行业、年龄和规模。在商标注册申请量的单因素分析基础上，进一步分析多种因素对商标注册申请量的共同影响。

一、政策因素对商标注册申请量的影响

（一）《商标法》修订对商标注册申请量的影响

1. 第一次《商标法》修订

　　1993 年 2 月《商标法》进行第一次修订，一是将服务商标纳入《商标法》的保护范围。这将直接增加商标的注册申请量。二是增加了注册不当商标的撤销程序。这将减少注册不当的商标数量，但对商标注册申请量影响较弱。三是增加对流通领域商标侵权责任的追究规定。间接鼓励企业进行商标注册申请，增加商标注册申请量。1993 年的年申请商标量为 13.23 万件，比上年增加了 4.15 万件，是上年增量

的 1.83 倍；申请商标量同比增长 45.74%，比上年增速提高了 11.43
个百分点；表明该次《商标法》的修订对商标注册申请量的增加具有
积极作用（见图 3—35）。

图 3—35　1993 年前后两年商标注册申请量及增幅

2. 第二次《商标法》修订

2001 年 10 月《商标法》进行第二次修订，一是扩大了商标权利
主体的范围，规定了自然人也可以申请注册并取得商标权；二是增加
了可以申请为注册商标的要素的范围。2002 年的商标注册申请量为
37.19 万件，比上年增加了 10.15 万件，同比增长 37.54%，同样表明
《商标法》的修订对商标注册申请量的增加具有积极作用。

（二）代理机构政策对商标注册申请量的影响

1. 2000—2004 年

1999 年 12 月，国家工商局颁布了《商标代理管理办法》，全面向
社会放开商标行业；2000 年 2 月，国家工商局下发《关于实施商标代
理管理办法有关问题的通知》、《商标代理人资格考核办法》和《商标
代理人资格考试办法》；2002 年 1 月，国家工商总局要求各级商标代

理机构与行政部门脱钩，实现社会化；2003 年 2 月，商标代理行业完全向市场放开；2004 年 11 月，国家工商总局允许港澳服务者在内地开设商标代理机构。受这一系列有关商标代理机构的利好政策的影响，从 2000 年到 2004 年，商标注册申请量一直保持高位增长，年均增长率高达 28.06%，与 1999 年前 5 年的年均增长率（3.66%）相比，提高了 24.40 个百分点。这印证了允许商标代理机构代理申请商标对商标注册申请量增加所具有的积极作用（见图 3—36）。

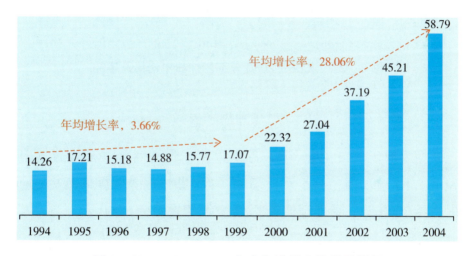

图 3—36　1994—2004 年商标注册申请量及增幅

2. 2010—2013 年

2009 年 11 月和 2010 年 7 月，国家工商总局两度放宽商标代理机构准入条件，下放监管权限；2012 年 11 月，允许律师事务所以商标代理机构身份从事商标代理业务，两项政策均为利好政策。从 2010 年以来，商标年均申请量为 150.47 万件，是 2006—2009 年期间年均申请量（75.07 万件）的 2 倍；2010 年以来商标注册申请量年均增长 22.67%，年均增长量为 26.28 万件，表明了对代理机构的积极政策对商标注册申请量的增加有促进作用（见图3—37）。

图3—37　2006—2013年商标注册申请量及增幅

（三）商标规费对商标注册申请量的影响

商标局规定，自1996年1月1日起，受理商标注册申请规费为1000元，比1991年（605元）增长了65.29%。受理集体商标注册申请规费为3000元，受理证明商标注册申请规费为3000元。受商标规费变动的影响，1996年的商标注册申请量仅为15.18万件，比上一年减少了2.03万件，下降了11.82%。1997年的商标注册申请量仅为1.49万件，比上一年减少了3049件，下降了2.01%（见图3—38）。

商标局规定，自2008年10月1日起，网上受理商标注册申请收费标准比纸件商标注册申请优惠20%，即每件800元。受商标规费变动的影响，2009年商标注册申请量为83.05万件，扭转了商标注册申请量下滑的趋势，比上一年增长了18.96%（见图3—39）。

综上所述，商标规费的变动对商标注册申请量的变动有反方向影响。商标规费的增加对商标注册申请量的增加具有消极作用，商标规费的减少对商标注册申请量的增加具有积极作用。

图 3—38　1996 年前后两年商标注册申请量及增幅

图 3—39　2009 年前后商标注册申请量及增幅

（四）商标申请人限制条件对商标注册申请量的影响

2007 年 2 月，商标局发布《自然人办理商标注册申请注意事项》，规定以自然人名义办理商标注册、转让等申请事宜的，需要提交《个体工商户营业执照》等经营资质证明，并受经营范围的限制。当时自然人申请商标量占据相当比例，据估计截至 2006 年年底自然人申请商标量占商标申请总量的近四分之一①，因此该政策对商标注册申请量的影响较大，2007 年，商标注册申请量为 70.79 万件，同比减少 5.84 万件，下降 7.62%，表明限制商标申请人对商标注册申请量的增加具有消极作用（见图 3—40）。

图 3—40　2007 年前后两年商标注册申请量及增幅

（五）商标战略的实施对商标注册申请量的影响

2008 年，国务院印发《国家知识产权战略纲要》，决定实施国家知识产权战略，商标战略是国家知识产权战略的重要组成部分。为贯彻落实《国家知识产权战略纲要》，大力推进商标战略实施，明确各项商标战略任务，充分发挥商标促进经济社会又好又快发展的重要作用，2009 年 6 月，国家工商总局制定并发布《关于贯彻落实〈国家知识产权战略纲要〉，大力推进商标战略实施的意见》（以下简称《实施

---

① 数据来源：《中国知识产权研究网》国家工商总局商标局法律处处长：原琪。

意见》），该《实施意见》一方面对商标法律体系和商标政策体系的完善做出了相关规定，一方面为商标注册管理体制机制的创新和完善指明了方向。这两点将直接增加商标的注册申请量。从 2009 年实施商标战略以来商标注册申请量看，呈逐年递增的趋势，尤其是实施商标战略的头三年，商标注册申请量同比增速持续升高，受 2012 年 4 月国家工商总局将商标战略实施工作重心转移到有效运用和依法保护上来的重要部署的影响，商标注册申请量同比增速略有下降，但同比增量依然保持在 20 万件以上（见图 3—41）。

图 3—41　2009—2013 年商标注册申请总量、同比增速及同比增量

从 2010 年确定了首批国家商标战略实施城市（区）以来，各示范城市（区）切实加大商标战略实施力度，对商标战略的实施起到了良好的引领带动作用。从 2010 年以来全国 53 个国家商标战略实施城市（区）的商标注册申请量变化看，示范城市（区）商标注册申请量的年均增速为 24.6%，高于全国平均水平（23.6%）1 个百分点，示范城市（区）的商标注册申请量占全国商标注册申请总量的比重上升了 1.3 个

百分点，说明商标示范城市（区）的示范带动作用初现（见图3—42）。

图3—42　2010—2013年示范城市（区）商标注册申请量与全国总量对比图

（六）商事制度改革对商标注册申请量的影响

　　商事制度改革全面实施以来，极大的激发了市场活力，据统计，2014年3月到2014年年底，全国累计新登记市场主体总量1147.1万户。据统计，截至2014年年底，商事制度改革后新设市场主体带来商标注册申请量22.05万件，占2014年商标注册申请量的9.6%。受新商标法实施等因素的影响，2014年全年商标申请量达到了228.5万件，同比增长21.47%，增速较上年提升了7.39个百分点。按照2014年1、2月份的同比增速测算，商事制度改革为新登记市场主体总量带来了约137万户的额外增长，这批市场主体对2014年商标申请量的促进为26335件，对商标申请量增长贡献为6.5%。①

①　注：1. 商事制度改革后新设市场主体带来商标注册申请量22.05万件为匹配数据。
2. 这批市场主体对2014年商标申请量的促进为26335件，相当于137/1147.1×22.05。
3. 对商标申请量增长贡献为6.5%。为26335与2004年商标申请量增长总量40.5万件的比值。

综上所述，政策因素中，《商标法》的修订、商标代理机构政策的调整、商事制度改革对商标注册申请量有积极影响；商标规费的增加对商标注册申请量的增加具有消极作用，商标规费的减少对商标注册申请量的增加具有积极作用；对商标申请人的限制对商标注册申请量增加的作用是负向的；实施商标战略促进了商标注册申请量的提升。

二、经济环境对商标注册申请量的影响

（一）经济总量

1. 国内生产总值

长期来看，经济总量和商标注册申请量之间存在稳定的均衡关系。对国内生产总值与商标注册申请量进行回归分析，结果显示国内生产总值与商标注册申请量之间存在显著线性相关关系。回归结果 $y = 21.951x - 11.968$（$R^2 = 0.9949$）表明，国内生产总值每增加 1 亿元，商标注册申请量增加 22 件（见图 3—43）。

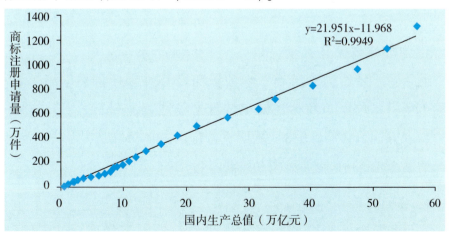

图 3—43　国内生产总值与商标注册申请量的线性关系拟合图

资料来源：国家工商总局商标局，国家统计局

2. 社会消费品零售总额

运用回归分析拟合社会消费品零售总额与商标注册申请量的关系，结果显示，社会消费品零售总额与商标注册申请量同样呈显著线性相关关系。回归结果 $y = 55.366x - 8.5946$（$R^2 = 0.9951$）表明，社会消费品零售总额每增加 1 亿元，商标注册申请量增加 55 件（见图 3—44）。

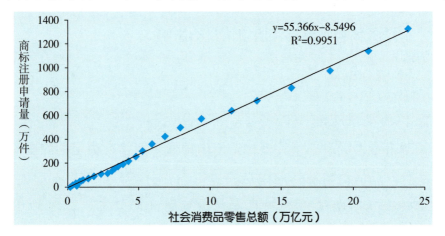

图 3—44　社会消费品零售总额与商标注册申请量线性关系拟合图

资料来源：国家工商总局商标局，国家统计局

3. 在营市场主体数量

运用回归分析拟合市场主体数量与商标注册申请量，结果显示，在营市场主体数量与商标注册申请量呈线性相关关系。回归方程 $y = 0.331x - 694.42$（$R^2 = 0.988$）表明在营市场主体每增加 1 万户，商标注册申请量增加 3331 件（见图 3—45）。

4. 实际利用外资额

运用回归分析拟合实际利用外资额与外国来华商标注册申请量（含外国来华直接申请和马德里商标国际注册领土延伸申请）的关系，

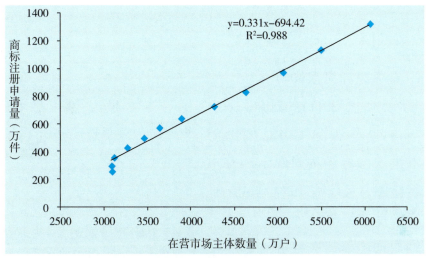

图 3—45　在营市场数量与商标注册申请量的线性关系拟合图
资料来源：国家工商总局

结果显示，实际利用外资额与外国来华商标注册申请量呈线性相关关系。回归方程 $y = 0.118x - 17.48$（$R^2 = 0.864$）表明实际利用外资额每增加 1 亿美元，外国来华商标注册申请量增加 1118 件（见图 3—46）。

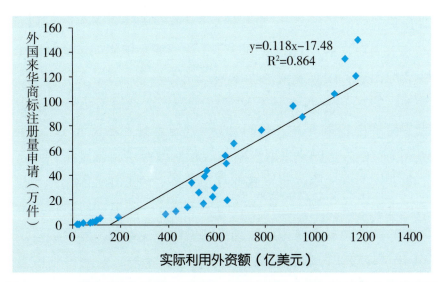

图 3—46　实际利用外资额与外国来华商标注册申请量的线性关系拟合图
资料来源：国家工商总局商标局，国家统计局

(二) 经济周期因素

1. 世界经济周期波动

参考尹华旭(2011)的研究，采用 "谷—谷" 分析法 🔍 ，以 1980— 2013 年的世界实际 GDP 增长率绘制世界经济周期波动运行图，可以将 1980 年以来的世界经济分为七 个波动周期。第一次经济 周期为 1981—1984 年，经 济在高位运行，波峰较高， 波谷较浅，总体上波动相 对较为平和。第二次经济 周期为 1985—1988 年，这 段时期世界经济增长稳定。

> **"谷—谷" 分析法** ▼ 🔍
>
> 　　用以考察经济周期波动的计量分析方法，以经济增长率波动为主要考察对象，波动的幅度或振幅，是指每个周期内经济增长率上下波动的离差，计算波动幅度的方法中最简便、直观的方法是计算每个周期内经济增长率波峰与波谷的落差。所谓 "谷—谷"，就是考察每段经济周期波谷与波谷之间的经济情况。本书中采用 "谷—谷" 分析法，以 1980—2013 年的世界实际 GDP 增长率绘制世界经济周期波动运行图，将 1980 年以来的世界经济分为七个波动周期。

第三次经济周期波动为 1989—1997 年，这一轮经济周期波动收缩阶段较长，主要原因是各国实施凯恩斯的财政货币扩张政策，经济的 "滞涨" 特征明显，加之 1990 年全球石油危机爆发，造成经济进一步衰退。不过，世界经济在 1994 年后开始回升并逐步进入稳定增长阶段，主要原因是以美国为首的发达国家采取了新的政策刺激经济，带动全球经济稳定增长。第四次经济周期波动为 1998—2000 年，1998 年亚洲金融危机引起的一系列连锁反应，导致世界经济增长不稳定。第五次经济周期波动为 2001—2007 年，这轮经济周期波动受到恐怖主义影响，世界经济增长率在 2001 年下降较快，随后主要国家采取有力措施，经济得到恢复性增长。第六次经济周期波动为 2008—2010 年，这轮经济周期波动剧烈，并且出现了负增长率，主要是因为美国"次贷"危机爆发，进而引发世界性的经济衰退。在各国出台经济刺激政策后，世界经济总体复苏。第七次经济周期波动尚未完成，从 2011 年开始至 2013 年，由于世界经济增长的不确定因素，包括发达国家的高失业率、金融系统脆弱性、主权债务压力，以及主要国际货币间汇率的大幅波动，从 2011 年开始世界经济连续三年下滑，但下滑的速度逐步放缓。

图 3—47　1980—2013 年世界实际 GDP 增长率波动曲线

资料来源：国际货币基金组织

国际货币基金组织 🔍

　　国际货币基金组织（International Monetary Fund，简称 IMF）是根据 1944 年 7 月在布雷顿森林会议签订的《国际货币基金协定》，于 1945 年 12 月 27 日在华盛顿成立的。与世界银行同时成立、并列为世界两大金融机构之一，其职责是监察货币汇率和各国贸易情况，提供技术和资金协助，确保全球金融制度运作正常。其总部设在华盛顿。中国是该组织创始国之一。人们常听到的"特别提款权"就是该组织于 1969 年创设的，是一种储备资产和记账单位，亦称"纸黄金"（Paper Gold），它是基金组织分配给会员国的一种使用资金的权利。

运用 HP 滤波分析，将商标注册申请量、国内实际 GDP、世界实际 GDP 分解为趋势部分和波动部分。世界实际 GDP 波动的增长率和商标注册申请量的波动增长率如下图所示。1988—1997 年，商标注册申请量的波动与世界实际 GDP 的波动几乎同时变化。2001 年我国加入世界贸易组织后，商标注册申请量的波动与世界实际 GDP 的波动变化相关性逐渐增强，在这段时期内，世界 GDP 波动增长率比商标注册申请量的波动领先 3 年。加入世界贸易组织以后，国际经济环境对商标注册申请量的影响日益加深。

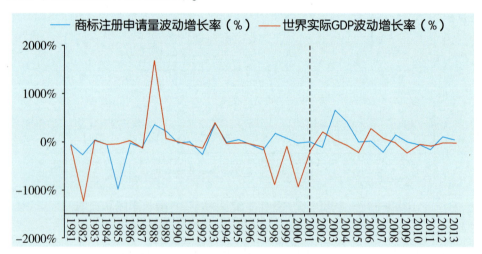

图 3—48　商标注册申请量波动百分比与世界实际 GDP 的波动百分比

资料来源：国际货币基金组织，国家工商总局商标局

运用时差相关分析，分别计算 1980—2013 年世界实际 GDP 波动与商标注册申请量波动的相关性，结果显示世界实际 GDP 波动对商标注册申请量的波动不具有显著的领先性。

2. 国内经济周期波动

由下图发现，1990—2003 年，国内实际 GDP 的波动对商标注册申

请量的波动有领先性，由时差相关分析发现，商标注册申请量的波动
比国内 GDP 的波动晚 3 年。

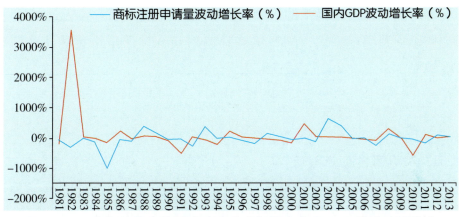

图 3—49　商标注册申请量波动百分比与国内实际 GDP 的波动百分比

资料来源：国家工商总局商标局，国家统计局

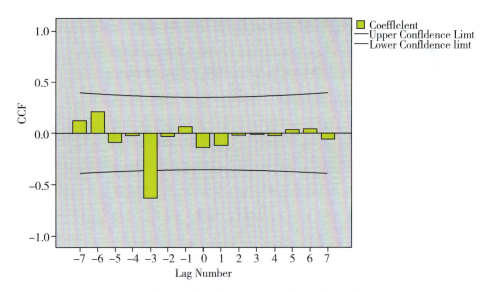

图 3—50　商标注册申请量波动增长率与我国实际 GDP 波动
增长率的时差相关分析结果

资料来源：国家工商总局商标局，国家统计局

综上所述，商标注册申请量的波动存在周期性。我国的经济周期对商标注册申请总量的周期波动有领先性，领先时间为 3 年。世界经济环境对商标注册申请量的周期波动影响不显著，但是自从 2001 年我国加入世界贸易组织后，国际经济环境对商标注册申请量的波动影响日益明显。

（三）经济发展水平

1. 人均国内生产总值

人均 GDP 作为一个发展水平指标，更能反映不同省市的经济发展程度。为了考察经济发展水平的不同对商标注册申请量的影响程度，对各省市的人均 GDP 与每亿元 GDP 商标贡献率[①]两个指标进行相关性分析发现，相关系数为 0.56，说明人均 GDP 与每亿元 GDP 商标注册申请量有一定程度的正相关关系。

根据 2012 年世界银行发布的收入水平标准[②]，依据人均 GDP 对全国 31 个省市进行分组。其中天津、北京、上海 3 个直辖市属于富裕水平，平均亿元 GDP 商标贡献率为 15.40 件；广西、西藏、云南、甘肃和贵州五省份属于中等偏下水平，平均亿元 GDP 商标贡献率为 5.01 件；其他 23 个省市属于中等偏上水平，平均亿元 GDP 商标贡献率为 7.86 件。说明商标注册申请量与经济发展水平之间存在正相关关系，经济发展水平越高（人均 GDP 越高），商标注册申请量越高。

---

① 截至 2013 年各省市商标注册申请量/2013 年各省市的 GDP。

② 按人均国民收入水平作出的收入组分类如下：低收入水平：1035 美元及以下；中等偏下水平：10.36 美元—4085 美元；中等偏上水平：4086 美元—12615 美元；富裕水平：12616 美元及以上。

2. 三次产业增加值占比

产业结构的优化是推动经济结构调整的重要手段，经济结构的调整优化是促进经济持续稳步发展的基础。衡量产业结构的一个重要方面是三次产业占比，对各省市的三次产业增加值占各省市总增加值的比重与亿元 GDP 商标贡献率做相关分析发现，亿元 GDP 商标贡献率与一产增加值占比、二产增加值占比呈负相关关系，相关系数分别为：-0.49、-0.42，而与三产增加值占比呈正相关关系，相关系数为0.65。说明产业结构的调整，在带来经济增长的同时，对商标注册申请量的增加也有正向影响。

根据一产增加值占比、二产增加值占比、三产增加值占比三个指标，运用聚类分析对全国 31 个省市进行分类。其中北京、上海属于产业结构优化水平高的城市，两个省市的平均亿元 GDP 商标贡献率为20.42 件；黑龙江、广西、海南、贵州、云南、西藏、甘肃、新疆八个省份属于产业结构有待调整的城市，平均亿元 GDP 商标贡献率为5.85 件；其他 19 个省市属于产业结构优化中等水平的省市，平均亿元 GDP 商标贡献率为 7.83 件。说明商标注册申请量与产业结构调整之间存在正相关关系，产业结构越优化，商标注册申请量越高。

三、企业特征对商标注册申请量的影响

企业是商标申请的主体，不同特征的企业商标申请行为会存在差异。以下分析基于国家工商总局商标局数据库与国家工商总局市场主体信息匹配出的抽样数据，针对企业的多个维度，从商标注册申请覆盖率①、

---

① 商标注册申请覆盖率=截至某时间点拥有商标的企业数量/截至同一时间点的企业总量。

企业户均商标注册申请量①两个角度对企业商标注册申请量的微观因素影响进行分析。

(一) 企业所有制性质的影响

不同所有制性质的企业商标意识有所不同，商标注册申请行为也有差异。对 2002 年以来不同类型企业的商标注册申请覆盖率、户均商标注册申请量进行方差分析，看不同类型企业的商标注册申请量是否存在显著差异，结果显示，F 值分别为 93.90 (P 值为 0.000< 0.05)、15.81 (P 值为 0.000<0.05)，说明不同企业类型的商标注册申请量显著不同，表明不同的类型企业的商标注册申请行为存在显著差异。

总体而言，外资企业相较于内资（非私营）企业商标保护意识更强。截至 2013 年年底，外资企业商标注册申请覆盖率为 17.17%，分别高出内资（非私营）企业和私营企业 6.56 和 6.88 个百分点；申请商标的外资企业户均商标注册申请量为 6.70 件，分别高出内资（非私营）企业和私营企业 1.94 和 3.08 件。从近五年的变化趋势看，随着企业对商标重视程度的逐步提高，商标保护意识的不断增强，各类型企业的商标注册申请覆盖率、户均商标注册申请量均呈上升趋势，其中外资企业户均商标注册申请量增速更快（见图 3—51，图 3—52）。

---

① 户均商标注册申请量=截至某时间点的商标注册申请总量/截至同一时间点拥有商标的企业数量。

图 3—51　近五年不同企业类型的商标注册申请覆盖率变化

图 3—52　近五年不同企业类型的户均商标注册申请量变化

（二）行业的影响

不同行业的企业寿命、生产周期、产品或服务均不同，因此商标注册申请行为也不尽相同。对 2002 年以来不同行业的商标注册申请覆盖率、户均商标注册申请量进行方差分析，看不同行业的商标注册申请量是否存在显著差异，结果显示，F 值分别为 87. 25 （P 值为 0. 000 <0. 05）、74. 00 （P 值为 0. 000<0. 05），说明不同行业的商标注册申请行为存在显著差异。

2013 年年底，有三个行业的商标注册申请覆盖率超过了全国平均水平 （10. 54%），分别是制造业 （24. 23%）、科学研究和技术服务业 （15. 67%）、农林牧渔业 （11. 44%），而电力热力燃气及水生产和供应业 （3. 35%）、交通运输仓储和邮政业 （3. 26%）、采矿业 （2. 63%）居后三位。从近五年的变化看，各行业的商标注册申请覆盖率均呈上升的趋势，而且商标注册申请覆盖率较高的三个行业一直领先全国平均水平。覆盖率较低的行业中电力热力燃气及水生产、交通运输仓储和邮政业多为垄断经营，采矿业的产品差异性较小。

从不同行业的户均商标注册申请量看，9 个行业高于全国平均水平 （3. 94 件），其中金融业 （10. 19 件）、房地产业 （6. 21）、文化体育娱乐业 （5. 87 件）居前三位；居民服务 （3. 37 件）、建筑业 （3. 19 件）、农林牧渔业 （2. 97 件）等产品服务相对单一的行业，商标注册申请量排在后五位。从近五年的变化看，金融业企业由于金融产品品种多，户均商标注册申请量一直遥遥领先于其他行业，而农林牧渔业企业产品单一，户均商标注册申请量一直较低，居末位。

（三）企业年龄的影响

企业年龄不同，企业注册申请商标的意识及商标保护意识也不同，因此商标注册申请行为也不尽相同。对截至 2013 年年底不同企业年龄的商标注册申请覆盖率、户均商标注册申请量进行方差分析，看不同企业年龄的商标注册申请量是否存在显著差异，结果显示，F 值分别为 78.45（P 值为 0.000<0.05）、102.28（P 值为 0.000<0.05），说明不同企业年龄的商标注册申请行为存在显著差异。

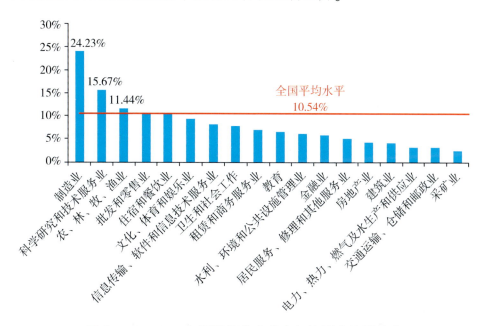

图 3—53　2013 年不同行业企业商标注册申请覆盖率

图 3—54　2013 年不同行业企业的户均商标注册申请量

企业年龄① （截至 2013 年年底企业的生存年限） 也是影响商标注册行为的重要因素。从第一次商标注册申请覆盖率②看，企业年龄在 1 年以内的企业第一次商标注册申请覆盖率最高，为 23.91%，说明年龄在 1 年以内的企业中，近四分之一的企业存在第一次商标注册申请行为。

从有商标注册申请行为的企业看，以企业注册申请商标时的年龄看，近半数企业注册申请商标时年龄在两年以内，占比达到 47.14%，注册申请的商标量占比为 38.20%。随着企业生存时间越长，其商标注册保护意识越强，户均商标注册申请量越多，尤其是企业在成立 15 年以后户均商标注册申请量达到 5 件以上。

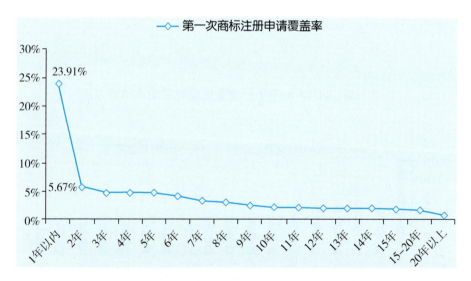

图 3—55　不同企业年龄的第一次商标注册申请覆盖率

① 假定历年存续企业的企业年龄分布相同。

② 第一次商标注册申请覆盖率＝某一年龄段第一次注册申请商标的企业数量/该年龄段的企业总量。

不同行业企业初次注册申请商标的年龄也存在差异，农林牧渔业、批发零售业、科研技术服务业三类企业第一次注册申请商标的时间五成以上集中于1年内（含1年），相比之下，电热燃气及水生产业、水利环境及公共设施管理业、建筑业、交通运输及仓储邮政业、房地产业、采矿业类企业第一次注册申请商标时间相对较晚。

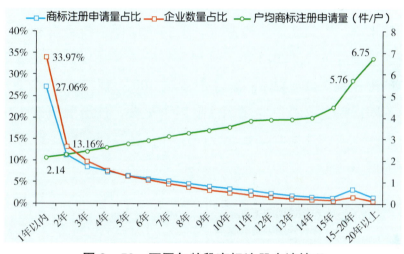

图3—56　不同年龄段商标注册申请情况

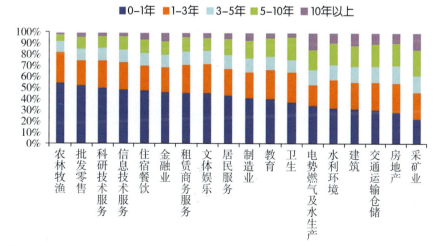

图3—57　截至2013年年底分行业企业第一次注册申请商标时间比重图

（四）企业规模的影响

企业规模不同，注册申请商标的意识、重视程度均不同，商标注册申请行为也存在差异。对 2000 年以来不同企业规模的商标注册申请量进行方差分析，结果显示，F 值为 7.45（P 值为 0.000＜0.05），说明不同企业规模的商标注册申请量显著不同。

一般来说，企业注册资本越大，商标注册申请覆盖率越高，户均商标注册申请量越大。2013 年，注册规模在 1 亿元以上的企业的商标注册申请覆盖率为 17.42%，是注册规模 100 万以下小型企业的近 3 倍。从不同规模企业的户均商标注册申请量看，注册规模在 1 亿元以上企业的户均商标注册申请量为 21.31 件，是注册规模 100 万以下小型企业的近 10 倍。

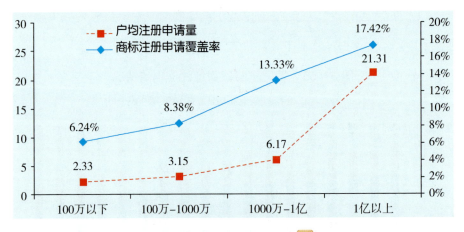

图 3—58　不同规模企业的商标渗透率🔍和户均申请量

> 商标渗透率　　　　　　　　　　　　　🔍
>
> 本书中特指商标注册申请覆盖率。书中认为，一般来说，企业注册资本越大，商标注册申请覆盖率越高，户均商标注册申请量越大。

从不同规模企业的商标注册申请量占比看，2006 年是商标注册申请的一个分水岭，注册资本 1000 万元以上的中大型企业注册申请商标占比下降，注册资本 1000 万元以下的小规模企业注册申请商标数量占比持续提升，尤其是注册资本 100 万元以下的企业，商标注册申请意识愈发强烈，申请数量占比大幅度上升，成为商标注册申请的主力军（见图 3—59）。

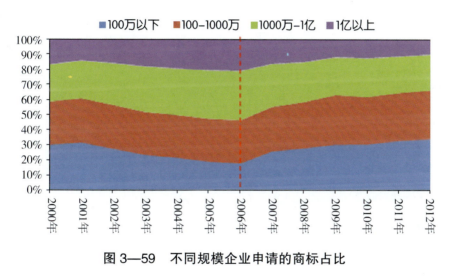

图 3—59　不同规模企业申请的商标占比

四、不同因素对商标注册申请影响的比较

从长期来看，商标注册申请总量与经济总量、市场主体总量存在长期协调发展关系，并会受到经济周期波动的影响。从微观上看，不同特征企业的商标注册申请行为存在差异。区域经济发展水平、政策调整也会影响企业的商标注册申请行为。通过方差分析，能够发现不同因素对商标注册申请行为差异的解释程度，间接表明不同因素对商标注册申请行为的影响程度。

模型构建的因变量选择分时间分区域不同类型企业的户均商标注册申请量（当年注册申请量/企业量），解释变量有政策因素①（商标法修订、代理制度修改、规费调整、申请人限制修改和商标战略实施）、经济发展水平（人均 GDP、第二产业增加值占比、第三产业增加值占比）和企业特征（所有制性质、规模、年龄、行业），分析结果如下：

表 3—13　不同因素对商标注册申请行为影响方差分析结果

	模型未加权	模型加权
模型整体解释度	36.4%	23.9%
经济发展水平	2.1%	14.8%
三产增加值占比	0.8%	7.2%
二产增加值占比	1.2%	6.7%
人均 GDP	0.1%	0.9%
法规政策调整	15.3%	2.40%
第一次商标法修改	2.4%	0.0%
第二次商标法修改	4.3%	0.2%
代理政策修改	2.4%	1.9%
规费调整	2.7%	0.1%
申请人限制修改	2.7%	0.1%
商标战略实施	0.8%	0.1%
企业特点	82.6%	82.8%
所有制类型	0.5%	4.8%
规模	1.9%	42.6%
年龄	50.0%	2.6%
行业	30.2%	32.8%

---

① 因商事制度改革时间比较短，受数据获取影响，建模时没有引入商事制度改革的因素。

　　模型采用未加权和按照企业量加权两种方法，其中加权方法考虑了企业总量增长的影响，进而反映了商标总量发展和结构变化，能够更好地反映商标发展的长期趋势，未加权更多地反映了短期特征。无论是加权还是不加权，企业特点都是影响商标注册申请行为的最大因素，其中长期来看企业规模和行业对商标注册申请行为影响较大，而短期来看企业年龄的影响相对较大。

　　从长期来看，经济发展水平对商标注册申请行为的影响大于商标相关法规政策的调整；而短期效应恰恰相反，法规政策的变动对商标注册申请行为影响较大。

第五章

总结和建议

　　随着我国经济发展和市场竞争程度的加深，以及各级工商行政管理机关在国家工商总局领导下，充分发挥职能作用，积极实施商标战略，使得越来越多的经营者开始重视商标的申请和注册。我国已由商标大国向商标强国迈进，商标品牌经济已成为推动区域经济发展和产业转型升级的强大动力。截至 2013 年年底，我国商标注册申请量达188.15 万件，累计注册申请量超过 1300 万件，商标有效注册量为723.79 万件，均居世界首位。2013 年我国进入世界商标 500 强排行榜的品牌也达到 25 个，位居世界第五。

　　从分析结果看，政策变动、经济发展以及企业特征对商标注册申请均有不同程度的影响。历史上几次《商标法》的修订、代理机构政策的改革均对商标注册申请量有较为明显的促进作用，规费调整对商标注册申请量的变动影响呈相反方向，对商标申请人的限制则对商标注册申请量有一定的负面影响，实施商标战略和商事制度改革促进了商标注册申请量的增长。从长期来看，商标总量和经济总量存在均衡发展关系，但短期内也会受到经济波动的影响。随着经济发展水平的提升和经济结构的优化，商标的经济依存度也在提高。从微观上看，企业所有制性质、行业、年龄、规模对商标注册申请量均有一定的影响。不同的企业类型中，外资企业的商标注册申请覆盖率较高、户均商标注册申请量要高于内资（非私营）企业；各行业中以商标品牌带动销售的商品类企业、品牌区隔效应显著的商品类企业、知识密集类的服务类企业的商标注册申请覆盖率较高，产品品种多的行业户均商标注册申请量较高；企业年龄越长，商标户均商标注册申请量越高；企业规模越大商标注册申请覆盖率越高，户均商标注册申请量越大。

根据以上研究结果，为推动我国商标事业更好地发展，特提出以下建议：

一、推进商标相关政策贯彻实施，营造商标发展良好环境

研究发现，积极的政策因素对商标注册申请量有明显的推动作用，消极的政策因素抑制了商标注册申请量的增长。在因素综合分析中，从长期来看，政策因素对商标注册申请量的解释度为 2.4%，由此可知，政策法规在商标发展中起着提纲挈领的示范指导作用。应积极推进相关政策法规的贯彻实施，并根据市场环境和经济形势的发展变化及时修改完善相关法规。一是围绕党的十八大做出的"实施创新驱动发展战略"的重要部署，贯彻落实《国家知识产权战略纲要》，宣传推广各地商标工作的先进做法，完善商标服务体系，为商标的培育和发展积极营造有利的法制环境、政策环境和市场环境。二是积极推进落实新《商标法》。新《商标法》对现行商标注册管理制度进行了重大调整，因此对工商部门切实履行商标注册和管理职能也提出了更高的要求。一方面工商部门要提高各级干部业务水平，加强经费保障，确保严格执行新《商标法》的相关要求；另一方面要加强市场监管，及时提醒和纠正驰名商标的不规范使用行为，严厉打击商标代理行业的违法行为。三是对相关政策的实施效果进行跟踪、分析和评估，及

时掌握政策执行引起的动态变化，并根据相关情况对政策进行适当调整和修正。

二、紧密围绕经济发展和产业升级，实现商标与经济间的联动

经济发展、产业结构升级优化在促进商标注册申请方面具有举足轻重的作用。从长期来看，经济因素对商标注册申请量的解释度为14.8%，其中第三产业增加值占比对商标注册申请量的解释度7.2%，略高于第二产业增加值占比对商标注册申请量的解释度，后者为6.7%。由此可知，经济发展、产业结构优化升级对商标注册申请行为有积极作用。各地工商部门在开展商标相关工作、推动商标发展方面，应积极加强与地方政府的联系，有针对性地开展地方优势产业的商标注册申请工作，让商标发展与区域经济发展紧密联系起来。商标工作的战略规划应与区域产业政策、区域规划、科技政策、贸易政策形成有效衔接，借助地方经济发展有效推动企业的商标品牌建设。一是应围绕区域经济和产业发展特色，引导相关企业和产品及时注册商标，用品牌带动发展，提升产业竞争力。二是围绕农业产业化的推进，引导具有地方特色特别是具有原产地特征的"名、特、优、新、稀"农副产品申请注册地理标志商标和农产品商标。三是围绕打造现代服务业的发展目标，引导服务行业，特别是老字号企业和新兴服务企业注册服务商标，打造服务品牌。四是围绕全民创业的新形势，积极鼓励各类市场主体申请注册商标，有效运用商标。五是围绕开放型经济的发展，引导出口企业建立和完善符合国际贸易要求的商标管理体制，积极指导帮助企业申请商标国际注册，实施国际化品牌战略，占领国内国际两个市场。

三、加强企业数据整合与分析，提升企业商标管理和运用能力

研究发现，无论是短期还是长期，企业特征都是影响商标注册申请量最重要的因素，其解释程度均超过80%。目前商标注册申请信息与商标申请人的市场主体信息、企业的产品和服务的投入产出信息没有进行整合。从商标战略的微观层面而言，加强商标有关数据的整合与分析，有助于商标管理机构掌握商标申请人，以及商标所代表的商品、服务的发展情况，从而通过市场主体的发展特征预测商标注册申请行为的特点，有助于政府出台更有针对性的商标管理政策，提升政策实施效果。在商标管理方面，可以研究考虑整合工商系统内部的市场主体数据库、商标数据库和12315消费维权数据库，以及外部的金融机构数据资源。第一，通过整合工商系统内部的市场主体数据库与商标数据库，可以及时掌握经济发展热点动向，获知各地新兴产业的发展动向，为地方商标管理部门更有针对性地开展重点区域、重点产业的商标培育工作提供可靠依据。第二，通过整合市场主体数据库与商标数据库，可以掌握市场主体商标注册证的注册期限、商品核定范围、注册人名称、地址等信息，将快到续展期限、变更名义、地址的商标市场主体进行整理归类，做好相关服务，督促市场主体按时做好商标的续展、变更等工作。第三，通过12315消费维权数据库与商标数据库的整合，可以获取存在质量纠纷的商品和服务信息，有助于监督企业改善商品和服务质量，维护品牌价值。第四，通过与金融机构的合作，整合商标申请人的信贷资料，有助于开展商标评估，协助信誉良好、品牌附加价值高的企业开展商标权质押贷款，缓解企业融资难的问题。

四、加强商标管理，提高商标有效运用比重

研究发现，我国注销或吊销企业的商标、投机性商标和防御性商标约占商标有效注册量的五分之一。代理机构囤积商标的现象较为严重。因此，应采取有效措施提高商标有效运用比重。第一，应加强对代理机构的商标注册申请管理，严格执行新《商标法》的规定，控制代理机构申请与代理服务无关的商标。第二，掌握已注销或吊销企业的商标分布特征，并采取相应措施。从行业来看，教育业、居民服务业、住宿餐饮业的注销或吊销企业的商标率较高；从区域来看，山西、辽宁、新疆的注销或吊销企业的商标率较高。针对上述产业和区域，可以考虑挖掘闲置商标的潜力，通过定期发布闲置商标信息，建立闲置商标转让市场，盘活闲置商标资源。第三，掌握投机性商标的行业和区域分布特征，对重点区域和行业的商标投机行为加强管理。可以通过数据的整合与分析，掌握商标转让数量较多的市场主体情况，通过有针对性地开展指导工作，规范市场主体的商标转让行为。第四，提高企业的商标使用和管理意识，引导企业加强产品创新和技术研发投入，使商标的价值在市场交换中体现出来，并鼓励企业通过虚拟经营、委托加工、许可加工等品牌经营模式创新，提升品牌价值。

五、积极培育品牌，促商标大国向商标强国转变

2013 年，国内申请人的马德里商标国际注册申请量达 2273 件（一标多类，指定多个国家），位居马德里联盟第六位，而我国进入世界品牌实验室"世界品牌 500 强"排行榜的世界品牌仅有 25 个，位居

世界第五位，仅为排在首位美国（232个）的一成，与商标强国相比，还有一定的差距。中国实现商标大国向商标强国转变需要从以下几方面努力。一是创新和完善商标监管的长效机制，依法保护商标专用权，同时继续保持对商标侵权假冒违法行为打击的高压态势，进一步优化商标保护环境；二是进一步深化推进商标战略实施，充分发挥工商机关的引导作用，充分发挥示范城市（区）、示范企业的典型带动作用，及时总结经验教训，推广先进经验，支持和引导企业制定行之有效的商标发展战略；三是提高企业的商标运用能力，提高商标的市场价值和社会价值；四是通过加强宣传培训，完善对企业国际商标的注册引导，鼓励我国企业运用自主品牌开拓国际市场，实施商标国际战略，推广国际先进管理标准和认证体系，提升产品质量，增加科技含量，争创国际知名品牌，实现我国从商标大国向商标强国转变。

附　录

表 3—14　企业有效注册商标及防御性商标的描述统计结果

序号	区域	注册资本规模	行业	企业户数	有效注册商标件数	有效注册商标均值	有效注册商标标准差	防御性商标件数
1	东部	100万—1000万元	采矿业	123	307	2.496	6.503	73
2	东部	100万—1000万元	电力、热力、燃气及水生产和供应业	185	353	1.908	1.855	27
3	东部	100万—1000万元	房地产业	2476	6993	2.824	7.194	1309
4	东部	100万—1000万元	公共管理、社会保障和社会组织	8	31	3.875	5.463	2
5	东部	100万—1000万元	国际组织	39	102	2.615	4.121	12
6	东部	100万—1000万元	建筑业	4297	8364	1.946	4.916	1023
7	东部	100万—1000万元	交通运输、仓储和邮政业	3462	8473	2.447	19.395	1460
8	东部	100万—1000万元	教育	102	290	2.843	9.662	76
9	东部	100万—1000万元	金融业	378	1442	3.815	12.815	391
10	东部	100万—1000万元	居民服务和其他服务业	1759	5202	2.957	19.099	1178

序号	区域	注册资本规模	行业	企业户数	有效注册商标件数	有效注册商标均值	有效注册商标标准差	防御性商标件数
11	东部	100万—1000万元	科学研究和技术服务业	26451	69214	2.617	6.039	9100
12	东部	100万—1000万元	其他	41	65	1.585	1.264	4
13	东部	100万—1000万元	农、林、牧、渔业	10458	18083	1.729	2.884	1841
15	东部	100万—1000万元	水利、环境和公共设施管理业	588	1567	2.665	4.657	232
16	东部	100万—1000万元	卫生、社会保障和社会福利业	206	425	2.063	2.745	46
17	东部	100万—1000万元	文化、体育和娱乐业	2734	11765	4.303	10.118	2100
18	东部	100万—1000万元	信息传输、软件和信息技术服务业	6425	20258	3.153	9.914	2932
19	东部	100万—1000万元	住宿和餐饮业	7734	19599	2.534	6.443	2858
20	东部	100万—1000万元	租赁和商务服务业	13993	46520	3.325	10.192	7862
21	东部	1000万—1亿元	采矿业	190	373	1.963	2.863	49
22	东部	1000万—1亿元	电力、热力、燃气及水生产和供应业	388	700	1.804	3.747	98
23	东部	1000万—1亿元	房地产业	5734	17937	3.128	9.819	3529

续表

序号	区域	注册资本规模	行业	企业户数	有效注册商标件数	有效注册商标均值	有效注册商标标准差	防御性商标件数
24	东部	1000万—1亿元	公共管理、社会保障和社会组织	3	20	6.667	5.686	
25	东部	1000万—1亿元	国际组织	35	54	1.543	1.633	5
26	东部	1000万—1亿元	建筑业	4362	10086	2.312	8.977	1804
27	东部	1000万—1亿元	交通运输、仓储和邮政业	2829	7386	2.611	8.726	1402
28	东部	1000万—1亿元	教育	94	445	4.734	16.379	130
29	东部	1000万—1亿元	金融业	889	4101	4.613	13.34	964
30	东部	1000万—1亿元	居民服务和其他服务业	877	2463	2.808	6.84	439
31	东部	1000万—1亿元	科学研究和技术服务业	17504	47392	2.707	8.925	8127
32	东部	1000万—1亿元	其他	20	66	3.3	5.182	9
33	东部	1000万—1亿元	农、林、牧、渔业	3369	8476	2.516	5.843	1510
34	东部	1000万—1亿元	批发和零售业	25169	70417	2.798	9.535	14562
35	东部	1000万—1亿元	水利、环境和公共设施管理业	695	2000	2.878	7.696	373
36	东部	1000万—1亿元	卫生、社会保障和社会福利业	253	354	1.399	2.503	45
37	东部	1000万—1亿元	文化、体育和娱乐业	1739	8624	4.959	17.825	2209

续表

序号	区域	注册资本规模	行业	企业户数	有效注册商标件数	有效注册商标均值	有效注册商标标准差	防御性商标件数
38	东部	1000万—1亿元	信息传输、软件和信息技术服务业	6960	19864	2.854	13.022	4526
39	东部	1000万—1亿元	制造业	124011	310238	2.502	9.723	61506
40	东部	1000万—1亿元	住宿和餐饮业	5528	14645	2.649	8.007	3143
41	东部	100万元以下	采矿业	88	195	2.216	6.369	44
42	东部	100万元以下	电力、热力、燃气及水生产和供应业	192	268	1.396	1.236	15
43	东部	100万元以下	房地产业	1629	3811	2.339	5.286	629
44	东部	100万元以下	公共管理、社会保障和社会组织	9	53	5.889	10.337	4
45	东部	100万元以下	国际组织	34	272	8	34.174	125
46	东部	100万元以下	建筑业	3433	6334	1.845	2.963	724
47	东部	100万元以下	交通运输、仓储和邮政业	3012	5714	1.897	3.485	506
48	东部	100万元以下	教育	285	587	2.06	3.131	64
49	东部	100万元以下	金融业	166	313	1.886	2.279	30
50	东部	100万元以下	居民服务和其他服务业	4384	10106	2.305	6.54	1476
51	东部	100万元以下	科学研究和技术服务业	37696	85397	2.265	4.783	9372
52	东部	100万元以下	其他	121	149	1.231	0.68	6
53	东部	100万元以下	农、林、牧、渔业	14126	19911	1.41	1.728	1471

序号	区域	注册资本规模	行业	企业户数	有效注册商标件数	有效注册商标均值	有效注册商标标准差	防御性商标件数
54	东部	100万元以下	批发和零售业	138437	302209	2.183	5.406	30957
55	东部	100万元以下	水利、环境和公共设施管理业	473	1093	2.311	4.139	154
56	东部	100万元以下	卫生、社会保障和社会福利业	228	529	2.32	8.175	124
57	东部	100万元以下	文化、体育和娱乐业	5555	16022	2.884	5.833	2288
58	东部	100万元以下	信息传输、软件和信息技术服务业	6902	16861	2.443	4.482	2045
59	东部	100万元以下	制造业	167346	315144	1.883	4.021	30429
60	东部	100万元以下	住宿和餐饮业	18768	37052	1.974	4.71	3494
61	东部	100万元以下	租赁和商务服务业	26482	85104	3.214	14.587	13258
62	东部	1亿元以上	采矿业	465	1453	3.125	14.083	457
63	东部	1亿元以上	电力、热力、燃气及水生产和供应业	507	1927	3.801	27.082	560
64	东部	1亿元以上	房地产业	5956	17686	2.969	11.277	4741
65	东部	1亿元以上	公共管理、社会保障和社会组织	4	6	1.5	1	
66	东部	1亿元以上	国际组织	42	103	2.452	5.071	21
67	东部	1亿元以上	建筑业	2430	7105	2.924	12.017	1686
68	东部	1亿元以上	交通运输、仓储和邮政业	1957	7837	4.005	32.874	2496

续表

序号	区域	注册资本规模	行业	企业户数	有效注册商标件数	有效注册商标均值	有效注册商标标准差	防御性商标件数
69	东部	1亿元以上	教育	49	72	1.469	1.781	9
70	东部	1亿元以上	金融业	4832	13686	2.832	15.31	4586
71	东部	1亿元以上	居民服务和其他服务业	271	1916	7.07	41.205	637
72	东部	1亿元以上	科学研究和技术服务业	5838	17198	2.946	22.442	5443
73	东部	1亿元以上	其他	966	3155	3.266	24.388	1281
74	东部	1亿元以上	农、林、牧、渔业	1878	3344	1.781	6.46	837
75	东部	1亿元以上	水利、环境和公共设施管理业	475	1205	2.537	7.94	333
76	东部	1亿元以上	卫生、社会保障和社会福利业	69	121	1.754	3.708	22
77	东部	1亿元以上	文化、体育和娱乐业	1189	3335	2.805	15.585	1100
78	东部	1亿元以上	信息传输、软件和信息技术服务业	4549	11292	2.482	22.8	3912
79	东部	1亿元以上	制造业	54902	143904	2.621	21.808	37367
80	东部	1亿元以上	住宿和餐饮业	2401	5226	2.177	9.318	1499
81	东部	1亿元以上	租赁和商务服务业	9912	36113	3.643	19.279	10637
82	东部	其他	采矿业	4	9	2.25	2.5	
83	东部	其他	电力、热力、燃气及水生产和供应业	2	2	1	0	

续表

序号	区域	注册资本规模	行业	企业户数	有效注册商标件数	有效注册商标均值	有效注册商标标准差	防御性商标件数
84	东部	其他	房地产业	7	16	2.286	2.215	0
85	东部	其他	建筑业	6	16	2.667	3.141	0
86	东部	其他	交通运输、仓储和邮政业	26	33	1.269	0.827	2
87	东部	其他	教育	1	1	1		
88	东部	其他	金融业	126	171	1.357	3.045	29
89	东部	其他	居民服务和其他服务业	7	13	1.857	1.069	0
90	东部	其他	科学研究和技术服务业	21	87	4.143	7.398	13
91	东部	其他	其他	1	1	1		
92	东部	其他	农、林、牧、渔业	8	14	1.75	0.707	
93	东部	其他	批发和零售业	170	377	2.218	3.334	50
94	东部	其他	卫生、社会保障和社会福利业	1	2	2		
95	东部	其他	文化、体育和娱乐业	25	45	1.8	1.893	4
96	东部	其他	信息传输、软件和信息技术服务业	33	71	2.152	3.401	11
97	东部	其他	制造业	249	494	1.984	3.676	77
98	东部	其他	住宿和餐饮业	65	143	2.2	5.053	28
99	东部	其他	租赁和商务服务业	93	344	3.699	12.148	104
100	其他	100万—1000万元	建筑业	1	1	1		

续表

序号	区域	注册资本规模	行业	企业户数	有效注册商标件数	有效注册商标均值	有效注册商标标准差	防御性商标件数
101	其他	100万—1000万元	交通运输、仓储和邮政业	2	2	1	0	
102	其他	100万—1000万元	科学研究和技术服务业	2	4	2	1.414	
103	其他	100万—1000万元	批发和零售业	5	5	1	0	
104	其他	100万—1000万元	制造业	12	13	1.083	0.289	0
105	其他	100万—1000万元	住宿和餐饮业	4	4	1	0	
106	其他	100万—1000万元	租赁和商务服务业	1	3	3		
107	其他	1000万—1亿元	房地产业	3	3	1	0	
108	其他	1000万—1亿元	建筑业	2	10	5	0	
109	其他	1000万—1亿元	科学研究和技术服务业	3	3	1	0	
110	其他	1000万—1亿元	批发和零售业	3	5	1.667	0.577	
111	其他	1000万—1亿元	制造业	14	16	1.143	0.363	0
112	其他	1000万—1亿元	租赁和商务服务业	15	156	10.4	22.865	26
113	其他	100万元以下	交通运输、仓储和邮政业	2	2	1	0	
114	其他	100万元以下	科学研究和技术服务业	3	3	1	0	
115	其他	100万元以下	批发和零售业	15	52	3.467	8.741	14
116	其他	100万元以下	制造业	5	6	1.2	0.447	
117	其他	100万元以下	住宿和餐饮业	9	17	1.889	1.833	0
118	其他	100万元以下	租赁和商务服务业	5	27	5.4	7.369	
119	其他	1亿元以上	采矿业	2	2	1	0	

续表

序号	区域	注册资本规模	行业	企业户数	有效注册商标件数	有效注册商标均值	有效注册商标标准差	防御性商标件数
120	其他	1亿元以上	房地产业	4	36	9	14.697	
121	其他	1亿元以上	交通运输、仓储和邮政业	1	1	1		
122	其他	1亿元以上	金融业	1	2	2		
123	其他	1亿元以上	批发和零售业	1	1	1		
124	其他	1亿元以上	制造业	24	39	1.625	1.056	2
125	其他	1亿元以上	住宿和餐饮业	2	16	8	9.899	
126	其他	1亿元以上	租赁和商务服务业	4	5	1.25	0.5	
127	其他	其他	建筑业	1	9	9		
128	其他	其他	信息传输、软件和信息技术服务业	6	42	7	6.603	
129	其他	其他	租赁和商务服务业	3	20	6.667	7.234	
130	西部	100万—1000万元	采矿业	163	599	3.675	15.384	172
131	西部	100万—1000万元	电力、热力、燃气及水生产和供应业	131	189	1.443	1.241	14
132	西部	100万—1000万元	房地产业	1153	3261	2.828	5.678	484
133	西部	100万—1000万元	公共管理、社会保障和社会组织	30	172	5.733	11.832	35
134	西部	100万—1000万元	国际组织	24	34	1.417	0.654	1
135	西部	100万—1000万元	建筑业	1444	2896	2.006	3.822	425
136	西部	100万—1000万元	交通运输、仓储和邮政业	517	881	1.704	3.03	121
137	西部	100万—1000万元	教育	35	50	1.429	0.778	1

序号	区域	注册资本规模	行业	企业户数	有效注册商标件数	有效注册商标均值	有效注册商标标准差	防御性商标件数
138	西部	100万—1000万元	金融业	256	1067	4.168	17.375	267
139	西部	100万—1000万元	居民服务和其他服务业	882	2074	2.351	10.286	399
140	西部	100万—1000万元	科学研究和技术服务业	2601	6106	2.348	4.451	857
141	西部	100万—1000万元	其他	55	75	1.364	0.89	4
142	西部	100万—1000万元	农、林、牧、渔业	6024	11183	1.856	2.956	1171
143	西部	100万—1000万元	批发和零售业	13770	35325	2.565	9.265	5595
144	西部	100万—1000万元	水利、环境和公共设施管理业	228	830	3.64	11.902	193
145	西部	100万—1000万元	卫生、社会保障和社会福利业	128	221	1.727	2.664	23
146	西部	100万—1000万元	文化、体育和娱乐业	374	1446	3.866	21.122	371
147	西部	100万—1000万元	信息传输、软件和信息技术服务业	1349	3146	2.332	6.05	373
148	西部	100万—1000万元	制造业	20664	42173	2.041	5.574	5473
149	西部	100万—1000万元	住宿和餐饮业	1113	3128	2.81	7.004	583
150	西部	100万—1000万元	租赁和商务服务业	3277	10208	3.115	8.732	1697
151	西部	1000万—1亿元	采矿业	258	674	2.612	5.744	131
152	西部	1000万—1亿元	电力、热力、燃气及水生产和供应业	174	564	3.241	6.638	114
153	西部	1000万—1亿元	房地产业	2732	9857	3.608	9.619	1807

续表

序号	区域	注册资本规模	行业	企业户数	有效注册商标件数	有效注册商标均值	有效注册商标标准差	防御性商标件数
154	西部	1000万—1亿元	公共管理、社会保障和社会组织	20	47	2.35	3.99	9
155	西部	1000万—1亿元	国际组织	15	190	12.667	42.196	68
156	西部	1000万—1亿元	建筑业	1632	4128	2.529	6.053	887
157	西部	1000万—1亿元	交通运输、仓储和邮政业	358	1054	2.944	7.766	250
158	西部	1000万—1亿元	教育	12	39	3.25	6.864	8
159	西部	1000万—1亿元	金融业	387	1227	3.171	8.548	226
160	西部	1000万—1亿元	居民服务和其他服务业	371	809	2.181	3.186	87
161	西部	1000万—1亿元	科学研究和技术服务业	1897	4704	2.48	6.129	833
162	西部	1000万—1亿元	其他	12	26	2.167	2.368	2
163	西部	1000万—1亿元	农、林、牧、渔业	2467	7438	3.015	9.792	1361
164	西部	1000万—1亿元	批发和零售业	7371	19086	2.589	7.723	3809
165	西部	1000万—1亿元	水利、环境和公共设施管理业	307	1277	4.16	9.765	257
166	西部	1000万—1亿元	卫生、社会保障和社会福利业	76	161	2.118	3.929	23
167	西部	1000万—1亿元	文化、体育和娱乐业	300	904	3.013	7.56	220
168	西部	1000万—1亿元	信息传输、软件和信息技术服务业	721	2108	2.924	8.958	458

续表

序号	区域	注册资本规模	行业	企业户数	有效注册商标件数	有效注册商标均值	有效注册商标标准差	防御性商标件数
169	西部	1000万—1亿元	制造业	18091	46141	2.55	10.709	9158
170	西部	1000万—1亿元	住宿和餐饮业	646	1842	2.851	9.622	339
171	西部	1000万—1亿元	租赁和商务服务业	3070	9292	3.027	8.604	2173
172	西部	100万元以下	采矿业	101	140	1.386	1	9
173	西部	100万元以下	电力、热力、燃气及水生产和供应业	159	204	1.283	0.887	11
174	西部	100万元以下	房地产业	551	1180	2.142	5.678	212
175	西部	100万元以下	公共管理、社会保障和社会组织	48	126	2.625	5.734	30
176	西部	100万元以下	国际组织	39	87	2.231	3.133	10
177	西部	100万元以下	建筑业	948	2043	2.155	9.492	472
178	西部	100万元以下	交通运输、仓储和邮政业	442	715	1.618	3.082	103
179	西部	100万元以下	教育	80	113	1.413	0.937	6
180	西部	100万元以下	金融业	162	318	1.963	3.023	33
181	西部	100万元以下	居民服务和其他服务业	1516	2792	1.842	3.653	340
182	西部	100万元以下	科学研究和技术服务业	2861	7488	2.617	9.457	1316
183	西部	100万元以下	其他	162	209	1.29	0.875	12
184	西部	100万元以下	农、林、牧、渔业	8050	11946	1.484	2.776	947
185	西部	100万元以下	批发和零售业	25422	53114	2.089	5.673	6296
186	西部	100万元以下	水利、环境和公共设施管理业	179	552	3.084	6.758	86

续表

序号	区域	注册资本规模	行业	企业户数	有效注册商标件数	有效注册商标均值	有效注册商标标准差	防御性商标件数
187	西部	100万元以下	卫生、社会保障和社会福利业	70	116	1.657	1.25	7
188	西部	100万元以下	文化、体育和娱乐业	461	1404	3.046	8.327	239
189	西部	100万元以下	信息传输、软件和信息技术服务业	2234	5544	2.482	8.456	898
190	西部	100万元以下	制造业	21433	34557	1.612	2.788	2671
191	西部	100万元以下	住宿和餐饮业	2315	4738	2.047	3.65	573
192	西部	100万元以下	租赁和商务服务业	5565	15939	2.864	9.81	2867
193	西部	1亿元以上	采矿业	739	1584	2.143	8.288	445
194	西部	1亿元以上	电力、热力、燃气及水生产和供应业	252	937	3.718	11.543	255
195	西部	1亿元以上	房地产业	1773	5841	3.294	20.789	1896
196	西部	1亿元以上	公共管理、社会保障和社会组织	3	16	5.333	4.041	
197	西部	1亿元以上	国际组织	11	164	14.909	35.317	33
198	西部	1亿元以上	建筑业	519	1764	3.399	11.385	516
199	西部	1亿元以上	交通运输、仓储和邮政业	289	1021	3.533	10.358	268
200	西部	1亿元以上	教育	1	1	1		
201	西部	1亿元以上	金融业	761	3186	4.187	18.88	1055
202	西部	1亿元以上	居民服务和其他服务业	114	1033	9.061	38.906	409

序号	区域	注册资本规模	行业	企业户数	有效注册商标件数	有效注册商标均值	有效注册商标标准差	防御性商标件数
203	西部	1亿元以上	科学研究和技术服务业	643	1392	2.165	6.255	367
204	西部	1亿元以上	其他	103	106	1.029	0.219	2
205	西部	1亿元以上	农、林、牧、渔业	373	2368	6.349	25.312	770
206	西部	1亿元以上	批发和零售业	3800	10315	2.714	17.08	3258
207	西部	1亿元以上	水利、环境和公共设施管理业	140	675	4.821	13.422	163
208	西部	1亿元以上	文化、体育和娱乐业	172	564	3.279	12.847	210
209	西部	1亿元以上	信息传输、软件和信息技术服务业	197	788	4	12.081	211
210	西部	1亿元以上	制造业	11151	31020	2.782	17.362	10115
211	西部	1亿元以上	住宿和餐饮业	155	281	1.813	3.458	47
212	西部	1亿元以上	租赁和商务服务业	968	5334	5.51	17.06	1252
213	西部	其他	采矿业	4	4	1	0	
214	西部	其他	电力、热力、燃气及水生产和供应业	3	13	4.333	5.774	
215	西部	其他	房地产业	8	21	2.625	2.722	
216	西部	其他	建筑业	9	17	1.889	1.054	0
217	西部	其他	交通运输、仓储和邮政业	2	8	4	4.243	
218	西部	其他	金融业	1	3	3		

续表

序号	区域	注册资本规模	行业	企业户数	有效注册商标件数	有效注册商标均值	有效注册商标标准差	防御性商标件数
219	西部	其他	居民服务和其他服务业	12	35	2.917	3.476	2
220	西部	其他	科学研究和技术服务业	11	24	2.182	2.359	2
221	西部	其他	其他	1	2	2		
222	西部	其他	农、林、牧、渔业	10	20	2	2.108	
223	西部	其他	批发和零售业	65	138	2.123	3.233	16
224	西部	其他	水利、环境和公共设施管理业	1	1	1		
225	西部	其他	文化、体育和娱乐业	2	3	1.5	0.707	
226	西部	其他	信息传输、软件和信息技术服务业	33	68	2.061	3.881	12
227	西部	其他	制造业	95	142	1.495	2.202	16
228	西部	其他	住宿和餐饮业	104	132	1.269	0.916	9
229	西部	其他	租赁和商务服务业	47	292	6.213	26.643	125
230	中部	100万—1000万元	采矿业	129	178	1.38	0.903	9
231	中部	100万—1000万元	电力、热力、燃气及水生产和供应业	91	186	2.044	4.814	40
232	中部	100万—1000万元	房地产业	548	1359	2.48	4.844	170
233	中部	100万—1000万元	公共管理、社会保障和社会组织	60	75	1.25	0.6	3
234	中部	100万—1000万元	国际组织	62	121	1.952	2.883	18

续表

序号	区域	注册资本规模	行业	企业户数	有效注册商标件数	有效注册商标均值	有效注册商标标准差	防御性商标件数
235	中部	100万—1000万元	建筑业	950	1840	1.937	2.989	208
236	中部	100万—1000万元	交通运输、仓储和邮政业	386	799	2.07	4.908	121
237	中部	100万—1000万元	教育	18	26	1.444	1.464	3
238	中部	100万—1000万元	金融业	206	582	2.825	5.907	83
239	中部	100万—1000万元	居民服务和其他服务业	557	1502	2.697	8.261	278
240	中部	100万—1000万元	科学研究和技术服务业	3007	7062	2.349	5.731	876
241	中部	100万—1000万元	其他	1	1	1		
242	中部	100万—1000万元	农、林、牧、渔业	6208	9889	1.593	2.11	803
243	中部	100万—1000万元	批发和零售业	11821	27714	2.344	5.167	3935
244	中部	100万—1000万元	水利、环境和公共设施管理业	156	597	3.827	11.384	125
245	中部	100万—1000万元	卫生、社会保障和社会福利业	36	64	1.778	2.598	9
246	中部	100万—1000万元	文化、体育和娱乐业	272	1806	6.64	34.313	703
247	中部	100万—1000万元	信息传输、软件和信息技术服务业	874	2088	2.389	3.887	243
248	中部	100万—1000万元	制造业	27969	51888	1.855	3.966	5851
249	中部	100万—1000万元	住宿和餐饮业	1985	5689	2.866	6.178	883
250	中部	100万—1000万元	租赁和商务服务业	2144	5839	2.723	5.378	870
251	中部	1000万—1亿元	采矿业	146	357	2.445	8.481	85

续表

序号	区域	注册资本规模	行业	企业户数	有效注册商标件数	有效注册商标均值	有效注册商标标准差	防御性商标件数
252	中部	1000万—1亿元	电力、热力、燃气及水生产和供应业	120	237	1.975	3.591	34
253	中部	1000万—1亿元	房地产业	1540	5583	3.625	16.648	942
254	中部	1000万—1亿元	公共管理、社会保障和社会组织	6	8	1.333	0.516	
255	中部	1000万—1亿元	国际组织	22	51	2.318	3.604	7
256	中部	1000万—1亿元	建筑业	1050	2516	2.396	6.957	496
257	中部	1000万—1亿元	交通运输、仓储和邮政业	418	709	1.696	1.991	61
258	中部	1000万—1亿元	教育	3	4	1.333	0.577	
259	中部	1000万—1亿元	金融业	659	1734	2.631	7.693	381
260	中部	1000万—1亿元	居民服务和其他服务业	287	748	2.606	7.146	173
261	中部	1000万—1亿元	科学研究和技术服务业	1996	5366	2.688	8.257	944
262	中部	1000万—1亿元	其他	1	8	8		
263	中部	1000万—1亿元	批发和零售业	7108	19562	2.752	9.972	3847
264	中部	1000万—1亿元	水利、环境和公共设施管理业	239	944	3.95	11.94	264
265	中部	1000万—1亿元	卫生、社会保障和社会福利业	15	18	1.2	0.414	
266	中部	1000万—1亿元	文化、体育和娱乐业	189	2142	11.333	41.439	657
267	中部	1000万—1亿元	信息传输、软件和信息技术服务业	605	1767	2.921	9.642	350

续表

序号	区域	注册资本规模	行业	企业户数	有效注册商标件数	有效注册商标均值	有效注册商标标准差	防御性商标件数
268	中部	1000万—1亿元	制造业	25746	59997	2.33	7.533	10667
269	中部	1000万—1亿元	住宿和餐饮业	1085	3198	2.947	9.601	578
270	中部	1000万—1亿元	租赁和商务服务业	1501	5523	3.68	11.468	1278
271	中部	100万元以下	采矿业	62	84	1.355	1.269	6
272	中部	100万元以下	电力、热力、燃气及水生产和供应业	118	223	1.89	4.393	43
273	中部	100万元以下	房地产业	236	426	1.805	1.788	30
274	中部	100万元以下	公共管理、社会保障和社会组织	81	112	1.383	2.354	16
275	中部	100万元以下	国际组织	34	70	2.059	2.593	8
276	中部	100万元以下	建筑业	574	841	1.465	1.326	55
277	中部	100万元以下	交通运输、仓储和邮政业	305	539	1.767	3.274	63
278	中部	100万元以下	教育	52	85	1.635	1.189	5
279	中部	100万元以下	金融业	111	235	2.117	3.687	35
280	中部	100万元以下	居民服务和其他服务业	957	2229	2.329	5.634	376
281	中部	100万元以下	科学研究和技术服务业	3519	7725	2.195	4.744	1000
282	中部	100万元以下	其他	3	3	1	0	
283	中部	100万元以下	农、林、牧、渔业	5990	8107	1.353	1.659	470
284	中部	100万元以下	水利、环境和公共设施管理业	111	253	2.279	2.68	24

续表

序号	区域	注册资本规模	行业	企业户数	有效注册商标件数	有效注册商标均值	有效注册商标标准差	防御性商标件数
285	中部	100万元以下	卫生、社会保障和社会福利业	61	102	1.672	1.557	9
286	中部	100万元以下	文化、体育和娱乐业	323	766	2.372	4.295	99
287	中部	100万元以下	信息传输、软件和信息技术服务业	1000	2010	2.01	3.188	203
288	中部	100万元以下	制造业	23747	36443	1.535	2.541	2918
289	中部	100万元以下	住宿和餐饮业	3204	5978	1.866	3.189	635
290	中部	100万元以下	租赁和商务服务业	3805	10528	2.767	10.602	1867
291	中部	1亿元以上	采矿业	283	1007	3.558	20.488	359
292	中部	1亿元以上	电力、热力、燃气及水生产和供应业	97	389	4.01	12.036	105
293	中部	1亿元以上	房地产业	408	2110	5.172	14.488	485
294	中部	1亿元以上	公共管理、社会保障和社会组织	4	16	4	5.354	
295	中部	1亿元以上	国际组织	4	8	2	2	
296	中部	1亿元以上	建筑业	305	828	2.715	7.174	168
297	中部	1亿元以上	交通运输、仓储和邮政业	56	427	7.625	17.019	68
298	中部	1亿元以上	教育	1	1	1		
299	中部	1亿元以上	金融业	984	2913	2.96	12.473	844
300	中部	1亿元以上	居民服务和其他服务业	64	157	2.453	4.546	26

续表

序号	区域	注册资本规模	行业	企业户数	有效注册商标件数	有效注册商标均值	有效注册商标标准差	防御性商标件数
301	中部	1亿元以上	科学研究和技术服务业	2086	3429	1.644	7.437	701
302	中部	1亿元以上	其他	1	1	1		
303	中部	1亿元以上	农、林、牧、渔业	696	3573	5.134	35.476	1446
304	中部	1亿元以上	批发和零售业	2897	7749	2.675	11.28	2159
305	中部	1亿元以上	水利、环境和公共设施管理业	36	207	5.75	12.573	37
306	中部	1亿元以上	卫生、社会保障和社会福利业	2	28	14	16.971	
307	中部	1亿元以上	文化、体育和娱乐业	320	892	2.788	11.809	273
308	中部	1亿元以上	信息传输、软件和信息技术服务业	59	150	2.542	4.9	29
309	中部	1亿元以上	制造业	12516	32023	2.559	13.398	9549
310	中部	1亿元以上	住宿和餐饮业	132	492	3.727	8.092	97
311	中部	1亿元以上	租赁和商务服务业	785	3280	4.178	18.195	636
312	中部	其他	采矿业	1	1	1		
313	中部	其他	电力、热力、燃气及水生产和供应业	1	1	1		
314	中部	其他	公共管理、社会保障和社会组织	1	1	1		
315	中部	其他	金融业	2	3	1.5	0.707	

续表

序号	区域	注册资本规模	行业	企业户数	有效注册商标件数	有效注册商标均值	有效注册商标标准差	防御性商标件数
316	中部	其他	居民服务和其他服务业	2	5	2.5	2.121	
317	中部	其他	科学研究和技术服务业	1	1	1		
318	中部	其他	农、林、牧、渔业	3	6	2	1.732	
319	中部	其他	批发和零售业	11	14	1.273	0.467	
320	中部	其他	信息传输、软件和信息技术服务业	3	5	1.667	1.155	
321	中部	其他	制造业	29	39	1.345	0.814	2
322	中部	其他	住宿和餐饮业	9	9	1	0	
323	中部	其他	租赁和商务服务业	8	26	3.25	3.412	
324	其他	其他	其他	196514	466175	2.372	7.211	73867

"商标与经济发展关系"
课题研究报告
（下）

国家工商行政管理总局商标局
"商标与经济发展关系"课题组　著

中国工商出版社

目 录

分报告 3　商标运用与经济发展的典型研究与实证分析

分报告5　商标与创新的关系研究

分报告7　商标密集型产业与经济发展研究

分报告3　商标运用与经济发展的典型研究与实证分析

　　商标是体现商品差异化的重要标志，是企业重要的无形资产。商标的生命和价值不在于商标本身，而在于商标运用过程中累积的商誉。随着商标战略的推进，商标的影响力逐步增强，人们对商标品牌的认识水平不断提高，也越来越重视对商标的运用，商标在我国社会经济发展中的重要作用日益凸显。

　　本课题在充分论述商标的主要功能以及对经济发展作用的基础上，首先对我国商标运用总体情况和典型运用情况进行了多角度分析，进而对商标与宏观经济的关系和商标与微观企业主体的关系进行了实证分析，并结合相关的研究给出了商标发展和运用的相关建议，具体内容如下：

一、商标运用总体情况

由于商标一般使用情况数据难以获取，而商标申请、注册和续展是商标运用的基础和前提，因此本部分以商标注册申请量、注册量及续展申请量作为主要研究对象来反映商标运用的情况。

截至 2013 年年底，我国商标累计注册申请量为 1324.13 万件，累计注册量为 865.24 万件，商标有效注册量为 723.79 万件，每万户市场主体平均拥有注册商标量①为 999.71 件。

1. 申请商标的主体数量、申请量和注册量快速增长，申请商标注册的积极性大幅提高。

2. 市场主体平均拥有注册商标量逐年增加，2013 年每万户市场主体平均拥有有效注册商标量达到 999.71 件，比 2009 年增长 59.7%。

3. 有效注册商标量明显呈现东中西递减格局。东部地区各省市有效注册商标量明显高于中西部省市。截至 2013 年年底，东部各省市中广东（112.66 万件）、浙江（86.42 万件）、北京（46.73 万件）三省市有效注册商标量居于全国前三，北京（3086.29 件/万户）、上海（2497.87 件/万户）、浙江（2317.95 件/万户）每万户市场主体有效注册商标拥有量位居全国前三。

4. 商品类有效注册商标远远多于服务类商标。截至 2013 年年底，商标有效注册量达到 723.79 万件，其中商品类商标占八成以上，远远高于服务类商标占比。商品类商标中"服装、鞋帽"类商标最多；服务类商标中"广告商业、办公事务"类商标最多。

---

① 每万户市场主体平均拥有注册商标量=国内有效注册商标量/市场主体数量×10000，有效注册商标量和市场主体数量统计数据不包含港澳台地区。

5. 企业的规模越大实力越强，对商标的重视程度越强，企业主体平均拥有的有效注册商标量也越多，体现出对商标的运用水平也越高。其中，截至 2013 年年底，注册资本在 1 亿元以上的大企业平均拥有 22.34 件/户，比注册资本在 100 万元以下的小企业平均多 20.06 件。

6. 制造业企业拥有注册商标总量最多，截至 2013 年年底，其商标覆盖率（16.9%）是企业总体水平的（8.1%）两倍；其中医药制造业，酒、饮料和精制茶制造，烟草制品等行业的商标覆盖率相对较高。

7. 续展申请量持续增长，2013 年续展申请量达到 11.9 万件，续展率逐年提升，商标专用权维护意识不断提高。

二、商标运用的典型分析

1. 各种典型方式商标运用作用均较为突出。（1）商标转让申请快速增长，助力企业品牌建设。2002—2013 年商标转让申请量由 3.87 万件增长至 11.34 万件，年均增长 10.3%。我国商标转让市场主要集中于东部地区，京沪粤对国外商标的需求旺盛。（2）商标权质押成为解决企业融资问题新途径。国内企业商标质押申请以制造业企业为主，申请量和质押金额比重均在 90% 以上，制造业中农副食品加工业、食品制造业、酒饮料和精制茶制造业三类食品饮料加工企业申请量较大；各地商标质押行业结构各具特色，北京科研服务企业申请达到北京市商标质押申请总量的 24.2%，居于全国首位；商标质押对民营经济的推动作用较为明显，私营企业申请占比走高，2013 年达到 74.9%。（3）商标特许经营有利于实现商标无形资产增值。2012 年和 2013 年商标许可合同备案申请量连续两年在 3 万件左右。各类别商标许可使用的频率差异明显，第 25 类"服装鞋帽"商标许可合同备案申请

最多。

2. "连续三年不使用撤销" 等典型问题凸显出督促商标运用的力度逐步加大。截至 2014 年 7 月底，因连续三年不使用导致撤销的商标共有 4.13 万件，占商标撤销总量（包括连续三年不使用、商标争议等原因导致的撤销）的九成以上。注册商标覆盖率较高的医药制造业，酒、饮料和精制茶制造业，食品制造业，化学原料和化学制品制造业，连续三年不使用撤销量也相对较高。近年来我国因通用名称引发的商标纠纷屡见不鲜，不当使用以及保护不力是商标退化为通用名称的主因，商标注册人应当对自身商标使用、管理方式及商标保护力度进行自查，商标管理部门应严格商标注册审查，加强商标保护力度。

三、商标运用与经济发展的关系分析

在了解我国商标运用发展趋势及特征的基础上，对商标运用与宏观经济的关系进行了分析，得出以下结论：

1. 商标总量与经济总量具有强相关性，平均拥有注册商标量与地区经济发展水平高度相关。GDP 与商标申请量的相关系数为 0.9813，GDP 与商标注册量的相关系数为 0.9209；北京、上海、天津、浙江、广东和福建六个东部较为发达的省市，注册商标平均拥有量也较高，呈现 "经济—商标" 双高特征；甘肃、贵州、西藏、云南、新疆、宁夏等经济发展水平相对较低的西部省市，注册商标平均拥有量也较低，呈现 "经济—商标" 双低特征。

2. 商标申请量变动与经济的变化基本同步。GDP 变化 0.999 个百分点，商标申请量相应的变化 1 个百分点，二者之间的变动存在高度同步性。运用格兰杰因果检验研究 GDP 与商标申请量的关系，发现

GDP 与商标申请量存在长期的格兰杰因果关系，且这种因果关系呈现出阶段性特征。表现在商标注册申请两三年内，经济发展水平是影响商标申请量的重要因素，即此时 GDP 是商标申请量的格兰杰原因；在商标注册申请四年后，商标的作用开始发挥，成为了影响经济发展变化的重要因素，即此时商标申请量是 GDP 变动的格兰杰原因。

以上分析充分证明商标运用与宏观经济及地区发展水平具有高度相关性，在此基础上选择商标运用意识较高的北京市作为典型对商标运用与微观企业的关系进行深入分析，得出以下主要结论：

1. 有注册商标的企业盈利能力表现突出

（1）有注册商标的企业销售利润率明显高于无注册商标企业。2008—2012 年五年间有注册商标企业销售利润率均高于北京企业总体水平和无注册商标企业，2012 年有注册商标企业销售利润率高于无注册商标企业 3.9 个百分点。

（2）注册商标拥有量较多的企业销售利润率相对较高。注册商标拥有量在 200 件以上的企业盈利能力最强，销售利润率高于总体水平 15.7 个百分点，2012 年平均利润额 4.25 亿元，是仅有 1 件注册商标企业的 540 倍。

（3）有注册商标的外资企业销售利润率相对较高。拥有注册商标的各类型企业获利能力均高于同类型企业总体水平，其中拥有注册商标的外资企业销售利润率最高，为 8.5%，高于外资企业总体水平 2.0 个百分点。

（4）有注册商标的房地产企业销售利润率领先。拥有注册商标的房地产企业利润率领先，比该行业企业总体利润率高 9.1 个百分点。

2. 有注册商标的企业生存能力相对较强

（1）拥有注册商标的企业存活率及平均寿命相对较高。拥有注册商标的企业存活率高达 80.5%，高出北京市企业总体水平 43.8 个百分点；拥有注册商标的企业平均寿命为 7.3 年，高于北京总体水平2.1 年。

（2）注册商标拥有量与企业生存时间存在正向相关关系。随着注册商标拥有量的增长，存续年龄在 11 年以上的长寿企业占比增长明显，拥有 200 件以上注册商标的企业中长寿企业比重达到了 63.9%，高于拥有 1 件注册商标企业 30 个百分点。拥有 1 件注册商标的企业平均年龄为 8.6 年，拥有 200 件以上注册商标的企业平均年龄则达到了13.1 年。

根据以上分析，提出了如下几点商标发展和运用的建议：

1. 增强主体运用商标的意识，积极引导商标的合理运用；2. 构建商标价值评估监管体系，鼓励商标资本化运用；3. 提升服务促进商标的运用，最大限度减少商标流失；4. 以商标品牌带动产业发展，进而促进区域经济增长。

商标运用的理论和实践研究

一、商标的主要功能和价值体现

商标作为区别商品和服务的重要标志，具有如下基本功能和价值：

（一）识别作用。商标的识别作用主要是区别同类商品的不同生产者和经营者，是商标最本质、最基本的作用。从消费者角度来讲，在现代市场上，同一商品的生产厂家成千上万，同一性能的服务比比皆是，消费者只有通过商标才能更好的区别商家的商品或服务。从商标所有人的角度来讲，商标是一个企业特定商品或服务的象征，与商品荣辱与共，代表商品的信誉，同时直接关系对商品生产者和经营者的评价。

（二）广告宣传作用。商标作为一种标志体现了商品的质量和信誉，在某种意义上，商标是代表商品一定质量的标志，代表着产品的品质，代表着企业的信誉。消费者根据商标去识别商品、认牌购货，引导了消费者的购物取向，从而达到创知名品牌、扩大销路的效果。

（三）提高竞争力，避免同质化竞争。当今社会，市场竞争日趋同质化，企业的产品、品质、服务以及流程等是内在的，消费者无法直接区分辨认，但是商标是独一无二的，是企业差异化的外在显现，可以使企业避免陷入同质化竞争，是企业参与市场竞争的核心竞争力。

（四）资产增值的作用。商标是一个企业的无形资产，其财产价值并不完全取决于取得商标权所投入的成本，而是取决于商标的知名度。商标的注册成本并不高，但是，一旦商标投入使用并在客户及社会中建立起了足够的信誉，那么它的价值就远远大于其注册时所投入的成本，从而形成一个巨大的资产，达到增值的效果。

因此，商标可以帮助消费者区别商品或服务的来源，可以帮助商家提高竞争力，保持资产增值，但商标功能和价值的体现需要通过持续不断的使用商标，不断提升商标的知名度才能实现。

二、商标运用对经济发展的作用

随着我国以市场为取向的经济体制改革的推进，知识经济的加速到来和经济全球化的日益深入，商标在我国社会经济发展中的重要作用日益凸显。

从理论研究来看，商标作为企业的无形资产，在企业微观主体发展及创新等方面均具有不可替代的作用，进而对促进农业、工业、服务业等产业发展和经济总体发展具有重要作用。

在发展农业方面，商标对推进农业产业化经营发挥着关键的纽带作用。商标是农副产品进入市场的"身份证"和"通行证"，发达国家的农副产品大多运用商标进行销售，通过提高农副产品的商标注册率，可以不断提高农副产品的商品化率；通过积极开展农产品地理标志保护，可以优化培育特色农产品；通过大力发展以商标为纽带的订单农业，可以加快推进农业产业化。因此，商标在促进农业经济发展方面发挥着重要作用。

在发展工业方面，商标的运用可以促使企业不断创新，通过创新这种方式实现工业内部产业结构的调整优化。商标虽然不能直接产生创新成果，但担负着保护创新成果进入市场的重要作用。因为绝大多数发明、创造都需要进入市场。只有在市场上取得成功，发明人才能获得经济回报，才能实现由低端产业链向高端产业链的转变。因此，商标在进一步优化调整工业内部产业结构，由低端产业向高端产业发展过程中发挥着重要的引导作用。

在发展服务业，提升服务业竞争力方面，商标发挥着强有力的支撑作用。服务商标是市场经济条件下发展服务业的重要保障，对于改善服务产品的质量、维护服务产品的信誉、建立以诚信为本的市场经济至关重要。商标可以促使服务高端化、提升服务业的竞争力，进而带动服务业向高端化方向发展，促使传统服务业向现代服务业转变，带动服务业整体快速发展。

从研究实践来看，2008 年云南财经大学袁培元、朱立在"云南企业商标发展促进省域经济快速增长的实证分析"中通过构建云南企业商标累计注册数量与云南 GDP 关系的线性回归模型，得出"企业商标累计注册量的增长推动了省域经济增长"的结论。Srinivasan 等学者对美国高科技企业生存情况的研究表明，企业的商标拥有量与其存活时间正向相关，也就是说，企业拥有的商标数量越多，其生存时间越长，Sandner 和 Block 等学者对 4085 家大型上市公司的研究表明，商标作为一种无形资产，对上市公司的市值有正向影响，一个商标的市值约为 1350 万欧元。

综上所述，商标不仅对微观企业主体的影响巨大，而且对区域经济发展以及产业发展等均具有显著的带动作用。

三、商标运用界定及具体方式

商标的价值不在于商标构成本身，而在于商标所标示商品及其企业的商誉。只有当商标所有人将商标实际用于商品或服务上时，消费者才能将商标与商品或服务联系起来，商标的功能及其价值才能得以体现。因此，运用才是商标价值形成的真正途径。

商标运用的具体方式包括：使用、使用许可、定牌加工、商标权质押、商标转让、商标出资、证券化等。商标使用是商标运用最主要、最基本的方式。许可他人使用注册商标也是一种商标使用的方式。在商标使用累积商誉的基础上，商标也相应地成为了企业经营不可或缺的重要资产，具备了资产属性，产生了可以用金钱衡量的价值，在此基础上派生出来对于商标无形资产价值的一系列运用方式，如质押融资、转让、特许经营、作为无形资产作价出资入股、商标证券化等。

（一）商标使用

在实践中，商标法上的商标使用不仅是商标功能产生和实现的前提，更是提升商标信誉的基本途径。对于商标使用的界定，历来都是各国商标立法的重要内容。

国外对商标使用的表述主要包括列举式和概括式。比如，美国《兰哈姆法》规定，商标应"在商业中使用"，并将其解释为：在贸易过程中真诚地使用而不仅仅是以保留该商标之权利为目的的使用。同时，《兰哈姆法》列举了商品商标和服务商标的侵权使用方式，包括在商业活动中复制、伪造、抄袭或者模仿他人注册商标的标识用于对商品或服务进行销售、销售要约、分销或者广告宣传的行为。《欧共体商标条例》对商标使用规定为："共同体商标应赋予商标所有人对商标的专用权。商标所有人有权阻止所有第三方未经其同意在贸易过程中使用与其相同或相似的标志。"并针对侵权标志的使用，列举了四种方式，分别为：在商品或商品包装上缀附该标志；提供带有该标志的商品，将其投入市场或为此目的持有或使用该标志提供服务；进口或出口带有该标志的商品；在商业文书或广告上使用该标志。日本商标法关于商标使用及其方式的列举与《欧共体商标条例》相似。台湾地区商标法经过修改后，内容比较先进：为适应技术发展需要，增加了"数字影音、电子媒体或其他媒介物"等使用方式；在概念的表述上，融合了概括式和列举式立法例，将商标使用定义为"为营销之目的，将商标用于商品、服务或其有关之对象或利用平面图像、数字影音、电子媒体或其他媒介物足以使相关消费者认识其为商标"。

我国现行《商标法》第四十八条在 2002 年商标法实施条例第三条内容的基础上，增加商标功能的描述，将商标使用定义为"将商标用于商品、商品包装或者容器以及商品交易文书上，或者将商标用于广告宣传、展览以及其他商业活动中，用于识别商品来源的行为"。这是对商标使用界定的充实和完善。同时，将商标使用制度的规定从商标法实施条例上升到商标法中，也说明商标的使用具有重要意义。

概括起来，商标使用的共同特点为：第一，在商业活动中公开使用。日常生活中，商标运用的场合多种多样，但只有在以交易为目的的商业活动中的使用才属于商标真正意义上的使用。第二，连续使用。商标不应当连续不使用，商标只有持续不断地使用和宣传，才能产生识别相同商品或服务来源的功能，让消费者对该商标和某种商品或服务形成唯一对应的联系。为此，各国商标法均规定了商标连续不使用撤销的年限，从 3 年到 5 年不等，如没有正当理由，连续几年不使用，则会导致商标被撤销。第三，真实善意的使用。对商标使用的要求，各国商标法除了规定在商业活动中连续使用外，还要求当事人的商标使用行为应当是在真实和善意的状态下进行，而不能仅仅为了保留或维持商标权利而进行"象征性"的使用。第四，以区分商品或服务来源为目的的使用。

在实践中，商标的使用可以分为以下几种具体情况：

1. 在商品、商品包装、容器、标签、产品说明书、介绍手册、价目表等上使用商标。

2. 在与商品销售有联系的交易文书上使用商标，包括商品销售合同、发票、票据、收据、商品进出口检验检疫证明、报关单据等。

3. 通过广播、电视、出版物、展览会、博览会、网络或者其他广告方式为商标或者使用商标的商品进行的广告宣传。

4. 服务商标的使用方式。与实体化的商品相比，由于服务具有无形化的特点，通常相关公众需要在一定的服务场所接受服务，因此服务商标的使用形式与商品商标相比有所不同，有时无法像商品商标那样直观地体现出来。服务商标常见于服务场所，包括使用于服务的介绍手册、服务场所招牌、店堂装饰、工作人员服饰、招贴、菜单、价目表、奖券、办公文具、信笺以及其他与指定服务相关的用品上。

5. 根据《与贸易有关的知识产权协定》（以下简称 TRIPs），在商标所有权人控制下的他人使用，也属于商标使用①。

---

① 《与贸易有关的知识产权协定》第十九条 "1. 如果注册的保持要求以商标付诸使用为条件，则除非商标所有者提出了此类使用存在障碍的充分理由，否则注册只有在商标至少连续三年以上未予使用的情况下方可取消。2. 当商标由其他人的使用是处在该商标所有者的控制之下时，这种使用应按是为保持注册目的之使用而予以承认。"

（二）商标运用的其他具体方式

商标权人还可以依法通过其他方式对商标专用权进行运用，以实现商标价值的转化、利用和提升。对商标专用权除使用以外的主要运用形式为：

1. 许可他人使用。注册商标许可他人使用是一种特殊的使用形式。它是指商标权人或其授权人将注册商标许可给他人使用，由被许可人支付使用费的行为。许可使用后，许可人并不丧失商标权，被许可人只取得使用权。许可人应当监督被许可人使用其注册商标的商品质量。被许可人应当保证使用该注册商标的商品质量。从市场营销角度看，商标使用许可是商标特许经营策略。企业在经济活动中，依法、规范地运用这一策略，不仅能为企业获得丰厚利润，而且能提升和改善品牌形象，实现商标无形资产增值。

2. 委托定牌生产。具有一定知名度的商标有时之所以闲置是因为商标权人受到生产条件的限制，无法从事该商标所注册商品的生产或生产的商品在数量上不能满足市场上的需要。这时，可与具备生产条件的企业合作，购进该企业生产的商品并贴上自己的注册商标再进行销售。

3. 质押融资。商标权质押是商标权人以依法可以转让的商标专用权作为标的物向银行或其他机构/个人设定质押，作为对债权人的债务担保，从而获得资金的融资方式。商标质押融资有利于实现企业商标权的市场价值，有效缓解拥有自主商标知识产权的企业在创新发展中的资金短缺问题，提高中小企业对商标知识产权价值的认识，对促进自主创新能力的提升具有重要意义。

4. 以商标专用权出资成立新的企业。商标专用权出资是指商标权人根据《公司法》等法律的规定，以其商标专用权出资入股，设立有限责任公司或股份有限公司等企业法人或合伙企业、个人独资企业等。对于出资方来讲，用商标专用权投资可以减少现金支出，以较少的现金投入获得较大的投资收益；可以扩大运用注册商标的商品或服务项目的生产经营规模，进一步提高商标信誉。对于接受商标权投资的企业，商标权资本化可使其直接获得知名品牌商标的运用权，进而打开市场，扩大生产经营，也可促使企业严格依法运用注册商标，提高经营管理水平和服务质量，增强企业产品或服务的市场竞争力。

5. 转让。商标转让是商标权人在注册商标的有效期内，依法定程序，将商标专用权转让给另一方的行为。通过转让方式获取商标可以为受让企业节省获取商标的时间，并在取得商标所有权的同时获得商标经营过程中积累的客户，有利于企业尽快通过运用商标开拓市场、为企业获利，在促进受让企业发展的同时有效发挥闲置商标的作用和价值。

6. 拍卖。拍卖是转让的一种特殊方式。由于没有规范的商标产权交易场所，商标转让信息不畅。在这种情况下，商标转让的价格往往被压低，而通过拍卖的方式可以在一定程度上保证转让的公平性。

7. 以商标为旗帜兼并其他企业。有的企业拥有知名的商标但设备陈旧、资金缺乏；而另一些企业虽然有较先进的生产设备和较充足的资金，但由于缺乏知名品牌产品而使设备、资金闲置。如果将两者合并，便可优势互补，使闲置的商标、设备和资金均能充分发挥作用。

8. 证券化。商标证券化是指以商标专用权的未来许可使用费（包括预期的商标许可使用费和已签署的许可合同保证支付的使用费）为支撑，发行资产证券进行融资的方式。商标权证券化是知识产权证券化在商标领域的具体表现形式，是对商标权的一种新的运用形式和融资手段。

从实际运用情况来看，大部分商标权运用形式在我国均有所实践，其中转让、使用许可最为普遍；商标证券化在美国等资产证券化较为发达的国家已经有不少成功的案例，但在我国尚未开展实践，作为实践证明可行的融资手段，可对商标价值评估等关键环节问题开展深入研究探讨，积极推进商标证券化进程，拓展商标权人运用商标领域、充分发挥商标无形资产价值。

四、研究思路

从我国商标战略的四大环节"注册、运用、保护和管理"来看，"注册申请"是商标运用的基础和前提，"依法保护"是维护商标权人权益、保护商标运用成果、推动商标运用积极性的保障，"科学管理"则是提升商标有效运用能力、规范商标运用行为的重要措施。因此，本报告围绕以上几方面对我国商标运用情况开展深入研究。研究内容主要分为以下三部分：

第一部分：我国商标运用情况分析。本部分主要包括：一是对我国商标申请注册情况的分析，由于商标一般运用情况（特别是使用情况）数据难以获取，而商标注册申请量、注册量及其变化趋势是市场主体商标运用意识及积极性的主要表现之一，也是商标运用的基础和前提，此外由于续展是延续商标有效性的制度，续展商标所有人相对活跃，维护、运用商标意识较高，因此，本部分将商标申请注册及续展申请情况等作为一项研究内容来间接反映商标运用的情况；二是商标运用的典型分析，包括典型方式分析和典型问题分析等。首先通过对转让、质押、使用许可等商标权的运用方式的分析多角度正面反映我国商标运用的情况，其次通过对连续三年不使用撤销、商标退化为通用名称等商标运用中存在的主要问题进行分析，揭示我国商标管理机构以及企业在商标运用、保护和管理中存在的问题。

第二部分：商标运用与经济发展的关系分析。本部分主要从宏观和微观两种角度进行分析：一是对我国商标运用与国内外宏观经济发展关系分析；二是研究商标运用与微观企业主体发展之间的关系，该部分研究以典型研究为主体，以万户市场主体有效注册商标最高的北京市为例，研究商标运用对微观企业发展的影响，主要从运营状况、生存能力等方面进行分析。

第三部分：根据前文的分析，从提升商标运用意识、制定差异化商标政策、鼓励多种形式运用商标等角度对增强我国商标运用能力提出建议。

我国商标运用情况分析

由于商标一般使用情况数据难以获取，而商标注册申请量和注册量及其变化趋势是市场主体商标运用意识及积极性的主要表现之一，也是商标运用的基础和前提，续展是延续商标有效性的制度，续展商标所有人相对活跃，维护、运用商标意识较高，因此本部分将首先以商标申请注册及续展等情况进行分析，来间接反映商标运用的情况。

一、商标申请注册情况分析

截至 2013 年年底，我国商标累计注册申请量为 1324.13 万件，累计注册量为 865.24 万件，商标有效注册量为 723.79 万件，每万户市场主体平均拥有商标量[①]为 999.71 件。

（一）近几年申请商标注册的积极性大幅提高

从我国申请商标注册的主体[②]数量来看，总体呈现上升趋势。其

---

① 每万户市场主体平均拥有商标量=有效注册商标量/市场主体数量×10000，有效注册商标量和市场主体数量统计数据不包含港澳台地区。

② 该主体包括自然人、企业、个体工商户等。

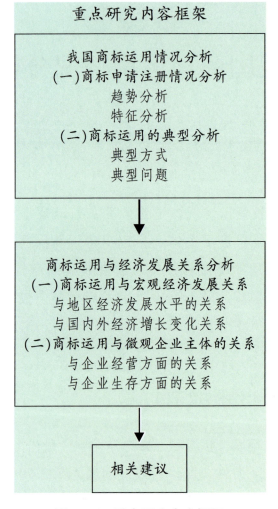

重点研究内容框架

我国商标运用情况分析
(一)商标申请注册情况分析
趋势分析
特征分析
(二)商标运用的典型分析
典型方式
典型问题

↓

商标运用与经济发展关系分析
(一)商标运用与宏观经济发展关系
与地区经济发展水平的关系
与国内外经济增长变化关系
(二)商标运用与微观企业主体的关系
与企业经营方面的关系
与企业生存方面的关系

↓

相关建议

图4—1　重点研究内容框架

中，2008年以来申请商标注册的主体数量呈现直线上升趋势，2013年达到了71.53万个，表明社会对商标注册的意识逐步增强，对商标运用的积极性逐步提高（见图4—2）。

从商标申请量和注册量来看，2008年以来呈大幅增长趋势，2013

图4—2　历年申请商标注册的主体数量

年申请量达到了 188.15 万件，达到历史最高点，占全球总量的 26.7%[1]，注册量达到了 99.67 万件，达到了百万件的数量级别，表明商标战略实施成效显著，商标发展较为突出（见图4—3）。

图4—3　历年商标申请量和注册量

① 占全球总量比重数据出自 WIPO 等机构发布的《2014 年全球创新指数报告》。

在国内商标申请注册快速发展的同时，我国企业在"走出去"进军国际市场的进程中，品牌意识不断提升，商标运用积极性不断增强。从我国申请人提交马德里商标国际申请和核准注册的商标量来看，"十一五"以来申请量、注册量均呈稳步增长态势，2013 年申请量达到 2273 件，是 2006 年的 1.71 倍，同比增长 8.2%、位居马德里联盟第六位，比 2012 年上升一位；注册量达到 2455 件，是 2006 年的 1.73 倍（见图 4—4）。

图 4—4　我国申请人通过马德里体系到国外申请注册情况

由于我国申请人在国外运用商标的相关数据难以获取，因此本报告对商标运用的研究以国内商标运用情况为主，下文对境外商标运用情况不再进行分析。

（二）市场主体平均拥有注册商标量呈逐年增加趋势

从近几年每万户市场主体拥有有效注册商标量来看，呈现逐年稳步增加趋势。2013 年每万户市场主体拥有有效注册商标 999.71 件，比 2009 年增长了 59.7%。表明市场主体对商标重要性的认识和商标品牌价值对其发展的重要性逐步增强，平均拥有量逐年提高（见图4—5）。

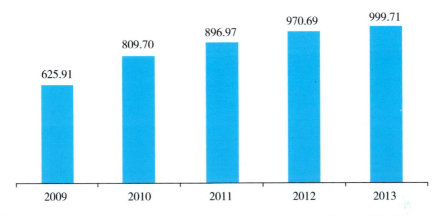

图4—5　2009—2013年每万户市场主体拥有有效注册商标量

（三）有效注册商标量呈现明显的东中西递减格局

截至2013年年底，我国各省市（不含港澳台）累计有效注册商标量为606.06万件。从有效注册商标省市分布情况来看，东部地区各省市有效注册商标量明显高于中西部省市，呈现明显的东中西递减格局。东部各省市中广东、浙江、北京三省市分别以112.66万件、86.42万件和46.73万件有效注册量居于全国前三甲，有效注册量合计245.80万件，占各省市有效注册量的40.6%。

从每万户市场主体所拥有的有效注册商标来看，北京、上海和浙江分别以3086.29件/万户、2497.87件/万户和2317.95件/万户位列全国前三名。其中北京市每万户市场主体有效注册商标量高出全国平均水平（999.71件/万户）2086.58件，高出第二名上海588.42件，北京市场主体注册商标、维护商标、运用商标的意识较高（见图4—6）。

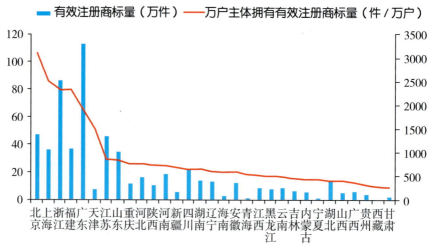

图4—6　全国各省市有效注册商标量和万户市场主体拥有有效注册量

（四）商品类有效注册商标是服务类商标的四倍

商品类商标的运用较服务类商标更加广泛，商标数量远远高于服务类商标。截至 2013 年年底，有效注册商标量达到 723.79 万件，其中商品类商标占八成以上，是服务类商标的四倍。商品类商标中第 25 类商标"服装、鞋帽"数量最多，占有效注册商标总量的一成以上；服务类商标中第 35 类商标"广告商业、办公事务"数量最多。

（五）企业主体规模越大有效注册商标量越多

从不同注册资本规模段企业拥有的有效注册商标量来看，截至 2013 年年底，注册资本在 100 万元以下的企业主体拥有量最多，占企业主体有效注册商标总量的 27.0%；其次为注册资本在 100 万—500 万元的企业主体，拥有量占 21.3%；注册资本在 1 亿元以上的大企业拥有量占 14.6%。

从拥有有效注册商标的企业主体分布看，注册资本在 100 万元以下的企业占主导地位，占比为 44.5%；注册资本在 1 亿元以上的大企

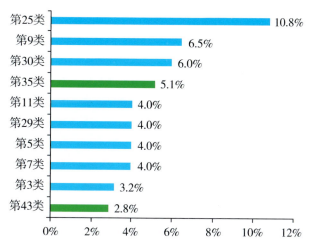

图 4—7　商标有效注册量 TOP10 类别占比

业仅占 2.5%。

　　企业的规模越大实力越强，对商标的重视程度越强，企业主体平均拥有的有效注册商标数量也越多，体现出对商标的运用水平也越高。注册资本在 1 亿元以上的大企业平均拥有 22.34 件/户，比注册资本在 100 万元以下的小企业平均多 20.06 件（见表 4—1）。

表 4—1　不同规模段企业主体拥有有效注册商标情况

企业注册资本规模段	企业拥有的有效商标量占比	拥有商标的企业主体数量占比	企业主体平均拥有商标数（件/户）
100 万元以下	27.0%	44.5%	2.28
100 万—500 万元	21.3%	26.9%	2.98
500 万—1000 万元	9.8%	9.8%	3.74
1000 万—5000 万元	19.6%	13.5%	5.45
5000 万—1 亿元	7.7%	2.9%	10.11
1 亿元以上	14.6%	2.5%	22.34

（六）制造业企业注册商标拥有量最多、覆盖率最高

从各行业有效注册商标拥有量来看，截至 2013 年年底，制造业企业拥有量最多，占企业主体有效注册商标总量的 43.5%；拥有商标的企业中，制造业企业占比最多，每户平均拥有有效注册商标 3.73 件。

制造业企业平均拥有有效注册商标量虽然略低于企业总体水平（3.75 件/户），但其商标覆盖率①（16.9%）是企业总体水平的（8.1%）两倍（见表4—2）。

表4—2 各行业企业主体拥有有效注册商标情况

行　　业	各行业拥有的商标数量占比	拥有商标的企业数量占比	平均拥有商标量（件/户）	商标的行业覆盖率
制造业	43.5%	43.7%	3.73	16.9%
科学研究和技术服务业	8.2%	8.1%	3.79	10.4%
农、林、牧、渔业	2.5%	3.2%	2.87	7.3%
住宿和餐饮业	1.4%	1.5%	3.38	6.8%
批发和零售业	24.2%	28.0%	3.23	6.6%
水利、环境和公共设施管理业	0.4%	0.4%	4.18	6.5%
文化、体育和娱乐业	1.6%	1.1%	5.65	6.0%
卫生和社会工作	0.1%	0.1%	2.94	5.8%
信息传输、软件和信息技术服务业	2.9%	2.3%	4.66	5.4%
教育	0.1%	0.1%	2.89	4.4%
金融业	1.0%	0.4%	10.02	4.3%

① 行业商标覆盖率＝该行业拥有商标的企业数/该行业企业总数×100%。

续表

行　　业	各行业拥有的商标数量占比	拥有商标的企业数量占比	平均拥有商标量（件/户）	商标的行业覆盖率
租赁和商务服务业	8.5%	5.9%	5.44	4.2%
居民服务、修理和其他服务业	1.0%	1.1%	3.30	3.3%
房地产业	2.1%	1.3%	5.87	3.0%
建筑业	1.5%	1.8%	3.13	2.8%
电力、热力、燃气及水生产和供应业	0.2%	0.2%	4.36	2.4%
交通运输、仓储和邮政业	0.7%	0.8%	3.70	2.3%
采矿业	0.2%	0.1%	5.12	1.9%

　　由于烟草制品和医药制造业两个行业的特性，在商标注册上有或曾经有强制性要求，因而两个行业的企业平均拥有商标量较高，远大于其他行业；从商标覆盖率来看，医药制造业和酒、饮料和精制茶制造业两个行业的商标覆盖率最高[1]。

---

　　① 两个行业商标强制注册相关的规定：《药品管理法》和《商标法实施细则》均对药品注册商标做出了规定，其中1983年颁布的《商标法实施细则》第四条具体规定："药品必须使用注册商标"，1984年颁布的《药品管理法》第四十一条规定："除中药材、中药饮片外，药品必须使用注册商标；未经核准注册的，不得在市场销售。"1988年第一次修改《商标法实施细则》时，根据《烟草专卖条例》有关规定，将烟草制品也纳入强制注册商标的商品范围，1988年1月14日国家工商局下发的《关于公布必须使用注册商标的商品的通知》，具体确定必须使用注册商标的人用药品"包括中成药（含药酒）、化学原料药及其制剂、抗生素、生化药品、放射性药品、血清疫苗、血液制品和诊断药品"，烟草制品"包括卷烟、雪茄烟和有包装的烟丝"。2002年国务院对《商标法实施细则》进行第三次修改时，将强制注册商标的商品限定在"法律、行政法规规定的必须使用注册商标的商品"，人用药品不再实行强制注册商标制度，但烟草制品仍然实行商标强制注册制度。

表4—3　制造业内部各行业企业主体拥有有效注册商标情况

行　　业	各行业拥有的商标数量占比	拥有商标的企业数量占比	平均拥有商标量（件/户）	商标的行业覆盖率
烟草制品业	0.2%	0.0%	50.86	25.1%
医药制造业	2.4%	0.8%	11.61	45.0%
酒、饮料和精制茶制造业	2.4%	1.6%	5.72	46.8%
食品制造业	3.1%	2.4%	4.85	38.7%
纺织服装、服饰业	3.7%	3.0%	4.68	16.3%
铁路、船舶、航空航天和其他运输设备制造业	0.7%	0.6%	4.63	20.2%
皮革、毛皮、羽毛及其制品和制鞋业	1.4%	1.2%	4.27	18.6%
化学原料和化学制品制造业	3.4%	3.0%	4.26	30.3%
石油加工、炼焦和核燃料加工业	0.1%	0.1%	4.13	19.9%
汽车制造业	1.1%	1.0%	4.07	19.3%
文教、工美、体育和娱乐用品制造业	1.3%	1.2%	3.86	16.7%
电气机械和器材制造业	3.5%	3.6%	3.63	24.9%
计算机、通信和其他电子设备制造业	1.3%	1.4%	3.62	16.6%
纺织业	1.5%	1.6%	3.54	11.7%
家具制造业	1.0%	1.1%	3.46	19.4%
仪器仪表制造业	1.0%	1.0%	3.45	20.6%
造纸和纸制品业	0.5%	0.5%	3.43	8.8%
有色金属冶炼和压延加工业	0.3%	0.3%	3.38	10.2%

续表

行　业	各行业拥有的商标数量占比	拥有商标的企业数量占比	平均拥有商标量（件/户）	商标的行业覆盖率
化学纤维制造业	0.1%	0.1%	3.29	17.1%
黑色金属冶炼和压延加工业	0.3%	0.3%	3.21	10.1%
农副食品加工业	2.4%	2.8%	3.17	31.2%
金属制品业	2.6%	3.2%	3.03	12.8%
橡胶和塑料制品业	1.6%	2.0%	2.99	13.8%
金属制品、机械和设备修理业	0.1%	0.1%	2.92	9.4%
废弃资源综合利用业	0.0%	0.0%	2.87	2.8%
木材加工和木、竹、藤、棕、草制品业	0.6%	0.8%	2.85	10.0%
印刷和记录媒介复制业	0.3%	0.3%	2.84	5.4%
其他制造业	0.8%	1.1%	2.83	12.6%
非金属矿物制品业	1.6%	2.3%	2.64	10.8%
专用设备制造业	1.7%	2.4%	2.62	17.0%
通用设备制造业	2.5%	3.6%	2.58	14.1%

（七）商标专用权维护意识不断提高

商标续展是指商标所有人为了在注册商标有效期满后，继续享有注册商标专用权，按规定申请并经批准延续其注册商标有效期的一种制度。通过续展，商标权人才能够持续享有商标权，并通过产品质量改进和广告等方面的长期持续性的投入将注册商标打造为企业品牌，不断增加其商业价值。

各国商标法对注册商标的有效期都作了明确的规定，也有少数国家规定注册商标无限期有效。对注册商标的有效期限，我国在不同时期做过不同规定。在 1950 年颁布的《商标注册暂行条例》中规定："商标从注册之日起，注册人即取得专用权，专用权的期限为二十年。"1963 年颁布的《商标管理条例》规定："注册商标的使用期限自核准之日起至企业申请撤销时止"，对于国外商标的使用期限则由"按外国商标在其本国注册实际有效期计算"转变为规定有效期为十年。这种对国内商标和外国商标实行两种不同待遇的做法，与国外通常做法不一致。国内注册商标由于无期限，有的注册商标虽然早已停用，但是在商标注册信息中仍为有效注册商标，影响对新申请注册商标的核准。1983 年 3 月 1 日开始实施《商标法》改变了这种做法，统一规定国内商标和外国商标的注册有效期均为十年，并对商标有效期满后申请续展的时间做出了明确的规定。

1. 商标续展申请量和续展率持续提升

续展申请量持续增长。从 1992 年（《商标法》实施后第十年）后商标续展情况来看，在 1992 年和 1993 年，由于 1982 年以前注册的历史有效商标集中到期，连续两年出现续展申请高峰，申请量分别达到 1.7 万件和 2.3 万件；1994—2000 年，随着每年到期商标量的稳定，续展申请量恢复到 1 万件左右；2001 年，为入世我国第二次修改商标法，加入世贸组织后，我国企业进一步了解了商标的重要性，对商标的重视程度不断提高，越来越多的企业开始运用商标树立企业品牌，商标续展申请量逐年增长，至 2007 年达到 7.5 万；2008—2009 年期间，由于到期商标量（1998 年和 1999 年注册商标）相对 2007 年有所减少，同时金融危机的爆发使得一部分中小企业陷入困境，难以顾及商标续展，续展申请量明显回落；2008 年 6 月，国务院印发《国家知识产权战略纲要》，2009 年

6月，国家工商总局制定并发布《关于贯彻落实〈国家知识产权战略纲要〉，大力推进商标战略实施的意见》，大力推进商标战略实施工作，商标权人商标运用意识不断提升，续展申请量逐年恢复增长，2012年申请量超过10万件，2013年达到11.9万件（见图4—8）。

图4—8　1992—2013年商标续展申请量（万件）

商标战略实施以来续展率逐年提升，商标维护意识明显提高。为分析商标权人续展商标、维护商标专用权的积极性变化情况，从到期当年申请续展率①（以下简称"续展率"）来看，由于早期注册商标多为大规模企业，其商标维护意识较强，续展率相对较高，1993—1995年一直维持在40%以上；随着中小企业商标注册量的增长，商标权人商标维护意识有所减弱，续展率出现下降，并在1998—2007年保持平稳波动态势；2008年以来知识产权战略和商标战略相继实施，企业品牌

---

① 到期当年申请续展率＝A年申请续展的商标量／（（A—10）年注册商标量＋（A—10）年申请续展的商标量），例如，2013年到期当年申请续展率＝2013年申请续展的商标量／（2003年注册商标量＋2003续展的商标量，由于1992年和1993年为1982年以前注册商标集中续展期，单独计算将放大续展率，因此两年合计为一年，即1993年申请续展率＝（1992年申请续展的商标量＋1993申请续展的商标量）／1983年年底有效商标总量。

意识不断增强，运用商标、维护商标意识明显提升，续展率开始走高，2008 年以来一直保持在 40% 以上，并呈现小幅波动上升趋势。

图 4—9　1993—2013 年续展率

2. 商标续展的地区特点和行业特征明显

海南、宁夏、福建续展率位列全国前三。选取 2013 年申请续展商标量和到期当年续展率为主要指标对比国内各省市（不含港澳台）商标续展情况，从续展量来看，广东、浙江、江苏分别以 18627 件、14021 件和 7044 件申请续展商标量位列全国前三，但从续展率来看，各省市中共有 10 个省市续展率在全国平均水平（44.3%）之上，其中海南、宁夏和福建三省则分别以 62.5%、60.3% 和 52.4% 位列全国前三，北京、上海、山东和江苏等省市有效商标量和续展量较高的省市，续展率却不及海南、宁夏等商标较少省市。

企业续展率高于全国总体水平，金融业续展率最高。选取 2013 年申请续展商标量和到期当年续展率为主要指标对比国内企业商标续展情况，从续展量来看，制造业、批发零售和科研服务业（科学研究和技术服务业）分别以 41064 件、10913 件和 2809 件申请续展商标量位列各行业前三，但从续展率来看，由于大部分企业注册商标主要以运用为目的，商标专用权维护意识相对较强，总体续展率

图4—10　2013年各省市续展量及续展率对比

达到52.8%，高于2013年全国商标总体水平（44.3%）8.5个百分点。各行业中共有6个行业续展率在国内企业平均水平之上，其中金融业、采矿业和制造业三行业分别以63.8%、58.5%和56.7%位列全国前三，批发零售、科研服务和住宿餐饮业等有效商标量较高，与金融和采矿业相比，这些行业中小企业比重较大，企业存活率相对较低，对商标续展率造成一定影响（见图4—11）。

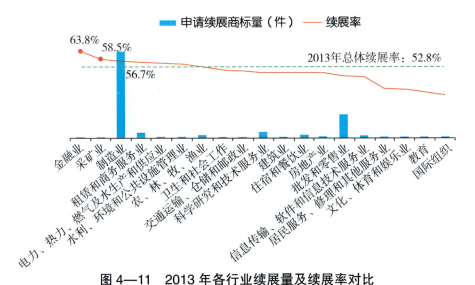

图4—11　2013年各行业续展量及续展率对比

二、商标运用的典型分析

(一) 各种典型方式商标运用作用均较为突出

商标运用形式多样,除使用外,转让、质押和使用许可等几种方式是运用较为普遍且统计数据较易获得的几种典型方式,下文将对商标运用的这几种典型方式进行分析。

1. 商标转让申请快速增长,助力企业品牌建设

随着对品牌建设重视程度的不断提高,越来越多的企业希望拥有自己的商标,由于通过转让获取商标的平均周期 (7—9 个月) 明显短于通过注册申请获得商标的平均周期 (2007 年以前审查周期为 2—3 年,2008 年以来逐年缩短,2013 年为 10 个月),同时商标战略的推进带动商标注册量的快速增长,使得企业要申请一个寓意较好的商标也越来越难,选择通过转让快速获取商标成为很多急于获取商标以树立自有品牌的企业的选择。

图 4—12 商标转让申请量及同比增长情况

商标转让申请快速增长。2002—2013 年，商标转让申请量快速增长，由 2002 年的 3.87 万件增长至 2013 年的 11.34 万件，年均增长 10.3%，2012 年以来转让申请量保持在 10 万件以上（见图 4—12）。

商标转让需求主要市场集中于东部省市（见表 4—4）。从商标转让申请（不含马德里商标转让申请）国内受让人省市分布情况来看，东部经济较发达省市商标需求较高，转让申请前十名省市中有八个为东部省市，成为我国商标转让需求的主要市场，西部省市则明显落后，仅有四川进入前十名。

表 4—4　商标转让申请地区分布

排名	区域	受让人省市	转让申请量（件）
1	东部	广东	159284
2	东部	浙江	99764
3	东部	北京	57914
4	东部	上海	55983
5	东部	江苏	51958
6	东部	福建	44442
7	东部	山东	39102
8	西部	四川	26631
9	东部	河北	19188
10	中部	湖南	19053
11	中部	河南	18294
12	中部	湖北	14625
13	东部	辽宁	14359
14	中部	安徽	13938
15	东部	天津	10023

续表

排名	区域	受让人省市	转让申请量（件）
16	中部	江西	9964
17	中部	黑龙江	9892
18	西部	陕西	9734
19	西部	重庆	9367
20	西部	云南	9348
21	中部	吉林	7213
22	西部	广西	6252
23	中部	山西	6002
24	西部	新疆	4990
25	西部	内蒙古	4872
26	西部	贵州	3927
27	东部	海南	3253
28	西部	甘肃	2183
29	西部	宁夏	1083
30	西部	青海	1037
31	西部	西藏	370

京沪粤对国外商标的需求旺盛。受让人为我国国内（不含港澳台）主体的受让商标仍以国内商标为主（98%以上）。从国内商标转让人省市分布来看，东部省市也是国内商标的主要供应市场，前十名省市中有九个省市与商标国内需求省市重复。通过转让获取国外商标的企业大多希望通过取得国外商标提升国际市场竞争力，加快企业进军国际市场步伐。从国外商标转让申请受让人省市分布来看，我国开放程度最高、国际贸易最繁荣的京沪粤对国外商标的需求旺盛，转让

申请量位列全国前三，与各省市进出口总额（2014 年 6 月累计值）排名进行对比，总体排序大体一致，国外商标转让申请前十名省市中有 8 个省市进出口总额也在全国前十名内，可见外贸交易的繁荣促使企业通过获取国外商标在国际市场中提升竞争力。

图 4—12　国内受让人商标转让申请中国内商标比重变化

表 4—5　国内商标转让申请地区分布

排名	区域	转让人省市	转让申请量（件）
1	东部	广东	155047
2	东部	浙江	92266
3	东部	北京	57240
4	东部	江苏	50412
5	东部	上海	49070
6	东部	福建	43908
7	东部	山东	38741
8	西部	四川	27511
9	东部	河北	20762
10	中部	河南	18690

表 4—6　国外商标转让申请地区分布

排名	区域	受让人省市	转让申请量（件）	进出口总值排名
1	东部	上海	1336	3
2	东部	广东	1254	1
3	东部	北京	1064	4
4	东部	浙江	709	5
5	东部	江苏	498	2
6	东部	福建	263	7
7	东部	山东	238	6
8	中部	湖南	171	20
9	东部	辽宁	80	9
10	中部	山西	55	25
11	中部	安徽	53	14
12	东部	天津	46	8
13	中部	河南	44	13
14	中部	江西	43	15
15	东部	河北	40	12
16	西部	四川	39	11
17	中部	黑龙江	36	18
18	中部	湖北	30	17
19	中部	吉林	25	22
20	西部	陕西	17	19
21	西部	广西	15	16
22	西部	云南	15	21

续表

排名	区域	受让人省市	转让申请量（件）	进出口总值排名
23	西部	重庆	15	10
24	西部	内蒙古	12	26
25	东部	海南	4	24
26	西部	宁夏	2	29
27	西部	青海	1	31

服装鞋帽转让申请量最多，烟类转让获得率最高。从申请转让的商标类别来看，第 25 类（服装鞋帽）、第 9 类（科学电子仪器）和第 30 类（咖啡、糖果、米面）商标转让申请量和转让商标量均位列各类别前三名，商标转让申请量均超过 5 万件，转让商标量（有效商标）超过 2.4 万件；从转让获得率[①]来看，第 34 类（烟）、第 33 类（酒）和第 5 类（药品）转让获得率较高，分别为 15.9%、8.0% 和 7.4%（见表 4—7）。

表 4—7　各商品服务类别商标转让情况

排名	类别号	类别名称	转让申请量（件）	转让商标数量（件）	转让获得率
1	34	烟	10760	5279	15.9%
2	33	酒	31844	14162	8.0%
3	5	药品	44926	21169	7.4%
4	12	运载工具	22738	10447	6.5%
5	32	啤酒饮料	22376	9121	6.4%

---

① 转让获得率=有效商标中由转让方式获得的商标/有效商标总量。

续表

排名	类别号	类别名称	转让申请量（件）	转让商标数量（件）	转让获得率
6	23	纱线	3519	1778	6.3%
7	30	咖啡、糖果、米面	58610	26269	6.1%
8	2	油漆颜料	10909	4706	6.1%
9	19	非金属建材	19865	9764	5.9%
10	1	化工	20673	9335	5.9%
11	29	肉菜油	34964	16613	5.9%
12	7	机械	31718	15554	5.4%
13	13	武器烟火	1687	847	5.1%
14	9	科学电子仪器	61118	24108	5.1%
15	11	照明烹饪卫生	36842	14798	5.0%
16	25	服装鞋帽	134211	38875	5.0%
17	6	金属建材	19122	8836	5.0%
18	3	家化	31010	11382	5.0%
19	22	遮篷和填料	3319	1544	5.0%
20	4	润滑油和燃料	6299	2478	4.9%
21	26	服饰附件	5461	2272	4.9%
22	24	纺织品	13679	5884	4.8%
23	15	乐器	2212	986	4.6%
24	31	新鲜植物	14410	7642	4.5%
25	27	地毯墙帏	3547	1520	4.4%
26	8	手工具	6509	2738	4.4%

续表

排名	类别号	类别名称	转让申请量（件）	转让商标数量（件）	转让获得率
27	17	橡胶	7553	3241	4.3%
28	10	医疗器械	9014	3541	4.1%
29	16	印刷品和文具	20954	7514	4.1%
30	38	电信	7033	2473	4.0%
31	40	加工	5539	2535	4.0%
32	42	科研	19817	7010	4.0%
33	21	家庭用品	12631	5118	3.9%
34	20	家具	16950	6706	3.9%
35	18	皮革和包	22463	6380	3.8%
36	14	首饰	12131	4130	3.7%
37	39	运输	7098	3132	3.7%
38	28	玩具	12914	4225	3.6%
39	37	建筑	9570	3993	3.4%
40	36	保险金融	8654	3226	3.1%
41	41	教育和娱乐	15036	4851	2.9%
42	35	广告商业、办公事务	29462	10365	2.8%
43	44	医疗美容	6272	2306	2.6%
44	43	餐饮	14553	5062	2.5%
45	45	法律和其他	1909	708	2.2%

制造业商标流动性较大，转让量和转让获得率最高。从申请转让的商标受让人行业类别来看，制造业、批发零售和商务服务业转让申请量和转让商标量均位列各行业前三名，商标转让申请量均超过 3.8

万件，转让商标量（有效商标）超过 2.4 万件；从转让获得率来看，制造业同样高居首位，达到 11.1%，住宿餐饮和批发零售分别以 10.8% 和 8.3% 位列第二名和第三名，随着人民生活水平的提高，对商品和服务的质量要求越来越高，商品生产的主力制造业和日常生活所需商品和服务的主要提供者住宿餐饮企业、批发零售企业品牌意识快速提升，商标需求量大增，通过转让快速获取有一定知名度的商标成为其获取商标的途径之一（见表4—8）。

表4—8　各行业商标转让情况

排名	行业名称	转让申请量（件）	转让商标数量（件）	转让获得率
1	制造业	269613	192048	11.1%
2	住宿和餐饮业	8317	5873	10.8%
3	批发和零售业	118418	79728	8.3%
4	卫生和社会工作	385	230	8.0%
5	租赁和商务服务业	38100	24079	7.2%
6	采矿业	713	550	6.8%
7	科学研究和技术服务业	34204	22172	6.8%
8	电力、热力、燃气及水生产和供应业	745	489	6.6%
9	文化、体育和娱乐业	6598	4256	6.6%
10	农、林、牧、渔业	8320	6352	6.5%
11	金融业	3431	2474	6.1%
12	交通运输、仓储和邮政业	2107	1515	5.1%
13	信息传输、软件和信息技术服务业	11139	5759	5.1%
14	居民服务、修理和其他服务业	2847	1911	5.0%
15	教育	257	113	4.9%

续表

排名	行业名称	转让申请量（件）	转让商标数量（件）	转让获得率
16	房地产业	5424	3529	4.3%
17	公共管理、社会保障和社会组织	53	39	3.9%
18	建筑业	3087	2075	3.5%
19	水利、环境和公共设施管理业	631	550	3.2%

2. 商标权质押成为解决企业融资问题新途径

随着知识产权法律地位的确立，无形资产作为企业发展的最重要资产，其作用已越来越为广大企业及社会各界所重视，以商标权、专利等无形资产进行质押融资的工作得到了大力推动。以《中华人民共和国担保法》和《中华人民共和国物权法》为法律基础，国家工商总局 2009 年 9 月制定了《注册商标专用权质押登记程序规定》，对商标权质押登记程序进行了细化和完善。在以上法律法规基础上，银监会出台了《银行开展小企业授信工作指导意见》等一系列政策为商标权质押业务提供具体操作依据。2010 年 8 月，为贯彻落实《国家知识产权战略纲要》和《国务院关于进一步促进中小企业发展的若干意见》，推进知识产权质押融资工作，财政部、工业和信息化部、银监会、国家知识产权局、国家工商总局和国家版权局等六部门联合印发了《加强知识产权质押融资与评估管理支持中小企业发展的通知》。2013 年 2 月，银监会联合国家知识产权局、国家工商总局和国家版权局发布了《关于商业银行知识产权质押贷款业务的指导意见》鼓励商业银行开展知识产权质押贷款业务。

质押申请及质押金额稳步增长。在法律法规的支持和相关政策的推动下，商标专用权质押融资业务迅速发展。从商标质押融资开展以来，截至 2014 年 4 月底，商标局累计办理质押申请 3585 件，共质押商标 31742 件，质押金额 2099.96 亿元。从 2001 年以来每年办理的商标质押申请量来看，处理申请量总体呈稳步上升态势，2001 年共处理商标质押申请 33 件，2005 年处理申请量超过百件；2009 年，随着《注册商标专用权质押登记程序规定》的颁布和各部门一系列鼓励中小企业开展商标融资的政策出台后，申请量进入快速增长期，当年办理申请 209 件，到 2013 年办理的申请达到了 818 件，同比增长 19.2%，是 2009 年的 4 倍（见图 4—14）。与申请量相比，质押的商标量呈波动中上升趋势，2004 年已超过千件，2013 年达到 7438 件，同比增长 41.8%；商标质押金额相对波动较大，2009 年以来稳定上升，2013 年达到 401.8 亿元，同比增长 87.2%（见图 4—15）。

图 4—14　2001 年以来商标质押申请办理量及同比增长情况

图 4—15　2001 年以来商标质押金额及同比增长情况

图4—16　2001年以来质押商标量及同比增长情况

　　商标质押以制造企业为主，科技型企业比重有所上升。商标质押申请中，出质人为国内企业的申请共3345件，质押商标共30223件，质押金额共计1895.07亿元，占商标质押总量比重分别为93.3%、95.2%和90.2%。制造业、批发零售业和农林牧渔业是商标质押申请的前三大行业，其中制造业申请量共2034件，质押商标共19016件，质押金额共1161.13亿元，占国内企业商标质押总量的比重分别为60.8%、62.9%和61.3%，是国内企业商标质押的主力。从商标质押申请行业变化趋势来看，制造业申请量比重一直维持在四成以上，2006年以来呈平稳上升态势，"十二五"以来已超过六成，2013年达到65.3%；批发零售业申请基本维持在10%以上，居于各行业第二位；农林牧渔业申请在"十五"时期比重与批发零售业接近，"十一五"以来持续下降，"十二五"以来已低于5%；科技型企业（包括科学研究和技术服务业以及信息传输、软件和信息技术服务业）比重"十一五"以来则明显上升，维持在5%左右，仅次于批发零售业。质押金额行业结构与申请量行业结构总体一致，但波动相对较大，商务服务业申请量比重并不大，但质押金额部分年份表现较为突出。

表 4—9 商标质押申请行业分布情况

出质企业所属行业门类	质押申请量		质押商标数量		质押金额	
	数量（件）	比重	商标量（件）	比重	总金额（亿元）	比重
制造业	2034	60.8%	19016	62.9%	1161.13	61.3%
批发和零售业	429	12.8%	4061	13.4%	265.49	14.0%
农、林、牧、渔业	159	4.8%	743	2.5%	51.32	2.7%
科学研究和技术服务业	127	3.8%	1443	4.8%	16.10	0.8%
住宿和餐饮业	122	3.6%	1160	3.8%	30.30	1.6%
租赁和商务服务业	65	1.9%	1388	4.6%	213.86	11.3%
信息传输、软件和信息技术服务业	33	1.0%	176	0.6%	20.53	1.1%
文化、体育和娱乐业	28	0.8%	199	0.7%	7.80	0.4%
居民服务、修理和其他服务业	15	0.4%	311	1.0%	14.93	0.8%
交通运输、仓储和邮政业	13	0.4%	19	0.1%	2.46	0.1%
建筑业	9	0.3%	65	0.2%	2.67	0.1%
金融业	8	0.2%	61	0.2%	2.40	0.1%
采矿业	6	0.2%	21	0.1%	26.73	1.4%
卫生和社会工作	5	0.1%	30	0.1%	0.66	0.0%
水利、环境和公共设施管理业	3	0.1%	18	0.1%	1.51	0.1%
房地产业	2	0.1%	27	0.1%	3.05	0.2%
电力、热力、燃气及水生产和供应业	2	0.1%	6	0.0%	0.22	0.0%
公共管理、社会保障和社会组织	2	0.1%	6	0.0%	0.10	0.0%

续表

出质企业所属行业门类	质押申请量		质押商标数量		质押金额	
	数量（件）	比重	商标量（件）	比重	总金额（亿元）	比重
国际组织	1	0.0%	6	0.0%	0.09	0.0%
其他①	282	8.4%	1467	4.9%	73.71	3.9%
合计	3345	100.0%	30223	100.0%	1895.07	100.0%

图4—17　2001年以来质押申请量行业结构变化

食品饮料加工企业商标质押踊跃，但质押金额均值较低。从制造业细分行业构成来看，申请量前三位的农副食品加工业、食品制造业、酒饮料和精制茶制造业均属于为食品饮料加工领域，三行业合计申请量775件，质押商标5481件，质押金额236.07亿元，占制造业质押总量比重分别为38.1%、28.8%和20.3%，食品饮料加工企业商标质押申请量虽多，但由于食品饮料加工企业多为中小企业，三行业单次

---

① 其他企业为未能匹配企业基本信息相关质押申请。

图4—18　2001年以来质押金额行业结构变化

质押金额均值均在制造业平均水平（5708.63万元）以下。其他行业大类中，纺织服装、化学制品和电器机械制造三行业申请量也超过百件，橡胶塑料制品和造纸纸制品行业申请量虽然不多，由于部分申请质押金额较高，质押总额较高，分别达到144.52亿元和81.37亿元（见表4—10）。

表4—10　制造业商标质押申请细分行业分布情况

出质企业所属行业门类	质押申请量		质押商标数量		质押金额		质押金额均值（万元）
	数量（件）	比重	商标量（件）	比重	总金额（亿元）	比重	
农副食品加工业	318	15.6%	1570	8.3%	86.45	7.4%	2718.54
食品制造业	273	13.4%	2378	12.5%	58.54	5.0%	2144.42
酒、饮料和精制茶制造业	184	9.0%	1533	8.1%	91.08	7.8%	4949.86
纺织服装、服饰业	160	7.9%	2025	10.6%	104.90	9.0%	6556.00

续表

出质企业所属行业门类	质押申请量		质押商标数量		质押金额		质押金额均值（万元）
	数量（件）	比重	商标量（件）	比重	总金额（亿元）	比重	
化学原料和化学制品制造业	155	7.6%	1128	5.9%	127.32	11.0%	8214.18
电气机械和器材制造业	143	7.0%	2740	14.4%	218.32	18.8%	15267.47
家具制造业	87	4.3%	723	3.8%	20.26	1.7%	2329.26
金属制品业	87	4.3%	1287	6.8%	41.50	3.6%	4770.43
医药制造业	76	3.7%	812	4.3%	22.88	2.0%	3010.39
通用设备制造业	60	2.9%	363	1.9%	28.28	2.4%	4713.02
非金属矿物制品业	53	2.6%	224	1.2%	15.42	1.3%	2909.68
木材加工和木、竹、藤、棕、草制品业	52	2.6%	259	1.4%	19.93	1.7%	3832.40
纺织业	48	2.4%	610	3.2%	16.40	1.4%	3416.10
专用设备制造业	48	2.4%	194	1.0%	10.58	0.9%	2204.87
皮革、毛皮、羽毛及其制品和制鞋业	46	2.3%	595	3.1%	18.23	1.6%	3963.21
橡胶和塑料制品业	40	2.0%	1266	6.7%	144.52	12.4%	36130.90
文教、工美、体育和娱乐用品制造业	31	1.5%	367	1.9%	5.57	0.5%	1797.58
汽车制造业	24	1.2%	48	0.3%	2.40	0.2%	1000.00
计算机、通信和其他电子设备制造业	23	1.1%	176	0.9%	5.30	0.5%	2306.13
其他制造业	21	1.0%	71	0.4%	2.62	0.2%	1245.48

续表

出质企业所属行业门类	质押申请量		质押商标数量		质押金额		质押金额均值（万元）
	数量（件）	比重	商标量（件）	比重	总金额（亿元）	比重	
铁路、船舶、航空航天和其他运输设备制造业	17	0.8%	145	0.8%	5.63	0.5%	3313.73
造纸和纸制品业	15	0.7%	133	0.7%	81.37	7.0%	54246.67
仪器仪表制造业	14	0.7%	41	0.2%	1.34	0.1%	958.96
烟草制品业	8	0.4%	24	0.1%	15.93	1.4%	19913.75
印刷和记录媒介复制业	8	0.4%	15	0.1%	0.31	0.0%	382.50
黑色金属冶炼和压延加工业	5	0.2%	7	0.0%	0.48	0.0%	960.00
金属制品、机械和设备修理业	5	0.2%	53	0.3%	0.40	0.0%	800.00
石油加工、炼焦和核燃料加工业	3	0.1%	8	0.0%	0.09	0.0%	300.00
化学纤维制造业	3	0.1%	3	0.0%	0.71	0.1%	2360.00
有色金属冶炼和压延加工业	2	0.1%	2	0.0%	0.33	0.0%	1650.00
废弃资源综合利用业	1	0.0%	1	0.0%	0.05	0.0%	500.00
其他	24	1.2%	215	1.1%	13.98	1.2%	5826.00
合计	2034	100.0%	19016	100.0%	1161.13	100.0%	5708.63

商标质押工作区域发展不平衡，安徽申请量全国领先，广东质押金额最大。从出质人所属省市分布来看，安徽、广东、北京三省市分

别以 832 件、417 件和 365 件申请量居于各省市前三位，广东、山东和四川则分别以 402.19 亿元、319.39 亿元和 262.01 亿元质押金额居于各省市前三位，23 个省市质押申请量不足百件，商标质押工作区域发展不平衡态势明显。从申请量在 50 件以上的省市历年申请量走势来看，广东商标质押工作开展较早，在 2006 年之前一直处于全国首位，2007 年之后先后被北京和安徽超过；北京市商标质押申请从 2007 年之后超过广东，除 2009 年之外基本居于全国前两位。广东、北京两地虽是商标质押申请的主要地区，但总体增长较为平稳。安徽省虽然经济总量及商标有效注册总量不及广东、北京两地，但在积极实施商标战略、推动商标质押工作、提升企业商标运用能力、服务地方经济发展方面表现突出。为充分发挥商标专用权无形资产的价值，破解中小企业融资难问题，2009 年商标战略实施以来，安徽省政府和工商局先后出台了《安徽省商标专用权质押贷款工作指导意见》《关于印发商标专用权质押贷款工作实施意见的通知》《关于实施商标战略促进经济发展的意见》和《关于进一步推进商标专用权质押贷款工作的意见》等一系列政策；为确保贷款质量、降低金融风险，工商部门还推出了"核验服务、资信服务、基础服务、上门服务、全程服务"五项服务举措；通过政府对金融机构进行目标考核和工商系统内部目标考核双管齐下的目标考核机制将商标质押工作落到实处。在省政府和工商部门一系列政策和积极作为的推动下，安徽商标质押业务在 2009 年以来快速增长，从 2009 年的 16 件增长到 2013 年的 267 件，共增长 15.7 倍，质押金额从 1.06 亿元增长至 34.21 亿元，共增长 31.3 倍（见表 4—11）。

表 4—11　商标质押申请省市分布情况

出质人 所属省市	质押申请量		质押商标数量		质押金额	
	数量 （件）	比重	商标量 （件）	比重	总金额 （亿元）	比重
安徽	832	23.3%	2160	6.9%	92.64	4.8%
广东	417	11.7%	7693	24.5%	402.19	20.9%
北京	365	10.2%	3531	11.3%	85.48	4.4%
福建	255	7.1%	1431	4.6%	39.52	2.1%
浙江	175	4.9%	2236	7.1%	96.24	5.0%
辽宁	172	4.8%	1253	4.0%	82.86	4.3%
四川	162	4.5%	2395	7.6%	262.01	13.6%
江苏	161	4.5%	1819	5.8%	117.92	6.1%
山东	142	4.0%	1721	5.5%	319.39	16.6%
湖南	102	2.9%	836	2.7%	39.50	2.1%
天津	92	2.6%	677	2.2%	19.08	1.0%
黑龙江	78	2.2%	396	1.3%	19.39	1.0%
江西	71	2.0%	397	1.3%	18.96	1.0%
陕西	65	1.8%	487	1.6%	24.03	1.3%
河北	60	1.7%	896	2.9%	122.12	6.4%
重庆	55	1.5%	349	1.1%	7.02	0.4%
湖北	53	1.5%	419	1.3%	37.75	2.0%
上海	52	1.5%	410	1.3%	25.07	1.3%
河南	51	1.4%	397	1.3%	15.48	0.8%
山西	33	0.9%	376	1.2%	15.33	0.8%
广西	32	0.9%	358	1.1%	23.47	1.2%
吉林	28	0.8%	186	0.6%	18.16	0.9%
贵州	23	0.6%	151	0.5%	6.28	0.3%

续表

出质人 所属省市	质押申请量		质押商标数量		质押金额	
	数量 （件）	比重	商标量 （件）	比重	总金额 （亿元）	比重
内蒙古	21	0.6%	199	0.6%	12.55	0.7%
宁夏	18	0.5%	68	0.2%	2.32	0.1%
香港	10	0.3%	59	0.2%	1.26	0.1%
青海	8	0.2%	95	0.3%	0.79	0.0%
新疆	8	0.2%	96	0.3%	0.30	0.0%
云南	8	0.2%	59	0.2%	2.79	0.1%
海南	8	0.2%	18	0.1%	0.62	0.0%
西藏	4	0.1%	126	0.4%	4.10	0.2%
甘肃	4	0.1%	4	0.0%	2.85	0.1%
澳门地区	2	0.1%	62	0.2%	4.56	0.2%
合计	3567	100.0%	31360	100.0%	1922.00	100.0%

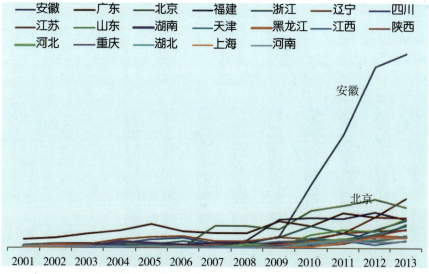

图 4—19　商标质押申请 50 件以上省市 2001 年以来历年申请量

图4—20　安徽省2009年以来商标质押总量及增长情况

各地商标质押行业结构各具特色，北京的科研服务最为突出。对企业商标质押申请在百件以上的省市进行行业结构对比可以发现，虽然各省市目前均以制造业申请为主，但各省行业结构具有明显差异。北京市作为我国科技创新中心，科技型企业集聚，科技型企业（包括科学研究和技术服务业以及信息传输、软件和信息技术服务业）也成为商标质押的主力之一，占北京商标质押申请总量的比重达到24.2%，居于各省市首位；四川、辽宁、浙江、山东四个农业大省，农业商标质押申请明显高于其他省份；江苏、福建和安徽制造业商标质押申请比重超过七成（见图4—21）。

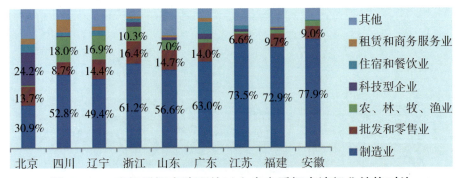

图4—21　商标质押申请百件以上省市质押申请行业结构对比

商标质押对民营经济的推动作用较为明显，私营企业申请占比走高。从商标质押申请企业性质来看，私营企业一直是商标质押申请的主力，2009 年以来私营企业申请比重持续走高，2013 年达到 74.9%。私营企业申请比重快速增长主要有两个原因：一是相关政策鼓励金融机构对民营中小企业开展商标质押业务，二是 2009 年以来安徽商标质押申请量的猛增，且以私营企业为主。随着私营企业申请比重的走高，内资非私营企业申请比重持续下降，外资企业申请比重相对稳定。从质押金额比重来看，2008 年之前各类型企业质押金额比重变化较大，2009 年以来，随着私营企业申请比重的提升，质押金额比重稳定上升，2012 年以来超过内资非私营企业。商标质押申请对拓展民营企业融资渠道、推动民营经济发展起到越来越重要的作用（见图 4—22）。

图 4—22　2001 年以来各类型企业质押申请量比重变化情况

商标价值评估体系不完善，质押形式以组合质押为主，质押金额相对较低。商标专用权质押作为一种新型的无形资产质押融资业务，

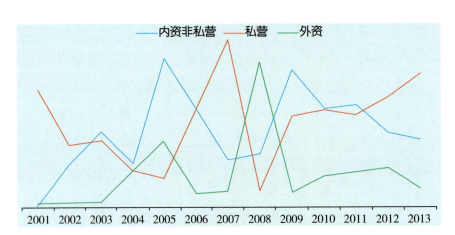

图 4—23　2001 年以来各类型企业质押金额比重变化情况

目前在我国处于政府政策导向型阶段。商标专用权价值评估是质押融资的关键环节，目前我国还没形成被普遍接受的统一的商标专用权价值评估体系，商标价值评估缺乏权威性，不同评估单位评估值差异较大；此外商标作为知识产权，具有无形性、未来收益的不确定性，容易受到企业经营状况等各种因素影响而发生价值波动，贬值风险较高。商标专用权价值评估体系的不统一，监督管理体制的不健全以及贬值风险的难以控制，这几大因素导致金融机构不愿接受商标专用权质押，这已成为推广商标权质押融资的最大障碍之一。商标质押主要有两种形式，一种是纯商标质押，另一种是商标和有形资产组合的方式。从目前我国商标质押实践来看，由于上述问题的存在，纯粹依靠商标质押获得贷款的企业较少，商标与有形资产组合是目前金融机构较为容易接受的商标质押融资方式，成为商标质押的主流。组合质押为商标质押开辟路径的同时由于其他资产的介入使得组合质押中商标的实际价值及作用变得难以评估。此外由于金融机构普遍认为商标质押融资风险较固定资产质押贷款相比较高，所以一般给予的质押率很低，导致质押金额相对较低，近四成商标质押申请的质押金额在 500 万元以下。

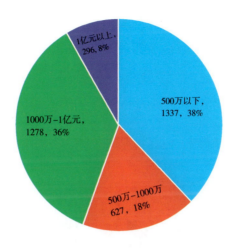

图 4—24　不同质押金额规模申请量及比重情况

3. 商标特许经营有利于实现商标无形资产增值

随着经济全球化步伐加快及我国商品与服务贸易的快速增长，商标使用许可已成为商品生产、销售以及服务领域中越来越普遍的商标运用形式。从市场营销角度看，商标使用许可是商标特许经营策略，是一种双赢行为，对许可方来说，它可以借助他人的生产经营资源，以低运营成本实现自己的商标扩张和市场扩张提高企业知名度，并通过无形资产的使用许可获得更多收入，实现商标无形资产增值。对被许可方来说，通过使用他人高知名度商标，扩大商品销售，获得良好经济效益，同时借助许可人优势，增加抗风险能力，有效解决商品入市障碍。

从 2002—2013 年的商标使用许可合同备案申请量发展趋势来看，"十五"至"十一五"期间，商标使用许可合同备案申请量相对平稳，

2008 年和 2009 年受金融危机影响较 2007 年略有回缩，2010 年迅速反弹，申请量超过 2 万件；"十二五"以来，越来越多的企业体会到商标使用许可策略的重要性，商标使用许可合同备案申请量快速增长，2012 年和 2013 年申请量都在 3 万左右。随着备案申请的快速增长，商标局审查能力不断提升，办理量也创下新高，2013 年许可合同备案办理数量达到 3.5 万件（见图 4—25）。

图 4—25　2002—2013 年商标使用许可合同备案办理数量及变化情况

在商标注册用商品和服务国际分类的 45 大类上，商标许可使用的频率形成明显的差异性特征。这种特征的形成与各行业的固有特点有关，同时也反映了不同行业商标运用的活跃程度。在第 25 类"服装鞋帽"上的商标使用许可合同备案申请最多，共有 2.87 万件备案申请，在第 30 类"副食调料"、第 5 类"医药制剂"、第 9 类"电子产品"、第 29 类"食品调料"上，分别有 2.0 万件、1.61 万件、1.50 万件、1.34 万件商标使用许可合同备案申请。在第 45 类"法律服务"上的商标使用许可合同备案申请最少，只有 151 件，在第 13 类"军火烟花"、第 15 类"乐器"、第 27 类"地席墙帏"、第 34 类"烟草烟具"上的申请也较少，分别为 364 件、401 件、530

件、656 件（见图 4—26）。

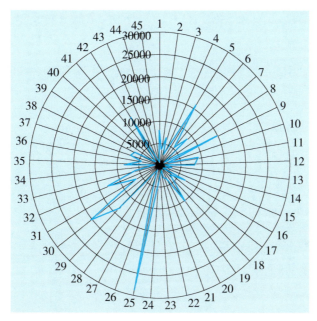

图 4—26　不同商品和服务类别商标使用许可合同备案申请量

许可合同备案申请在不同类别上的数量差异，除了注册商标在各类上的数量差异因素外，主要反映了商标权交易的活跃程度在不同类别上的区别。许可合同备案申请量位居前五位的类别中，有 4 个类别的注册商标量位居前五位。根据许可合同备案申请占注册商标的比重，45 类中占比前五位依次为第 38 类 "通讯服务"、第 32 类 "啤酒饮料"、第 42 类 "设计研发"、第 37 类 "建筑维修"、第 19 类 "建筑材料"，占比分别为 5.3%、4.6%、3.8%、3.7%和 3.6%（见表 4—12）。

表4—12　不同商品和服务类别商标使用许可合同备案申请量占注册商标比重

类别	名称	商标使用许可合同备案申请量（件）	占注册商标比重
38	通信服务	6288	5.30%
32	啤酒饮料	12982	4.60%
42	设计研发	12709	3.80%
37	建筑维修	6989	3.70%
19	建筑材料	10053	3.60%
5	医药制剂	16119	3.10%
1	工业化学品	7912	3.00%
12	运载工具	8225	2.90%
30	副食调料	19959	2.60%
29	食品调料	13436	2.60%
2	颜料油漆	3566	2.60%
17	绝缘材料	3201	2.60%
4	工业用油	2344	2.60%
16	文具用品	6864	2.30%
36	金融地产	4217	2.20%
31	林业农业	6174	2.00%
39	运输旅行	3083	2.00%
25	服装鞋帽	28666	1.90%
7	机械设备	8657	1.90%
9	电子产品	15035	1.80%
11	家用电器	9230	1.80%
6	五金器具	5298	1.80%

续表

类别	名称	商标使用许可合同备案申请量（件）	占注册商标比重
18	皮革皮具	4778	1.60%
26	饰品编带	1233	1.60%
3	日用化学品	6387	1.50%
33	酒精饮料	6060	1.50%
24	床上用品	3076	1.50%
14	珠宝首饰	3044	1.50%
28	娱乐器械	2980	1.50%
40	材料处理	1543	1.50%
22	缆绳帐篷	797	1.50%
10	医疗用品	2052	1.40%
8	手工用具	1490	1.40%
23	纺织纱线	699	1.40%
13	军火烟花	364	1.30%
20	家具工艺	3537	1.20%
21	日用器具	2809	1.20%
35	广告销售	8115	1.10%
34	烟草烟具	656	1.10%
15	乐器	401	1.10%
43	餐饮住宿	3636	1.00%
41	教育娱乐	3353	1.00%
27	地席墙帷	530	0.80%
44	医疗美容	1053	0.70%
45	法律服务	151	0.30%

（二）商标运用的典型问题分析

商标使用中存在的主要问题大致可以概括为商标不使用和商标使用不当两类。其中，商标连续三年不使用导致撤销①的问题是商标不使用的典型代表，商标退化为通用名称属于商标使用不当的典型代表。

1. 撤销连续三年不使用商标量逐年增长，督促商标使用力度逐步增强。商标被撤销的原因主要包括连续三年不使用、商标争议、注册不当、商标退化为通用名称等，其中"连续三年不使用"是导致商标撤销最主要的原因，反映了商标闲置程度。该制度的建立，一是为了防止宝贵商标资源的浪费，有效整合商标资源；二是为了促进商标的有效运用，实现商标的基本功能，推动经济发展。

连续三年不使用撤销制度督促商标使用的力度逐步增强（见图4—27）。截至2014年7月底，因连续三年不使用导致撤销的商标共有4.13万件，占商标撤销总量（包括连续三年不使用、商标争议等原因导致的撤销）的九成以上。随着商标注册量的不断增长和商标在经济活动中作用的逐步提升，商标连续较长时间不使用的现象越来越受到社会关注，"撤三"量也逐年增长，从2000年至今，"撤三"量快速增长，2000年只有6件，2013年达到了11097件，"撤三"制度督促商标使用的力度逐步增强。

东部地区连续三年不使用撤销量相对较大。商标的运用水平和地区经济发展水平密切相关，经济发展水平较高的地区商标注册量较大，因而撤销总量也较大，从各省市"撤三"总量分布看，广东、浙江、北京、福建、上海、江苏等东部地区位居前列（见图4—28）。为剔除

---

① 下文为表述方便，连续三年不使用撤销简称为"撤三"。

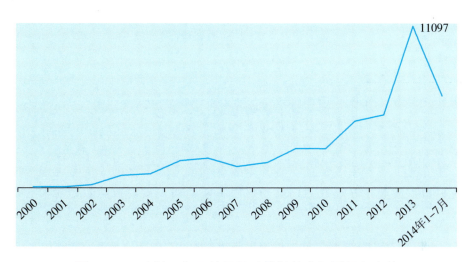

图4—27　连续三年不使用导致撤销的商标量历年走势

注册商标总量因素的影响，以平均每万件注册商标对应的撤三量来统计，发现东部地区依然位居前列，其中广东最高，依次是辽宁、新疆、北京、福建、上海、天津（见图4—29）。

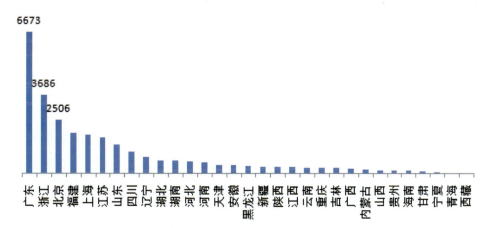

图4—28　全国各省市连续三年不使用导致撤销的商标量

15个类别商标"撤三"量过千件，服装鞋帽类"撤三"量最高。

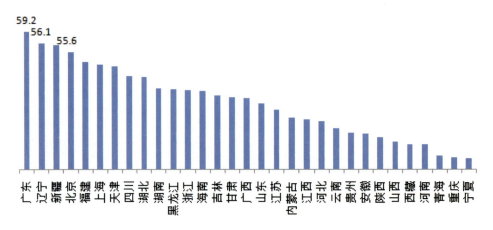

图4—29 全国各省市每万件注册商标所对应连续三年不使用导致撤销的商标量

45个类别商标中，15个类别商标"撤三"量在1000件以上，其中第
25类（主要是服装鞋帽）上的"撤三"量最高，达到5373件，其次
为第9类（主要是电子产品、专用设备等），为4173件；第30类（主
要是副食调料等）、第5类（主要是医药制剂等）上的撤销量都在
2000件以上；在第35类（主要是广告和商务服务等）、11类（主要
是家用电器）、3类（主要是日用化学品）、42类（主要是设计研发服
务等）、7类（主要是机械设备等）、29类（主要是食品调料等）、16
类（主要是文具用品等）、32类（主要是啤酒饮料等）、33类（主要
是酒精饮料等）、12类（主要是运载工具等）、18类（主要是皮革皮
具等）上的"撤三"量均在1000件以上。这反映出在这几类商品上
注册的商标被闲置较多，而同时这几类商品类别广泛、生产厂商众多、
商标拥有量巨大，因而被撤销的量也较大。在第13类（主要是军火烟
花等）、45类（主要是法律服务、安全服务及其他服务等）、15类
（主要是乐器及其配件）、23类（主要是纺织纱线）、22类（主要是缆
绳、帐篷、包装用品、密封物品、纤维材料等）、27类（主要是地席

墙帏等）上被撤销的商标较少，均低于 100 件。

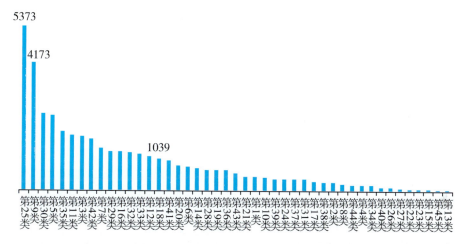

图 4—30　不同商品或服务类别连续三年不使用导致撤销的商标量

从每千件注册商标平均"撤三"量来看，第 42 类（主要是设计研发服务等）最多，每千件平均撤销 7.82 件，第 13 类（主要是军火烟花等）每千件平均撤销 0.66 件，平均"撤三"量最少。

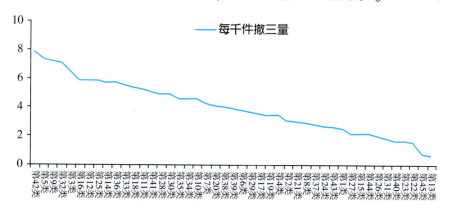

图 4—31　不同商品或服务类别每千件注册商标平均"撤三"量

商标覆盖率较高的行业"撤三"量相对也较高。将注册商标覆盖率较高的行业与连续三年不使用商标撤销量较大的行业进行比对,可以发现,高覆盖率行业与高撤销量行业出现较大的吻合。商标覆盖率前 20 的行业中有 12 个行业"撤三"量也在前 20 名之内。以上表明,商标是一种资源,随着行业商标覆盖率的提高,在后申请人去创造新商标的可用资源就越少,遇到在先商标权阻碍的可能性提高,商标竞争就越激烈,"撤三"量也随之走高。

表 4—13　商标覆盖率前 20 名行业

行业大类代码	行业名称	商标覆盖率	"撤三"量	"撤三"量排名
15	酒、饮料和精制茶制造业	46.8%	494	6
27	医药制造业	45.0%	276	12
14	食品制造业	38.7%	449	7
13	农副食品加工业	31.2%	285	11
26	化学原料和化学制品制造业	30.3%	444	8
16	烟草制品业	25.1%	123	28
38	电气机械和器材制造业	24.9%	574	4
40	仪器仪表制造业	20.6%	167	22
37	铁路、船舶、航空航天和其他运输设备制造业	20.2%	110	29
25	石油加工、炼焦和核燃料加工业	19.9%	15	58
21	家具制造业	19.4%	95	31
36	汽车制造业	19.3%	190	20
19	皮革、毛皮、羽毛及其制品和制鞋业	18.6%	331	10
28	化学纤维制造业	17.1%	8	68
35	专用设备制造业	17.0%	167	23
24	文教、工美、体育和娱乐用品制造业	16.7%	191	19
39	计算机、通信和其他电子设备制造业	16.6%	237	14

行业大类代码	行业名称	商标覆盖率	"撤三"量	"撤三"量排名
18	纺织服装、服饰业	16.3%	710	3
34	通用设备制造业	14.1%	230	16
29	橡胶和塑料制品业	13.8%	142	25

2. 商标退化为通用名称撤销制度促进商标运用及保护意识提升

显著性是指商标所具有的标示企业商品或服务出处并使之区别于其他企业的商品或服务的属性。作为商标保护的"灵魂"和商标法正常运行的"枢纽",商标显著性一直以来都受到理论和实务界的特别关注。商标退化理论与商标显著性密切相关,当商标自身显著性逐步退化乃至完全丧失,将导致一个原为有效注册使用的商标演变为商品通用名称,从而进入共有领域无法为注册人专有使用。

商标退化为商品通用名称,国内外都有经典案例。例如 Aspirin(阿司匹林)原来是拜耳(Bayer)公司的止痛药品牌,如今泛指任何止痛药。在国内,因通用名称引发的商标纠纷近年来屡见不鲜,如"解百纳""木糖醇""小肥羊""小农占""优盘""金骏眉"等等。这些涉及行业通用名称的商标纠纷,无一不造成行业内的大动荡。

我国 2001 版《商标法》中规定,注册商标在申请注册之时构成使用商品通用名称的,商标局可以依职权或者由商标评审委员会依申请撤销该注册商标。对商标注册时并不构成核定使用商品的通用名称,但对于使用不当退化为通用名称的,并没有规定可以撤销。现行商标法对此进行了修正,增加了对注册商标退化为通用名称予以撤销的规定。通用名称本质上应该是一种无形的公共资产，为一定范围内的生产者、经营者共同使用，不应具有排他性，不能对抗他人正当使用。对通用名称的使用涉及公共利益、经济秩序和公众认知规律，基于防止垄断公共资源的目的，注册商标成为其核定使用的商品的通用名称的，任何单位或者个人可以向商标局申请撤销该注册商标。

商标退化为通用名称主要有以下几种原因：1. 因商标注册人使用不当导致商标显著特征消失，退化成通用名称；2. 因他人将某注册商标作为商品名称使用，注册人怠于行使权利，致注册商标退化成通用名称的。可见，不当使用以及保护不力是商标退化为通用名称的主因，且涉及此类纠纷的商标多为驰著名商标，作为注册人无形资产的重要组成，注册商标一旦被认定为通用名称予以撤销，将对企业的品牌树立乃至发展战略造成一定的负面影响，即使保留商标注册，也会因他人主张合理使用，而在商标保护上受到极大的限制。

随着注册商标退化为通用名称予以撤销的规定的实施，从商标注册人角度来说，注册人尤其是驰著名商标注册人应当对自身商标使用、管理方式及商标保护力度进行自查。首先，把好商标设计关，避免使用通用名称作为商标主要组成部分，从源头避免商标成为通用名称的可能；其次，尽早注册商标，在商品投入市场之前或投入市场之时便设计注册商标，避免商品投入市场一定时间后被淡化为通用名称而难以申请注册商标；再次，要区分商品和商标，在推广宣传过程中标明商标标示，明确商品名称，避免将商标作为商品通用名称等易对商标显著性特征造成淡化的宣传手段及方式；最后，加强商标专用权保护意识，对他人侵权使用注册人的商标、将注册人的商标作为通用名称使用，淡化商标显著性特征等不当使用商标行为及时予以制止或追究法律责任。对于商标管理部门来说，首先应严格商标注册审查，严禁以通用名称注册商标行为；加强驰名商标保护力度，禁止恶意抢注及傍名牌等行为，防止驰名商标被淡化成为商品或者服务的通用名称。

商标运用与经济发展的关系分析

通过对我国商标运用情况的分析，发现商标的运用有区域性和类别性特点，并且各种运用方式对商标也有不同程度的影响。为了更好的考察商标运用与经济的关系，下文将从商标运用与经济总体的关系、商标运用与区域经济发展水平的关系、商标运用与微观企业主体的关系等角度进行分析。

一、商标运用与宏观经济发展高度相关

（一）商标运用与经济发展水平高度相关

1. 商标总量与经济总量具有强相关性

利用 1990 年以来全国 GDP、商标申请总量、商标注册总量三个指标作相关性分析，发现 GDP 与商标申请量和注册量均高度相关。其中，GDP 与商标申请量的相关系数为 0.9813，GDP 与商标注册量的相关系数为 0.9209。表明经济发展水平越高，商标申请注册意识越强，对商标的运用也越重视。

运用格兰杰因果检验研究 GDP 与商标申请量的关系，发现 GDP 与商标申请量存在长期的格兰杰因果关系，且这种因果关系呈现出阶段性

特征。表现在商标注册申请头三年内，经济发展水平是影响商标申请量的重要因素，即此时 GDP 是商标申请量的格兰杰原因；在商标注册申请四年后，商标的作用开始发挥，成为了影响经济发展变化的重要因素，即此时商标申请量是 GDP 变动的格兰杰原因（见表 4—14）。

表 4—14　GDP 与商标申请量的格兰杰因果关系检验

滞后阶数	△GDP △SQL	△SQL △GDP
2	7. 940**	0. 084
3	4. 756	2. 459
4	0. 963	14. 616***
5	1. 227	9. 490**

2. 注册商标平均拥有量与地区经济发展水平高度相关

通过人均 GDP 和每万户市场主体拥有注册商标量两个指标将全国 31 省市区进行了划分，以人均 GDP 反映地区经济发展水平，以每万户市场主体拥有注册商标量反映商标运用方面的情况。利用两指标的全国平均水平作为分界点，将 31 个省市区划分成四个类别，所得结果如下图（图 4—32）所示：

A（"经济—商标"双高区）：该类别属于经济发展水平相对较高、注册商标平均拥有量也较高的地区，主要包含北京、上海、天津、浙江、广东和福建六个东部较为发达的省市；

B（"经济高—商标低"区）：该类别属于经济发展水平相对较高、但注册商标平均拥有量相对较低的地区，主要包含江苏、山东、内蒙古、辽宁、吉林、湖北、陕西、湖北和重庆九个地区；

C（"经济低—商标高"区）：该类别属于经济发展水平相对较低、

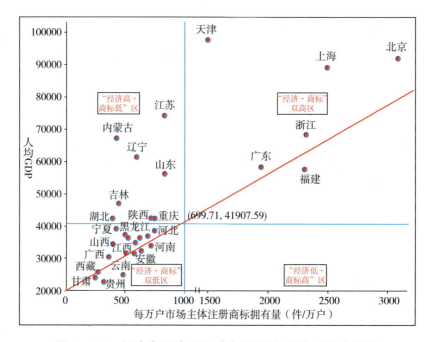

图4—32 经济发展水平和商标运用水平的对比分析图

但注册商标平均拥有量相对较高的地区，没有省市区属于该类别。

D（"经济—商标"双低区）：该类别属于经济发展水平相对较低、注册商标平均拥有量也较低的地区，主要包含甘肃、贵州、西藏、云南、新疆、宁夏等西部地区。

总体上来看，通过对31省市区的分析，发现经济发展水平和商标运用之间存在高度一致性，基本分布在"双高"和"双低"两个象限区内。即经济发展水平较高的地区对商标运用相对也较为重视，平均拥有注册商标量也较多；反之，经济发展水平较低的地区对商标运用的意识相对也较为薄弱，平均拥有注册商标量较少。对处于"经济高—商标低"区的省市进行分析，发现其中江苏、山东、辽宁、内蒙古四个地区人均GDP发展水平与浙江、广东、福建三个地区基本处于同一层级（人均 GDP 在 5 万—8 万元），但每万户市场主体平均拥有的注册商标量存在明显差异，相差 1000 个以上，主要原因有，这些地区的经济或为资源依赖型（内蒙古）、外资依赖型（江苏、山东）或者是重工业依赖型，商标品牌带动经济发展的强大动力还没有完全发挥出来，在经济发展水平达到一定程度的基础上，可以通过加强对商标的运用来增强经济发展的后劲。

（二）商标申请量变动与经济的变化基本同步

商标的申请注册反映了主体对商标运用的积极程度，在一定程度上能反映商标运用的情况，并且可以规避一些影响商标注册量的客观因素的干扰。通过全国历年的商标申请量与 GDP 的变动看出，两者的变化较为一致（见图 4—33）。

图 4—33　历年商标申请量和 GDP 走势图

为了定量地衡量二者的变化关系，建立简单线性回归模型，得到回归方程：ln 商标申请量 = 1.025 + 0.999XlnGDP，即 GDP 变化 0.999 个百分点，商标申请量相应的变化 1 个百分点，即二者之间的变动存在高度一致同步性（见图 4—33）。

（三）商标续展与经济增长变动趋于一致

从续展申请总量发展趋势分析来看，除到期商标量和商标相关政策因素外，经济增长成为影响商标续展申请量的主要因素之一。对我国 GDP 总量与商标续展申请量进行回归分析发现，两者之间的相关系数达到 0.96，存在高度正相关关系。同时，F 值为 257.62（P 值为 0.000<0.05），表明我国 GDP 总量对商标续展申请量有显著影响。对比续展申请量同比增长情况与 GDP 同比增长情况，可以发现，2005 年以前，相对于 GDP 的平稳变动，续展申请量变动幅度相对较大，2005 年之后续展申请与经济发展关系愈加密切，尤其是 2008 年金融危机以来，两者拐点基本同步同向，总体趋势趋于一致（见图 4—35）。

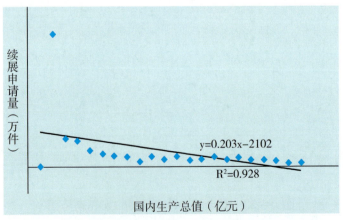

图 4—34　商标续展申请量与 GDP 回归分析示意图

GDP同比增长　续展申请同比增长

图4—35　商标续展申请和 GDP 同比增长趋势对比

（四）商标转让与国内外经济增长形势密切相关

商标转让与经济增长高度相关,变动趋于一致。从转让申请总量发展趋势分析来看,除商标相关政策因素外,经济环境是影响商标转让申请量的主要因素之一。对商标转让申请量与我国 GDP 总量进行回归分析发现,两者之间的相关系数达到 0.98,存在高度正相关关系。对比转让申请量同比增长情况与 GDP 同比增长情况,可以发现,相对于 GDP 的波动幅度,转让申请量变动幅度相对较大,2008 年金融危机以来转让申请与经济发展关系愈加密切,两者拐点基本同步同向,总体趋势趋于一致(见图4—37) 。

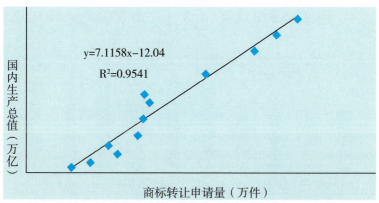

$y=7.1158x-12.04$

$R^2=0.9541$

国内生产总值（万亿）

商标转让申请量（万件）

图4—36　商标转让申请量与 GDP 回归分析示意图

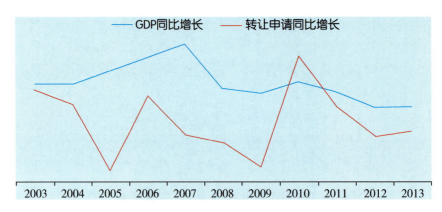

图 4—37　商标转让申请和我国 GDP 同比增长趋势对比

国外商标转让比重下降，与国际经济形势密切相关。国外商标转让是国外企业在中国开展商标交易和国内企业获取国外商标的主要途径，其申请量一直维持在商标转让申请总量的 10%以上，2008 年达到最高水平 18.2%，2010 年以来随着国际经济复苏乏力，国际商标转让申请比重走低，2012 年为历史最低 13.4%。将商标转让申请总量同比增长趋势、国外商标转让申请量同比增长趋势和世界 GDP 同比增长趋势进行对比，可以发现 2004 年以来国外商标转让申请量增长变化与世界 GDP 增长变化趋势走向高度一致，均在 2005 年、2009 年和 2011—

图 4—38　2002 年以来国外商标转让申请量及增长变化

2012 年出现明显下滑，拐点同步同向，国际经济形势的变化对国外商标价值增减的影响通过国外商标转让得到了直观反映。

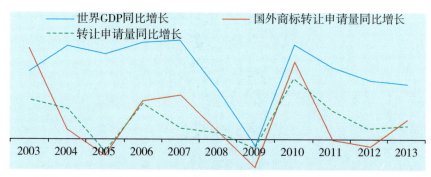

图 4—39　国外商标转让申请量和世界 GDP 同比增长趋势对比

二、商标运用与微观企业主体发展具有关联性

企业是运用商标的主体之一，为了考察商标运用与微观企业主体的关系，考虑到企业相关财务指标数据的可获得性和准确性，本部分采用对典型地区进行分析研究，所选地区为北京市，原因一是北京市企业年检数据质量较好，企业相关财务指标数据较为准确；二是北京市累计商标有效注册量（46.73 万件）在全国居第三位，每万户市场主体平均拥有商标量（3086.29 件/万户）居全国首位，这些均表明北京市市场主体注册商标、维护商标、运用商标的意识较高，采用北京作为典型地区研究商标运用与微观企业主体的关系具有一定的代表性。

（一）有注册商标企业盈利能力表现突出

1. 有注册商标企业销售利润率明显高于无注册商标企业

有注册商标的企业销售利润率明显高于无注册的商标企业。从

2008—2012 年经营指标增长情况来看，拥有注册商标的企业要好于北京企业总体水平，尤其是北京企业总体利润下滑较为明显的 2008 年和 2012 年，有注册商标企业表现明显优于总体水平，2008 年利润小幅下滑，2012 年则实现小幅增长，有注册商标企业经济环境风险抵抗力较强。从销售利润率看，2008—2012 年五年间有注册商标企业销售利润率均高于北京企业总体水平和无注册商标企业，2012 年有注册商标企业高于无注册商标企业 3.9 个百分点（见表 4—15）。

表 4—15 2008—2012 年北京有无注册商标企业经营情况对比

年度	利润总额同比增长			销售利润率			
	有注册商标企业	北京企业	无注册商标企业	有注册商标企业	北京企业	无注册商标企业	利润率差①
2008	−7.1%	−68.8%	−80.1%	6.0%	3.5%	2.6%	3.3%
2009	20.3%	38.7%	54.3%	6.2%	4.7%	4.0%	2.2%
2010	45.7%	29.0%	18.0%	6.9%	4.5%	3.6%	3.3%
2011	35.8%	52.6%	66.3%	7.5%	5.6%	4.7%	2.8%
2012	1.6%	−11.8%	−20.7%	7.1%	4.3%	3.2%	3.9%

2. 注册商标拥有量较多的企业销售利润率相对较高

注册商标拥有量在 200 件以上的企业盈利能力最强，从 2012 年拥有注册商标的企业经营情况来看，注册商标拥有量在 200 件以上的企业销售利润率为 22.8%，高于北京市有注册商标企业总体水平 15.7 个百分点，其次是注册商标拥有量在 10—100 件以上的企业，利润率为 7.8%，注册商标拥有量为 1—10 件的企业利润率最低，为 4.5%（见表 4—16）。

---

① 利润率差 = 有注册商标企业销售利润率 — 无注册商标企业销售利润率。

表 4—16　2012 年北京拥有不同数量注册商标企业经营情况

注册商标拥有量	销售收入（亿元）	利润总额（亿元）	销售利润率
1 件	3091.89	224.24	7.3%
1—10 件	11549.16	524.69	4.5%
10—100 件	12844.63	997.61	7.8%
100—200 件	3106.32	203.88	6.6%
200 件以上	1416.61	323.12	22.8%

　　注册商标拥有量在 200 件以上的企业 2012 年平均利润额为 4.25 亿元，是仅有 1 件商标企业平均利润的 540 倍，也明显高于其他企业。这是由于注册商标拥有量在 200 件以上的企业多为集团性公司等大规模企业，企业品牌美誉度高，市场竞争力较强，盈利能力也相应较高。

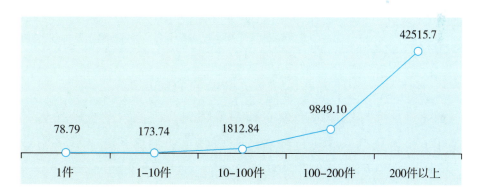

图 4—40　2012 年北京拥有不同数量注册商标企业户均利润（万元）对比

　　3. 有注册商标的外资企业销售利润率相对较高

　　拥有注册商标的各类型企业获利能力均高于同类型企业总体水平，

外资企业销售利润率最高。2012 年，各类型企业中拥有注册商标的企业利润率均高于总体利润率和无注册商标的企业利润率。其中，拥有注册商标的外资企业的利润率最高，为 8.5%，高于外资企业总体水平 2.0 个百分点；拥有注册商标的内资（非私营）企业利润率为 7.5%，高于内资（非私营）企业总体水平 3.0 个百分点；拥有注册商标的私营企业盈利能力稍弱，为 3.6%，但仍高于私营企业总体水平 2.3 个百分点（见表 4—17）。

表 4—17   2012 年北京各类型企业有无注册商标经营利润率对比

类型	有注册商标企业销售利润率	与北京企业总体对比		与无注册商标企业对比	
		北京企业销售利润率	利润率差	无注册商标企业销售利润率	利润率差
内资（非私营）	7.5%	4.5%	3.0%	3.4%	4.0%
私营	3.6%	1.3%	2.3%	0.4%	3.2%
外资	8.5%	6.5%	2.0%	5.2%	3.3%
合计	7.1%	4.3%	2.8%	3.2%	3.9%

4. 拥有注册商标的房地产企业销售利润率领先

拥有注册商标的房地产企业利润率领先，比该行业企业总体利润率高 9.1 个百分点。从北京拥有注册商标企业销售利润率前十行业来看，九个行业利润率高于北京该行业总体水平，其中房地产业居首位，为 28.9%，高于北京房地产业总体水平 9.1 个百分点，教育业位列第二，高于北京教育业总体水平 14.5 个百分点（见表 4—18）。

表 4—18　2012 年北京各行业有无注册商标经营利润率对比

排序	产业门类	有注册商标企业销售利润率	北京企业销售利润率	利润率差
1	房地产业	28.9%	19.8%	9.1%
2	教育	23.6%	9.0%	14.5%
3	金融业	12.3%	16.0%	−3.7%
4	水利、环境和公共设施管理业	11.0%	7.0%	4.0%
5	信息传输、软件和信息技术服务业	9.7%	8.3%	1.4%
6	制造业	8.7%	6.5%	2.3%
7	建筑业	7.7%	3.3%	4.4%
8	租赁和商务服务业	7.6%	6.4%	1.2%
9	电力、热力、燃气及水生产和供应业	7.1%	6.3%	0.8%
10	科学研究和技术服务业	5.5%	3.4%	2.0%

（二）有注册商标的企业生存能力相对较强

1. 有注册商标的企业存活率及平均寿命相对较高

有注册商标的企业存活率及平均寿命明显高于企业总体水平。2000 年以来，我国商标注册申请进入高速发展期，企业运用商标的意识明显提高，商标对企业发展的影响逐渐增强，为分析商标对企业生存能力的影响，首先选取北京 2000—2005 年成立的企业为研究对象，对其目前的存活状态进行分析，发现拥有注册商标的企业存活率高达80.5%，高出北京市总体水平43.8 个百分点（见图4—41）。其次，选取北京市 2008 年以来死亡的企业为研究对象，对其平均寿命进行分析，可以发现拥有注册商标的企业平均寿命为 7.3 年，高于北京市总体水平 2.1 年（见图4—42）。

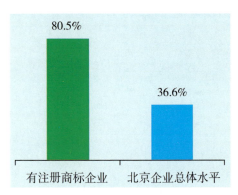

图 4—41　北京 2000—2005 年成立拥有注册商标企业和企业总体存活率对比

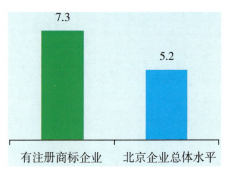

图 4—42　北京 2008 年以来死亡的企业平均寿命（年）对比

2. 注册商标拥有量与企业的生存时间呈正向关系

注册商标拥有量与企业生存时间存在正向相关关系。对比北京拥有不同数量注册商标存续企业生存时间结构，可以明显看出随着企业注册商标拥有量的增长，5 年以内低龄企业比重不断降低，11 年以上长寿企业比重增长明显，拥有 1 件注册商标企业中 11 年以上长寿企业比重为 33.9%，拥有 200 件以上企业中比重则达到了 63.9%。从平均年龄来看，拥有 1 件注册商标企业平均年龄为 8.6 年，拥有 200 件以上企业平均年龄则达到了 13.1 年，可见注册商标拥有量和企业生存时间存在明显的正向关系（见图 4—43，图 4—44）。

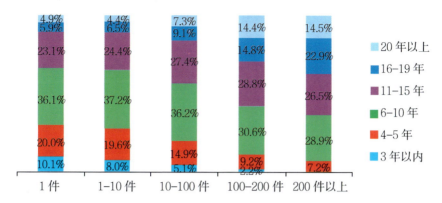

图 4—43　北京拥有不同数量注册商标企业年龄结构对比

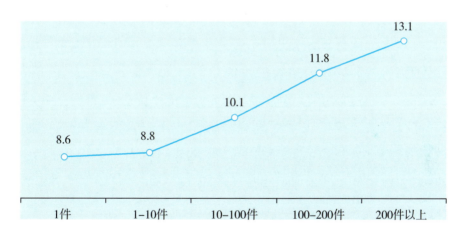

图 4—44　北京拥有不同数量注册商标企业平均年龄对比

第四章

相关建议

通过理论研究和实证分析发现，商标的运用对微观企业主体的发展以及宏观经济的发展均有重要作用，因此增强商标权人运用商标的意识，有效提升商标的运用水平，对促进商标品牌带动地区产业发展以及经济增长方面均具有重要的价值。

本部分将通过以下思路提供相应的建议，首先在商标运用方面，要增强商标权人运用意识、提高商标运用水平，这需要市场主体尤其是企业和政府相关部门的共同努力，政府部门在为企业提供相关的服务和政策支撑条件下，企业要充分利用发展条件，积极有效运用商标；二是在经济增长方面，通过商标品牌的带动，促进相关产业发展，进而促进经济增长，反过来，通过经济的增长和产业的发展推动商标品牌的建设。两方面共同作用，形成商标运用和经济发展之间的良性互动，达到和谐发展的局面（见图4—45）。

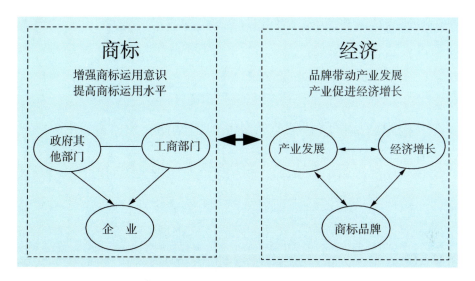

图 4—45 商标与经济发展关系

根据以上思路，提出以下相关的发展建议：

一、增强主体运用商标的意识，积极引导商标的合理运用

商标拥有量是衡量经济发展的重要标志，对拉动经济增长具有重要的促进作用。为了更好地促进经济增长，发挥商标的价值，建议增强市场主体运用商标的意识，工商部门应多方入手，积极有效地引导和帮助申请主体合理运用商标。一是需要加强商标宣传培训，通过采取召开座谈会、印发宣传资料、利用广播电视等媒介宣传注册商标的意义，普及商标法律法规知识，以提高对注册商标的意识，增强对注册商标的保护意识和市场主体对品牌创建的重视程度。二是梳理优化商标业务办理流程，明确各工作环节的审查时限，将人员调配与激励机制相配合，同时扎实推进商标信息化建设，缩短商标注册、转让、质押、续展等办理的时间，为商标拥有主体提供高效服务，激发商标

注册人运用商标的积极性。三是与市场主体零距离接触，设立商标工作联系点，确定跟踪服务人员，制定发展规划，积极引导和督促申请主体合理有效地运用注册商标。

二、构建商标价值评估监管体系，鼓励商标资本化运用

从商标权的运用形式来看，商标的转让和许可使用应用相对较为广泛，而对商标价值评估要求较高的商标质押和商标证券化等资本化运用形式发展则相对缓慢，究其根源在于我国缺乏统一的商标价值评估监管体系，难以为商标资本化运用提供坚实基础。因此构建完善的商标价值评估监管体系是拓展商标资本化应用领域的重要研究课题。建议推动构建商标价值评估体系。一是国家工商总局应联合财政部等相关部门组织加强商标专用权价值的会计和评估理论的关联研究，寻找以商标专用权资本化为目的的商标专用权价值评估方法，建立统一规范的评估标准，保证评估结果的权威性和准确性。二是多方联动加强商标资本化应用监管，比如建立商标质押信用分级制度，联合金融机构及专业评估机构对商标质押开展全程监管，重点跟踪多次质押或期限较长的质押业务，根据企业履行还款义务情况建立相应的商标质押融资信用分级制度，对企业信用评级结果在全国企业信用信息公示系统中予以公示，树立企业社会责任意识，协助金融机构规避系统风险。三是对商标资本化运用的企业进行分级补贴，减轻企业负担，提升商标资本化应用的积极性。一方面可以设立专项担保基金，委托政策性担保公司管理，通过政策性担保的放大职能，撬动金融杠杆，有力推动商标资本化工作的开展；另一方面是根据企业资本化应用评级情况进行分级补贴，比如对多次质押尤其是信用评价较高的企业提高

补贴比例。四是鼓励商标与专利等无形资产或应收账款等流动性资产组合质押，提升商标作为无形资产在质押中的作用。在组合质押为主流的情况下，鼓励金融机构开展金融创新，推动以商标专用权和专利等其他无形资产或者应收账款等流动性资产组合质押以降低和分散风险，降低商标质押对不动产、有形资产的依赖度，提升商标作为无形资产在质押中的作用。

三、提升服务促进商标的运用，最大限度地减少商标流失

商标的价值产生于商标运用过程中，商标的价值也只有通过持续的运用才能保值增值。为了更好的发挥商标的价值，需要各地政府相关部门不断提升服务水平来促进商标的运用，避免因各种原因造成商标的流失。一是加大创新服务力度，如定期向社会发布商标监测预警公告，对到期商标提醒注册人及时办理商标续展手续，以免造成商标权流失；二是政府牵头搭建平台，作为银企合作的中介，最大化发挥商标的融资功能（比如进行抵押、证券化），一方面盘活企业品牌资产，解决企业融资难的问题，另一方面也提高企业对商标的重视程度，促使其加大对商标品牌方面的投入；三是及时了解商标运用方式和运用过程中存在的问题，可定期进行抽样调查研究，帮助企业进行定位，并出台针对性的政策，帮助和督促企业运用商标；四是健全完善商标流通市场，及时了解商标注册申请人需求，在闲置商标所有人和商标注册申请人之间搭建沟通对接平台，积极推动闲置商标的转让和使用许可交易，便于商标所有人盘活闲置商标，避免商标资源的浪费。

四、以商标品牌带动产业发展，进而促进区域经济增长

商标的运用与企业效益和经济增长具有高度相关关系，通过商标品牌的带动，可以促进区域经济发展。品牌的产业带动效应是指知名品牌的产品对企业发展的拉动作用，知名品牌企业对区域经济的带动作用。依据区域特点发展商标品牌，有利于发挥品牌规模效应，强力带动关联产业发展，形成特色产业集聚群，进而促进区域经济平稳较快增长。一是以地区特色产业为依托，大力推介品牌相关产业，以扩大特色品牌影响力，吸引优质企业集聚，以形成优质企业引领、相关产业协调发展的完整产业链条；二是通过相关政策鼓励企业积极运用商标、树立品牌，加大品牌建设方面的投入。比如为了鼓励企业加强商标品牌宣传，对企业在品牌宣传推广方面的投入考虑在计算企业所得税时予以超额抵扣，对企业在影响力较大的国家级及省级电视台、电台及报刊上的宣传投入制定相应的优惠政策；三是充分发挥知名品牌产品企业的带动能力，借助资金、技术、市场等优势，以品牌为纽带，通过外包、外协形式带动同行业的中小企业和上下游配套企业发展，提升企业总体的竞争力，进而形成规模效应，以带动经济平稳较快增长。

分报告4　商标行政保护与市场环境关系研究

　　商标保护是知识产权保护的重要内容，商标保护的目的是营造公平竞争的市场环境，进而推动产业发展和经济增长。本报告主要探讨如下问题：一是公平市场环境对经济健康发展的作用，二是商标保护与营造公平市场环境的关系，重点讨论商标行政授权确权和商标行政执法两个方面，三是商标中的自主品牌保护对我国企业参与国际竞争的作用。

　　首先，公平竞争市场环境是经济健康发展的基础。公平竞争市场环境是国家规制竞争活动的指导思想，为市场经济健康发展提供了重要保证，它能促使微观经济运行保持高效率，促进生产效率的提高，提高资源的配置效率。同时，公平竞争市场环境有利于消费者及消费需求满足的最大化，增进社会福利，为宏观经济的平稳运行提供保障。

公平竞争市场环境是竞争群体利益的要求，能充分发挥优胜劣汰市场竞争机制的作用，使质量好、效率高的优秀企业得以存活和发展，并淘汰落后的同类企业，优化经济资源的配置，推动市场经济的发展。同时，公平竞争市场环境能促进同类企业的良性竞争，促使企业加速生产结构的优化和管理方式的改革，进而促进企业的良性发展。商标保护有利于营造和维护公平竞争市场环境。建立和完善商标制度，加强商标执法和商标保护，保证广大消费者能通过商标区分不同的商品和服务的提供者，充分发挥商标的作用，有利于最大限度地维护消费者和企业的合法权益，维持市场的正常运转，有利于营造和维护公平竞争市场环境。

第二部分是商标行政授权确权与营造公平竞争市场环境的关系。商标行政授权确权不仅确定了商标的所有者，还明确了商标是否受法律保护的问题。商标是企业的知识产权和无形资产，对于发展初期的企业来说，在完成商标行政授权确权之后，商标成为了企业的初始资产。对于处于发展瓶颈期的企业来说，商标行政授权确权为企业确认了商标的所有权，为企业继续使用既有商标厘清了障碍，打消使用商标的后顾之忧，使企业能够依此制定未来的发展路线，集中优势资源打造品牌，完善产品服务质量，营造口碑，从而获得发展，突破瓶颈。对于发展成熟期的企业来说，经过较长时间的发展和打造，企业的商标已经成为企业自身非常重要的一项无形资产，甚至在企业估值中占据了不可忽视的一部分。

商标行政授权确权是营造和维护公平竞争市场环境的一项重要程序，但实践中仍存在问题，对营造公平竞争市场环境有重要影响。商标行政授权确权中存在的问题主要表现在以下几个方面：一是我国商标行政授权确权审查审理体制机制有待进一步完善。二是商标恶意申请给企业正常运转和市场经济带来了很大的负面影响，扰乱市场秩序，浪费公共资源。三是商标的恶意异议违反诚实信用原则，给正当申请商标注册的申请人造成了极大的利益损害。四是商标的恶意转让，破坏知识产权保护和市场规则。

第三部分是关于商标行政执法与营造公平竞争市场环境。商标侵权行为，尤其是侵犯注册商标专用权的行为，给商标持有者、消费者和市场管理者都带来困扰和损失。商标行政执法作为营造和维护公平竞争市场环境的重要一环，可以满足公平竞争市场环境中"公正平等的法律环境"这一基本条件，有利于维护商标持有者的正当权益，保护企业的知识产权，使企业能够在公平良好的竞争秩序中发挥优势，发展壮大。

当前我国商标行政执法主要包括日常行政执法和"双打"专项行动。在长期的执法实践中，我国通过加强立法、健全打击侵权假冒法律法规制度体系的方式为商标行政执法扫清障碍，工商行政管理部门也积极推动商标行政执法信息平台的建设，加快实现全国范围内商标行政执法信息的内部公开和共享。"双打"专项行动则旨在严肃查处国内外重点关注的侵犯知识产权大案要案，形成打击侵犯知识产权行为的高压态势，增强企业诚信守法意识，提高消费者识假辨假能力，形成自觉抵制假冒伪劣商品、重视知识产权保护的社会氛围，营造知识产权保护的良好环境。未来的商标行政执法活动中，既要要求处理迅速、处罚得力，也要要求处置适当、合理合法，而这样的要求也会影响到和商标行政执法相关的立法活动、部门职能、工作制度、处置方法等一系列问题。

第四部分是正确认识自主品牌保护与国际竞争的关系。自主品牌，是指企业拥有自主知识产权的品牌，按照其共享的范围和性质来分类，可以划分成企业品牌、区域品牌和国家形象品牌三个层面。它们相互作用、相互支撑、相互渗透、相辅相成、相互促进。

　　伴随我国经贸长期快速发展和对全球经济参与程度的提高，世界知名品牌全面进入中国市场的同时，中国民族品牌也迈开了"走出去"的步伐，国际品牌和国内品牌的正面竞争拉开了序幕。然而，在与外国品牌的竞争中，由于缺乏对自主品牌的有效保护，国内企业往往处于相对劣势，主要体现在：一是消灭式并购屡见不鲜，本土自主品牌销声匿迹，而外资品牌则趁机进入并占据国内市场，严重打击本土同类企业的发展；二是国内企业品牌意识普遍较弱，缺乏品牌建设主动性；三是区域品牌管理不善，过度使用；四是国家品牌形象改善乏力，在"中国制造"物美价廉的天然优势之外，廉价商品和假冒伪劣的阴影一直伴随国家品牌形象；五是自主品牌保护的法律政策环境仍需改善。

　　为此我们建议：一方面要继续推动商标制度发展，营造良好的商标品牌发展环境，推动经济增长；另一方面还需继续规范商标执法，细化执法标准，为市场经济制度保驾护航。这两方面相辅相成，对推动商标意识深入人心，以及推动市场经济建设发挥着重要作用。

第一章

公平竞争市场环境是经济健康发展的基础

公平竞争，指的是各个竞争者在同一市场条件下，共同接受价值规律作用和优胜劣汰规则，并独自承担竞争结果。公平竞争市场环境为市场参与者提供了公平竞争的必要条件，保证了市场竞争机制的作用充分发挥。要营造公平竞争市场环境，必须满足以下五个基本条件：（1）平等的市场准入条件；（2）平等的市场退出机制；（3）公平的公共税费政策；（4）公正平等的法律环境；（5）所有市场参与者均能平等地按照市场经济原则获取经济资源。

公平竞争市场环境是经济健康发展的基础，经济发展离不开公平竞争市场环境的支撑。营造公平竞争市场环境，既是国家规制竞争活动的指导思想，也是竞争群体利益的要求。

一、公平竞争市场环境是国家规制竞争活动的指导思想

我国实行社会主义市场经济的经济体系。市场竞争是市场经济的基本特征，能促进企业的优化创新和市场的健康发展，因此，我国鼓励公平的市场竞争，并将公平竞争市场环境作为国家规制竞争活动的指导思想。《中华人民共和国反垄断法》第四条规定，"国家制定和实施与社会主义市场经济相适应的竞争规则，完善宏观调控，健全统一、

开放、竞争、有序的市场体系。"

公平竞争市场环境为市场经济健康发展提供了重要保证，它能促使微观经济运行保持高效率，促进生产效率的提高，提高资源的配置效率。同时，公平竞争市场环境有利于消费者及消费需求满足的最大化，增进社会福利，为宏观经济的平稳运行提供保障。

二、公平竞争市场环境是竞争群体利益的要求

市场竞争是市场经济中同类经济行为主体出于对自身利益的考量，增强自己的经济实力，并排斥同类经济行为主体的相同行为的表现，是市场经济的基本特征。公平的市场竞争能充分发挥优胜劣汰市场竞争机制的作用，使质量好、效率高的优秀企业得以存活和发展，并淘汰落后的同类企业，优化经济资源的配置，推动市场经济的发展。同时，公平竞争市场环境能促进同类企业的良性竞争，促使企业加速生产结构的优化和管理方式的改革，进而促进企业的良性发展。

反之，如果没有公平竞争市场环境的保证，参与公平竞争的企业将得不到其预期的效果，市场竞争中的道德风险增加，部分企业为获得更多利益而采用损人利己的不正当竞争手段，市场均衡产生扭曲，市场良性竞争的氛围遭到破坏，最终损害的仍是企业自身的利益，形成"劣币驱逐良币"的局面。

三、商标保护有利于营造和维护公平竞争市场环境

商标是用来区别一个经营者的商品或服务和其他经营者的商品或服务的标记。作为企业的知识产权和无形资产，商标在企业运营和市场发展中发挥着越来越重要的作用。商标不仅体现了企业的企业文化

和企业精神，还在一定程度上代表了企业产品服务的质量和商誉。一些优秀企业的商标价值连城，并成为企业自身价值的重要组成部分。

商标保护是指对商标依法进行保护的行为、活动，也是指对商标进行保护的制度。按照行为主体来分类，商标保护可以分为国家的行政保护、司法保护和企业的自我保护，而国家的行政保护又可以分为行政授权确权和行政执法两部分。健全和完善商标制度，加强商标保护，保证广大消费者能通过商标区分不同的商品和服务的提供者，充分发挥商标的作用，有利于最大限度地维护消费者和企业的合法权益，维持市场的正常运转，有利于营造和维护公平竞争市场环境。

四、通过商标保护营造和维护公平竞争市场环境

商标保护与公平竞争市场环境密不可分，在一定程度上，商标保护也是营造和维护公平竞争市场环境的有机组成部分。因此，从商标保护的角度看，我们可以通过以下措施营造和维护公平竞争市场环境。

首先，要完善商标行政授权确权程序，明确商标的持有者和商标权益的所有者，以对商标进行规范管理和保护。其次，要加强商标行政执法，促进市场的自由公平竞争，严惩侵犯商标专用权的不法分子，维护合法经营者的正当权益。同时，要提高企业的自主品牌保护能力，加强经营者的品牌意识，促进企业实施适合自身情况的品牌战略，壮大我国自主品牌队伍，促进公平竞争市场环境的形成和发展。

商标行政授权确权与营造公平竞争市场环境

一、商标行政授权确权的流程

在我国，商标注册审查实行申请在先原则，即以在商标局申请注册的时间先后顺序来确定商标权的归属，同时，为了兼顾公平，在一定条件下以使用在先为补充。但是，要取得商标专用权，必须经过商标局的核准注册，即必须先通过行政授权确权确认商标专用权的归属。商标行政授权确权的基本流程如图 5—1 所示。

根据《中华人民共和国商标法》的规定，商标的行政授权确权分为申请、审查、初审公告、核准注册等几个步骤。首先，我国自然人、法人或者其他组织在生产经营活动中，对其商品或者服务需要取得商标专用权的，应当向商标局申请商标注册，提供相关申请材料并缴纳费用。商标局收到商标注册申请后，对该申请进行审查，主要审核该商标是否符合《商标法》相关条款规定以及是否对他人既有权益造成损害等。审核不通过的，申请人可以申请复审。审核通过后，商标局进行初审公告。公告期内，对所申请商标若有在先权利人、利害关系人认为该商标注册损害自身利益的，或任何人认

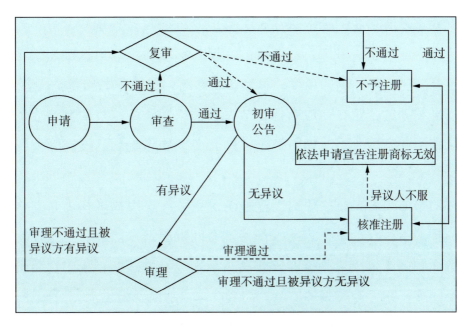

图 5—1　商标行政授权确权的基本流程

为该商标注册违反商标注册原则的，可向商标局提出异议。商标局根据双方提供的材料审定是否核准注册，审理不通过的，被异议方可以申请复审；审理通过的，商标局予以核准注册，发给注册证，异议方不服的，可以依法向商标评审委员会请求宣告该注册商标无效，进而可以向人民法院提起诉讼，衔接到司法确权程序。

二、商标行政授权确权对企业的影响

商标是企业的知识产权和无形资产，因此，商标行政授权确权就相当于对企业资产的所有权进行法律上的确认，并为其提供法律上的保护。除了确认所有权之外，商标行政授权确权对于不同发展阶段的企业来说有着不同的作用。

对于发展初期的企业来说，在完成商标行政授权确权之后，商标成为了企业的初始资产。一个好的注册商标能让企业迅速吸引消费者的注意，打响产品的知名度，扩大市场影响，积累资本和商誉。同时，在发展初期的企业在完成商标行政授权确权后，可以及时制定企业的品牌路线和商标战略，集中资源，扩大商标的影响力，推进企业迅速发展壮大。

对于处于发展瓶颈期的企业来说，商标行政授权确权为企业确认了商标的所有权，为企业继续使用既有商标厘清了障碍，打消使用商标的后顾之忧，使企业能够依此制定未来的发展路线，集中优势资源打造品牌，完善产品服务质量，营造口碑，从而获得发展，突破瓶颈。同时，经过确权的商标以知识产权的形态进入资产负债表，可以美化报表，使企业更容易向金融机构借贷或上市融资。

对于发展成熟期的企业来说，经过较长时间的发展和打造，企业的商标已经成为企业自身非常重要的一项无形资产，甚至在企业估值中占据了不可忽视的一部分。因此，商标行政授权确权可以为这一时期的企业提供重要法律保护，维护企业长期经营而获得的成果，排除市场对手的不正当竞争，维护企业积累的口碑和商誉。同时，发展成熟期的企业由于商标战略比较成熟，商标推广程度较高，因此可以利用商标许可使用协议等方式发掘商标的内在价值，从而获得最大化的利益。另外，经过行政授权确权之后的商标作为一项重要的无形资产进入企业的资产负债表，提高了企业的市场估值，在企业合并、并购、上市融资等方面也会发挥重要的作用。

三、商标行政授权确权中的问题及其对营造公平竞争市场环境的影响

商标行政授权确权是营造和维护公平竞争市场环境的一项重要程序。然而，当前我国的商标行政授权确权程序中还存在的一些问题容易被不正当地利用，从而影响到公平竞争市场环境。因此，完善这一部分不足有利于营造和维护公平竞争市场环境，为市场参与者的生存和发展提供合适的土壤，促进市场经济的健康稳固发展。商标行政授权确权中的不足主要出现在以下几个方面：

（一）审查审理效率

目前，我国商标行政授权确权的一个比较突出的问题就是审查审理工作量大，而相应的审查审理人员数量不能满足现实需要。根据《商标法》的规定，商标申请者提供合格的申请材料并缴费之后，商标局进入审查程序，并在九个月之内做出审查结论，若审查合格，则发布初审公告，三个月内公告无异议的，商标局予以商标注册。如果申请材料初审未通过，商标局予以驳回，申请者不服可以提请复审，复审时限为九个月，并可以依法延长三个月；如果在初审公告时，该商标注册被提出异议，商标局将进行调查核实，并在自公告期满之日起十二个月内做出是否准予注册的决定，存在特殊情况的可以依法再延长六个月的时限；若商标局在调查核实之后作出所申请商标不予注册的决定，申请者可以向商标评审委员会申请复审，商标评审委员会须在十二个月之内给出复审结果，并可以依法延长六个月的复审时限。

"时限入法 🔍"是在新形势下我国为解决在商标注册中比较突出的审查时间长、积压案件多等问题提出的一项重要措施,对商标审查审理工作的效率提出了新的更高的要求。但是,由于商标申请量大、需要比对的数据多、工作人员数量和工作方法不能满足需求等原因,容易产生审查审理效率与质量的矛盾。

图5—2展示了1980—2013年我国商标申请及

| 时限入法 | 🔍 |

2008年6月国务院发布《国家知识产权战略纲要》,提出要提高商标审查效率、缩短商标审查周期。国家工商总局也确立了"3年解决商标审查积压、5年达到国际水平"的目标。新商标法中明确注册商标审查时限为9个月,对异议申请审查决定的时限为12个月。商标评审委员会对商标局驳回申请不予公告决定进行复审的时限为9个月,对商标局认为异议成立而不予注册决定复审的时限为12个月;有特殊情况需要延长的,经国务院工商行政管理部门批准,可以分别延长3个月或者6个月。这种"限时入法"的规定,使公众对办理商标各项业务有一个明确的预期,为合理配置商标审查资源,构建规范高效的商标注册机制提供了法律依据。

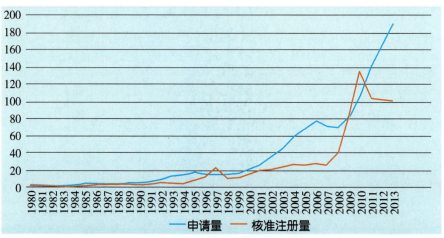

图5—2 1980—2013年我国商标申请及核准注册量(单位:万件)①

————————

① 数据来源:《中国商标战略年度发展报告(2013)》。

核准注册量的情况，可以看出，近年来，我国年商标申请量和商标累计申请量都很大，由此带来更多需要进行比对的数据和更大的工作量，行政授权确权中需要处理的问题也更加错综复杂，因此，我国商标行政授权确权的工作压力越来越大。由于商标审查审理工作的特殊性和相关技术的限制，在审查审理的过程中有很多工作仅靠机器无法解决，而是需要大量的人力劳动，这又带来了行政成本的问题。因此，在保证质量的前提下，要提高商标审查审理效率，不仅需要提高工作人员的工作效率，还要从工作方法、审理流程等方面入手，创新工作机制，适当考虑将非核心工作外包等方法，减轻工作人员的审查审理压力，提高审查审理效率。提高商标行政授权确权中审查审理的效率非常重要。这样不仅可以缩短行政流程所耗费的时间，加快行政资源的循环利用，降低行政成本，营造和维护公平竞争市场环境，同时，提高审查审理效率还可以减少企业在商标行政授权确权中的等待时间，降低时间成本，使企业能够更加迅速地对市场作出反应，抓住有利的发展时机，进而促进市场的正常运转，促进经济的健康稳固发展。

（二）恶意申请

商标的恶意申请，指的是以获利等为目的，用不正当手段抢先注册他人在该领域或相关领域中已经使用并有一定影响的商标或商号等权利的行为。

商标恶意申请给企业运转和市场经济带来了很大的负面影响。对于被抢注的一方来说，在使用和推广该商标时已经投入了一定的沉没成本，被抢注方要么选择高价向抢注者购买商标的所有权，要么放弃这部分沉没成本，这两种方案都会造成被抢注方的利益损失。如果被抢注方选择向商标局申请行政授权确权，或者向司法机关申请司法确权，则要花费大量的时间和诉讼费用，同时在确权程序结束之前，被抢注方使用该商标将受到很大影响，因此商标抢注行为给商标的先使用者造成了利益上的损失。

对于市场经济来说，商标恶意申请的风气蔓延将导致市场秩序混乱，使市场参与者浪费大量资金用于相互诉讼，而不是用于企业发展，造成社会资源的浪费。同时，由于商标抢注者的目的通常不是使用该商标，而是意图高价转让以攫取利润，因此这样的行为非但不能创造价值，不能促进市场经济的健康发展，反而会败坏市场风气，给市场经济造成损失。

2013 年颁布的新《商标法》加强了对商标使用行为的引导与保护，增加了禁止特定关系人抢注明知是他人在先使用的商标的规定，加大了对恶意注册商标的遏制力度。进一步完善商标立法，加强对商标恶意申请行为的监控，继续完善对商标恶意抢注行为的预防管控机制，继续加大对恶意抢注行为的遏制力度，有利于减少商标恶意申请行为的发生，保护商标注册人的合法权益。

（三）恶意异议

商标的恶意异议，是指在未能提供足够理由或证据的情况下，出于不正当的利益动机而对处于初审公告阶段的商标注册申请提出异议的行为。2001 年《商标法》规定任何人在异议期内可以以任何理由提出异议。这样的制度在实施之初充分发挥了公众监督功能，但因其周期长、审级多，实践中也出现了明显的弊端。如异议的随意性过大，恶意异议的数量过多等。

　　商标恶意异议从本质上来讲是一种违反诚实信用原则的行为，对正当申请商标注册的申请人造成了极大的利益损害。首先，由于商标申请受到异议之后的行政流程耗时较长，一般情况下这段时间内所申请的商标不受法律保护，因此其他竞争者可以在这段时间内任意使用该商标，而商标申请者却可能无法对这些行为进行追究，使商标申请者受到极大的损失。其次，由于长时间无法取得商标注册，商标申请者将遭受时间成本上的压力，甚至会因此错过企业发展的大好机遇，给企业带来无法估量的损失。

　　对于市场经济来说，商标的恶意异议成本太低，同时不创造任何价值，但提出异议者却可以向商标申请者提出巨额勒索，给企业带来经济损失的同时，还败坏市场风气，妨碍市场经济正常发展。此外商标异议裁决需要耗费大量的行政成本，而恶意异议则是对行政资源的极大浪费，损害了其余主体的正当利益。

　　因此，通过行政手段制止和预防商标恶意异议行为，提高商标恶意异议行为的门槛和成本，提高对商标异议的审理裁决效率，有利于正当的商标申请者尽快取得商标注册，为正当的商标使用者提供保护，整顿市场秩序，有利于营造公平竞争市场环境，促进市场经济健康发展。

　　2013 年修订的新《商标法》对商标异议的条件和审查流程做了进一步的规范和完善。新《商标法》第三十三条对异议的提出主体和法律依据作出了明确的规定。而第三十五条则限定了对异议的审查时限，同时进一步优化了异议流程，对经审查异议不成立而准予注册的，发给商标注册证，异议人不服的，可以依据有关规定，请求宣告注册商标无效。这使商标行政授权确权的公平和效率都得到了有效的提升，有利于建立公平竞争市场环境。

（四）恶意转让

商标的恶意转让，是指违背注册商标注册人的意愿，或在商标注册人不知情的情况下，盗用或仿造其签名和印章，将注册人所持有的商标转让给他人，以获取经济利益的恶意行为。违背商标注册人的意愿恶意转让商标，实质上侵犯的是商标注册人对其持有商标的自由处置权，是对商标注册人合法权益的严重侵害。同时，由于商标恶意转让的形式相对比较隐蔽，恶意转让被发现时已经给原注册人带来了一定的损失，且申请撤销转让注册需要耗费一定的时间，给企业带来很大的麻烦。

因此，制止和预防商标恶意转让行为的发生，追究恶意转让者的民事责任乃至刑事责任，有利于保护商标注册人的正当权益，为企业发展保驾护航。新修订的《商标法实施条例》在预防和制止商标恶意转让方面作出了积极的尝试，将转让注册商标申请手续由受让人办理，修改为由转让人和受让人共同办理。

四、未注册商标的法律保护

商标注册制度的存在使得公众对商标的关注重点落在注册商标上，以至于有人认为在已经建立了注册商标制度的情况下，不应该再对未注册商标进行法律保护。这种观念一方面是对商标区分功能的根本无视；另一方面，容易导致有人违反诚实信用原则，大量"抢注"商标，破坏公平的竞争秩序。法律给商标提供保护的初衷就是为了保护消费者免受欺诈，防止公众对商品来源产生混淆和误认。对于企业而言，经营者经常需要使用一些未注册的商标推销新产品和外围产品，待经营成熟之后再进行注册。如果大量注册随时可能弃置不用的商标，不但成本太高也容易造成商标资源的浪费。另外，一些因缺乏显著性而暂时不能获得注册的商标只能先以未注册商标的形式使用以谋求逐步建立后天的显著性。未注册商标同样可以为消费者提供区分商品来源的功能，法律对此予以提供保护是应有之义，历次的《商标法》修改都注重加强对未注册商标的法律保护。

根据《商标法》和《反不正当竞争法》的规定，法律对于未注册商标的保护主要体现在以下几个方面：

第一，《商标法》第十三条第二款就未注册的驰名商标提供了法律救济：就相同或者类似商品申请注册的商标是复制、模仿或者翻译他人未在中国注册的驰名商标、容易导致混淆的，不予注册并禁止使用。

第二，《商标法》第十五条在禁止代理人、代表人抢注商标规定的基础上，增加了针对特定关系人抢注明知是他人在先使用的商标的禁止性规定。

第三，《商标法》第三十二条针对"他人已经使用并有一定影响"的未注册商标，未注册商标的拥有者有权对"以不正当手段抢先注册他人已经使用并有一定影响的商标"提出异议。

第四，《商标法》第五十九条第三款规定：商标注册人申请商标注册前，他人已经在同一种商品或者类似商品上先于商标注册人使用与注册商标相同或者近似并有一定影响的商标的，注册商标专用权人无权禁止该使用人在原使用范围内继续使用该商标，但可以要求其附加适当区别标识。该款规定在学理上被认为是法律对商标先使用权的一定程度上的肯定。即某个商标虽由商标申请人取得注册，但在其申请注册前已经被他人使用并有一定影响的，该商标使用人可在原有范围内继续使用。

经过 2001 年及 2013 年的修改，《商标法》对于未注册商标的保护力度已经加强了很多，其中第三十二条关于先用权的规定特别值得肯定。但是，目前关于未注册商标的保护，在商标法上主要是从申请及异议程序角度规定，除未注册驰名商标外，并没有就侵犯未注册商标的救济做出一般性的规定。未注册商标不享有注册商标专用权，其在法律上的保护一定程度上还要依赖于《反不正当竞争法》。但目前的《反不正当竞争法》第五条虽然有关于知名商品的特有名称、包装、装潢的规定，但是没有关于未注册商标的明确规定。因此，建议可以在未来的《反不正当竞争法》的修改中考虑予以明确。

第三章
商标行政执法与营造公平竞争市场环境

一、商标行政执法的涵义和意义

商标行政执法，是指工商行政管理部门依据《商标法》及相关法律法规规定的职权和程序对商标使用行为行使行政管理权，并对违反商标法规定的行为依法作出行政处理的行为。根据《商标法》及相关法律法规的规定，商标行政执法的内容主要包括：依法查处商标假冒、侵权案件，认定侵权行为成立的，责令立即停止侵权行为，没收、销毁侵权商品和主要用于制造侵权商品、伪造注册商标标识的工具，并可以处罚款，涉嫌犯罪的，移送司法机关依法处理。对注册商标使用进行监督管理，依法查处擅自改变注册商标文字、图形，擅自变更注册人名义、地址等一般商标违法行为；依法查处冒充注册商标行为；通过日常监管，规范商标使用行为；依法对违反强制注册规定的行为进行监管。依照国家工商总局《商标印制管理办法》之规定，依法监管经营行为，查处违法印制商标行为等。

工商行政管理部门查处的商标违法案件类型主要包括：商标侵权及假冒案件；商标违法使用案件；商标使用许可违法案件；其他违反商标法律法规及规章的案件。商标行政执法是我国知识产权保护的一个特点，是与司法程序并存的一项制度。2013 年修改的《商标法》突出了对注册商标的行政执法保护。行政执法具有快捷、简便的特点，能够很快达到维护市场公平竞争秩序、维护商标权利人合法权益的效果。目前对商标行政执法的态度存在赞成和反对两种截然相反的观点。其中反对意见的核心理由认为，商标权是一项私权利，行政权不应当干预，尤其是不应当用纳税人的钱来保护商标权人的私权利。而且通过司法途径解决商标权纠纷是世界各国的惯例。

我们认为，商标行政执法对于保护消费者利益，促进有效竞争意义重大，是与商标权司法保护并行不悖的制度设计：首先，与一般民事财产权不同，知识产权的保护与权利行使，其目的在于促进知识的传播和利用，因此知识产权与社会公共利益的联系更加紧密，也更加强调权利限制问题。具体到商标权，正如前面指出，法律对于商标的保护，最早起源于保护消费者基于标识产生的区分商品来源的认识不被其他的竞争主体混淆，其目的是为了保护消费者，促进有效竞争。而消费者利益保护及促进有效竞争均属于社会公共利益。因此最早对商标标识的保护是采用反不正当竞争行为的模式，将商标保护上升到财产权高度实际上是消费者利益和促进有效竞争的反射利益而已。可见商标具有非常强的公共性和社会性。其次，商标行政执法面对的商标违法行为，不仅仅是对商标权人的私权利的侵犯，同时也是针对竞争秩序的，如对未注册商标的违法标注行为，注册商标、驰名商标的不当广告宣传，违反强制注册等等。这些违法行为，作为普通民事主体包括其他商标权人，其个体利益并没有在这些违法行为中受到直接影响，也不存在特定的受侵害主体。如果这些违法行为没有商标行政执法机关的介入，必将导致整个市场的混乱。因此行政执法在这些涉及公共利益的领域具有无可替代的存在要求。再次，目前我国处于社会转型期，侵犯商标权获利的行为屡见不鲜，如果缺乏有效的制止手段，同时由于司法程序时间长、赔偿少，侵权人寻找及证据固定不易，很多商标权人就会因为畏难而被迫放弃维权。由此来看，行政执法的介入非常有必要，如果能够通过行政程序解决，既加快了处理速度，又有助于固定侵权证据，方便权利人在司法程序中主张权利。

商标侵权，指的是行为人未经商标权人许可，在同一种或类似商品上使用与其注册商标相同或近似的商标，或者其他干涉、妨碍商标权人使用其注册商标，损害商标权人合法权益的行为。商标假冒，是指未经注册商标所有人许可，在同一种商品上使用与其注册商标相同的商标的行为。简单来讲，商标侵权与商标假冒的区别在于是否在同一种商品上使用了与注册商标持有人完全相同的商标。但是，二者所造成的结果是一样的，都侵犯了商标持有人的合法权益。

商标侵权与假冒行为，给商标注册人、消费者和市场管理者都造成了许多不必要的损失。首先，商标侵权行为是市场上一种恶意的搭便车行为，是属于借用他人已注册商标获取不正当利益的行为，侵犯了注册商标注册人的知识产权；其次，仿造和盗用商标的假冒伪劣产品会影响商标注册人苦心积累的商誉和口碑，稀释品牌价值，给企业带来难以挽回的损失；同时，许多商标侵权行为也是对消费者的欺骗和对消费者知情权的侵害，使消费者无法通过品牌来判别商品的质量，侵犯了消费者的合法权益；再次，商标侵权行为造成了市场管理的混乱，增加了市场管理成本。

因此，商标行政执法已经成为营造和维护公平竞争市场环境的重要一环，可以满足公平竞争市场环境中 "公正平等的法律环境" 这一基本条件。提高商标行政执法的水平和能力，有利于净化市场风气，为全体市场参与者提供相对公平的法律环境，更好地发挥市场的调节作用和优胜劣汰的竞争机制，使各市场主体相互促进、共同提高，进而促进市场经济健康发展。而对于企业来说，加强商标行政执法，加大对商标违法行为的打击力度，有利于维护商标注册人的正当权益，保护企业的知识产权，使企业能够在公平良好的竞争秩序中发挥优势，使企业发展壮大。

二、我国商标行政执法现状

(一) 日常行政执法

日常行政执法是我国商标行政执法中最基础的工作，通过对商标违法行为保持日常的高压态势，大力打击侵犯注册商标专用权的违法行为，我国在商标行政执法中取得了丰硕的成果，有力维护了市场公平和商标注册人的合法权益。

表5—1提供了2013年全国查处商标一般违法案件的基本情况。2013年全年，我国共查处商标违法案件56867起，总案值达人民币8.16亿元。其中，我国全年查处商标侵权42185起，总案值5.25亿元，肃清了市场风气，给违法分子以极大的震慑。同时，对于一些侵犯商标专用权的大要案件，国家工商总局也予以了严厉打击，总局组织相关地方工商局对各地反映侵权较为普遍和严重的 "赣南脐橙" "中国黄金" "PARADIS" "宝马" 等商标案件进行了重点查处。

表 5—1　2013 全国查处商标一般违法案件基本情况

案件类型	数量（件）	案值（万元）	罚款（万元）
一般违法	6896	16371	5101
假冒侵权	49971	65230	46406
其中：商标侵权	42185	52499	32567
总计	56867	81601	51508

数据来源：《中国商标战略年度发展报告（2013）》

与此同时，我国还通过加强立法、健全打击假冒法律法规制度体系的方式为商标行政执法扫清障碍。2014 年 5 月 1 日，新修订的《商标法》开始实施。新法提高了对侵权行为的罚款额度，并增加了从重处罚的规定。认定侵权行为成立的，工商行政管理部门可以处违法经营额五倍以下的罚款，没有违法经营额或者违法经营额不足五万元的，可以处二十五万元以下的罚款。对五年内实施两次以上商标侵权行为或者有其他严重情节的，应当从重处罚。

另外，全国工商系统还积极推动商标行政执法信息平台的建设，加快实现全国范围内商标行政执法信息的内部公开和共享，打造一体化电子办公信息共享平台，为执法部门在商标案件查办过程中收集线索、调查取证、真伪鉴别、证据固定等提供便利。

全国工商系统对商标的日常行政执法严厉打击了侵犯商标专用权的违法行为，有力维护了商标注册人的合法正当权益，为企业商标战略的实施和企业的发展提供了必不可少的保护。同时，时刻保持日常行政执法的高压态势，加大对恶意侵权案件的处罚力度，增加商标侵权行为的成本，有效地遏制了商标侵权行为疯狂蔓延的势头，净化了市场空气，维护了公平竞争的市场秩序。

(二)"双打"专项行动及其长效机制

2010年,国务院决定,从2010年10月到2011年3月,用半年时间在全国范围内集中开展打击侵犯知识产权和制售假冒伪劣商品专项行动,后延长至2011年6月底。此次"双打"专项行动旨在严肃查处一批国内外重点关注的侵犯知识产权大案要案,曝光一批违法违规企业,形成打击侵犯知识产权行为的高压态势;增强企业诚信守法意识,提高消费者识假辨假能力,形成自觉抵制假冒伪劣商品、重视知识产权保护的社会氛围,营造知识产权保护的良好环境;加强执法协作,提升执法效能,加大执法力度,充分发挥知识产权行政保护和司法保护的作用,全面提高各地区、各部门保护知识产权和规范市场秩序的水平。

表5—2展示了全国处理商标违法案件情况,由此可见,相较于2010年,2011年全国处理的商标违法案件在案件数量、罚没金额、案值、移送司法机关数量等指标上都有十分显著的增加,表明2011年"双打"行动取得了十分显著的成果,对商标违法行为予以了有力的震慑,有效地打击了侵犯商标专用权的违法行为。

表5—2　2010—2011年全国处理商标违法案件基本情况

项目		2010年	2011年	增减量	增长率（%）
案件数	合计（件）	56034	79021	22987	41.20
	一般违法案件	7486	10185	2699	36.05
	侵权假冒案件	48548	68836	20288	41.79
收缴和消除商标标识（件）		12752176	11802249	-949927	-7.45
罚没金额（万元）		46001	59552	13551	29.46

续表

项目		2010 年	2011 年	增减量	增长率（%）
案值（万元）		140561	156283	15722	11.19
移送司法机关	案件（件）	175	421	246	140.57
	人数（人）	163	415	252	154.60

数据来源：《中国商标战略年度发展报告（2011）》

在此次"双打"专项行动中，全国各级工商机关重点对侵权假冒案件进行严厉打击，取得了丰硕的成果。根据"中国打击侵犯知识产权和制售假冒伪劣商品专项行动成果展"提供的数据，截至 2011 年 6 月 30 日，全国工商系统共出动执法人员 397.84 万人次，检查经营户 922.56 万户，检查各类市场 80.16 万个，吊销营业执照 1745 户。已立案查处侵权假冒案件 90701 件，已结案侵权假冒案件 79003 件，移送司法机关处理案件 757 件，捣毁制假售假窝点 4966 个。

同时，为了巩固和发展打击行动的成果，我国还建立起一系列长效机制，将"双打"行动纳入常态化、制度化轨道，以长期保持对侵犯商标专用权违法行为的高压态势。在建立长效机制的过程中，各部门以制度建设为先导，建立和加强与政府、各职能部门之间的联动机制，完善投诉举报机制，进一步完善企业诚信体系机制，切实抓好监管帮扶并重，提升企业产品质量和管理水平，从源头上打击商标侵权行为。

"双打"专项行动是对商标日常行政执法的有效补充。建立"双打"行动的长效机制，维持对商标侵权行为的高压态势，有利于整合行政执法资源，提升行政效率，降低行政成本，有助于对侵犯商标专用权的违法行为形成有力的震慑，维护了公平竞争的市场秩序，有利于营造和维护公平竞争市场环境，为企业的发展和市场经济的运转提供了有力的保障。

（三） 我国商标行政执法体系的进展及其面临的挑战

近年来，工商行政管理部门深入贯彻党的十八大、十八届二中、三中、四中全会和两会精神，按照党中央、国务院的工作部署，积极推进工商管理体制改革。认真贯彻执行机构改革方案，进一步转变职能，提高服务市场主体健康发展的质量，提升促进经济发展方式加快转变的水平，增强服务区域经济协调发展的实效，以改革推动工商管理工作的协调发展。同时，随着新商标法颁布实施、知识产权法院的成立和"双打"工作机制常态化，商标行政执法环境有了明显的好转，商标权利人和消费者对行政执法信任程度有了较大的提升。

随着商标活动越来越频繁，商标行政执法的难度也越来越大，市场也不断给商标行政执法提出新的难题。在未来的商标行政执法活动中，市场参与者的要求会越来越高，并且越来越集中在公平和效率这两个核心的问题上来。所以，在未来的商标行政执法活动中，既要要求处理迅速、处罚得力，也要要求处置适当、合理合法，而这样的要求也会影响到和商标行政执法相关的立法活动、部门职能、工作制度、处置方法等一系列问题。

三、商标行政执法和保护的未来方向

在未来的商标行政执法过程中，相关部门需要更多地采取有效措施加大打击力度，并保持高压态势，而为了使执法活动合理合法，则需要相关的行政立法活动予以有效的支持。因此，需要对商标执法活

动中的处置尺度进行细化规定，同时也需要对各个部门的行政职能做进一步的规划和部署，力求实现优质高效的行政服务和执法职能。其次，为了提高工作效率，保证行政工作的公平性，需要进一步完善工作制度，调整工作作风，创新工作方法，建立合理的监督举报机制和奖惩体系，借助市场自我监督、自我管理的力量提高行政效率，同时节约行政成本，促进行政部门高效运转。另外，相关部门应该加快实现办公电子化和行政资源区域间共享，建立全国范围内的电子工作网，简化行政手续，加强对市场活动的电子动态监测，借助科技的力量使行政部门的运转更有效率。同时，在促进商标行政执法与司法衔接和司法介入方面，也还有许多工作有待完成。

在不同的时期和时间跨度中，对商标进行的行政保护也有不同的侧重点。在短期内，着重强化行政执法、加大打击力度、提高执法效率能给商标假冒和侵权行为以强有力的震慑，肃清市场风气；从长期来看，则更需要注重行政管理能力和行政管理效率的提高，同时加强制度建设和思想建设，为市场的长治久安奠定良好的基础。正确区分商标行政保护的短期任务和长期任务，并将这两个任务有机地结合到日常工作的实践中，能够更有效地提高我国商标行政保护的能力和水平，更快更好地建立和完善商标行政保护机制，为公平竞争市场环境提供坚强的保护，为市场经济的发展提供强大的动力。

随着科技的发展，未来的市场形势将会更加错综复杂，各种市场违法活动会更加隐蔽，侵权手法也会更加多样化。尤其是在互联网技术和电子商务快速发展的今天，商品和服务同质化趋同发展日趋严重，各种山寨产品屡见不鲜，商标假冒和侵权行为躲在互联网的外衣下，使得行政执法部门更加难以监管和打击。这样的风气不仅助长了山寨侵权的嚣张气焰，还致使另外一些厂家在利益的诱惑下利用现有规章制度的漏洞大打擦边球。这不仅扰乱了国内市场的秩序，还在国际上给我国企业招致了不好的名声，严重影响国家品牌建设的进程，降低了我国企业在国际市场中的竞争力。对于这样的现状，解决的方法主要有两方面。一是打击侵权，减少山寨的短期收益，如强化监管，加大打击处罚力度等，切断侵权行为的诱惑根源；二是鼓励创新，提高创新产品的长期收益，如在技术、税收、政策等方面给创新产品提供帮助和优惠等，并以此挤占山寨产品的市场，达到打击侵权行为、净化市场空气、改善国家形象品牌的目的。

除此之外，还要更加积极地鼓励我国企业"走出去"，通过出口贸易等方式参与到国际市场的竞争中。实际上，商标保护与出口贸易的关系是相互促进、相辅相成的。一方面，商标保护有利于企业打造自身品牌，增加产品附加值，提高出口竞争力，从而促进出口贸易的发展和经济的增长。另一方面，出口贸易使企业面临更大的市场和更激烈的竞争，这能促使企业更有动力进行产品技术创新和自主品牌保护，在激烈的市场竞争中优胜劣汰，从企业的层面倒逼我国商标保护制度的完善和商标保护意识的形成，同时也能更好地维护和改善我国的国家形象品牌，提高我国企业的整体竞争力。

第四章
自主品牌保护与国际竞争的关系

当前，我国正以更加开放的姿态融入到世界经济发展的大流中。更加开放的市场不仅带来了更好的发展机遇，还意味着我国的企业将越来越多地参与到激烈的国际竞争中来。因此，我们对商标保护的关注也不能仅仅局限在国内市场，而要放眼更加激烈和广阔的国际竞争市场中。在国际竞争市场中，商标的竞争往往体现在国家自主品牌和外国品牌的竞争中，商标保护的问题也更加突出地体现在我国自主品牌的保护问题上。因此，研究自主品牌保护与国际竞争的关系显得尤为重要。

一、自主品牌的基本概念

（一）自主品牌

自主品牌，是指企业拥有自主知识产权的品牌。企业的自主品牌首要强调的是自主，品牌产权强调自我拥有、自我控制和自我决策，同时可以对该品牌所产生的经济利益自主支配和决策。真正意义上的自主品牌，必须同时强调对品牌知识产权的控制权和所有权，二者缺一不可。一般来说，界定自主品牌的要素有六个方面，包括产品的决策能力、商标的拥有权、专利权（这是大多数情况下强调是否拥有知识产权时所重点提到的要素）、自主研发能力、制造能力和销售渠道等。说到底，一个品牌是否属于自主品牌，实际上还是要看它是否满足以上六个要素，以及满足的程度如何，这也可以成为国家在为保护自主品牌进行法律建设和司法建设时界定一个品牌是否为自主品牌的标准。在我国，自主品牌包括两种主要形式。一种是有企业自主开发、自主培育并控制的品牌，也称为民族品牌；另外一种是国内企业通过购买、并购等方式获得国外品牌的完全所有权，为国内企业完全控制的品牌。

（二） 自主品牌的层次结构

自主品牌按照其共享的范围和性质来分类，可以划分成企业品牌、区域品牌和国家形象品牌三个层面。

自主品牌的企业层面是自主品牌最基本的构成层面，包含产品品牌和企业品牌，本文将两者统称为企业品牌。正如上文所说，企业自主品牌首要强调的是自主，对品牌知识产权拥有自主的控制权和所有权是判断一个品牌是否为企业自主品牌的条件。在我国，自主培育是获得企业自主品牌的最主要和最重要的途径，我国现有的企业自主品牌中，大部分是由国内企业自主培育和塑造的。但是，自主培育并不是获得自主品牌的唯一途径。在市场上，消费者关注的往往是品牌本身，而不是品牌的获得途径。因此，从这一层面上看，如何控制自主品牌相较于如何获得自主品牌来说更能考验企业运筹和整合资源的能力。

自主品牌的区域层面指的是以某地域内优势产业为基础，反映该区域特征和产业特点的品牌。区域品牌是同质企业在一定区域内聚集成产业集群，相互竞争、相互促进，发挥规模经济优势的结果，是产业链的聚集与协同效应在市场上的综合体现。区域品牌不仅代表了该区域在特定产业中的优势地位和领先水平，具有很强的地域特色，同时还作为该区域中众多企业的共享品牌而产生良好的外溢效应，在市场中拥有很强的竞争力。

国家形象品牌是自主品牌的国家层面，代表着一个国家所生产和出口的产品的总体形象。国家形象品牌主要有两大决定性因素，一是产品因素，二是国家因素。其中，产品因素是最主要的因素，因而国家品牌可以视为该国所有产品的形象总汇。一个良好的国家形象品牌能够在国际市场竞争中发挥积极正面的作用，它影响着消费者对某一国家或地区的总体印象和理解，进而影响消费者的购买决定和企业的国际竞争力。

（三）自主品牌层次结构之间的关系及其对企业品牌国际战略的指导意义

企业自主品牌与区域自主品牌是相互作用、相互支撑、相互渗透的统一关系。企业品牌与区域品牌的主体不同，品牌效应也不同，企业品牌是私有的、有明确利益主体和私人利益驱动的，区域品牌是公共的、带有政策导向和服务性质的，但是，两者互动是产业集群发展的最终目标。企业是区域集群的主体和基础，企业品牌是区域品牌的有效支撑，区域产业规模和优势反助企业品牌，企业品牌可以借助区域品牌的庇荫、背书效用，追加优势作用迅速增长，产业集群内企业品牌的发展离不开区域品牌，区域品牌的建设离不开企业品牌的支持。

　　企业自主品牌与国家品牌形象是辩证统一的，两者相辅相成、相互促进。国家品牌形象的提升，可以为企业创造良好的国际市场环境，有利企业自主品牌的创建和成长。强势的国家品牌形象能凸现国家形象的公信力，有助于企业品牌打入国际市场，易为消费者所接受。国家品牌形象有利于企业自主品牌的建设，反过来，具有国际影响力的企业自主品牌也能促进国家品牌形象的提升。

　　区域自主品牌和国家品牌形象是相辅相成，相互促进的，两者都具有公共服务的性质，都对企业自主品牌具有背书效应。区域品牌的提升有利于国家形象品牌的改善和推广，同时，国家品牌形象的提升又进一步促进区域品牌在国际市场上的表现。

　　我国自主品牌三个层次的划分，对我国企业在国际市场实施品牌战略具有重要的指导意义。首先，自主品牌的层次划分理论告诉我们，一个品牌的对外整体形象，并不仅仅是消费者对企业品牌的印象和评价，这其中还包含了消费者对企业所属区域的认知和对企业所在国的印象。所以，一个品牌的国际形象，是企业品牌、区域品牌、国家形象品牌的综合体。因此，企业在进行品牌国际战略时，要充分注意到区域品牌和国家形象品牌的影响，并巧妙借助上述二者优势进行品牌推广，如充分利用中国元素吸引消费者的注意等，加强企业的品牌推广。反过来，企业也要意识到自身品牌的推广对区域品牌和国家形象品牌的反作用，尤其是国有大中型企业应该充分发挥其作为国有企业的带头作用，推动区域品牌和国家形象品牌的发展，从而带动一大批自主品牌走出国门，参与国际市场竞争。

二、我国自主品牌保护现状及经验教训

随着中国加入世界贸易组织，中国企业经过原始资本积累、技术水平提升、市场竞争磨砺后，逐步成熟起来，中国企业和企业家们开始意识到品牌对于国际竞争的紧迫性和必要性，国内理论界和消费者的品牌意识也逐步增强，与此同时，国家在政策上也积极鼓励有实力的企业"走出去"，极大地激发了中国企业参与国际化进程的热情。进入 21 世纪以来，市场竞争的阵地已从传统的产品价格转移到以品牌为核心的较量，谁拥有知名品牌，谁就拥有了竞争的资本。这时，中国经济也进入了工业化转型、城市化加速、国际化提升和市场化完善的关键时期，在世界知名品牌全面进入中国市场的同时，中国民族品牌也迈开了"走出去"的步伐，国际品牌和国内品牌的正面竞争拉开了序幕。然而，在与外国品牌的竞争中，由于缺乏对自主品牌的有效保护，国内企业往往处于相对劣势。

（一）我国自主品牌保护现状

1. 消灭式并购屡见不鲜

随着经济全球化的发展，中国市场被跨国企业打开，国内企业为了利用外方资金、先进的生产技术和管理经验，全面提升我国企业的经营水平和市场竞争力，越来越注重引进外国资本。而外国资本也对中国的市场表现出极大的兴趣，中外"联姻"的合资企业越来越多。但是，为了在激烈的市场竞争中生存，企业基本都是以利益为导向的，追求的是最大化的利润。跨国企业既可以基于利益的考量积极建立合资企业，提供资金、先进的生产技术和管理经验，

也可以为了己方的经济利益，运用战略竞争手段消灭潜在的竞争对手，占领市场。

对于绝大多数跨国企业来说，与本土企业合作的最主要目的是打开中国市场，为本企业生产的产品和服务打开销路，同时打响自有品牌的知名度。因此，虽然外企一开始会和本土企业展开合作，但是从长期的战略竞争来看，本土企业拥有的自主品牌依然会被合作伙伴视为潜在的竞争对手而加以重点关注和控制。基于这种考量，跨国企业在进行购买或并购的时候，通常会打着知识产权的旗号要求共享品牌，甚至千方百计试图获得本土企业自主品牌的控制权和所有权。一旦取得对本土自主品牌的控制，跨国企业通常会将该品牌闲置不用，或者将品牌控制在低端的、没有竞争力的细分市场中，同时大力推广自有品牌，迅速占据本土品牌被撤之后留下的空缺，达到为企业打开并占领本土市场的目的。

近年来，这种"消灭式并购"的品牌竞争方式屡见不鲜。表5—3展示了近年来我国被外资企业收购的部分本土自主品牌的情况。

表5—3　近年来被外资并购的部分自主品牌名单

行业	时间	并购方	被并购方	事件
饮料	2008	美国可口可乐	汇源果汁	可口可乐拟以约24亿美元现金收购汇源，最终被商务部否决，收购失败
	2007	法国达能	杭州娃哈哈	达能欲强行以40亿人民币的低价并购杭州娃哈哈集团51%的股权未果
	2000	法国达能	乐百氏	合资后的乐百氏，达能控股达92%
感光	2003	柯达	乐凯	我国7家感光企业都进入柯达阵营，柯达在我国的市场份额将达到50%以上

续表

行业	时间	并购方	被并购方	事　件
日化	1996	德国美洁时	活力 28	双方规定的合资公司洗衣粉产量的 50%使用"活力 28"品牌的承诺并没有实现，2003 年商标使用权被收回
	1994	美国宝洁	熊猫洗衣粉	宝洁公司一次性买断 50 年使用权，2000 年合作终止，品牌价值大幅缩水
	2008	美国强生	大宝	大宝成为强生公司的一员
	2003	法国欧莱雅	小护士	小护士在市场上几乎消失
	1994	联合利华	中华牙膏	联合利华采用品牌租赁的方式经营"中华牙膏"
	1990	庄臣	美加净	"美加净"商标被搁置，1994 年上海家化回购该品牌
钢铁机械	2007	美国凯雷	诚德钢管	凯雷以 49%的股权参股诚德钢管
	2006	法国圣戈班	徐州钢铁厂	圣戈班 7 亿元收购徐钢和光大新兴铸管全部股份
	2005	美国凯雷	徐工机械	凯雷欲以 3.75 亿美元收购徐工 85%的股权，收购计划未被监管部门批准
	2001	卡特彼勒	山工机械	卡特彼勒 200 万元收购山工 40%股份
五金电器	2006	法国 SEB	苏泊尔	SEB 控股苏泊尔 61%
	2003	吉列	南孚电池	南孚 72%股权落入吉列手中

资料来源：作者根据相关资料整理而得

　　这些消灭式并购的共同后果，都是苦心经营的本土自主品牌被打入冷宫，在市场上销声匿迹，而外资品牌则趁机进入并占据国内市场，占领大部分市场份额，严重打击本土同类企业的发展。

在激烈的市场竞争中，只有拥有自主品牌的控制权和所有权，才能拥有与外来企业一较高下的资本。如果不重视自主品牌保护，只看眼前利益，把苦心经营自主品牌拱手让与别人，则会失去品牌竞争的先机，让跨国企业轻易地进入国内市场，而自己则从能创造高附加值的"中国创造"沦为"中国制造"，在价值链中跌落到底端的不利地位。然而，我国企业在与跨国企业合作时却常常忽略了这样的问题，被一时的利益蒙蔽了双眼，对外资来者不拒，处理问题的经验不足，最终导致自主品牌的流失。

2. 国内企业品牌意识普遍较弱

企业是自主品牌的拥有者，企业的品牌意识和品牌策略决定了自主品牌的未来。但是，我国现阶段面临的一个主要问题就是国内企业的品牌意识普遍较弱，大部分企业缺乏明确的品牌战略，只把品牌当作自己生产产品和服务的标识，却不善于充分利用品牌的价值，发挥品牌的潜力，促进企业本身更好地发展。

国内企业在打造和推广自主品牌上的缺失，在 2013 年世界品牌实验室发布的《世界品牌 500 强》的排行榜单中可见一斑。在这个榜单中，中国内地上榜的企业仅占 500 个上榜名额中的 25 个，而能排在前 100 名的中国内地企业仅存 CCTV、国家电网、工商银行、中国移动这四家国有企业，最高排名仅为 53 名。和国内普遍乏力的自主品牌相比，素有品牌大国美誉的美国总共有 232 个品牌上榜，几乎占据榜单的一半，而在前十四名中仅仅有一个品牌非美国品牌。

中国素有"世界工厂"之称，中国制造的商品行销世界，然而出口大国却不是品牌大国，这样的窘境与国内企业只注重提高生产效率、降低生产成本，却不愿意花时间提升品牌意识、制定品牌战略的普遍状况不无关系。品牌是企业重要的无形资源，品牌优势是企业可以长期依赖、强而有力及稳定的价值所在，更是企业规模扩张的重要基础。当前国际市场的竞争已经进入品牌竞争的时代。我国企业要在国际市场上立足，培育自主的国际知名品牌具有极其重要的战略意义。但对于处于国际化初期的中国企业来说，自身资源条件还比较薄弱，国际营销经验和国际市场知识仍显不足。目前，我国制造企业大都选择贴牌方式或"贴牌+自主品牌"方式进入国际市场，从中获得非常有限的产品附加值，而对于能够给予产品高额附加值的自主品牌，国内企业却没有太多的精力去理会，对自主品牌的保护更加无从谈起。等到企业最终意识到品牌的巨大作用时，往往已经错失了最佳的推广时期，白白错过了自主品牌走向世界的大好时机。

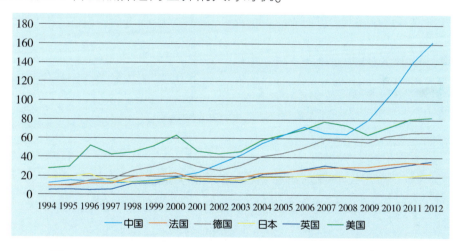

图5—3 1994—2012年中外商标注册申请量（单位：万件）

图5—3是1994—2012年在商标注册申请量上面中国与法国、德国、日本、英国和美国之间的对比。① 从图中我们可以发现一个可喜

---

① 数据来源：WIPO statistics http：//www.wipo.int/ipstats/en。

的转变，从 2008 年以来，我国商标注册申请量有了一个非常大的提升，并一举超越了商标大国美国，这说明我国企业已经有了初步的商标意识，并着手保护自己持有的商标。但是，如果按照人均商标注册申请量来看的话，我国的商标注册申请量仍然有很大的提升空间，我国企业的商标意识也有待进一步的提高，亟需加强品牌建设的主动性。

过度看重短期利益、缺乏品牌建设主动性的情况在我国十分常见。企业一切以现金利益为判断标准，严重缺乏品牌意识，利益驱动型企业层出不穷，这不仅使企业满足于为其他公司代加工所带来的少量利润，还有可能造成国内企业的恶性竞争，产生严重的内耗。因此，我国企业亟需提高自主品牌保护观念和品牌意识，亟需国家政策对其品牌管理行为作出指导，从而摆脱生产发展受制于人的困境。

当前，我国正大力鼓励对外贸易的转型升级，着力提高出口质量和出口产品附加值，这正是我国企业发展自主品牌的最佳时期。我国企业一定要抓住机遇，制定合适的品牌发展战略，通过打造自主品牌来增加企业的出口附加值。

3. 区域品牌管理不善

区域品牌为企业发展和推广自主品牌提供了天然的优势，企业完全可以借助区域品牌提供的优势，制定科学的品牌战略发展壮大，形成区域品牌推动企业品牌、企业品牌反哺区域品牌的良性互动。然而，如果有企业只顾眼前利益，过度使用区域品牌，使企业品牌不能对区域品牌形成有效反哺，被滥用的区域品牌必然会衰落。比如江西景德镇，虽然贵为瓷都，但整个景德镇内却没有走出来一个比较有代表性的自主品牌。同时，一些企业在做工上粗制滥造，严重地抹黑了景德镇的招牌。2004 年，中国轻工业联合会、中国陶瓷工业协会将"中国瓷都"的称号授予了广东潮州,以表彰其在陶瓷行业发展和区域品牌建设中做出的贡献。区域品牌的衰落不仅仅是由于品牌滥用,更有甚者,区域内企业之间恶性竞争,企业相互抹黑,不仅产生了严重的内耗,还造成了对区域品牌价值和品牌声誉的严重损害。

我国产业集群经过二三十年的成长,有了很大发展,且产生了一些基于制造工厂意义上的知名区域品牌。但是许多区域集群缺乏对区域品牌重要性的理解,对企业品牌与区域品牌互动出现关系的认识不够,使我国区域自主品牌建立处于不理想的状态。有些集群企业依托区域品牌和区域技术支撑体系,相互模仿,不注重创建品牌,"搭便车"心理强。企业自主品牌对区域品牌没有形成更有力的支撑,没有形成企业品牌与区域品牌互动的效果,从而使集群品牌衰落下去。

4. 国家品牌形象改善乏力

改革开放以来,我国生产的产品迅速走出国门,在出口导向型的政策指导下,我国对外出口迅速增加,被称为"世界工厂","中国制造"以物美价廉的天然优势行销全球。近年来,我国逐渐调整经济发展战略,努力把"中国制造"转变为"中国创造"。经过不懈的努力,我国走出了联想、海尔、华为等一批拥有自主知识产权和自主品牌的优秀企业,经济转型取得极大进步。然而,"中国制造"的形象早已根深蒂固,甚至成为了廉价商品的代名词,虽然付出了很大的努力进行改变,却仍然收效不明显。同时,我国国内市场还充斥着不少假冒伪劣产品和"山寨"商品,使国家品牌形象备受影响。

在这样的国家品牌形象的影响下,我国生产的产品始终卖不上好价钱,自主品牌的附加值相对较低。自主品牌创造的价值不能给企业形成足够的激励,使企业更不愿意重视对自主品牌的保护,而企业消极的态度又会使国家品牌形象的改善更加乏力，导致恶性循环，自主品牌保护的形势非常严峻。因此，国家亟需发挥政府政策的导向作用，通过财政、信贷和税收等政策，出台有效的激励措施扭转困难局面，同时加大国家品牌形象的改善力度，使国家品牌形象和企业自主品牌形成良性的互动，相互促进，共同发展。

5. 自主品牌保护的法律政策环境仍需改善

由于历史的原因，我国在很长一段时间都缺乏商标及品牌的保护意识，对品牌的长期缺乏有效保护。在国际市场上，我国许多很有市场前景的商标被国外公司抢先注册，落到他人之手。其中不乏"英雄"金笔、"红塔山"香烟和"康佳"彩电等国内著名品牌。同时，当前的法律环境和政策环境对与外商的合资中的自主品牌保护问题的重视还应进一步加强。跨国公司通过兼并或收购我国市场占有率高的本土品牌，将其束之高阁而培育自己的品牌占领中国市场，使我国许多有成长潜力的自主品牌被封杀。

此外，由于缺乏引导和行业规范，导致企业在打造品牌过程中存在品牌高度雷同、品牌不带来销售、品牌防御性差等问题。中国品牌数量很多，但是核心价值不清晰、缺乏个性、品牌气质趋于雷同。很多品牌非常有名，却没有占领消费者的心智，没能在消费者内心根植品牌的核心价值，也就无法给企业带来预期持续的销售，其后果就是广告一停，销量马上就下滑，一旦出了问题，就会马上垮掉，甚至是内部人事的变动也会导致品牌的贬值，品牌价值难以获得持续增长。因此，政府应在制定行业法规和指导意见时，引导企业对如何打造自主品牌建立一个清晰完整的体系认识，避免企业做品牌的盲目性。曾风光一时的标王"秦池酒"和"爱多VCD"昙花一现，不久就在市场上消失了，就是这方面最好的反面例证。

良好的自主品牌保护法律环境和政策环境，一个是自主品牌的保护伞，一个是自主品牌发展的推动器。如果缺乏前者，本土企业就没有坚强的武器来对抗外来竞争者的冲击；如果缺乏后者，自主品牌的发展就缺乏足够的动力，二者缺一不可。法律政策环境越好，就越有利于企业品牌战略的实施和自主品牌的保护，越能够促进企业走出国门，参与世界市场的竞争，并在竞争中不断打造自主品牌，倒逼法律政策环境的改善，形成良性的互动。

（二）我国自主品牌保护的经验教训——以乐百氏和娃哈哈为例

乐百氏是 20 世纪 90 年代中国饮料业的巨头企业，1997 年，乐百氏的销售额增长达到了 85.3%，乳酸奶连续几年全国市场占有率第一，纯净水全国第二。尽管正处于巅峰时期，但因为同时面对国内娃哈哈和外资饮料巨头可口可乐及百事可乐的竞争，如何提升乐百氏的进一步发展能力成为乐百氏必须思考的问题。最终，乐百氏选择了合资。2000 年 3 月，乐百氏正式宣布与达能合资，合资方式相当于达能购买乐百氏母公司股份。达能控股 92%，拥有绝对发言权。同时，合资协议规定，除非乐百氏方面要求，否则达能不派人员参与管理。然而，乐百氏的决策层忽视了这样一个问题：达能给企业管理和品牌上以自由发展空间有一个前提条件——"发展正常"。换句话说，如果企业运营出了问题，如发展缓慢，尤其是出现停滞现象，作为控股方，达能肯定要介入。正是对这一点的忽视，使得在之后的合作中，乐百氏越来越被动。

2001 年 11 月 30 日，乐百氏总裁何伯权等五位创业者集体辞职，预示着达能与乐百氏的合作失败，乐百氏商标的控制权落到了达能手中。在这之后的时间里，乐百氏的产品线不断收缩，彻底被达能流放到二三线市场等利润较低的市场中，乐百氏也承受着连年亏损的压力。时至今日，乐百氏的商标价值严重缩水，曾经在中国饮料市场呼风唤雨的龙头企业彻底沦落（见图5—4）。

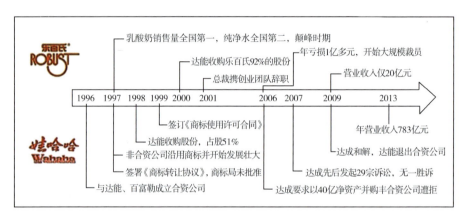

图5—4　乐百氏与娃哈哈企业发展时间轴

与乐百氏同为中国饮料业巨头的娃哈哈也选择了与达能合作，合作的时间甚至比乐百氏还要早。1996年，娃哈哈集团与达能集团、香港百富勒公司共同合资成立了杭州娃哈哈食品有限公司（下称娃哈哈合资公司），同时还成立了另外4家以"娃哈哈"为字号的合资企业。娃哈哈集团中还有一些企业没有合资，此后娃哈哈集团又相继建立了一批与达能集团没有合资关系的娃哈哈公司。在1996年2月9日的娃哈哈合资公司的合资合同中，约定了由娃哈哈集团将其拥有的"娃哈哈"系列注册商标转让给娃哈哈合资公司。故娃哈哈集团与娃哈哈合资公司又于1996年2月19日签订了一份《娃哈哈商标权转让协议》（以下简称《商标转让协议》），约定娃哈哈集团将其注册的"娃哈哈"系列商标以对价一亿元人民币转让给娃哈哈合资公司，然后再由娃哈哈合资公司授权给它的其余"娃哈哈"合资企业使用。由于"娃哈哈"注册商标的《商标转让协议》未能获得国家工商总局商标局的批准，娃哈哈合资公司又在1999年5月18日与娃哈哈集团签订了《娃哈哈商标许可使用合同》。2005年，双方就娃哈哈商标使用许可范围作了调整约定，许可二十多家非合资的娃哈哈公司使用娃哈哈注册商标。

亚洲金融风暴后，达能收购了香港百富勤在娃哈哈合资公司和其他娃哈哈合资企业中的股权，其在所有娃哈哈合资企业包括娃哈哈合资公司中的持股达到51%。2006年4月，达能集团以《商标使用许可合同》中明确规定娃哈哈集团未经合资公司董事会同意不得许可任何第三方使用商标为由，要求关闭一批非合资娃哈哈公司，或者以40亿元的价格收购这些合资公司51%的股权，遭到娃哈哈集团的强烈反对。随后，达能和娃哈哈开始了无休止的仲裁申请和相互诉讼，但是仲裁和诉讼的结果都基本认为娃哈哈集团向娃哈哈合资公司的商标转让无效，娃哈哈集团拥有商标的所有权，仲裁和诉讼结果对娃哈哈有利。

2009年9月，经历了多次败诉之后，达能宣布与娃哈哈集团达成和解，向娃哈哈出售其手中持有的所有娃哈哈合资公司和其他合资公司的股权，达能与娃哈哈的"联姻"就此结束，旷日持久的"达娃之争"也就此了结。收回企业控制权后，娃哈哈在市场上取得了长足的发展。2013年，娃哈哈营业收入达到782.78亿元，在饮料业同行中遥遥领先，成为本土饮料企业中的龙头企业。在2013年的胡润品牌榜民营企业榜中，娃哈哈以220亿元品牌价值排名第五，品牌潜力非常巨大。

娃哈哈和乐百氏的成败殊途，很好地说明了自主品牌保护的重要作用。乐百氏采用吸收入股的方式融资，使达能占有了绝大部分股份，将企业的绝对控制权拱手让出。这同时也意味着完全放弃了对"乐百氏"这一苦心经营多年的自主品牌的控制权，其结果就是完全受制于人，处于被动的劣势地位。即使后来企业管理层与达能公司出现了矛盾，由于股权上的绝对劣势，管理层根本无计可施，只能眼睁睁地看着一个潜力无限的自主品牌慢慢沦陷。反观娃哈哈集团，虽然在合资公司的控制权上处于劣势地位，但是娃哈哈集团很好地利用了合同条款来制约达能的行为。娃哈哈之所以能顺利摆脱诉讼泥淖，就是因为企业牢牢把握住了"娃哈哈"商标的控制权和所有权，仅以授权的方式供合资公司使用，而没有轻易将商标的控制权和所有权让与他人。到后来达能集团对娃哈哈集团发起诉讼攻势时，由于在法律上仍然持有"娃哈哈"商标的所有权，娃哈哈集团也有了应诉的底气。由此看来，企业的品牌意识在自主品牌保护中显得尤为重要，有时甚至能决定一家企业的生死存亡。

除了企业的品牌意识之外，政府在自主品牌保护中的作用也不可或缺。我们可以看到，乐百氏宣布与达能合作的过程中并没有政府的任何身影，即便是一路扶持乐百氏成长，在乐百氏公司中有很大话语权的中山小榄政府也没有发表过不同的意见，任由缺乏合资经验的乐百氏管理层踏入了达能的陷阱。与此产生强烈对比的是，在娃哈哈与达能的权益争端中，娃哈哈不仅网罗了国内法律领域的权威专家，杭州有关部门更是据理力争，把战线拖到了2009年，最终拖垮了达能的耐心。自主品牌的保护不仅关系到企业的权益，还可能关系到整个产业的发展，甚至牵连到许多政治因素。因此，政府需要在自主品牌保护中对本土企业提供力所能及的便利，提供权威的法律咨询和适当的政策扶持等，帮助企业维护自身权益，使本土自主品牌能够更健康顺利地发展壮大。

"保护是为了更好地开放"，对自主品牌进行必要的保护，实际上是为了使企业能够更好更公平地参与到市场竞争中，这也应该是我们当前保护自主产业发展最重要的目的。为此，我们更要综合运用各种理论分析工具，从当地实际状况出发，充分考虑国际国内及区域经济发展态势，对我国自主产业发展的定位、产业体系、产业结构、产业链、空间布局、经济社会环境影响、实施方案等做出详细具体的发展规划和保护计划。企业层面的规划应该更加关注企业的未来发展和自主品牌的建设保护，多在知识产权和思想建设等软实力上下功夫，有条件的企业应该建立专门的部门，为自主品牌的建设发展扫清障碍；而政府层面的规划则应该更加关注整个产业或产业集群的发展，做好法律建设和制度建设，为自主品牌的建设发展提供坚实的后盾。同时，在保护方法上也不能拘泥于现有的措施，而应该更加鼓励新方法、新机制的创造发明，如在企业层面可以抱团组织涉及法律问题尤其是知识产权方向的团体组织，集体监管和应对侵权行为的发生；而政府层面可以建立专门的智库，为企业提供相关的专业咨询等，更好地为自主品牌的建设发展保驾护航。

三、自主品牌保护与国际竞争的关系

随着技术的发展和市场的开放，当前的市场竞争已经越来越发展成为世界范围内的市场竞争。随着国家"走出去"战略的提出，越来越多的国内企业走出国门，寻找更广阔的产品服务市场和更好的发展机遇。在国际经济舞台上，我国企业取得了不俗的成绩，但与此同时，国内企业的自主品牌和国外品牌之间的战略竞争不可避免，国内企业对其所拥有自主品牌的控制权和所有权也面临着越来越激烈的冲击，面临着其他国家构筑的层层壁垒和跨国公司的直接挑战。跨国公司为了自身利益最大化，常常利用法律武器对我国企业进行围追堵截，挑起商标争端，而我国企业由于经济实力、技术实力以及经验不足，在面对此类争端时往往处于被动的地位，损失惨重。

当前，我国企业参与国际竞争的程度和自主品牌保护程度之间是不平衡、不对等的。改革开放以来，我国在全球化进程中取得了丰硕的成果，迈出国门参与国际竞争的企业越来越多，在国际市场中，中国企业也成为了一支非常重要的力量。然而，我国在商标保护和行政改革方面依然未能完全跟上我国企业参与国际竞争的速度和国际形势变化的速度，对于一些遭受不正当竞争的国内企业的保护仍然需要进一步加强。同时，在商标行政执法方面，相关部门的执法手段仍然相对落后，执法效率不高，未能形成非常有效的监督举报体系，电子化办公系统和全国行政资源共享系统也仍未建立完成。我国在自主品牌保护方面的问题也影响了企业品牌意识的形成和发展，许多企业将自主品牌保护与参与国际竞争视作两个独立的过程，在实际的市场运营中经常会出现厚此薄彼的情况。

其实，对企业来说，自主品牌保护与参与国际竞争并不是两个相互独立的过程，二者相互渗透、相互影响、相互促进，企业要想在国际竞争市场中取得成功，绝不能厚此薄彼，给竞争对手以可乘之机。随着全球化进程的加速，许多国内企业已经不再满足于在国内市场的发展，纷纷提出国际化战略，积极推动企业参与国际竞争。然而，一些企业在国际市场竞争中不注重对自主品牌的保护，往往因此而处于被动的地位。正如上文提到的乐百氏一样，保不住自主品牌的所有权和控制权，不仅被框死在国内市场中无法对外扩展，在国内市场中也会屡屡碰壁。

对政府来说，在促进企业参与国际竞争的同时，也要加强对自主品牌的行政立法保护工作，切实加强我国的政策保护体系以应对国际市场的冲击，为自主品牌走向世界保驾护航。当前，我国政府进行自主品牌保护应该包含以下三个主要方面。首先，我国政府应该有能力为企业提供正当的保护功能和法律咨询功能，帮助国内企业抵御跨国企业的不正当竞争，为企业建立公平良好的竞争环境，同时为企业提供政策引导，促进企业发展壮大。其次，对于一些有发展潜力但尚未发展成熟的新兴产业、关乎国计民生的国家支柱产业和战略性产业等，政府应参照幼稚产业保护理论的做法，为这些产业提供合理的自主品牌保护政策措施，在商标注册、商标行政授权确权和商标行政执法等方面提供更多的便利和关注，保护和促进相关产业的健康发展。再次，在自主品牌保护过程中，会无法避免地与其他国家展开正面的交锋和制度竞争，我们可以从这些交锋中看到与国外先进国家的差距，意识到我国在自主品牌保护中司法保护和行政保护中存在的薄弱环节，吸收国外先进的理论和经验，进而可以进行自我完善，加强立法和行政措施，加强政府的服务职能，以更好地服务于自主品牌保护。

从国家层面来看，促进自主品牌保护有利于国内企业参与国际竞争。促进自主品牌保护，一方面可以保护本土企业在国内市场的权益不受到恶意侵犯，为企业参与国际竞争提供坚实的基础，免除企业的后顾之忧，另一方面，通过促进自主品牌保护，提高企业的品牌保护意识，能帮助企业未雨绸缪，在进入外国市场时能够切实地维护自身

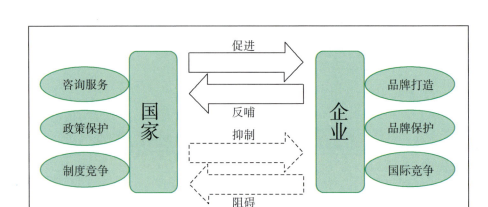

图5—5 国家—企业自主品牌保护模型

的正当权益，有利于企业的发展壮大。每一个自主品牌的成长都有着一个艰难曲折的过程。一些发达国家当初也经历过"低价""模仿"和粗制滥造的阶段，才逐步打造出世界级的品牌；而更多的发达国家则通过政策性的保护和扶植措施，防止了自主品牌的流失。我国很多自主品牌面对世界广阔的市场还处于起步阶段，需要政府的扶持和引导，甚至适当的保护，才能走向世界。同时也能避免我国苦心经营的自主品牌消亡。

反过来，当前日益激烈的国际竞争也在倒逼着自主品牌保护的发展。当前经济全球化的进程不可逆转，国内企业注定要面临来自世界市场的激烈挑战。道高一尺，魔高一丈，面对激烈的国际竞争，坐以待毙意味着死路一条。再完美的制度安排也需要经受实践的检验，在摸着石头过河的阶段，每一次成功都能够掌握更多的发展经验，每一次摔倒都意味着有更多的问题需要反思。因此，我们需要鼓励一些企业积极参与国际竞争，在竞争中不断学习，不断完善自主品牌保护的制度安排和政策经验，进而更好地促进本土企业制定和实施品牌战略，促进自主品牌"走出去"，实现由商标大国向商标强国的转变。

四、对我国企业自主品牌发展和保护的建议

1. 选择和制定适合企业自身的品牌战略。品牌战略是一个企业的核心战略之一，在制定和实施品牌战略时，必须胆大心细。从建筑品牌围墙① 的角度来说，品牌战略有四种类型：一是以需求为中心，即根据市场的不同需求来划分不同的品牌线，以满足不同需求的用户群；二是以市场为中心，也就是通过提高市场份额来提高品牌覆盖率，进而提高品牌知名度；三是以产品为中心，就是通过提高产品的质量和服务的水平来营造市场口碑，进而打造品牌；四是以品类为中心，即将全部精力和资源集中于一个品牌的宣传推广上。企业应该根据自身的实际情况，确定以上

> **建筑品牌围墙** ⌄ 🔍
>
> 用来说明品牌对消费者的影响机理。品牌围墙概念认为品牌是生产者建筑在消费者大脑中的围墙，这道围墙一旦形成就神通广大，就有了生命力，能够独立存活。对消费者购买的影响再也没有比品牌围墙更有力的了，而且，品牌本身所形成的概念还会融入到消费者用来思考、权衡世间万物的知识体系中而影响着主我的选择，因此品牌围墙的影响就超越了企业，也同样超越了产品。品牌之争就是通过抢占意识资源，竞争需求产生的购买力。在这个竞争过程中，品牌起到了代表企业的意愿去影响消费者的围墙作用，这道品牌围墙把消费者的意识、需求、产品都圈在了一起。有了品牌围墙，企业就相当于把工厂开到了消费者大脑中，把渠道铺到了消费者意识中，把产品捆绑在消费者的自由意志里，把影响植入到消费者的知识体系里。

---

① 白志根：《品牌，你逃不出的围城》，广东经济出版社，2012 年出版。

四种类型在其品牌战略中所占的比例，并在实际实施中进行必要的调整和完善。

2. 提高品牌管理的能力和水平。品牌管理，实际上就是推动消费者对企业品牌从认识到认知再到认同的过程，并维持消费者对品牌的认同感，即通过品牌推广使消费者认识品牌，通过品牌文化渗透使消费者认知品牌，通过品牌沟通和危机公关使消费者认同品牌，增加品牌的用户粘性。

3. 谨慎选择合作伙伴与合资对象。谨慎选择合作伙伴，是因为合作伙伴对于企业来说可控范围很小，属于外部性，然而合作伙伴的商誉却会影响到企业自身品牌的评价。比如近期上海福喜公司对肯德基连锁餐厅造成的影响就是很好的例子。而谨慎选择合资对象，是因为企业必须对合资对象合资的真实意图有所了解，才能对自主品牌进行有效的保护。正如上文中表5—3所列举的，有的合资对象意图借助合资推广自家品牌、打击竞争对手，如宝洁收购熊猫洗衣粉；有的合资对象在合资企业拥有很好的发展前景的时候意图强行并购，如达能意图并购娃哈哈；有的合资对象意图通过合资达到垄断市场的目的，如柯达收购乐凯……因此，谨慎选择合资对象，是企业保住自主品牌的必要保证。

4. 在国际竞争中要掌握自主品牌的主动权。要切实保护自主品牌，积极应对跨国仲裁和跨国诉讼，用合理的手段保护自主品牌的控制权和所有权。要正确认识自主品牌的作用和价值，正确合理地对自主品牌进行估价。在与其他企业合资时，要合理利用自主品牌的价值，增加谈判的砝码；要将对自主品牌的所有权和控制权切实地掌握在自己手中，提高在合资企业中的话语权。要抓住机遇，坚定主动地实施品牌发展战略，提高自主品牌的价值，牢牢掌握自主品牌发展的主动权。

参考文献

［1］陈国宏，郭弢. 我国 FDI、知识产权保护与自主创新能力关系实证研究［J］. 中国工业经济，2008，04：25—33.

［2］费明胜，邹良明. 论自主品牌及其发展对策［J］. 商业时代，2007（17），28—31，51.

［3］高欢. 2012 中国品牌十大问题［J］. 商品与质量，2013（24），39—42，45—49.

［4］刘东胜，杨志勇. 我国商标监管绩效评价及对策——基于灰色关联分析的实证研究［J］. 天津行政学院学报，2010，05：79—84.

［5］刘洪源. 知识产权制度对我国经济增长的影响［D］. 吉林大学，2013.

［6］沈国兵. 知识产权保护与中国省级经济增长：经验研究［J］. 世界经济情况，2009，10：4—12.

［7］吴凯，蔡虹，蒋仁爱. 中国知识产权保护与经济增长的实证研究［J］. 科学学研究，2010，12：1832—1836.

［8］吴继英，赵喜仓，陈晓阳. 知识产权保护与江苏经济增长的实证研究［J］. 科技管理研究，2011，24：138—141.

［9］尹伯懿. 商标制度对城市经济发展的作用机理及实证研究——以北京工商商标监管为例［J］. 知识产权，2008，04：48—56.

[10] 张吉顺. 如何正确认识外资收购和民族品牌保护 [J]. 商业现代化, 2010 (6), 55—56.

[11] 张蔚. 从达娃之争看中国企业跨国合作中的问题 [J]. 北京市经济管理干部学院学报, 2011 (2), 70—74.

[12] 中国网: 2013 年中国知识产权发展状况新闻发布会, http://www. china. com. cn/zhibo/2014—04/22/content_32158885. htm.

[13] 中国网络电视台, 中国打击侵犯知识产权和制售假冒伪劣商品专项行动成果展, http://ipr. cntv. cn/ipr07/zhanting/index. shtml.

[14] 中华人民共和国国家工商行政管理总局商标局, 商标评审委员会, 中国商标工作年度报告 (1994—2007) [R]. 中国工商出版社.

[15] 中华人民共和国国家工商行政管理总局商标局, 商标评审委员会. 中国商标战略年度发展报告 (2008—2013) [R]. 中国工商出版社.

[16] 周正, 中国商标专用权保护政策的目标与绩效分析 [D]. 中国农业大学, 2005.

[17] Anonymous. Protecting Trademarks in China [J]. Industry Week, 2008, Vol. 257 (12), pp. 63.

[18] Arnold B. Silverman. How To Customize And Maximize Federal Trademark Protection [J]. JOM, 2005, Vol. 57 (10), pp. 72—72.

[19] Falvey , Rod and Neil Foster , and David Greenaway. Intellectual Property Rights and Economic Growth [J]. Review of Development Economics, 2006, 10 (4): 700—719.

[20] Ferrantino, Michael. The Effect of Intellectual Property Rights on

International Trade and Investment [J] . Review of World Economics, 1993, 129 (2): 300— 331.

[21] Furukawa, Yuichi. The Protection of Intellectual Property Rights and Endogenous Growt h: Is Stronger Always Better? [J]. Journal of Economic Dynamics and Control, 2007, 1 (11): 3644—3670.

[22] Gervais, Daniel. Intellectual Property, Trade and Development: Strategies to Optimize Economic Development in a TRIPs-plus Era [M] . Oxford: Oxford University Press, 2007, pp. 1—59.

[23] Gould, David and William Gruben. The Role of Intellectual Property Rights in Economic Growth [J] . Journal of Development Economics, 1996, 48 (2): 323—350.

[24] Gutterman, Alan. The North-South Debate Regarding the Protection of Intellectual Property Rights [J] . Wake Forest Law Review , 1993, 28: 89—139.

[25] Kanwar, Sunil and Robert Evenson. Does Intellectual Property Protection Spur Technological Change? [J] . Oxford Economic Papers, 2003, 55 (2): 235—264.

[26] Mary Jo Hatch, Majken Schultz. Are the Strategic Stars Aligned for Your Corporate Brand? [J]. Harvard Business Review, 2001 (2), pp. 1—8.

[27] Matthew J. Elsmore. The Implications of Intellectual Property Law For The Auditing And Protection of National And International Brands: Part1. Brands in Cyberspace [J]. Managerial Auditing Journal, 2000, pp. 116—132.

［28］Ostergard，Robert．The Development Dilemma：The Political E-conomy of Intellectual Property Rights in the International System ［M］．New York：LFB Scholarly Publishing LLC，2003，pp. 1—163.

［29］Steven W. Kopp，John C. Kozup，Tracy A. Suter，Charles R. Taylor．Protecting the Global Brand in the European Union．Journal of Euro-marketing，2008，Vol. 17 (1).

［30］Suzanne Hogan，Simon Glynn，James Bell．Bringing Brand Into M&A Discussions：Misunderstanding Brands Can Put Value at Risk ［J］．Mercer Management Journal，2001，pp. 35—41.

［31］Timothy A. Lemper．Five trademark law strategies for managing brands ［J］．Business Horizons，2012，Vol. 55 (2)，pp. 113—117.

［32］WIPO statistics http：//www. wipo. int/ipstats/en.

［33］Yu，Peter．Intellectual Property，Economic Development，and the China Puzzle ［A］．Daniel Gervais．Intellectual Property ，Trade and Development：St rategies to Optimize Economic Development in a TRIPs-plus Era ［C］．Oxford：Oxford University Press，2007，pp. 1—546.

［34］Zhihong Gao．Trademark Law and Litigation in China ［J］．Journal of Asia-Pacific Business，2011，Vol. 12 (1)，pp. 43—68.

分报告5　商标与创新的关系研究

　　十八大提出了实施创新驱动发展战略，明确强调要完善知识创新体系，强化基础研究、前沿技术研究、社会公益技术研究，提高科学研究水平和成果转化能力，抢占科技发展战略制高点。经济"新常态"下，要素驱动的粗放型经济增长方式将转变为以创新驱动为动力的增长，创新成为转变经济发展方式的核心动力。在此背景下，本报告从商标和创新的相互关系切入，重点阐述了商标对各类创新活动和经济增长的影响。

　　随着知识经济时代的到来，以及后工业化阶段第三产业，特别是服务业的兴起，组织管理模式革新和市场创新逐渐在创新活动中占据更加重要的地位。创新形式的不断演变，客观上要求创新概念范畴从单纯的技术创新向组织创新和市场创新延伸和拓展。对创新内涵多样性的认识是理解商标与创新关系的一个重要前提。

商标是企业创新活动的集中体现。首先,商标的区分功能使其成为了生产和消费形成良性互动的媒介,其沟通能力和商誉彰显功能有助于降低市场交易费用,这本身就是创新的集中体现。其次,商标将暗默知识(Tacit knowledge)转化为形式知识,丰富了商品的多样性,同样体现了创新。第三,商标创新的引入、围绕产品推广和商标重复使用所展开的品牌培育战略使商标集中承载了企业的商业模式和企业文化,从而集中体现了企业在组织变革、市场开拓和经营模式上的创新努力。因此,商标与广义创新概念下的各种创新活动均存在密切联系。此外,商标显著性的强化和品牌的成长从根本上来说还要取决于企业产品和服务的内在质量和企业的创新活力。在缺乏有效的技术、商业模式和组织创新支撑的前提下,商标与品牌不可能赢得消费者的长期认可。

商标注册是知识产权保护的重要形式,具有灵活性的基本特征。商标注册是知识产权保护的重要途径。通过商标注册获得商标专用权,同时充分发挥商标专用权可以续展无限延期的优势,可以使创新成果依法得到更加持久的保护。与专利这一企业创新的保护机制相比,商标申请更加灵活、要求更低。商标申请只要求所申请的标识符合商标使用的标志和显著性要求,且不与在先权利冲突,并不像专利那样在技术新颖性和创新上设置了系统的条件,这使得各种企业创新活动都可以通过商标来进行保护。低技术企业和中小企业受企业资金实力和技术实力的限制,往往难以在技术创新上进行显著的实质性突破。专利相比商标设置了更高的技术门槛,且申请与维持费用显著高于商标,在授予周期上也不如商标那样快捷,因此对于技术密集程度较低的企业和资金实力较为薄弱的中小企业来说，用商标来实施知识产权保护是比专利更加切实可行的策略。此外，商标可以为大量无法获得著作权、专利权保护的创新以及创新的延续提供保护。在创新内涵迅速延伸和拓展的背景下，专利仍然主要集中于技术创新领域。在很多情况下，企业的创新活动，尤其是市场创新和组织创新，并不具备专利化的客观条件，在这种情形下，商标成为专利之外的创新成果保护的重要补充。

商标是提高创新收益和市场价值的重要载体。商标能够带来创新的范围经济和规模报酬递增。此外，商标是商品提供者和消费者之间最重要的沟通载体，可以通过特许经营、产品差异化效应、声誉效应与信号传递效应来帮助企业实现技术优势向市场竞争优势的转化。

商标本身是企业创新能力以及核心竞争力的集中凝聚体现，是向消费者呈现企业创新成果和竞争能力的重要载体。商标可以有效凝聚企业的创新成果并将之与商标承载的商业信誉紧密结合，为企业的创新成果带来更高的市场回报，增加市场占有率。正因为商标是企业创新的集中体现，所以商标和企业形象的确立都离不开产品内在品质和企业技术实力的支撑。商标战略和商标的可持续成长客观上要求企业进行不懈的创新努力，提高自身的核心竞争力。

互联网和电子商务对商标创新提出了新要求。由于网络外部性放大了消费者更换产品和品牌的成本，因此与传统经济情景相比，网络经济中企业品牌的确立可以产生更强的"锁定"消费群体的效应，而这对企业商标战略的实施效果起到了放大作用。其次，在互联网和电子商务背景下，价值的主要载体是流量，而企业的商标可以融合在域名、链接、加框、关键词以及字串中，从而成为引导访问者和信息流量的指向标，而这就使得商标的形式出现了新的变化。由于网络的虚拟性特征使得商标侵权更难被界定，这不仅对企业商标权维护提出了新的问题，也使得在商标法律体系中规范网络虚拟空间的商标使用越来越必要。

本报告从联想、小米和英特尔的品牌成长角度通过案例分析进一步揭示了商标、品牌和创新之间的关系。研究表明，商标和创新的联系在企业的商标和品牌战略中主要体现在，通过创立品牌，提升品牌知名度增加市场份额，继而将集聚的资本致力于产品研发，从而借助知识产权竞争优势嵌入全球价值链，而这种技术优势的获取反过来又强化了企业的商标和品牌优势。

在商标和创新关系的统计分析上，商标申请量与专利申请量显示出较高的相关性，且中低技术产业相对更依赖于商标来进行知识产权保护。与发达国家呈现出显著差异的是，与大型企业相比，我国中小企业参与商标申请的比重相对较低。造成这一现象的原因可能在于中小企业缺乏商标注册的意识，并且缺乏商标注册、续展、变更、转让以及维权等一系列专门的工作机制，而我国商标侵权时有发生所导致的商标权维护成本也使得中小企业即使申请商标，可能也无法有效地维护。最后，受经济的地区间不平衡发展的影响，我国的商标申请和专利申请在地区间呈现出明显的不均衡性，但中西部地区的专利申请量和商标申请量近年来有较快的增长。

在商标和创新关系的计量分析上，协整检验和 Granger 因果检验表明，商标注册与创新活动之间存在着稳定的长期关系。这种关系表明，商标是我国创新保护的重要形式，并显著推动了创新成果的形成。一方面，商标是一种重要的知识产权保护形式。因此，R&D 支出增长使得商标作为创新成果保护的需要而相应增长。另一方面，商标对企业创新有着积极的推动作用，不仅可以带来创新的范围经济，还可以促进创新成果向市场价值的转化。这反映在商标增长对专利申请的长期正向促进作用上。以中关村企业数据为基础的计量分析进一步表明，商标不仅对企业创新活动具有显著的推动作用，而且有助于提高企业的市场价值。但是，研究也表明，商标在促进研发投入向市场价值增长转化上的效果并不明显。这说明我国企业商标运用可能只是单纯地强调市场营销和品牌推广，缺乏与企业技术进步战略的整合，从而并未有效地发挥商标推动研发向企业市场收益增长转化的功能。

第一章

导　论

经济增长理论已经表明，实现经济动态发展的基本动力是技术创新，而技术进步是经济增长的源泉和决定性因素。2006年，我国《国家中长期科学和技术发展规划纲要》明确指出要增强我国自主创新能力，以及科技促进经济社会发展和保障国家安全的能力，明确了创新型国家的战略目标。十八大进一步提出了实施创新驱动发展战略。强调要坚持走中国特色自主创新道路，以全球视野谋划和推动创新，提高原始创新、集成创新和引进消化吸收再创新能力，更加注重协同创新。深化科技体制改革，推动科技和经济紧密结合，加快建设国家创新体系，着力构建以企业为主体、市场为导向、产学研相结合的技术创新体系。完善知识创新体系，强化基础研究、前沿技术研究、社会公益技术研究，提高科学研究水平和成果转化能力，抢占科技发展战略制高点。实施国家科技重大专项，突破重大技术瓶颈。加快新技术、新产品、新工艺研发应用，加强技术集成和商业模式创新。完善科技创新评价标准、激励机制、转化机制。实施知识产权战略，加强知识产权保护。促进创新资源高效配置和综合集成，把全社会智慧和力量凝聚到创新发展上来。

"新常态"下，经济从高速增长转为中高速增长；经济结构不断优化升级；增长动力从要素驱动、投资驱动转为创新驱动。市场经济条件下，企业是实现创新的最主要的微观主体，创新驱动客观上需要企业改变生产方式，积极推动技术创新、市场创新和组织创新。商标作为知识产权保护的重要形式，不仅是市场竞争的重要载体，更是企业各种创新活动和核心竞争力的集中体现。本报告将从商标和创新的相互关系切入，重点阐述商标对各类创新活动和经济增长的影响作用。

创新的基本内涵

一、创新的内涵

如果从经济学上对创新做出界定的话，那么就可以把技术创新作为狭义的创新。由于技术创新所具备的功效性使其成为备受关注的研究对象，以至于被当作创新的代名词。奥托·卡尔特霍夫等曾认为创新是旨在产生和应用新知识的一种活动，他们认为创新的主要含义在于技术创新。传统意义上，技术创新是指与新技术的研究开发、生产及其商业化应用有关的经济技术活动，主要包括产品创新和工艺创新两种类型。

但是，创新是一个动态的、历史的范畴，其概念随着时代的发展而变化，且内涵在不断拓展。对创新做出明确论述的当首推熊彼特，在其《经济发展理论》中，熊彼特提出，创新是经济发展的根本现象。他把创新定义为"生产函数的变动"，即把一种从来没有过的关于生产要素和生产条件的"新组合"引入生产体系。他认为创新不同于发明，创新要实际应用，是一种市场行为，要接受市场的检验，要遵循投入和产出的规律。创新具体包括以下五种情况：（1）采用一种新的产品，即消费者还不熟悉的产品；（2）采用一种新的方法，即引进新的未经检验鉴定的技术；（3）开辟一个新的市场；（4）掠夺或控制原材料或成品的一种新的供应来源；（5）创造一种新的企业组织形式。由此可以看出，熊彼特的创新是广义的创新，它既包括了技术创新，又包括了商业模式创新、组织创新、管理创新、供应链创新等多种形式的非技术创新。波特则把创新定义为包括技术改进和更好的做事方式与方法。具体来说，波特所说的创新可以表现为产品变化、工艺变化、新的市场营销方法和新的销售形式等概念。霍特从开发者的角度，将创新定义为运用知识或相关信息创造和引进某种有用的新的事物的过程，即创新是开发一种新事物的过程。奈特从接受者的角度，将创新定义为对一个组织或相关环境的新的变化的接受，即创新是采用新事物的过程。扎特曼从使用者的角度，将创新定义为被相关使用部门认定的任何一种新的思想、新的实践和新的制造物，即创新是新事物本身。

二、创新的类型

从创新的内容来看，现在对创新的研究大致可分为技术创新和非技术创新两个方面，或者说，广义的创新包括技术创新和非技术创新两个方面。从国内学者提出的定义来看，王大洲、关士续（1996）将创新划分为制度创新和技术创新；常修泽、戈小宇（1989）认为创新应包括五个方面的内容，即产品创新、技术创新、市场创新、管理创新和组织创新；陈文化、彭福扬（1998）将创新划分为技术创新、制度创新和意识创新；赵弘、郭继丰（1998）认为企业创新体系包括观念创新、制度创新、技术创新、产品创新、市场创新和管理创新；林迎星（2002）将创新划分为意识创新、技术创新、制度创新和管理创新。这些界定的共同特征是认为广义的创新包含技术创新和非技术创新两大类，技术创新是指对产品或生产的创新，非技术创新则指管理理念或观念上的突破以及组织制度的变革等。

根据创新的性质和创新的内容，可以进一步对技术创新和非技术创新进行分类。克拉克研究指出，从创新的性质这一角度，可以把技术创新划分为渐进性创新、根本性创新、结构性创新和模块化创新四种类型。其中，渐进性创新是对现有产品进行的细微改进，挖掘现有设计的潜能；根本性创新通常基于一系列完全不同的工程和科学原理，对企业既有产品可能产生替代性结果；结构性创新是将现有的产品组件按照一种新的联结方式整合起来，其核心设计概念及相关科学知识保持不变；模块化创新则是指那些只改变组件核心设计概念而不改变产品组件之间结构关系的创新行为。按照创新内容的不同，可将技术创新划分为产品创新和工艺创新两种类型。产品创新是指对产品的全新构造或对已有产品创新性的再构造；工艺创新是指在产品生产过程中首次采用新的生产方法或对原有生产方法进行改进。非技术创新包含的内容比较宽泛，可以将经营活动中除技术创新之外的所有创新活动都称为非技术创新，学者们所论及到的有制度创新、组织创新、管理创新、商业模式创新、价值创新、文化创新、体制创新、服务创新、流程创新、供应链创新、渠道创新等诸多方面。

除了技术创新和非技术创新这一最主要的划分标准外，还存在着一些其他的分类方法。例如，奈特以制度状态为标准将创新划分为程序化创新和非程序化创新两类，程序化创新事先有计划，开发活动遵循既定的路径和程序，具有创新主动性，非程序化创新包括消极性创新和痛苦型创新，创新主动性较低；达尔顿以创新的最初重点为标准将其划分为技术创新、以价值为中心的创新和结构创新；希克斯以节约资源的种类为标准将创新划分为节约劳动的创新、节约资本的创新和中性的创新，这种划分方法可以说明新技术在经济增长中的作用并为政策的制定提供参考；另外，以组织方式为标准可将创新划分为独立创新、联合创新和引进创新，这种划分方法可以说明创新的自主程度。

三、创新活动的多样性与创新内涵的拓展

创新活动的多样性不仅停留在抽象的理论分类上，而且明显地反映在现实经济与社会活动中，单纯意义上的技术创新概念已经很难体现出企业创新活动的全貌。表6—1的数据来自欧盟第4次社区创新调查。该表展示了欧盟21国2004年各产业创新企业占全部企业的比重。从中可以看出，创新活动的集中体现并不在于传统意义上的技术创新。事实上无论具体的产业特征如何，组织创新都是企业创新的最常见形式。在产品创新和过程创新这两项传统的技术创新领域中，高技术产业中企业参与产品创新的比重达到35%，几乎是中低技术产业和低技术产业企业产品创新比例的两倍；中低技术产业和低技术产业则更加侧重过程创新。此外，特别需要注意的是，市场创新在各个技术层次的产业中都是非常重要的创新形式，并在低技术产业的企业创新活动中占有重要的地位。在低技术产业中，参与市场创新的企业数量占到行业企业总数的37.9%。这些数据说明，技术创新概念只能涵盖当前企业创新活动的局部特征。

表6—1　欧盟21国创新企业占全部企业比重（%）

	组织创新	市场创新	产品创新	过程创新
高技术产业	61.5	36.7	35.0	13.7
中高技术产业	59.5	30.2	30.8	18.0
中低技术产业	53.5	24.7	18.3	36.9
低技术产业	52.3	37.9	18.1	35.2
制造业	54.9	32.1	22.5	30.5
服务业	60.7	34.5	18.7	42.3
所有产业	59.0	33.4	22.2	31.8

资料来源：CIS4

　　现实中创新形式的不断演变，客观上要求创新概念范畴从单纯的技术创新向组织创新和市场创新延伸和拓展。经济与合作发展组织（OECD）与欧盟统计署（Eurostat）联合出版的《奥斯陆手册》（Oslo Manual）第三版，不但扩大了创新的定义，而且增加了营销创新和组织创新。美国《商业周刊》2006年载文《全球最具创新精神的企业》谈到创新内涵的扩大：如今，企业创新的含义已经远不只开发新产品那么简单，它还包括改造业务流程和打造全新市场，以满足消费者永无止境的需求。伴随着知识经济时代的到来，科学技术在经济发展中的作用越来越重要，创新成为了企业家的一项常规活动，成为经济发展的强力助推器。在我国，技术创新概念本身也不再仅仅局限于产品创新和过程创新，同时还涉及管理方式及其手段的变革。例如，我国《关于加强技术创新发展高科技实现产业化的决定》就将技术创新概念描述为"技术创新，是指企业应用创新的知识和新技术、新工艺，采用新的生产方式和经营管理模式，提高产品质量，开发生产新的产品，提供新的服务，占据市场并实现市场价值"。这其中显然涵盖了组织创新和市场创新的范畴。因此，随着产业结构的不断深化和调整，创新的概念界定已经被极大地拓展。在传统意义的规模经济上的工业化生产模式下，创新的概念往往直接对应于与新产品开发相对应的产品创新和以改进生产工艺、提高生产效率为主要目的的过程创新。然而，随着知识经济时代的到来，以及后工业化阶段第三产业，特别是服务业的兴起，组织管理模式的不断革新和市场创新逐渐在创新活动中占据更加重要的地位。在这一背景下，创新的含义也开始由强调以技术创新为具体体现的"硬创新"向涵盖市场创新、服务创新等"软创新"的新方向转变。对创新内涵多样性的认识是理解商标与创新关系的一个重要前提。

四、创新的统计测度

创新的内涵虽然具有多样性，但对创新的统计测度却主要集中在技术创新领域。形成这一趋势的原因在于，市场创新和组织创新通常无法直接在企业的财务报表和统计数据中直接呈现。这就使得不同创新的测度在路径上出现了分化，对企业市场创新和组织创新的研究往往必须借助于对企业的直接调查和对企业管理者的访谈，而基于统计数据对创新的测度则往往局限于技术创新领域。从统计角度来看，对技术创新的测度可以从投入和产出两个角度展开。常用的投入指标为研发（R&D）支出和科技工作人员数量（或全时当量），而常用的产出指标则包括采用专利、新产品产值、标准等技术活动成果。这些指标的选取在很大程度上受到数据可得性的影响。此外，指标的选择也反映了人们对创新活动的不同理解。

国外技术创新测度的研究始于 60 年代末。由于人们将创新活动看作是一个线性过程，即研究—开发—设计—生产—销售，因此认为技术创新主要取决于创新投入。人们自然将 R&D 投入和工程技术人员数量作为测度技术创新的主要指标。后来随着技术创新研究的深入，人们渐渐认识到技术创新过程并不遵从上述线性模式。1986 年，克莱因和罗森堡提出了创新的链环——回路模型（Chain-linked model）。

图 6—1　链环——回路模型（Chain-linked model）

该模型包括了多个因素，它们以不同的方式联结在一起，决定创新成功的关键是模型中各因素之间持续不断地相互作用和影响。于是人们开始从不同的角度进行技术创新测度研究。1992 年，经济合作与发展组织（OECD）出版了奥斯陆手册（Oslo Manual）。该手册以链环——回路模型为基础，总结了 OECD 各国创新调查的经验，在创新理论指导下编写而成，是 OECD 推荐的技术创新数据收集和解释指南。技术创新测度存在两种研究对象，即面向项目的测度和面向企业的测度。早期的创新项目调查基本上都是以分析创新项目成功和失败因素为目的的。例如，1969 年美国对不同产业内 500 项创新的研究以及 1976 年英国苏塞克斯大学科技政策研究所研究创新成功与失败的萨福（SAPPHO）项目。面向企业的测度则旨在反映企业技术创新活动和技术创新成果，以及企业技术创新活动的影响及其被影响程度。1979 年，德国首创企业技术创新调查。从此德国每年都进行该项调查。其它欧美国家在 1979—1989 年间亦进行过企业技术创新调查。比较起来，最有影响的技术创新调查要数德国和意大利。1992 年经济合作与发展组织出版了奥斯陆手册后，随后进行了欧共体创新调查（Community Innovation Survey，CIS）。这次 CIS 使用统一设计的问卷调查表，主要是收集制造业中与产品创新和过程创新相关的创新活动数据以及创新产品销售额在企业销售额中所占的比重。此外，CIS 问卷调查表中亦包含了技术合作与信息来源两项指标，以便研究技术合作、信息利用模式与企业创新业绩的联系。

第三章
商标与创新的相互关系

一、商标的概念与内涵

国际保护工业产权协会（AIPPI）在柏林大会上曾对商标做出如下定义："商标是用以区别个人或集体所提供的商品及服务的标记。"世界知识产权组织在其商标《示范法》中曾做如下定义："商标是将一企业的产品或服务与另一企业的产品或服务区别开的标记。"根据我国《商标法》第八条的规定，商标是指"任何能够将自然人、法人或者其他组织的商品与他人的商品区别开的标志，包括文字、图形、字母、数字、三维标志、颜色组合和声音等，以及上述要素的组合"。

虽然各个机构的商标定义略有差别，但是其涵盖的本质含义是一致的，即商标是商品的生产者、经营者在其生产、制造、加工、拣选或者经销的商品上或者服务的提供者在其提供的服务上采用的，用于区别商品或服务来源的，具有显著特征的标志。商标通过确保商标注册人享有用以标明商品或服务，或者许可他人使用以获取报酬的专用权，而使商标注册人受到保护。商标通常是由文字和图形两个元素构成的。一是可以用语言称呼的部分，如文字、数字等，这是商品的名号，在商标学上叫"品名"，如联想、小米、奥迪等。二是可以被认出、易于记忆但不能用语言称呼的部分，如图像、符号、颜色等，它是不能发声的，商标学中称为品标，如奥迪汽车上四个圆圈相连接的图形等。另外还有些非形象商标如音响、气味、灯光色彩及电子数据传输标记等，这些商标具有新颖、别致的特点，容易引起人们的注意，但是它也具有容易被仿制的缺点，且不便于监测和审查其真伪，故多数国家对该类商标不予法律注册和保护。伴随着科学技术水平的提高和非形象商标监测评价技术的过关，该类商标的依法注册和保护将会受到普遍的重视。

二、商标是企业创新活动的集中体现

商标作为识别商品来源的显著性标识，是企业市场创新活动的直接体现，并与企业的其他技术创新活动之间存在着紧密的联系。在创新内涵不断拓展和延伸的背景下，商标与创新之间的关联也变得更加复杂和多样。这主要体现在：

（一）商标天然具有的区分功能本身就是一种创新。从经济学角度分析，任何使得交易成本降低的行为都是具有创新性的社会活动。世界知识产权组织的维尔克曼曾称：在 20 世纪，商标变成了我们这个时代极为复杂的生产机制和商品分配不可替代的服务工具。它的出现，变成了对实际需要的直接反应，变成了在工业革命的最终阶段为巨大需求量出现而服务的标志。在一个生产能力过剩，商品总体处于供大于求的社会中，如何在消费者与生产者之间架起信息沟通的桥梁，尤其是随着国际贸易的发展，生产者与消费者之间的距离越来越远，消费者的消费模式也由原来生产者的推销转变为消费者的自助购物。现代社会由于信息爆炸，现代经济成为注意力经济，在这种情况下，商标和广告在生产者与消费者的沟通中所起的作用越来越大，通过商标这个媒介，生产和消费之间可以形成良性互动。正是因为商标具有的这种沟通能力和商誉彰显，驰名商标的价值才会不断上涨，在某种程度上已经超过了一般的专利技术。世界各国的理论认知，也认为商标在知识产权制度中与专利、著作权等直接的创造性成果具有同等重要的地位。

（二）商标将暗默知识（Tacit knowledge）转化为形式知识（Explicit

knowledge），丰富了商品的多样性，同样体现了创新。按照认知科学的基本理论，知识可以分为形式知识和暗默知识两种类型。其中的形式知识是以文字、数字、声音等形式表示的知识。这些知识可以通过数据、科学公式、视觉图形、产品说明书或声音等形式进行分享。一个人的形式知识可以很方便地用形式或者系统的方式

> **暗默知识**

> 暗默知识（Tacit Knowledge）是由英国物理化学家和思想家波拉尼（Polanyi）在1958年在《人的研究》一书首次提出的概念，通常也被译作"隐性知识"、"缄默知识"、"默会知识"、"暗默知"等等。他将人类通过认识活动所获得的知识区分为"内隐"和"外显"两种形式。外显知识是指那些通常意义上可以用运用言语、文字或符号的方式加以表达的知识，而内隐的暗默知识则用来指那些无法言传或不清楚的一类知识。波拉尼由此提出他最著名的认识论命题——"我们所认识的多于我们所能告诉的"。暗默知识源自个人的亲身体验，是与个人信念、视角及价值观等精神层面密切相关。我们常说的经验、直觉、秘诀、预感等都属于暗默知识的范畴。

传递给他人。暗默知识则属于看不见摸不着的知识，很难被表达出来。暗默知识具有高度的个人化、难于形式化的特点。人与人之间交流分享暗默知识不是一件容易的事情。就商标指向的商品或服务

而言，首先，随着工业化、大规模、专业化时代的到来，商品生产工艺及原材料的专业性越来越高，普通消费者根本无法通过自己的感觉直接感知这些商品间的差异。其次，随着消费者对商品的需求层次从生理物质层次转化为满足心理精神需要，商品不但承载质量等信息，同时承载着企业信誉。同类商品的这种细微差异及企业信誉等信息就具有这种暗默知识的特点。作为消费者在无法通过形式知识感受商品差异的情况下，可以通过商标很好地区分并感知这些差异并分享商品上附着的价值观等内容。实际上，商标在区别商品的同时，也在区别着使用商品的人。离开商标的这种表彰作用，质量最好的产品也至多是自己满意，他人无从得知。同样的商品，如果去除了商标，即使商品质量没有发生变化，商品的价值也会大打折扣，如一辆去除标志的宝马汽车。所以，商标的存在大大丰富了社会上同类商品的多样性，满足了更多人的个性需求。这种信息传递上的功能当然是制度创新的反映。

（三）商标与广义创新概念下的各种创新活动均存在密切联系。商标创新的引入，围绕产品推广和商标重复使用所展开的品牌培育战略赋予使得商标集中承载了企业的商业模式和企业文化，从而集中体现了企业在组织变革、市场开拓和经营模式上的创新努力。

在发达国家，企业的商标注册行为大多与创新活动直接相关。图6—2中的数据来自于 Flikkema et al.（2010）在比荷卢经济联盟所获取的商标调查数据。该图展示了企业与技术创新活动相关的商标占商标总数的比重。从中可以看出，与商标联系最为紧密的是服务创新，大约有35%的商标涉及企业的服务创新活动。此外，分别有33%和28%的商标涉及产品创新和过程创新这两个传统意义上的"硬创新"。与市场创新直接相关的商标则大约占到商标总数的 25%。根据 Flikkema et al. (2010) 的调查结果，大约有 60% 的商标都与企业的创新活动有关。

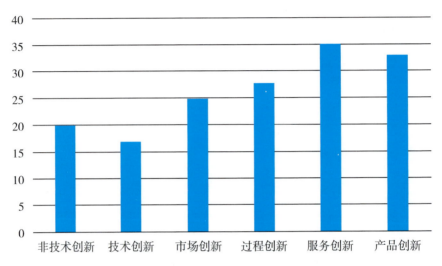

图6—2　与各种创新活动有关的商标比重（%）

数据来源：Flikkema et al（2010）

（四）商标显著性的强化和品牌的成长根本上来说还要取决于企业产品和服务的内在质量和企业创新活力。

在缺乏有效的技术、商业模式和组织创新支撑的前提下，商标与品牌不可能赢得消费者的长期认可。卓越的质量、领先的技术、不断创新的商业模式以及富有时代精神和鲜明个性的企业文化，既是品牌竞争力的体现，也是企业培育品牌、提高品牌价值的基本要求。这就使得商标与企业的创新活动之间紧密联系，相互交织。即使在传统的技术创新领域内，商标与企业创新活动之间的关联也是极其紧密的，这不仅仅因为技术创新是品牌成长的根本技术后盾，还因为新技术和新产品的市场推广往往借助于产品系列商标来展开。

三、商标是知识产权保护的重要形式

（一）商标注册是知识产权保护的重要形式，具有灵活性的基本特征

商标是知识产权的重要组成部分，知识产权主要包括商标、著作权及专利等，商标直接关系到生产者、经营者和消费者的切身利益，是知识产权中商业财富和文化信息的载体，体现着不断发展的创新成果，同时也推动着市场竞争和管理创新。

商标注册是知识产权保护的重要途径。作为技术创新和产业转型升级的主体，企业创新的首要任务就是确保创新成果的权利归属清晰合法，保护有力。知识的部分或完全非排他性使得知识的生产具有外部性，容易产生侵权行为。在专利、版权和商业秘密等多重权利基础上，通过商标注册获得商标专用权，即商标注册人依法支配其注册商标并禁止他人侵害的权利，包括排他使用权、收益权、处分权、续展权和禁止他人侵害的权利等；同时充分发挥商标权可以续展无限延期的优势，可以使创新成果依法得到更加持久的保护。因此，对智力成果进行商标注册是对产品和服务的重要保护途径，商标一经注册便受法律保护，注册者享有专有权，其他任何企业都不得仿效使用。

商标作为一种基本的知识产权保护形式，具有灵活性的基本特征。与专利这一创新的保护机制相比，商标申请更加灵活，要求更低。在各国的知识产权保护体系中，专利的申请基本上都以新颖性、创造性和实用性为前提，不满足这一条件的创新活动将无法获得申请专利的资格。相比而言，商标申请只要求所申请的标识符合商标使用的标志和显著性要求，并不与在先权利冲突，在技术新颖性和创新上并没有设置相关条件。这就决定了专利申请比商标申请面临着更高的技术门

槛。商标的品牌效应一旦确立，就将在很长一段时期内引致消费者忠诚，从而为企业带来额外的竞争优势，并由此强化与商标所联系的技术的排他性：一旦企业的创新与品牌紧密联系在一起，则消费者的品牌认可与信赖就可以帮助企业确立相关技术领域内的权威地位。

在发达国家，不论行业的技术层次如何，商标都是重要的知识产权保护形式。根据 CIS4 的统计数据，在欧盟 21 国中，高技术产业中申请专利和注册商标的企业的比重分别为 31.9% 和 23.5%；在中高技术产业中，这两个比重分别为 31.7% 和 20.8%；在中低技术产业中，这两个比重分别为 17.2% 和 13.8%；而在低技术产业中，这两个比重分别为 9.5% 和 18.6%。从这些统计数字可以看出，不论企业所处的行业技术特征如何，商标始终是企业重要的知识产权保护形式。产业技术特征的划分通常依据的是行业 R&D 投入的相对强度。高技术产业的典型特征是技术创新在企业创新活动中处于更加突出的地位。从上述统计数字可以看出，在中高技术产业中，商标与技术创新之间存在着密切的联系：由于技术层次较高的产业在技术创新上更加密集，因此，这些高技术产业的专利申请比重要显著高于其他产业，而这些产业中，企业注册专利的比重也显著高于中等技术产业。这种相关关系的一个重要原因在于技术创新和商标之间存在交互的促进关系。一方面，技术创新成果（如新产品）通常需要通过商标战略来加以推广，另一方面，商标能够放大企业技术创新的市场价值，推动企业技术创新。

（二）商标的灵活性使它对于低技术企业和中小企业的创新保护具有重要意义

商标的特性使它非常适合作为低技术企业和中小企业的知识产权保

护形式。相比于专利这一知识产权保护形式而言，商标具有明显的灵活性。对于低技术企业和中小企业而言，这种灵活性的主要意义在于：

1. 商标不像专利那样对新颖性、创造性和实用性存在着硬性要求，这使得各种企业创新活动都可以通过商标来进行保护。企业的技术创新除了突变型创新之外，更多情况下往往体现为逐步的渐进型创新。我国这样的技术后发国家来说，渐进型创新是企业强化自主创新能力，提升技术实力的重要手段。低技术企业和中小企业受企业资金实力和技术实力的限制，往往难以在技术创新上进行显著的实质性突破。因此，中小型企业和低技术产业中的企业技术研发往往以渐进型创新为主。大型企业和高技术企业的实质性创新比重虽然更高，但渐进型创新也是这些企业技术进步的常态形式。这种创新所产生的技术成果虽然在创新的新颖性和实质性程度上相对较低，但是却是企业技术进步的重要组成部分。但是，由于专利相比商标设置了更高的技术门槛，因此渐进型创新往往无法得到来自于专利的保护，而用商标来实施知识产权保护是比专利更加切实可行的策略。在这种情形下，商标的排他性属性就为这些企业创新成果的保护和市场化应用提供了理想的载体。

2. 商标的申请和维持费用要显著低于专利，这为资金实力薄弱的中小企业提供了一种经济可行的知识产权保护措施。以 2014 年为参考，在我国，一个类别 10 个商品以内受理商标注册费为每项 800 元。这一费用与发明专利的申请费基本相当（900 元每项），高于实用新型专利和外观设计专利的申请费（均为 500 元每项）。但是，对于发明专利，申请还涉及申请审查费（2500 元每项）。除此之外，商标注册成功之后将获得 10 年有效期。在有效期内，商标不需要缴纳年费，有效期满可以申请续展注册。每次续展注册的有效期为 10 年。续展申请按类别收费，一个类别续展注册申请需缴纳规费为 2000 元人民币，如果在宽展期内提出续展注册申请的，还需缴纳 500 元人民币的延迟费。而专利则需按专利年限缴纳年费，且年费随专利持有时间呈递增趋势。例如，1—3 年发明专利的年费为 900 元每项，7—9 年发明专利的年费为 2000 元每项，而 16—20 年发明专利的年费则高达 8000 元每项；实用新型和外观设计专利的年费相对较低，但 1—3 年专利仍需缴纳 600 元每项的年费，而 9—10 年专利年费则达到 2000 元每项。从单项商标和专利的申请和维持费用总额来看，商标的申请和持有成本要显著低于专利。例如，一个发明专利从申请到维持 20 年的总费用为 85700 元，而一件商标（申请一个类别 10 个商品以内）的注册及维持 20 年（即续展一次）的总费用仅为 2800 元。

3. 商标授予与专利授予相比具有显著的快捷性。2013 年，我国商标注册申请平均审查周期为 10 个月。2014 年，商标注册申请平均审查周期又进一步缩短至 9 个月。而 2013 年，我国发明专利平均实质审查周期为 22.3 个月。因此，商标注册审查明显快于专利审查。这就使得商标成为比专利更快捷、更灵活的知识产权保护形式。

4. 在发达国家，低技术产业中的企业显著依赖商标作为最为主要的知识产权保护手段。图 6—3 展示了欧盟 21 国企业创新成果保护方式的选择情况。从中可以看出，一方面，高技术产业和中高技术产业在专利申请和商标注册上均表现出比中低技术产业和低技术产业更高的倾向，但另一方面这两个产业中的企业显著地依赖于专利来作为知识产权保护的主要形式。在高技术产业中，专利申请和商标注册的比重分别为 31.9% 和 23.5%，而在中高技术产业中，这两个比重则分别为 31.7% 和 20.8%。但在中低技术产业和低技术产业中，商标与专利的应用却呈现出不同特征。在中低技术产业中，专利申请和商标注册的比重分别为 17.2% 和 13.8%，两个比例之间的差异较小，而在低技术产业中，专利申请的比重为 9.5%，而商标注册的比重则达到 18.6%。从图 6—3 可以明显看出，随着产业技术层次的递减，企业知识产权保护形式上的选择逐渐偏向商标。

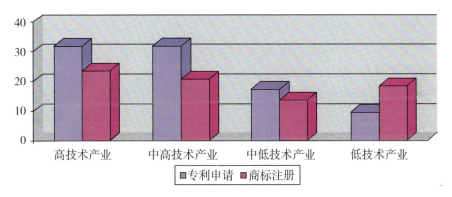

图 6—3 欧盟 21 国 2002—2004 年专利申请和商标注册情况（%）

数据来源：CIS4

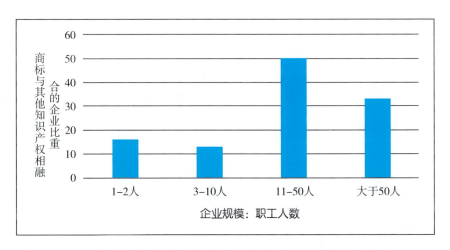

图 6—4 比荷卢经济联盟区域商标与其他知识产权的融合情况（%）

数据来源：Flikkema et al.（2010）

从发达国家的经验来看，不同规模的企业同样对商标的选择表现出不同的侧重程度，小型企业普遍以商标作为最为主要的，甚至是唯一的知识产权保护手段。根据 Flikkema et al. （2010）在比荷卢经济联盟区域的调研数据，企业普遍地将商标与其他知识产权保护形式相融合来作为企业创新的保护手段。从图 6—4 可以看出，在规模超过 10 人的企业里，商标与其他知识产权形式相结合的企业比重达到 30% 以上，而在规模较小的企业中（职工人数小于 10 人），仍然有超过 10% 的企业会将商标与其他知识产权保护形式结合使用。需要注意的是，在这些小企业中，这一比重之所以较其他规模相对较大的企业而言显著下降，其主要原因是这些企业很少使用诸如专利等其他形式的知识产权保护手段，而不是因为这些企业不重视商标的申请和运用，从而使得整体上来说，这些企业综合使用多种知识产权保护手段的比重较小。事实上，根据 Flikkema et al. （2010）的调查，员工人数位于 11 人以下的企业大部分都只使用商标来作为创新保护的唯一手段，在员工人数超过 11 人以上的企业中，企业则更倾向于使用商标与专利相结合的知识产权束来作为创新的保护手段。

（三）商标可以为大量无法获得著作权、专利权保护的创新以及创新的延续提供保护

在创新内涵迅速延伸和拓展的背景下，专利仍然主要集中于技术创新领域。这就使得大量的"软创新"、"小创新"不具备以专利来实现知识产权保护的可能。在很多情况下，企业的创新活动，尤其是市场创新和组织创新，并不具备专利化的客观条件，在这种情形下，商标成为专利之外的创新成果保护的重要补充。如前文所述，专利对创

新的新颖性有较高要求，如果只是单一地采用专利进行知识产权保护，则不满足新颖性要求的创新就无法得到有效保护。此外，许多企业创新，如新的市场营销模式和产品服务的差异化，都无法以专利的形式进行申请和保护。在这种情况下，商标的排他性以及与企业品牌所联系的产品差异化和消费者忠诚，就成为赋予企业创新排他性和独占性的重要手段。万豪（Marriott）国际集团是全球首屈一指的国际酒店管理集团。在 20 世纪 80 年代末期，它的连锁酒店基本遍及美国各大城市。在此基础上，万豪希望在产品差异化上进行创新，推出一个保留万豪核心服务，但服务项目有限，费用更低的连锁店系列。这种产品差异化上的市场创新既不能申请专利，也无法通过商业秘密的形式进行保护。为了保护这样一项投资的创新收益，万豪将这一新的连锁店系列与其商标和品牌紧密联系，并通过它的品牌声誉成功获得了市场认可，进而将其商标和品牌的排他性延伸到新的产品系列之上。这种商标对创新的保护效应的另一个现实例子是手表行业。在这个行业中，企业间的产品竞争高度依赖于产品的外观设计。尽管手表的基础功能是报时，但企业往往会在外形、颜色以及产品材质上推陈出新，形成具有纵向或横向差异的产品系列，并以此作为增加企业利润，应对市场竞争的主要手段。虽然专利中的"外观设计"可以在一定程度上为这种产品差异提供保护，但商标在保护企业该类知识产权，保护企业积累知识资产和声誉资产中也有着基础性的地位。在手表业，企业往往通过与产品系列相对应的商标系列来获得市场的先动优势和产品声誉。例如，欧米茄（OMEGA）是国际著名制表企业和品牌。1982 年，欧米茄推出全新的星座系列（Omega Constellation）腕表，并凭借标志性的"托爪"设计，让它成为全球最易于识别的表款之一。独特的外观设计与欧米茄品牌相融合，使得消费者将产品外观与品牌声誉相联系，使这种外观设计成为市场所公认的欧米茄产品的独有特征。虽然星座系列至今仍是欧米茄产品中的经典系列，但之后许多新的产品设计被陆续推出，并不断被赋予新的产品系列名称。在这种累积性创新过程中，商标的使用客观上还使得消费者能够辨识不同产品系列之间的细微差异，从而能够起到向消费者显示产品创新的作用。另外，在专利权保护到期的情况下，如果延续原来专利权保护下的领先优势，商标也可以发挥巨大的作用。如辉瑞公司"万艾可"商标下的蓝色小药片，随着 2014 年专利权保护期的到来，其他公司也可以开始生产西地那非药片了。但是由于辉瑞公司除了注册了"万艾可"商标外，还就蓝色小药片的颜色和外形注册了立体商标，因此其他药厂虽然可以生产同样品质的药物，但是不能生产与辉瑞公司颜色和外形相同的药片，这样，蓝色小药品在消费者心目形成的顾客吸引力在专利保护期到来后，仍然继续发挥着作用。

商标的灵活性使它成为企业服务创新的知识产权保护的最主要形式。有调查指出，在企业以知识产权保护为目的所申请的商标中，有25%的与产品创新相关的创新活动会同时引入专利保护，但在服务创新领域，只有 3%的商标会同时与专利保护相结合（Flikkema et al.，2010）。这从一个侧面反映出专利基本不是服务创新的有效保护手段，而商标则成为企业服务创新中最主要的知识产权保护形式。

四、商标是提高创新收益和市场价值的重要载体

（一）商标有助于实现创新的范围经济

商标能够带来创新的范围经济和规模报酬递增。企业的商标和品

牌一旦被市场所认可，那么在相当长的一段时期内，这种与品牌相关的消费者信任都将持续地存在。品牌声誉既与当前企业的创新成果紧密相关，又可以延伸到企业未来的创新成果和产品系列之上，从而使得所有与商标相关的创新活动都能够从这种声誉效应中获益。这不仅意味着商标和品牌声誉能够在降低累积性创新活动的市场风险上带来范围经济效应，还使得商标与专利的结合成为企业技术创新和市场竞争策略的重要手段。现实中，企业经常围绕同一个商标来拓展和强化技术排他性。在药品生产行业中，制药企业往往通过商标来获得超出专利保护期限的技术排他权。例如，利奥制药（LEO Pharma）是全球首屈一指的专科制药公司，在皮肤科和血栓治疗领域拥有很强的产品竞争力。该企业将达力士（Daivonex）和得肤宝（Daivobet）两种皮肤病药品置于同一个品牌之下，以便使得得肤宝的专利排他性能够通过品牌优势延伸到达力士之上，这就使得技术的研发和专利申请具有了规模报酬递增效应。拜耳公司（Bayer）在阿司匹林上的专利尽管在20世纪初就已经失效，但由于它的品牌与该项药品专利的紧密融合，专利失效之后拜耳仍然借助其商标和品牌持续地从阿司匹林上获得可观的销售收入，这客观上放大了企业技术研发投入所能产生的市场预期收益，提高了创新投入的产出绩效。

（二）商标是商品提供者和消费者之间最重要的沟通载体，有助于实现企业技术优势向市场竞争优势的转化

企业采用新技术，开发新产品，取得竞争优势，这种竞争优势凝聚在商标上传递给市场，成为沟通商品提供者和消费者之间的桥梁，成为企业在市场经济条件下竞争制胜的锐利武器。因此，尽管商标本

身所内涵的排他权仅仅局限在特定文字或符号上，但由它所延伸出的排他性特征和其内在价值是企业重要的知识资产。商标是企业将技术创新优势转化为市场竞争优势的重要载体。积极实施商标战略，鼓励创立自主品牌，有利于促进企业加快自主创新，有助于从根本上扭转企业旧有的生产和经营模式，加快传统产业优化升级。

在实现企业技术优势向竞争优势的转化方面，商标的主要作用具体体现在：

1. 商标是特许经营协议的核心

特许经营是企业确立行业标准，实现创新的市场应用的重要手段之一，而商标在其中处于核心地位。特许经营是指由特许人将自己所拥有的商标、商号、专利、经营方法、专用技术等以合同的形式有偿转让给受许人使用，受许人按合同规定，在特许人统一的业务模式和培训指导下从事经营活动，并向特许人支付相应的费用，是特许人和受许人之间的一种契约关系或行为。特许经营的核心是知识产权的许可，其重心是围绕商标的许可使用而展开的。在纯粹的商品商标型特许经营体系中，被特许人往往使用特许人的商标、标志和销售方法等来批发或零售特许人的产品，特许人一般只对商标的使用方法有具体要求和限制，对被特许人所从事的经营活动并不作严格规定（如米老鼠、机器猫、史努比等商标的授权使用）。但是，在生产型特许经营体系和经营模式型特许经营中，商标同样处于核心地位。在这些特许经营体系中，特许人一般都是强势品牌的拥有者。例如，可口可乐公司特许他人建立可口可乐灌装厂、耐克公司特许他人建立耐克运动装生产厂等，主要是依靠其著名的商标。在生产型特许经营和经营模式型特许经营下，受许人往往需要按照特许人的技术标准进行运营。例如，麦当劳、肯德基、"7—11"便利店的特许经营都要求受许人统一接受特许人的管理系统和经营模式。通过以商标为核心的生产和经营模式特许,特许人可以有效地实现技术标准和新技术成果的市场推广,产生更高的市场价值。

2. 商标的声誉与信号传递功能有助于显示企业技术优势,推动新技术的市场应用

对于消费者而言,商标所标示的内容从根本上来说并不是产品生产的物理场所或企业名称这样一些具体内容,而更多地表现为商标背后所显示的产品质量和声誉。一个成功的商标战略的具体体现在消费者可以根据商标名称成功辨识出产品内在品质上的差异。因此,以标示和区分商品出处为基础,可以引申出商标的两大功能:

作为信息交流媒介,显示产品质量和技术品质,降低信息传递和搜寻成本。在现实的市场中,部分商品鱼目混珠,消费者难以准确取舍。有了商标,有进取心的企业就可以向消费者传递有关其商品质量的信息,降低消费者的搜寻成本并使自身获益。商品性能越复杂,商标降低搜寻成本的作用越明显。有了商标这一媒介,商品就可以划分为不同的品牌,消费者可以通过品牌了解各种商品的信息。现代科技的发展促成了生产工艺的标准化,使得企业有能力保持其商品质量的稳定,商标作为商品质量信息指示器的作用有了保障,因而成为消费者获取信息的首要手段。

借助于广告,商标传递信息的功能得到进一步强化,而商标的使用也为广告宣传带来极大的便利。因此,研究商标信息功能,离不开广告。在广告中,商标就好比一种速记方法,其意义类似于使用姓名而非对人的详细描述来指称人。商标既有助于企业节省广告用语,降

低信息传递成本，又便于消费者准确记忆，减少其获取信息的成本。长期下来，消费者就会将商标与特定企业的商品联系在一起，商标也因此成为企业所有信息投入的有形载体。

建立信誉机制，激励企业保证商品品质。实际上，企业在商品上使用商标本身就是一种有效的信号，它足以表明企业愿意并有能力对其所销售的商品质量负责。原因就在于，如果对商品质量没有信心，企业宁肯不使用商标，或者假冒他人商标。

在本质上，信誉机制乃是一种激励机制。根据经济理性的假设，人是否诚实、是否可信赖并非为事先给定的常量，而是一个函数。在市场语境下，当且仅当被人信赖有利可图，一个人才希望被他人所信赖；当且仅当诚实比不诚实更合算，一个人才会选择诚实。换言之，只有在讲信誉比欺骗更有利于获取利润的前提下，企业才有讲信誉的积极性。由此不难理解，凭借商标的标示作用，消费者得以识别商品的不同出处。企业与消费者之间的交易不再是一次性的，而是转换成一种重复博弈，企业就可以通过吸引消费者反复购买，获取稳定的长期收益。其中所谓的信誉，就是消费者对特定企业、特定品牌之商品质量的合理预期。可见，有了商标这一媒介，企业与消费者之间就有可能建立起一种信誉机制。这种信誉机制既有利于推动企业进行持续的技术创新，也有利于市场采纳具有技术优势的产品，形成良性循环。

3. 商标是企业产品差异化战略的重要载体

产品差异化是企业重要的竞争手段，通过产品的纵向与横向差异，企业可以提高单位产品的销售利润，从而实现更高的创新收益。企业的技术创新所形成的产品品质差异是产品差异化的主要来源。

商标作为与产品知名度和消费者感知所紧密联系的商业性标志，

是产品差异化的重要维度。在当代，空前发达的大众传媒为广告业的发展铺平了道路。除上文提到的信息功能外，借助广告，消费者就会将商标与特定企业的产品特色相联系，从而使得商标与品牌成为企业特性的标志性载体。此外，通过商标和广告宣传所实施的品牌战略一旦获得消费者的长期认可，可以强化消费者的产品差异化感知。消费者的品牌忠诚度是这种主观产品差异化的最直接体现。商标的产品差异化效应可以帮助消费者更好地感知产品的技术特征，并通过提高单位产品的成本加成率来强化创新的市场绩效。

五、商标是新常态下企业创新的凝聚和集中体现

在经济"新常态"下，创新成为推动我国经济增长的新引擎。"新常态"的主要特点是经济从高速增长转为中高速增长；要素驱动的经济增长方式转变为以结构调整和创新驱动为动力的增长。企业作为市场经济条件下最主要的创新微观主体，是推动我国创新的最活跃群体；企业创新是推动技术进步和经济增长方式转变中不可缺少的重要组成部分。

商标本身是企业创新能力以及核心竞争力的集中凝聚体现，是向消费者呈现企业创新成果和竞争能力的重要载体。商标可以有效凝聚企业的创新成果并将之与商标承载的商业信誉紧密结合，为企业的创新成果带来更高的市场回报，增加市场占有率。通过商标培育和运用可以使创新成果迅速得到市场认可，转化为现实生产力和市场价值，产生出巨大的溢出效应，促使企业销售收入快速增加。反过来，企业盈利的增加能够增加科研投入及人力资本投入，从而推动持续创新，形成良性的循环。

正因为商标是企业创新的集中体现，商标和企业形象的确立都离不开产品内在品质和企业技术实力的支撑。一般来说，声誉较差的产品很难给予消费者关于企业创新能力和产品质量上的信心。很难设想一个形象粗劣的产品会具有优秀的内在品质。因此，商标作为产品外在形象的重要标识，如果能够得到有效的宣传和推广，将有助于显示产品内在的技术创新，加快企业研发成果向市场的转化。但是，反过来，如果企业只注重产品外在的商标和品牌选择，本身并不能够提供产品技术和质量上的保证，那么商标和品牌也难以得到消费者的认可，缺乏发展的可持续性。

商标战略和商标的可持续成长是"新常态"下企业创新驱动的引领要素。如前所述，商标是企业创新的集中体现。企业商标战略的实施有助于改变企业单纯依靠廉价要素竞争，提高企业在价值链分配中所处的地位。其次，商标客观上要求企业进行不懈的创新努力，提高自身的核心竞争力。对于企业来说，除了要不断加大对技术创新的投人，保证自己拥有的技术的先进性和主导性，不断提高产品的质量和生产效率之外还要从企业发展的长远规划出发，利用市场规律进行商标、专利的规划、管理和运作，使消费者通过商标更好地与特定产品以及与该产品的品质信誉之类的优良品质联系起来，使商标真正成为企业产品和服务质量管理水平、信誉和形象的载体，增强消费者对企业产品的认知度，进而稳定和扩大企业的市场规模。如果将商标作为产品的表象让客户直接感知，那么专利则是产品的内涵，是产品质量和企业信誉的保证。专利借助于产品传达给客户的是企业的产品质量和企业的信誉，并通过商标使其加强或增值，使商标从单纯地作为产品和服务的标识升华为企业的巨大的无形资产与财富。同时又由于商标具有标识作用，还可使专利产品能更广泛地被客户熟知和认可。Bluescope 公司为每个产品类型都建立了相应的使用技术手册。用户可以从中得到足够的产品信息，包括材料本身的特性参数、产品的加工使用技术、产品的使用和维护要点等。同时，其产品的技术服务专家，能够迅速按照用户的个性化需求，为用户量身定做相应的产品选择、加工、运输、安装、维护等一整套技术方案，全方位为用户提供贴身的服务，解决用户的后顾之忧。这也是创建一个国际知名的商标所必不可少的幕后大戏，是赢得用户信赖和忠诚的根源。

六、互联网和电子商务对商标创新提出了新要求

在我国，互联网和电子商务取得了快速增长。这种网络市场环境的变化对企业的商标战略与商标创新提出了新的要求。

首先，网络市场的发展使得网络外部性的作用越发明显，而这对企业商标战略的实施效果起到了放大作用。网络外部性描述的是消费者的效用与得益与该消费总人数呈正相关的经济现象。这种网络外部性的存在虽然并不局限于互联网，但在电子商务平台、第三方支付等方面体现得最为突出。这种网络外部性使得互联网背景下，企业的商标和品牌战略的实施效果得以放大：由于网络外部性放大了消费者更换产品和品牌的成本，因此与传统经济情景相比，网络经济中企业品牌的确立可以产生更强的"锁定"消费群体的效应。反之，如果企业不重视商标权，而导致自身产品和商标被他人仿冒，一旦侵权行为形成规模，造成的损失也可能是无法挽回的。

其次，在互联网和电子商务背景下，商标的形式出现了新的变化。在网络背景下，价值的主要载体是流量，而企业的商标可以融合在域名、链接、加框、关键词以及字串中，从而成为引导访问者和信息流

量的指向标。此外，网上搜索是互联网提供的一种强大的信息查询功能，而搜索结果与关键词之间关联紧密。善于使用这些网络化商标活动的企业，可以有效地借助网络推广的便利性，提高企业站点知名度，增加企业的被识别和被选择概率。当然，从另一个角度来看，网络的开放性也决定了网络侵权行为的简便易行。例如，广告发布者可以从搜索引擎商那里购买包括一些含有商标名称的关键词供用户检索，并以此提高自身产品和服务的流量，而这就引发了互联网背景下的商标侵权问题。因此，互联网和电子商务的发展不仅对企业商标战略提出了新的要求，也对商标权的保护提出了新的问题。例如，从企业角度来看，网上商标争议的解决，面临很多困难。传统商标侵权往往有假冒商标标识或者假冒商品，而互联网网页却是不断更新的，商标使用信息随网页更新可能存在很强的不可识别性；由于网络的虚拟性，即使确定了网络商标侵权行为的存在，确定侵权人的真实身份也面临很多困难。这些因素就使得网络商标权的维护成本高于实体经济中的商标权维护。此外，尽管《中华人民共和国商标法实施条例》对商标使用的界定并不排斥网络商标权使用，但并未对虚拟网络中的商标使用给出明确界定，对于搜索引擎商提供的关键词检索中的商标侵权问题，也没有明确的法律界定。随着电子商务在整个商务活动中的比重越来越大，在商标法律体系中规范网络虚拟空间的商标使用显然越来越必要。

商标与创新关系的案例研究

联想公司是中国改革开放以来大多数公司缩影，其产业涉及产业链的各个环节；小米公司是通过互联网改造传统产业（商业模式创新）获得成功典型，主要从事研发和营销环节；英特尔公司是硅谷高科技公司典型，其 CPU 从电脑推广的配角到家喻户晓的明星的过程值得借鉴。基于此，本报告选择了联想公司、小米公司、英特尔公司作为案例进行研究。同时，在品牌创建过程中，商标和创新扮演了非常重要的角色，将联想和英特尔公司商标和创新放在品牌历程中去剖析，更能真实反映两者关系；而小米公司由于成立时间较短，成功主要来源于商业模式的创新以及商标战略保护，所以小米公司直接以商标和创新两者关系为出发点进行分析。

一、案例研究：联想

（一） 发展概况

联想控股股份有限公司（以下简称 "联想控股"）于 1984 年由中国科学院计算技术研究所投资 20 万元人民币，柳传志等 11 名科研人员创办。经过 30 年的发展，联想控股从单一 IT 领域，到多元化，到大型综合企业，历经三个跨越式成长阶段。2013 年，联想控股综合营业额 2440 亿元，总资产 2070 亿元，全球个人电脑市场份额继续占据第一。目前，联想控股员工总数约为 59445 人（含国际员工 7752 人）。联想控股先后打造出联想集团（Lenovo）、神州数码、君联资本（原联想投资）、弘毅投资和融科智地等在多个行业内领先的企业，并培养出多位领军人物和大批优秀人才。

（二）联想品牌历程中商标与创新的关系

1. 产品运营阶段（1984—1987 年）

该阶段联想没有自主品牌，没有注册商标，收入来源为自主研发的汉卡销售及微机代理。联想成立初期缺乏资金和核心技术，靠技术服务赚得第一桶金，同时代理销售国外惠普、IBM 等品牌电脑，并于 1986 年成功研制出第一款自主拳头产品——联想汉卡，获得了国家科技进步一等奖，联想汉卡推向市场伊始就赢得 55 万元的订单。联想在此阶段形成了汉卡销售+微机代理的业务模式，在代理业务中学习和认识市场规律，积累资金和技术，为打通自主品牌的微机之路奠定基础。

2. 品牌运营阶段（1988—1994 年）

此阶段联想开始进行商标注册，注册商标使得联想的技术创新得到相应的保护，同时联想的产品研发能力不断提高（但尚无核心技术研发能力），联想的自主品牌开始形成。1989 年联想集团成立，第一次在国内把联想作为企业及集团名称，"联想"品牌名称来自其第一款自主拳头产品"联想汉卡"的一项功能，Legend 商标正式出现，此时注册商标只是为了谋生，但仍然保护并促进了联想的技术创新，如联想自主研发的联想 286、386、486、586 微机相继面世，联想采用主商标"联想"+产品系列名称作为新产品的商标，联想自有商标产品开始成为公司主打产品。同时联想也对程控交换机、打印机、主板等进行研发创新，并设计了相应商标进行注册和推广。

3. 区域知名品牌阶段（1995—2003 年）

此阶段联想不断加强核心技术研发，同时通过注册商标来保护取得的技术成果，使得联想商标数量不断增加，商标知名度不断提高。

联想系列微机的推出大幅度提高了联想的市场占有率，从 1997 年开始联想的电脑等产品在中国市场占有率连续保持第一。联想集团依靠持续增加的市场收入，不断提高自主研发水平，形成了初具自主知识产权的核心技术体系，同时通过注册商标保护技术创新系列产品，联想产品系列商标数量不断增加，大大提高了联想商标的知名度。联想充分授予各产品事业部自主研发权，提高事业部研发效率，在 PC 的产品技术研发上取得了一定成绩，如 1999 年推出了全球第一台具有"一键上网"功能的天禧因特网电脑，创下单品销量超过 100 万台的记录，引起中国 PC 市场爆炸式增长，成为应用电脑发展的里程碑；2000 年联想发布单机因特网电脑——商博士 6000；2002 年联想在国内率先推出"双模式电脑"——新一代家庭数码港"天骄"、"天瑞"系列家用电脑，同时对"天禧"、"商博士"、"天骄"、"天瑞"等进行商标注册。

联想凭借高市场占有率及自主研发水平，成为中国 IT 行业中的佼佼者，联想集团的"Legend"商标也因此而闻名于世界。但在 2001—2003 年联想市场份额增长相对缓慢，为了改变这一局面，2003 年联想控股确立公司愿景，要成为在世界范围内具有影响力的国际化控股公司，把联想商标培育成国际化知名商标。而拥有一个全球通行的品牌标识是全球化的必备条件之一，但联想沿用多年的英文标识"Legend"已在多个国家被抢注，严重地阻碍了联想集团的海外发展计划；同时虽然联想商标在国内消费者中的知名率已达90%，但是消费者对于联想商标内涵认识混乱。基于以上背景，联想集团决定尽快更换标识，为国际化铺路。2003年联想决定推出全球品牌新标识，将原先的Legend商标变为Lenovo，并在全球上百个国家完成了Lenovo的商标注册。Lenovo中的novo代表"新意，创新"；而Le代表现有的Legend，整个名称寓意为"创新的联想"，更有效地传递了联想"科技创造自由"的理念，并注入了更多新的活力。

天禧	联想 LEGEND	lenovo 联想
WILLWAY	志 勤	BRIDGE

图6—5 联想1995—2003年产品系列商标举例

4. 中国品牌乃至世界品牌阶段（2004年至今）

联想在该阶段已具有较强的新产品研发能力，联想建立了以中国北京、日本东京和美国罗利三大研发基地为支点的全球研发架构，拥有1800多名极富创新精神的研究人员；建立了世界一流的、24小时不间歇的全球研发运作体系；同时建立起由联想研究院主导的二级研发体系，逐步关注前沿技术的研发。由此联想新开发的产品系列不断增加，商标保护力度不断强化，商标数量快速增加，2010年联想在全球拥有2200多件注册商标，并以每年200—300件的速度增加，如联想（北京）有限公司商标有 ThinkPad、IdeaPad、YOGA 等，联想控股有限公司商标有 Legend Star、爱谷等。此时联想开始成长为具有自主知识产权的世界品牌，在全球价值链中拥有主导优势。

ThinkPad a product of Lenovo	ideapad	YOGA	ideapad yoga
Legend Star	爱谷	Thinkmobile	SmartSound

图 6—6　联想 2004 至今产品系列商标举例

（三）联想并购 IBM PC 事业部

2003 年联想集团换标为联想 Lenovo，从而取得了国际化品牌通行证。2004 年 12 月联想宣布收购 IBM PC 事业部，获得了 IBM 的 Think 产品商标以及 IBM 的笔记本核心技术。通过并购，新的联想集团在 5 年内有权根据有关协议使用 IBM 的 Think 产品商标，前 18 个月，联想的 IBM 个人电脑事业部可以单独使用该商标，18 个月到 5 年之间可以采用 IBM 和联想的双商标，5 年后使用联想的商标。并购前 Think 商标的价值是与 IBM 相联系的，在制造商换成联想之后，Think 商标的价值取决于它的主商标 Lenovo。此时新联想只有不断创新出与众不同的最高性价比的产品，提供无可挑剔的全球化服务，从技术和服务上吸引客户，才能不断提升联想的 Lenovo 商标价值。即联想的突破点为创新，仅 2013 年联想研发投入超过 5 亿美元；在其所拥有的 11000 余项全球专利中，中国业务产生的专利超过 7000 项，海外业务产生的专利超过 4000 项；全球包括工程师、研究员、设计师在内的产品开发人员约有 5000 位；100 多个先进实验室为研发提供全面支撑。

（四）联想农业品牌创新——"佳沃"

联想控股在 2009 年提出新战略：通过构建核心资产，实现跨越式增长，2014—2016 年成为上市的控股公司。核心资产运营涉及 IT、房地产、消费与现代服务、化工新材料、现代农业五大领域，联想现代农业板块跨度较大，备受关注。

"佳沃"商标是联想在农业领域进行的创新，通过主商标联想的背书，借助联想巨大的品牌优势及资本优势，敢于突破传统的农业运营模式，以全球化的视野和联想 IT 方面的技术及思维来运作整个农业价值链，创新农业运营模式。联想主商标涵盖的创新思维赋予佳沃商标一定的创新含义，如佳沃推行的农业全产业链运营及全程可追溯理念，按照佳沃的统计，蓝莓的一个生命周期大概会有 158 个标准操作步骤，有 300 人次接触这个基地，数据量超过 3100 多条。

联想对于佳沃农业不急于赚钱，在整个联想控股的布局中，它只担任"二级火箭"的作用，这也是由农业本身的长周期回报率造成的，如蓝莓的投资回报周期要 10 年左右。

通过对联想品牌成长路径的研究可知，联想集团商标与创新的关系是，创新推动商标的产生，商标保护促进持续创新。联想成立初期营业收入主要来自于联想汉卡销售与微机代理，以此积累资金与技术。随后通过注册商标保护技术创新成果，创新水平的不断提高使得联想品牌知名度不断提高，联想走上自主品牌之路。联想市场份额不断扩大，在中国市场占有率达到第一，继而联想将高市场占有率集聚的资本通过自主研发及收购方式获取产品核心技术，并对研发新产品进行注册商标保护，商标保护力度不断加大，商标注册数量不断增加，商标及品牌影响力不断提高，最终形成国际化知名品牌，从而借助知识产权竞争优势嵌入全球价值链，随着全球市场份额的不断增加，联想通过持续创新打造新品牌如联想佳沃，并寻求整体上市。

二、案例研究：小米公司

（一）小米公司简介

小米公司全称为小米科技有限责任公司，正式成立于 2010 年 4 月，是一家专注于新一代智能手机软件开发和热点移动互联网业务运营的公司。小米手机、MIUI、米聊、小米网、小米盒子、小米电视和小米路由器是小米公司旗下七大核心业务。截至 2013 年年底，小米公司销售 1870 万部手机，销售额达到 316 亿元，公司估值超过 100 亿美元。

表6—2　小米公司发展历程

时　间	事　件
2010 年	4 月 6 日，小米公司正式成立
	8 月 16 日，MIUI 首个内测版推出
	12 月 10 日，米聊 Android 内测版发布
2011 年	8 月 16 日，小米手机 1 正式发布
	9 月 5 日，小米手机开放网络预订
	9 月 6 日，小米手机预订人数超过 30 万
	12 月 18 日，小米手机首次正式网络售卖，5 分钟内 30 万台售完
	12 月 20 日，小米联通合约机发布

续表

时 间	事 件
2012年	1月4日，小米手机第二轮开放购买，半小时10万台售罄
	2月16日，小米手机电信版开放预定摇号
	4月6日，小米公司两周年庆典"米粉节"，小米手机合约机公布
	5月15日，小米公司通过微博平台发布小米手机青春版
	5月18日，小米公司通过官网预定和销售小米手机青春版
	5月29日，小米公司通过官网预定和销售小米手机电信版
	6月7日，小米公司通过7×24小时开放购买，并完善售后服务渠道
	6月23日，完成第一轮2.16亿美元融资
	7月5日，YY语音用户特权购买小米手机第二波开始
	7月19日，小米用户盛夏50元凡客优惠券米粉独享
	8月16日，小米公司在798艺术区发布小米手机2和小米手机1S
	11月14日，小米盒子正式发布
	12月21日，新浪微博专场销售开始
	12月31日，全年销售719万台小米手机
2013年	4月9日，第二届米粉节，MIUI V5、小米手机2S、小米手机2A发布。正式进入台湾、香港，迈向国际市场
	6月28日，小米活塞耳机问世
	7月31日，千元智能红米手机正式发布并开放预约
	8月12日，在QQ空间发售10万台红米手机
	8月23日，完成新一轮融资，成为中国第四大互联网公司
	9月5日，小米2013年度发布会，小米手机3和小米电视正式发布
	10月10日，谷歌Android全球副总裁Hugo Barra正式加盟小米
	10月15日，小米手机3和小米电视正式发售7T
	11月11日，首次参加双十一促销活动，3分钟销售破亿刷新纪录
	11月13日，全国最大的小米之家旗舰店在珠海开业
	12月3日，69元10400mAh小米移动电源发布
	12月10日，小米社区总贴破1.5亿，总用户1100万
	12月12日，雷军荣获第十四届中国经济年度人物

(二) 小米公司商标和创新关系

1. 商标保护小米创新活动

截至 2015 年 1 月 5 日，小米科技有限责任公司名下拥有 1033 件商标，其中已注册商标 588 件、正在申请注册商标 442 件、无效商标 3 件，涉及商品范围有机械装置、电子产品、小家电、办公用品、体育用品等，涉及的服务类别有广告、商业经营、金融货币服务、电信服务、物流运输、教育、咨询、研发、餐饮旅行服务等。从小米科技有限责任公司商标注册的类别来看，其跨度较大、领域较广，能够有效防止他人在不同产品或行业上使用小米公司的商标，对于小米科技有限责任公司目前已涉足的手机、电视等领域及未来将要进入热点领域的创新活动起到了很好的保护作用。

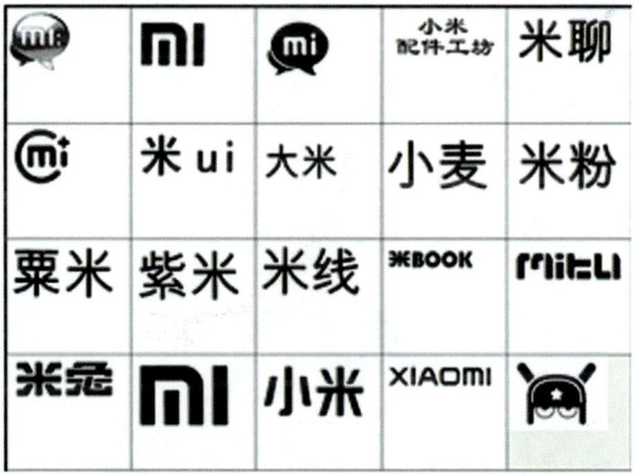

图 6—7 小米注册的部分商标

在小米科技有限责任公司的商标注册中，可以看到"小米钱包"、"米聊"、"米播"等一系列行业倾向性明显的商标，这些商标有些已开始使用，有些还在沉睡，一旦全面唤醒，其商业触角将延伸至各个领域，为小米公司业务拓展和创新活动做好了准备。

2. 创新提升小米商标价值

在四年多时间里，小米公司通过互联网开发模式、"铁人三项"商业模式、新颖的营销方式以及发明专利（截至 2014 年 10 月，发明专利授权 103 件）等创新活动丰富小米商标内涵，使其集中打造的 Logo 家喻户晓，并像其 Logo 寓意一样，让客户省心。与此同时，通过收购、引进创新型人才等方式，小米公司不断进入新领域（如电视、机顶盒、手环等）开发新的产品，不仅让原有商标更有活力，也让一些沉睡商标逐渐发挥作用。

（1）首创互联网开发模式

基于 Android 2.3.5，小米公司首创了用互联网模式开发手机操作系统，由小米团队和全球 60 万发烧友参与开发和深度定制，超过 100

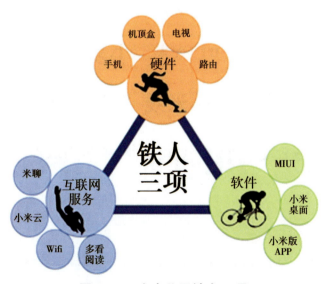

图 6—8　小米公司铁人三项

项改进，每周迭代升级，兼容 Android 应用程序。开放刷机设置，提供 MIUI 和 Android 原生两个系统；以 miui.com 为基础，开放需求管理和 Bug 管理并行开发版和稳定版，比原生系统流畅 100%。拥有全球最大手机主题库，千变主题和首创百变锁屏。另外，随着时间推移和业务领域的扩展，小米互联网开发模式逐渐由手机领域逐渐延伸至电视、机顶盒、平板等领域。

（2）独特的商业模式：硬件+软件+互联网服务

小米成功的关键在于其独特的商业模式：硬件+软件+互联网服务。在业务上，小米不仅向用户销售硬件，还提供软件和服务；在战略层面上，小米将互联网服务的思维导入硬件和软件，产生创新。目前，小米"铁人三项"已经产生了互补效应。在"铁人三项"中，软件是小米的最强项，其 MIUI 系统是目前国内业界公认最好的应用层操作系统；硬件是重要的得分项，高配低价的策略为小米聚集了大量粉丝，是小米抢占互联网入口的重要工具；互联网服务是小米的弱项，截至目前所做的尝试都还未取得突破。

（3）新颖的营销方式

线上营销。小米公司采用当下流行的电子商务线上直销模式，将小米官网作为网站营销的主阵地：官方发布信息最重要的平台；购买小米手机等的唯一通道；小米论坛的所在地。小米的官网集网站式的发布资源于一体，甚至包含了商城、旗下软件米聊，通过一系列的整合，不仅给网站的访问者提供了方便，也使关于小米手机的各个项目之间相互促进，提升了网站的知名度和扩展度。

借力营销。首先，雷军"模仿"乔布斯苹果发布会等"苹果"模式吸引眼球，达到了很好的宣传效果。其次，小米公司通过让群众参与系统设计和测试，生产出具有强大的配置、良好的用户体验、干净的使用界面、流畅的操作系统、良好的质量和极具吸引力价格的产品；小米公司借助客户参与的营销，铸就了小米公司的成功。

饥饿营销。小米公司通过采取饥饿营销的策略频频制造强烈的社会反应，吸引社会连续关注，从而带动小米手机的销售，这是小米公司的又一新颖之处。小米手机发布会前，通过高调参与新浪微博访谈和极客公园等活动，宣传小米手机的众多亮点，并通过多类手机话题与微博用户互动，极大吸引了广大"发烧友"的眼球。在产品发布之后，又组织参与微博互动送手机等活动，持续制造话题，引导目标群体持续关注小米。在不能购买的时间里，通过网络渠道等互动送小米手机提前购买优先码，宣传小米手机本身和小米手机购买的难度，提升小米的品牌价值，将饥饿营销用到极致。

3. 商标价值促进创新

小米商标价值的提升使小米公司的竞争力得到提高。随着市场竞争的日益激烈，小米公司也利用其商标的知名度，通过吸引资金、人才等方式加快创新，丰富和创新商标内涵，提升企业竞争力，已成为全世界最有价值的私人科技公司之一。

（1）吸引资金加快创新

公司价值和品牌影响力的提升，吸引了众多国内外知名风险投资者如高通、启明等的投资，大大加速了公司的创新和发展。业务领域也从手机逐渐向电视机盒、平板、电视等领域延伸。截至目前，公司估值已超过 100 亿美元，不仅高于多数互联网上市公司，也高于多数传统手机厂商。

表6—3　小米公司融资历程

	完成时间	融资金额（美元）	投资者	公司估值（美元）
第一轮融资	2010 年年底	4100 万	Morningside、启明和 IDG	2.5 亿
第二轮融资	2011 年 12 月	9000 万	启明、IDG、顺为基金、淡马锡、高通、Morningside	10 亿
第三轮融资	2012 年 6 月	2. 16 亿	DST 等	40 亿

（2）吸引人才促进创新

2011 年 10 月，前联发科的新闻发言人兼 CFO 喻明铎加盟小米公司，加强了小米在融资、资金管理和手机零配件等方面的整合。2012 年，小米公司先后收购了 MSNLite 和多看。MSNLite 是目前市场上最好用的第三方 MSN 客户端软件，MSNLite 团队加入，加强了小米在 PC 客户端的研发能力；多看则在硬件方面有很多经验，创业团队由来自于谷歌、微软、腾讯、金山、新东方、阿里巴巴等公司的精英组建，是目前中国最大的 Kindle、Apple TV 中文系统开发团队。2013 年，谷歌前全球副总裁 Hugo 出任小米全球副总裁，雷军"软件+硬件+服务"的铁人三项模式获强力助推，更有望借此与 Android 生态合作达成更为紧密的合作关系，并得到更多支持；Hugo 丰富的产品经验也将对小米移动互联网服务产品序列的持续进化有所帮助。

从小米公司的商标策略来看，小米公司采取全面商标注册保护、单一 Logo 推广策略，其所有产品的产品标识均为"MI"形，并通过首创的互联网开发模式、硬件+软件+互联网服务的商业模式以及新颖的营销方式等创新活动打造了小米公司核心竞争力，提升小米商标的知名度以及附着于商标上的专有技术、商业模式和销售渠道等商标资产。

同时小米公司利用商标资产价值，吸引优秀的人才和更多的资金进行创新活动，丰富创新小米商标内涵。

三、案例研究：硅谷——以英特尔为例

（一）硅谷简介

硅谷是美国科技产业的发祥地，也是当代高科技企业最集中的地方。美国知名公众政策研究机构布鲁金斯学会的报告显示，硅谷自1988年以来就一直是美国创新实力最强的地区，在2012年，硅谷中心圣何塞市推出9237件专利产品，居全美第一；硅谷还是全美唯——一个雇员人均专利数量达到两位数的地区，人均产生12.57项专利，远高于排名第二的科瓦利斯市（5.27项）。专利与创新最活跃的几大领域，是计算机与电子制造、数据处理、网站托管、软件和电信，这些

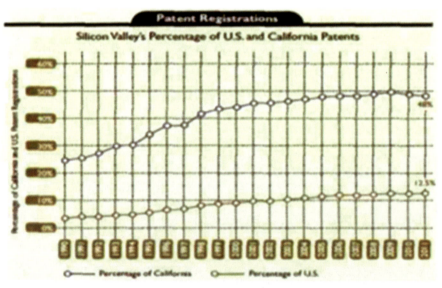

图6—9　1990—2011年硅谷专利注册占加州和全美的比例

领域的研究与开发对生产力和经济增长贡献巨大，促进了高薪就业机会的增加和行业附加值的提升。在湾区排名前20的"专利大户"囊括了苹果、惠普、思科、甲骨文和雅虎等IT巨头，以及两大知名学府——加州大学伯克利分校和斯坦福大学。

（二）英特尔品牌历程中商标和创新活动

硅谷英特尔、苹果等企业的成功，很大程度上归功于企业卓越的商标战略管理，这种有管理的商标战略持续提升了企业的商标的知名度、品质形象、忠诚度以及附着在商标之上的专利、专有技术等商标资产，而商标资产的提升又推动了新的产品市场发展，最后这种发展又反过来进一步加强企业的商标资产。循环往复，螺旋上升。由于英特尔商标战略在硅谷具有典型意义，在此着重以英特尔品牌历程中商标和创新关系为例进行研究。

1. 品牌化的前期

1971年，英特尔推出全球第一款商用微处理器4004，这一突破性的重大发明不仅成为Busicom计算机强劲动力之源，也让机器设备像个人电脑一样可嵌入智能成为可能。但由于高昂的价格和缺乏宣传，这一里程碑的处理器并没有取得预想中的成功。1978年，英特尔由半导体转型为生产CPU芯片，到1989年陆续推出8080、8086、80286、80386、80486等新微处理器。其中70年代的8080处理器被世界上第一台个人电脑Altair作为大脑，8088处理器成为IBM新型主打产品IBM PC的大脑，也使英特尔步入全球500强的行列；80年代英特尔处理器处理能力不断飙升，但由于缺乏新意和良好的宣传，销量并没有随之飙升。此时的英特尔和其他工业厂商一样，没有品牌化意识，也没有认识到单独产品品牌和产品商标的重要性，这个阶段公司产品商标仅仅是在产品上标贴公司名称（INTEL）加上表述语加以区隔。

图 6—10　INTEL 公司 8080、8086、80286 产品商标

在缺乏独立产品品牌情况下，公司品牌 INTEL 当时还很弱小，同时其描述语不仅作为数字过于苍白无法产生品质认知，而且根本无法通过商标注册予以保护，在兼容机的体系下这样必然给竞争对手以可乘之机。1991 年 AMD 推出"AMD386"，暗示消费者他们的产品毫不逊色于 Intel 的 386，英特尔最初试图通过法律手段保护本身的编号，结果却遭到联邦法院的驳回。

2. 创建强大的品牌——INTEL INSIDE PLAN

为了救亡图存，1991 年英特尔开始启动"Intel Inside"计划以创建强大的公司品牌。该计划的主要目的是：（1）区分竞争对手和自己的产品，以保护研发投资和知识产权；（2）在最终客户当中建立强大的品牌形象；（3）限制计算机生产商在最终客户中的影响，使客户关注 CPU 品牌而非整机品牌，最终强化计算机厂商对自己依赖。

1991 年 6 月，英特尔发起了 Intel Inside 品牌推广活动。Intel Inside 项目通过在授权的计算机制造商的系统上粘贴注册的英特尔公司商标和 Intel Inside 标识，以使消费者知晓系统采用的是英特尔生产的微处理器，从而获得先进技术和优秀品质的保证。1992 年初，英特尔开始在全球出版物、广播、网站和电视等媒体上宣传 Intel Inside 标识，持续数年，在消费者心中留下了深刻的印象；当年英特尔的全球销量增加了 63%，其商标被市场分析家评定为全球第三大最有价值的商标。1991 年欧洲只有 24% 的消费者知道该标志，一年后这个比例接近 80%；1993 年，英特尔品牌的优先选择率达到 80%。由于英特尔对中小型电脑公司的资助，改变了电脑行业的格局，使英特尔不至于受到大型电脑公司的制约，从而维护自己的上游优势地位。

3. 创建产品品牌——奔腾

1991 年的 "Intel Inside" 计划虽然解决了公司品牌的问题，并且在最终用户和中间厂商那里都有了一定的影响，但依旧没有解决产品品牌和产品商标缺位的问题，而没有强大的产品品牌和产品商标是无法发挥新产品的技术领先优势。

基于这样的战略考虑，也为了摆脱 486 时代微处理器名称混乱的困扰，英特尔 1993 年问世的 586（全面超越 486）不再延续既往的 X86 路线而是重新命名为 "奔腾（Pentium）"，创建了英特尔的第一个产品品牌，启用了相应的 "奔腾（Pentium）" 商标，以区别 AMD 和 Cyrix 的产品，使得随后英特尔在个人电脑市场上一路扶摇直上，最终奠定了芯片之王的霸主地位。

同时，英特尔把 Pentium 打造成为广域品牌标平台，适合多元化产品市场的需求，为此英特尔发展出了一套复合的品牌关系组合，并设计相应的商标满足不同产品市场的需求，同时 "Intel Inside"、"Intel" 的背书为这两个商标建立了更好的联系：通过把 Pentium 作为单一主商标运用于各个产品市场中，积累和加强了其商标资产和商标价值，直接推动了其业务战略的成功；另外，如果产品改进是常规的升级换代，就用"主商标+描述语"策略，如 1995 年 Pentium Pro、1997 年 Mobile Pentium 问世，英特尔通过"主商标+描述语"的策略分别把英特尔向上延伸到高端桌面、工作站和服务器以及把笔记本芯片市场从个人电脑市场中细分出来；如果产品改进出现某种特色，就用"主商标+副商标"策略，如 1997 年 Pentium MMX 问世，由于MMX 技术能够带来更先进的图解性能和更好的多媒体表现，所以采取新的"主商标+副商标"的策略予以强化而非简单的描述语；如果产品改进是显而易见并且重大的，就用"新商标"策略。

图 6—11　Pentium Pro 和 Pentium MMX 的产品商标

从上面可以看出：英特尔通过把 Pentium 作为单一主商标运用于各个产品市场中和在相关产品上，利用"Intel"、"Intel inside"进行背书等形式，加强了其公司商标"Intel"、"Intel inside"、主商标"Pentium"等商标的知名度、忠诚度，积累了商标资产和商标价值，直接推动了其业务战略的成功；另外，分别采取"主商标+描述语"和"主商标+副商标"的策略，响应不同产品市场的需求，既能各司其职又能协同作战。

4. 复合的品牌组合战略

90年代后期，整个IT市场的分化重组程度明显加强，单一的Pentium战略已经明显不能适应时代的需要。英特尔适时地响应这种变化，创建了新品牌Celeron（赛扬）、Xeon（至强）、Itanium（安腾）等，并通过在关联程度较高的领域加强Intel Inside的背书作用，设计相应商标以提高商标和品牌组合的清晰度：Celeron是为了占领经济型市场建立的新商标；Xeon是由于服务器市场的需求以及新技术，如NetBurst等技术能够大大改进处理器的性能，因此，英特尔取消了Pentium的痕迹，单独推出了Xeon作为服务器市场的主商标；Itanium是2001年在整个芯片构架从IA32构架过渡到IA64构架的时候，英特尔为了区别于32位的Pentium所推出的独立商标。与此同时，英特尔专利数不断增长，据美国专利和商标局的数据显示，截至2002年年底，英特尔公司拥有1080项专利。

图6—12 Celeron、Xeon、Itanium产品的商标

在多元化的过程中，英特尔收购了很多公司。英特尔采取三种策略来处理其极度膨胀的品牌组合和商标组合：第一种是保留原有的品牌、商标，获得相应的品牌资产、商标资产和客户群；第二种是改变

品牌角色，作为特定市场的副品牌或者经济型品牌，并设计相应的商标；第三种是放弃原来的品牌并将其业务转到英特尔的品牌中，如 Dialogic，1999 年英特尔收购了互联网与通信市场集成模块提供商 Dialogic，最初英特尔采取独立品牌的策略，最后把 Dialogic 转化成英特尔通信系统产品组织的产品品牌 Intel Dialogic，同时设计相应商标。为此，英特尔也改变原来商标的背书政策，Intel Inside 不参与背书关联程度不高的领域（如工业处理器、通信模块等），例如在网络处理器上就只有 Intel Network Processor 而看不到 Intel Inside，微架构处理器也是 Intel XScale 而非 Intel Inside。

5. 技术品牌——广域品牌平台

新世纪以来 IT 行业又发生了巨大的变化，由以前的以性能为中心转变为以应用为中心，用户从关注厂商具体提供的产品发展到关注厂商提供业务问题的解决方案，IBM 的"随需应变"、HP 的"动成长企业"等业务应用概念就是新时势的产物。为了应对这种挑战，英特尔决定改变了战略方向，从以产品为中心的模式转向以应用为中心，将特定应用所需的所有模块及其相关软件和方案打包构成平台，这个平台就是技术品牌，并相继推出了第一个技术品牌 Centrino、第二代迅驰平台 Sonoma、第三代迅驰平台 Napa 以及 Viiv（欢跃）等，并通过 Intel、Intel Inside 的背书作用、设计相应商标以提高商标组合的清晰度：如 2003 年在笔记本电脑采用的 Centrino（迅驰）是英特尔第一个真正意义的技术品牌，区别于 Pentium、Xeon 等产品商标，Centrino 体现了计算与通讯技术的结合，它包括了处理器、芯片组、无线芯片、软件工具等多个要素组合而成的平台技术；Centrino 的商标识别采用亮眼的紫红色，及全新的外观设计，代表飞翔（Flight）、行动力（Mobility)、及向前迈进（Forward Movement）等意涵；Centrino 的推出迎合了市场对解决方案的需要，具有强烈的应用色彩，推出以来迅速成为笔记本市场的绝对主流，同时也成为了"超长待机"和"无线上网"的代名词。

图 6—13　Centrino、Viiv 等技术平台商标

技术平台的商标将贴近客户应用而成为英特尔营销传播的主打重点，技术平台的商标能够让英特尔的产品商标更加有活力，更重要的是在创新的基础上延续了 Intel、Intel Inside 商标。美国专利和商标局的数据显示，截至 2005 年年底，英特尔公司拥有 1549 项专利。

6. 更新品牌

由于存在跨越不同市场的整合需要，以及技术品牌使得 Intel Inside 内涵发生了明显的变化，英特尔开始进行公司品牌合并，改变颜色、规范字体等，2006 年 1 月 4 日启用全新商标标识和新的宣传标语 "Leap ahead"。新标识代表了英特尔独有的商标承诺，旨在传达英特尔公司发展的源动力以及英特尔公司所追求的永无止境、超越未来的目标。为了实现这一目标，英特尔不断实现创新，截至 2011 年年底，已拥有 21153 项专利，并于 2012 年收购视频软件开发商 RealNetworks 的大量专利和下一代视频编码技术等。

图 6—14   英特尔公司新的商标

综上所述，英特尔公司针对市场变化，通过创新活动一方面将原有的产品进行改造升级，另一方面不断推出新的产品，并为相关产品采取的产品商标、技术性平台的商标等策略，并利用"Intel"、"Intel Inside"或者"Intel Leap ahead"进行背书，积累和加强其公司商标"Intel"、"Intel Inside"、主商标等商标的知名度、忠诚度、专利等商标资产和商标价值，直接推动了其业务领域的成功；同时，通过业务领域的成功，加快相应的创新，以满足不同产品市场的变化。

通过对联想、小米、英特尔公司案例研究发现，商标已经成为公司珍贵的无形资产和进行市场竞争的锐利武器。从商标和创新关系来看：设计商标需要创新。联想、小米、英特尔公司从行业、产品特点、消费者认知、内涵等方面着手，设计符合本公司特性的商标，如小米的 Logo "MI"形，是 Mobile Internet 的缩写，代表小米是一个移动互联网公司，倒过来是一个心字，少一个点，意味着小米要让用户省一点心，另外，MI 是米字的汉语拼音，正好对应其名称。商标保护创新。联想、小米、英特尔公司，一方面通过商标注册为未来推出新产品、进入新市场领域提供保护，另一方面在推出新产品同时加快符合产品特性的商标注册。创新提升商标价值。联想、小米、英特尔商标竞争力源自商标所代表的商品或服务的使用价值或社会价值，而这种价值是由商标的新技术含量、质量、功能、信誉等诸多内容决定的，随着市场竞争的日益激烈，联想、小米、英特尔要保持并提高企业竞争力，就需要通过新技术、新商业模式等方式来丰富和创新商标的内涵，提升商标的价值。商标价值的提升促进创新。当联想、小米、英特尔公司商标家喻户晓、拥有很大发展潜力时，就会不断吸引大量的资金、人才来进行产品创新，满足不同产品市场消费者的需求。

第五章

我国商标与创新关系的实证研究

一、我国商标发展现状

（一）我国商标与专利申请量快速增长

改革开放以来，我国商标申请和专利申请均保持了较高的增长速度；从增速来看，专利申请呈现出相对更快的增长趋势。图6—15展示了我国1985—2012年间商标与专利申请量的基本情况。在2008年之前，专利的年申请量长期小于商标的申请量，但在增长速度上相对更高。1985—2008年间，商标申请量的年均增长速度为11.68%，而专利申请量的年均增长速度为18.40%。2009—2012年间，商标申请和专利申请的年均增速进一步提高，两者的年均增长速度分别达到25.67%和28.05%；相对而言，专利申请量的增速取得了更大幅度的提升。

商标和专利申请量的快速增长体现了中国在知识产权保护方面所取得的成就。在1995—2012年间，我国R&D支出占GDP的比重由

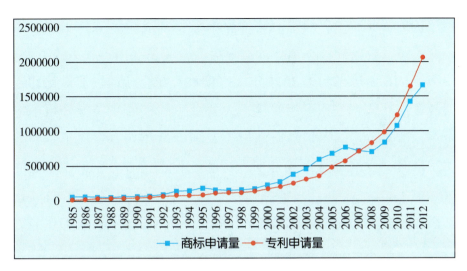

图6—15　我国商标与专利申请数量（单位：件）

数据来源：《中国科技统计年鉴》

0.57%上升至 1.98%；剔除价格因素后，R&D 支出的年均增速达到 12.77%①。技术创新的兴起直接推动了商标和专利申请量的增长。

商标和专利增长速度上的相对差异可能说明了以下几个问题。首先，相对于商标申请背后所反映出的"软创新"，我国现阶段更加偏重于强调推进技术创新的发展；其次，专利申请量的更快增长反映出我国科技创新能力的稳步增长；最后，商标与专利的主要作用不同，一个产品（如手机）可能需要多个专利技术支持，但一般只需要一到两个商标来区分来源。

（二）大型企业比中小企业更强调商标的重要性

前文分析表明，在发达国家中，小企业更加依赖于商标作为知识

---

① 数据来源：《中国科技统计年鉴》。

产权保护的主要形式。但是，这种现象在我国现阶段并未出现。相反地，在中国，企业规模与商标的偏重程度之间呈现出正相关的关系。

图6—16展示了我国2011年平均每家工业企业的注册商标和专利申请数量。从这一数据可以看出，大型企业的创新实力显著强于中小型企业，这使得它的平均注册商标和专利申请数均显著高于中小型企业。2011年，大型企业平均注册商标和专利申请数分别为13.76件和17.46件；中型企业平均注册商标和专利申请数分别为1.35件和2.04件；小型企业平均注册商标和专利申请分别为0.23件和0.47件。

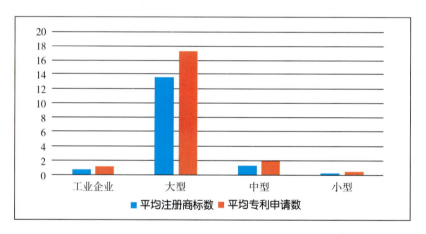

图6—16　2011年工业企业平均注册商标和专利申请数（单位：件）

数据来源：根据中国经济社会发展统计数据库相关数据计算。

从商标的运用方面来看，图6—16的数据有以下三个基本特征：

1. 商标与专利在知识产权保护方面具有几乎相同的重要性。从图6—17可以看出，无论何种规模类型的工业企业，商标注册和专利申请的平均水平均基本相当。从知识产权保护方面来看，这说明对于我国工业企业来说，商标是与专利同等重要的知识产权保护形式。

2. 从商标和专利的应用倾向上来看，所有规模类型的工业企业在平均商标注册量和专利申请量上呈现出相近的分布特征。这与发达国家中，小型企业主要依靠商标来实现知识产权保护有着显著的不同。

3. 大型企业相比中小企业要更加重视商标注册。这种商标和专利的应用倾向在大中小企业之间也存在着显著差异。图 6—17 计算了不同规模类型企业专利申请数和注册商标数的比值，从中可以看出，小型企业申请专利的数量大约是注册商标的 2 倍。对于中型和大型企业而言，这一数字则分别为 1.51 倍和 1.27 倍。这一数据显示出，尽管商标的灵活性使它能够成为中小企业创新保护的重要手段，但在我国，商标注册并未得到中小企业的充分重视；从企业注册商标和专利申请的比值来看，大型企业相比中小企业要更加重视商标注册，这与西方国家企业的商标注册在不同企业规模上的分布也存在着显著的不同。在前文中，本报告曾指出，根据 Flikkema et al. （2010） 在比荷卢经济联盟区域的调研数据，大部分小型企业都侧重于通过商标来实现知识产权保护，甚至很多小型企业只使用商标来作为创新保护的唯一手段。相比而言，商标战略

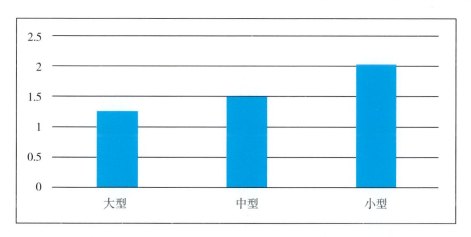

图 6—17　2011 年不同规模工业企业专利申请与注册商标量的比值

数据来源：根据中国经济社会发展统计数据库相关数据计算

对于我国的中小型企业而言还有很大的发展空间。

（三）中低技术产业相对更依赖于商标来进行知识产权保护

商标在知识产权保护上的灵活性主要体现在它不像专利那样对创新性设置了较高的技术门槛，从而是低技术企业实现知识产权保护的重要手段。这一结论在很多发达国家的知识产权保护实践中已经得到了证明。

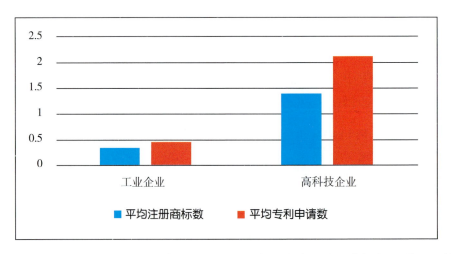

图6—18　2010年工业企业和高科技企业平均专利申请与注册商标数（单位：件)

数据来源：根据中国经济社会发展统计数据库相关数据计算

在我国的知识产权保护中，这种商标应用的偏向同样存在。图6—18展示了2010年我国工业企业和高技术企业平均专利申请和注册商标的数量。从中可以看出，当从全部的工业企业角度来考察时，企业平均注册商标和专利申请的件数分别为0.34件和0.44件，两者基本持平。但是，当从高科技产业角度来进行计算时，企业平均的注册商标和专利申请件数则分别为1.39件和2.12件。这不仅显著高于工业企业的平均水平，而且在商标数和专利申请数之间出现了较大的差异。

图 6—19 更加清晰地展示了专利申请与注册商标数的比例关系。2009 年和 2010 年，工业企业平均专利申请与注册商标之比分别为 1.26 和 1.28，而在高科技产业中这一比值则分别为 1.55 和 1.52。这一数据对比说明在不同技术类型的企业中，商标和专利这两种知识产权保护形式的运用存在着较大的差异。

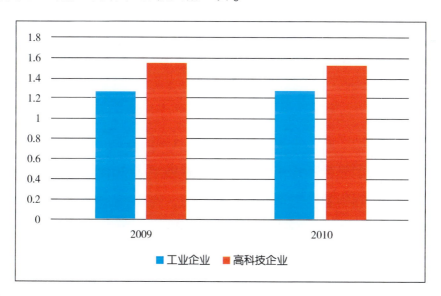

图 6—19   2009 年和 2010 年工业企业和高科技企业专利申请与注册商标比例

数据来源：根据中国经济社会发展统计数据库相关数据计算

由于高科技产业的研发密集程度显著超过其他产业，因此图 6—18 和图 6—19 的数值比较说明了两个问题：（1）在技术创新活动更加频繁的高科技产业中，专利和商标的出现频率都显著超过其他产业，这说明了商标与企业创新活动和技术创新成果之间的紧密联系；（2）高技术企业的专利商标比要高于工业企业的整体平均水平，这进一步说明，工业企业中的中低技术企业的专利商标比要相对较低。这种比例的分布特征与产业技术层次相对应。高技术产业的创新活动较其他产业而言更加偏向于技术创新，而中低技术产业的创新活动则相对更加偏重于渐进型创新和非技术领域的创新，从而使得高技术产业领域内专利分布比商标更加密集，而在中低技术产业中商标分布比专利分布更加密集。但是，正如上文所揭示的，高技术产业的高技术创新倾向并不意味着商标在这类产业中是不重要的。相反，商标和技术创新之间同样存在着密切关联，而这表现在高技术产业的平均商标注册数量要显著高于工业企业的平均水平（见图6—19）。

（四）商标申请和专利申请具有地区上的不平衡性

受经济的地区间不平衡发展的影响，我国的商标申请和专利申请在地区间呈现出明显的不均衡性。图6—20展示了2012年我国东、中、西三个地区的专利申请受理量和商标申请量。当年，我国专利申请受理总量（不含港澳台）为1885569件，其中，东部地区（含辽宁省）为1405143

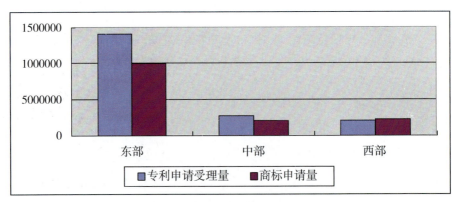

图6—20　2012年我国东中西部专利申请受理量与商标申请量（件）

数据来源：《中国科技统计年鉴》

件,占全国的 74.52%,中部(含吉林省和黑龙江省)和西部分别为 274380 件、206046 件和 80933 件,分别占全国的 14.55% 和 10.93%;全国商标申请量(不含港澳台)为 1432177 件,而东部地区(含辽宁省)为 993793 件,占全国的 69.39%,中部(含吉林省和黑龙江省)和西部地区分别为 210549 件和 227835 件,占全国的 14.70% 和 15.91%。同时我们也应当看到,中西部地区的专利申请量和商标申请量近年来有较快的增长。图 6—21 呈现了 2009—2012 年间我国各地区专利申请受理量和商标申请量的年均增速。在专利申请受理量方面,东、中、西三个地区的年均增速分别为 24.75%、27.28% 和 33.95%,而在商标申请量方面,东、中、西三个地区的年均增速分别为 28.44%、37.25% 和 34.48%。总体来说,在专利和商标申请上,中西部地区增速均高于东部地区。

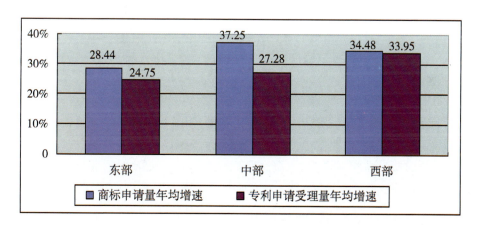

图 6—21 2009—2012 年我国东中西部专利申请受理与商标申请年均增速(%)

数据来源:根据《中国科技统计年鉴》相关数据计算

二、商标与创新关系的协整研究

前文的分析指出,商标与创新之间存在着紧密而复杂的相关关系。

一方面，商标是企业创新成果保护的一种重要的知识产权形式，而这意味着企业创新活动的增加将推动商标战略的发展；另一方面，商标在保护创新成果的同时，可以带来创新的范围经济，提高创新的市场价值，因此商标反过来对企业创新活动也有着积极的推动作用。

在这一部分研究中，本报告采用1995—2012年我国注册商标申请量（rtm）、专利申请量（patent）和研发（rd）支出相关数据对商标和创新之间的关系进行经验性检验，样本数据来自历年《中国科技统计年鉴》。由于数据的自然对数变换不改变原有的协整关系，并能使其趋势线性化，消除时间序列中存在的异方差现象，因而在分析中，对上述数据均取自然对数。

（一）平稳性检验

首先，对 ln（rtm）、ln（patent）和 ln（rd）进行平稳性（单位根）检验。本报告采用 AIC 准则确定最佳滞后阶数，差分序列的检验类型按相应原则确定，检验结果如表 6—4 所示。

表 6—4　ln（rtm）、ln（patent）和 ln（rd）的 ADF 平稳性检验

变量	ADF 检验值	各显著性水平下的临界值			结论
		1%	5%	10%	
ln（rtm）	−0.636	−3.920	−3.066	−2.673	不平稳
ln（rd）	−1.086	−3.920	−3.066	−2.673	不平稳
ln（patent）	2.067	−3.920	−3.066	−2.673	不平稳
Δln（rtm）	−2.960	−4.004	−3.099	−2.690	平稳
Δln（rd）	−6.214	−4.004	−3.099	−2.690	平稳
Δln（patent）	−4.178	−4.004	−3.099	−2.690	平稳

表 6—4 的单位根检验结果表明，ln（rtm）、ln（patent）和 ln（rd）都是非平稳序列，但它们的一阶差分是平稳的，所以 ln（rtm）、ln（patent）和 ln（rd）均为一阶单整，因而在它们之间可能存在着协整关系。

（二）协整分析

由于变量 ln（rtm）、ln（patent）和 ln（rd）满足协整检验的前提，所以可以得出这三个变量之间的协整回归方程：

$$\ln（rtm）= 6.663 + 0.869 * \ln（rd）$$

其中，$R^2 = 0.960$，$F = 393.59$。

由方程可知，R&D 支出每增加 1%，商标申请量将增加 0.869%，说明在我国现实的经济活动中，商标是重要的创新保护的知识产权形式。

$$\ln（patent）= 4.782 + 1.101 * \ln（rd）$$

其中，$R^2 = 0.987$，$F = 1259.45$。

由方程可知，R&D 支出每增加 1%，专利申请量将增加 1.101%。与商标申请量和 R&D 支出的协整方程相对比，这说明在我国，相对于商标，专利仍然是创新保护的更加重要的形式。造成这种现象的原因可能在于，一方面，我国目前大量的创新投入和创新活动主要集中在技术创新领域，这就客观上要求企业更加偏重专利领域的知识产权保护；另一方面，正如前文图 6—16 和图 6—17 的数据所揭示的，目前，商标战略仍未得到我国企业，尤其是中小型企业的足够重视。

$$\ln（patent）= -3.125 + 1.226 * \ln（rtm）$$

其中，$R^2 = 0.962$，$F = 407.09$。

由方程可知，商标申请量每增加 1%，专利申请量将增加 1.226%，说明商标申请量与专利申请量之间存在长期的均衡关系，商标对创新有很强的促进作用。

（三） Granger 因果检验

由上述协整检验结果，商标申请与 R&D 和专利申请之间存在长期的均衡关系，但这种均衡关系是否构成因果关系还需进一步验证。下面，我们用 Granger 因果检验研究商标申请与 R&D 和专利申请之间的因果关系，结果如表 6—5 所示。

表 6—5　商标申请量与 R&D 支出之间的 Granger 因果关系检验结果

滞后期		1	2	3	4
商标申请量不是引起 R&D 支出变化的原因	F 统计量	1.731	0.513	0.770	0.514
	显著性水平	0.209	0.613	0.542	0.731
R&D 支出变化不是引起商标申请量变化的原因	F 统计量	9.204	3.958	4.506	1.414
	显著性水平	0.009	0.051	0.039	0.351
商标申请量变化不是引起专利申请量变化的原因	F 统计量	2.72	3.44	3.36	1.96
	显著性水平	0.121	0.069	0.076	0.239
专利申请量变化不是引起商标申请量变化的原因	F 统计量	2.16	1.986	2.43	0.56
	显著性水平	0.164	0.183	0.141	0.703

表 6—5 的结果则说明，在滞后期为 1—3 年时，R&D 支出是商标申请量变化的 Granger 原因，但商标申请并不是 R&D 的 Granger 原因。类似地，商标申请量是专利申请量变化的 Granger 原因，但却不具有反向关系，即专利申请并不是商标申请的 Granger 原因。

表 6—5 结果说明，商标是我国创新保护的重要形式，并显著推动了创新成果的形成。一方面，商标是一种重要的知识产权保护形式。

因此，R&D 支出增长使得商标作为创新成果保护的需要而相应增长。另一方面，商标对企业创新有着积极的推动作用，不仅可以带来创新的范围经济，还可以促进创新成果向市场价值的转化。这反映在商标增长对专利申请的长期正向促进作用上。

（四） 基本关系结论

协整检验和 Granger 因果检验表明，商标注册与创新活动之间存在着稳定的长期关系。这种关系表明：一方面，商标是我国创新保护的重要形式之一，并随着我国创新规模的不断扩大而显著增长；另一方面，商标对于创新具有显著的推动作用。

三、基于中关村微观企业数据的商标与创新关系研究

（一） 描述性统计

本文进一步采用 2008—2011 年中关村企业的微观数据对商标和创新之间的关系进行讨论。在剔除商标数据和研发数据缺失的企业观测量后，这里的研究所使用的样本包含 8263 家中关村企业，时间跨度为 2008—2011 年。

在上述中关村样本企业中，有研发活动的企业的平均商标申请量要明显高于无研发活动的企业。图 6—22 展示了样本企业中有研发活动的企业和无研发活动的企业在商标平均申请量上的对比。其中，无研发活动企业的平均商标申请数量为约为 0.41 件，而有研发活动企业的平均商标申请量则达到 1.46 件，是前者的 3.5 倍。这一数据再次说明在商标和企业创新活动之间存在着显著的关联。

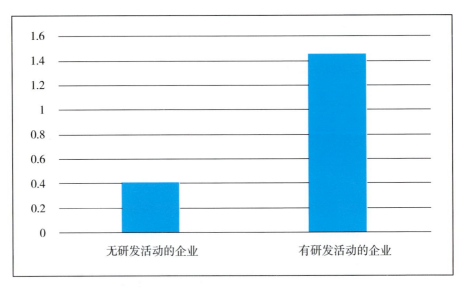

图6—22 中关村企业平均商标申请量（单位：件）

数据来源：根据中关村企业微观数据计算

其次，和之前使用全国工业企业进行的统计分析相一致，企业规模和商标战略的重视程度之间呈现出正相关关系：大型企业相比中小企业要更加重视商标注册。图6—23展示了不同规模的中关村企业平均商标申请量。其中，小型企业的平均商标申请量为0.25件，中型企业和大型企业的平均商标申请量则分别为0.90件和3.16件。图6—24则展示了不同规模企业中有商标申请活动的企业占相应规模的企业总数的比例。其中，小型企业、中型企业和大型企业中有商标申请活动的企业比例分别为37%、42%和49%。这一数据说明，大企业不仅在商标申请的绝对量上占优，而且从实施商标战略的倾向上来看也要明显高于规模相对较小的企业。图6—24同时还呈现了不同规模企业在R&D活动上的差异。这一数据一方面表明大型企业在研发活动上的参与程度更高，另一方面还说明小型企业和中型企业在技术研发和商标活动上相对于大型企业而言，更倾向于后者：将商标申请的企业比重和有研发活动的企业比重进行比较可以发现，有将近 40% 的小型企业有商标申请活动，而进行 R&D 活动的小型企业比重尚不足 10%；这两个比重之间的差距在中型企业和大型企业中则要小得多。

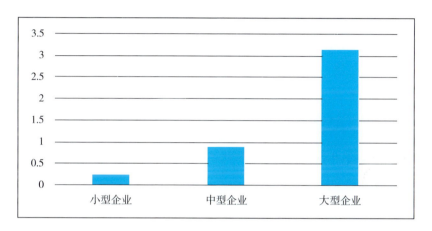

图 6—23　不同规模的中关村企业平均商标申请量（单位：件）

数据来源：根据中关村企业微观数据计算

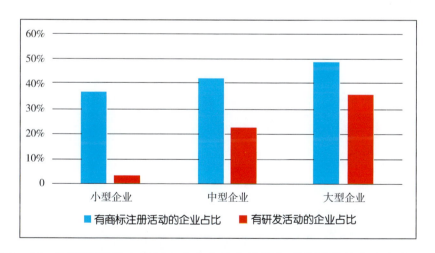

图 6—24　不同规模的中关村企业中有商标注册和研发活动的企业占比（%）

数据来源：根据中关村企业微观数据计算

（二）商标和企业研发之间的关系

本文进一步采用 2008—2011 年中关村企业的微观数据对商标和创新之间的关系进行计量检验。微观数据的使用有助于进一步区分商标战略对创新的影响作用在不同类型企业之间的差异。在变量的设置上，我们使用 R&D 支出来体现企业技术创新上的投入，用注册商标数量作为主要的解释变量。此外，我们还加入了企业规模、所有制和盈利能力作为控制变量。其中，企业规模用总资产来衡量，所有制依照企业注册类型区分了国有企业、外资企业以及非国有内资（非私营）企业，盈利能力则通过企业利润率来反映。在估计中，注册商标数、规模和盈利能力均滞后一期。

在回归过程中，本文不仅将所有样本作为一个整体来进行分析，还依照企业所有制和规模分组进行了讨论。具体的计量估计结果如表 6—6 所示。

表 6—6 中，列（1）给出了以全部被观测的中关村企业数据进行计量估计所得到的结果；列（2）—（4）按所有制分组进行了回归；列（5）和列（6）则在区分大中型企业和小型企业的基础上进行了回归。

表 6—6　商标对企业 R&D 支出影响效应的计量估计

	（1）全样本	（2）国有	（3）外资	（4）非国有内资	（5）大中型	（6）小型
注册商标数	1.501***	0.073	40.567***	1.737**	1.577**	2.645***
	(4.905)	(0.217)	(16.794)	(2.532)	(2.413)	(13.534)
总资产	0.000***	0.000	0.000**	0.000***	0.000***	0.000***
	(9.513)	(0.832)	(2.287)	(9.494)	(3.771)	(7.497)

续表

	（1）全样本	（2）国有	（3）外资	（4）非国有内资	（5）大中型	（6）小型
利润率	0.308	0.888	0.518	0.301	1.512	-0.053
	（0.749）	（0.235）	（0.334）	（0.723）	（0.536）	（-0.674）
国有	10.876				-68.890	9.279
	（0.427）				（-1.054）	（0.533）
外资	31.699**				12.650	2.194
	（2.371）				（0.311）	（0.255）
N	20753	499	2160	18094	4590	16163

注：$^*p < 0.10$，$^{**}p < 0.05$，$^{***}p < 0.01$；括号中为 t 值。

从表 6—6 的结果可以得到以下三个方面的基本结论：

首先，商标对企业技术创新存在着显著的正向推动作用。从全样本的估计结果来看，注册商标数的系数估计值为 1.501，并且在统计上显著。这说明，注册商标数每提高一项，可以推动企业 R&D 支出提高 1.501 万元。

其次，内资（非私营）企业商标对 R&D 支出的推动效应弱于外资企业。表 6—6 的列（2）—（4）分所有制考察了商标对 R&D 的影响效果。从这些结果可以看出，国有企业注册商标的系数估计值虽然为正，但是并不显著，这说明对于国有企业而言，商标对技术创新的影响并不明显；外资企业和非国有内资（非私营）企业注册商标数的系数估计值均在统计上显著，但从系数值大小来看，对于外资企业而言，注册商标数每提高一项，可以推动企业 R&D 支出提高 40.567 万元，而对于非国有内资（非私营）企业而言，注册商标数每提高一项，则可以推动企业 R&D 支出提高 1.737 万元。从影响效果的对比上来看，内资（非私营）企业商标对 R&D 支出的推动效应相比于外资企业差距显著。

第三，小型企业商标对 R&D 支出的推动效应强于大中型企业。表 6 的列（2）—（4）分规模考察了商标对 R&D 的影响效果。一方面，大中型企业和小型企业注册商标数的系数估计值均正显著，说明商标在两类企业中均对技术创新有显著的推动作用。另一方面，小型企业注册商标数的系数估计值为 2.645，高于大中型企业的 1.577。这不仅说明小型企业商标对 R&D 支出的推动效应强于大中型企业，而且表明商标对于小型企业的技术创新有更加重要的意义。

（三）商标、创新和企业的市场收益

1. 商标、创新和市场收益

本报告进一步考察商标和企业市场价值之间的关系。受数据可得性的影响，这里的研究将主要集中在企业的市场收益上，以及商标对创新向市场收入的转化有何影响。在这里的计量研究中，解释变量是企业主营业务收入的自然对数。被解释变量则包括企业注册商标数、R&D 支出、所有制和企业总资产。这里，企业总资产作为企业规模的代理变量，控制了由于规模因素所造成的企业主营业务收入的差异。估计结果如表 6—7 所示。

表 6—7 的估计结果共有 3 列。其中，第（2）和第（3）列主要通过引入注册商标数和 R&D 支出的交互项来分析商标与企业创新向市场收益转化的影响效应；两个估计的主要差异在于第（2）列只考察了商标的交互效应，而第（3）列在引入交互项的同时还将注册商标

数作为一个解释变量。

表6—7　商标对企业市场收益影响效应的计量估计

	（1）	（2）	（3）
注册商标数	0.002*		0.002*
	(1.703)		(1.822)
R&D 支出	0.003***	0.003***	0.003***
	(7.478)	(7.243)	(7.310)
总资产	0.004***	0.004***	0.004***
	(4.247)	(4.233)	(4.263)
国有	1.935***	1.938***	1.934***
	(11.459)	(11.457)	(11.460)
外资	1.248***	1.249***	1.249***
	(14.047)	(14.029)	(14.057)
注册商标数 * R&D 支出		−0.000	−0.000
		(−0.853)	(−1.076)
N	21958	21958	21958

注：$^*p < 0.10$，$^{**}p < 0.05$，$^{***}p < 0.01$；括号中为 t 值。

表6—7有两个主要的估计结果：（1）注册商标数的符号为正且显著，这说明商标对企业的市场收益有显著的促进作用；（2）在列（2）和列（3）中，注册商标数和R&D支出的交互项均不显著，这说明企业在运用商标的过程中，并未有效发挥商标促进技术创新向市场收益转化的功能。

表6—8进一步分所有制考察了商标对企业市场收益的影响效应。表8的结果表明，非国有企业注册商标数的系数估计值显著为正，而

国有企业注册商标数的系数估计值在统计上不显著；此外，注册商标数和 R&D 支出的交互项的系数对于内资（非私营）企业而言在统计上不显著，而在外资企业中虽然统计上显著，但在经济上不显著。

表 6—8　分所有制的商标对企业市场收益影响效应的计量估计

	国有		内资非国有		外资	
	(1)	(2)	(3)	(4)	(5)	(6)
注册商标数	−0.000	−0.001	0.010 ***	0.011 ***	0.011	0.015 **
	(−0.369)	(−0.395)	(3.661)	(3.566)	(1.638)	(2.137)
R&D 支出	0.002	0.002	0.003 ***	0.003 ***	0.001 *	0.003 ***
	(1.097)	(0.921)	(7.069)	(7.000)	(1.851)	(2.500)
总资产	0.002	0.002	0.003 ***	0.003 ***	0.006 **	0.006 **
	(0.760)	(0.740)	(3.492)	(3.495)	(2.466)	(2.415)
注册商标数 * R&D 支出		0.000		−0.000		−0.000 *
		(0.516)		(−0.178)		(−1.706)
N	578	578	19102	19102	2278	2278

注：$^*p < 0.10$，$^{**}p < 0.05$，$^{***}p < 0.01$；括号中为 t 值。

综上所述，商标对于企业市场收益有着显著的正向促进作用，且这种效应主要存在于非国有企业；但是，商标和 R&D 支出的交互项并不显著。这暗示着至少就这里的研究样本而言，企业的商标战略可能并未与技术创新战略紧密有机的结合。

2. 商标、研发和企业市场收益的增长

本文进一步考察商标和创新对企业成长和发展的影响。同样地，受数据的限制，这里选择从企业主营业务收入的增长率着手进行研究。在本部分研究中，被解释变量为企业主营业务收入的增长率，而解释变量则包括注册商标数、R&D 支出、总资产、企业所有制以及注册商标数和 R&D 支出的交互项。

表 6—9 的结构与表 6—7 基本一致。其中，第（2）和第（3）列主要通过引入注册商标数和 R&D 支出的交互项来检验商标是否影响了企业创新在促进企业市场收益上的影响。从表 6—9 的系数估计结果来看，注册商标和 R&D 支出的系数均显著为正，说明商标和 R&D 有助于推动企业市场收益的增长；此外，无论在列（2）还是列（3）的结果中，注册商标数和 R&D 支出的交互项的系数均不显著，这说明商标并未能够影响 R&D 对企业市场收益增长的促进效果。

表 6—9　商标对企业市场收益增长影响效应的计量估计

	(1)	(2)	(3)
注册商标数	0.012^*		0.012^*
	(1.701)		(1.740)
R&D 支出	0.001^*	0.001^*	0.001^*
	(1.851)	(1.845)	(1.889)
总资产	−0.002	−0.002	−0.002
	(−1.348)	(−1.283)	(−1.354)
国有	0.172	0.176	0.171
	(1.319)	(1.349)	(1.317)
外资	0.137^{**}	0.138^{**}	0.138^{**}
	(2.005)	(2.018)	(2.014)
注册商标数 *R&D 支出		0.000	−0.000
		(0.110)	(−0.383)
N	21959	21959	21959

注：$^*p < 0.10, ^{**}p < 0.05, ^{***}p < 0.01$；括号中为 t 值。

表 6—10 进一步分所有制考察了商标对企业市场收益增长的影响效应。结果表明，内资非国有企业注册商标数的系数估计值显著为正，而国有企业和外资企业注册商标数的系数估计值在统计上不显著；此外，注册商标数和 R&D 支出的交互项的系数对于各种所有制类型的企业而言均不显著。

表 6—10 分所有制的商标对企业市场收益增长影响效应的计量估计

	国企		外企		内资非国有	
	（1）	（2）	（3）	（4）	（5）	（6）
注册商标数	0.006	0.006	−0.012	−0.019	0.017**	0.018**
	（0.471）	（0.416）	（−0.766）	（−1.029）	（2.078）	（2.126）
R&D 支出	0.002	0.002	0.001	0.000	0.001*	0.001*
	（0.511）	（0.494）	（0.619）	（0.282）	（1.783）	（1.838）
总资产	0.001	0.001	0.000	0.000	−0.002	−0.002
	（0.283）	（0.284）	（0.095）	（0.119）	（−1.605）	（−1.611）
注册商标数 *R&D 支出		0.000		0.000		−0.000
		（0.146）		（0.722）		（−0.466）
N	578	578	2278	2278	19103	19103

注：$^*p < 0.10, ^{**}p < 0.05, ^{***}p < 0.01$；括号中为 t 值。

综上所述，商标对于企业市场收益的增长有着显著的正向促进作用，且这种效应主要存在于内资非国有企业；但是，商标与 R&D 支出的交互项不显著。这说明商标尽管本身有助于推动企业市场收益的增长，但企业在运用商标的过程中，可能并未有效地发挥商标推动研发向企业市场收益增长转化的功能。

3. 小结

本部分从企业市场收益及其增长率的角度考察了市场对企业市场价值的促进作用。研究表明，商标对企业市场价值的实现，以及市场价值的增长率均有显著的正向促进作用。但从现有结果来看，所得到的结论表明我国企业的商标运用还存在如下两个基本问题：

首先，商标对于企业市场收益的促进作用主要集中在非国有企业。造成这种现象的原因可能在于，国有企业由于多重委托代理和治理结构，在运营效率上要弱于非国有企业；此外，国有企业除实现利润外，还承担着各种社会功能。相反，非国有企业平均而言更有效率，在目标上也更强调企业利润和市场收益。这就使得不同所有制类型的企业在商标运营结果上出现了差异。

其次，商标在促进研发投入向市场价值增长转化上的效果并不明显。这说明我国企业商标运用可能只是单纯地强调市场营销和品牌推广，缺乏与企业技术进步战略的整合，从而并未有效地发挥商标推动研发向企业市场收益增长转化的功能。

（四）规模和企业商标参与程度

上文的描述性统计说明，在我国，企业规模和企业参与商标活动的倾向之间呈现出一定的正相关关系：大企业比小企业在商标申请上更为活跃。本部分试图从计量分析的角度就增加企业规模（X）对该企业提升商标注册（Y）概率的影响提供一个更加严格的研究结论。由于企业商标注册为 0，1 二元选择变量，如果企业注册商标则 Y 取值为 1，否则 Y 取值为 0。对于因变量为离散选择变量的影响因素分析可以运用面板 Probit 模型和面板 Logit 模型。由于 Probit 要求随机误差项服从正态分布，而 Logit 模型则没有这种要求，所以本部分的研究选择 Logit 模型。模型构建如下：

$$Y^* = a + bX_{it} + u_i + \nu t + \varepsilon_i t, \quad (当 Y^* > 0 时，Y = 1；当 Y^* < 0 时 Y = 0)$$

式中，u 和 ν 分别为个体和时间固定效应，ε 为扰动项，服从标准正态分布。面板 Logit 模型主要有随机效应模型和固定效应模型，如果个体效应 u 与所有解释变量均不相关，应使用随机效应模型，因为可以将个体效应纳入到扰动项中来估计，如果相关，则应使用固定效应模型。在这种情况下，普通最小二乘（OLS）估计量是不一致的，应使用条件最大似然估计（MLE）。具体使用随机效应模型还是固定效应模型，一般通过 Hausman 检验来判断。利用 STATA 13 软件中的 xtlogit 命令对上述模型进行估计，结果见表 6—11。

Hausman 检验结果表明我们应使用随机效应模型。从表 6—11 可以得到企业规模（用企业的总资产代理）的系数在全样本，国有企业样本或非国有企业样本下均为正，并且在 5% 的水平下是显著的，说明该指标对企业注册商标呈正向影响，企业规模越大，企业注册商标的可能性越大。

从表 6—11 的结果来看，计算发生比（odds ratio）可以发现整体而言，如果企业规模增加一个单位（总资产增加 100 万元），企业注册商标的概率增加 30%～40%。

表 6—11　企业规模对该企业注册商标的影响

	全样本	发生比 (odds ratio)	国有企业	发生比 (odds ratio)	非国有企业	发生比 (odds ratio)
企业规模	3.78e-07**	1.004**	3.26e-06***	1.033***	3.46e-07**	1.003**
	(1.55e-07)	(1.55e-07)	(1.01e-06)	(1.01e-06)	(1.58e-07)	(1.58e-07)
常数项	-3.901***		-3.498***		-3.906***	
	(0.07)		(0.40)		(0.07)	
观测值	31,704		532		31,172	

注：括号内为标准差；*** p< 0.01，** p< 0.05，* p< 0.1。

四、小结与讨论

上文通过统计和计量研究为商标和创新的关系提供了进一步的经验性验证。本部分的研究证实了，商标不仅对企业创新活动具有显著的推动作用，而且有助于提高企业的市场价值。

但是，研究同时还发现，与大型企业相比，我国中小企业参与商标申请的比重相对较低。这与发达国家中小企业在商标申请上更加活跃的事实形成了直接的对比。造成我国中小企业商标活动活跃程度较低的原因可能有以下三个方面：

首先，我国中小企业仍然缺乏注册商标的意识。许多企业自成立起走的是代工型发展路径，且缺乏企业发展的长期规划和战略目标，从而将注册商标，培养自身品牌视为没有必要的事情。此外，有些企业在缺乏商标权意识的同时，甚至通过盗用他人商标、仿冒他人产品获利。最后，许多中小企业技术实力较为薄弱，使得企业固化在低端产品的生产上，造成企业商标申请和品牌培育缺乏有效的技术和质量口碑的支撑。这些因素使得我国许多中小企业缺乏商标申请的动力。

其次，企业内部的商标管理机制不完善。我国大量的中小企业以低劳动成本作为市场竞争的手段之一。为节约成本，很多企业没有专门的知识产权岗位。这就使得企业无法确立明确的商标管理和战略规划，缺乏商标注册、续展、变更、转让以及维权等一系列专门的工作机制。

最后，尽管我国不断强化商标保护，但商标侵权行为仍时有发生。在这种环境下，维护商标权对企业来说可能需要承担较高的维权成本。大企业通常具有较为雄厚的资金实力和专业的知识产权工作团队，有能力承担商标维权的一系列成本。而中小企业受资金实力的制约，即使申请商标，可能也无法有效地维护，从而一开始就放弃商标申请。

第六章

总结和政策建议

本报告的研究表明，商标与企业创新之间存在着紧密的联系，不仅是企业创新活动的直接体现，而且是创新成果保护的重要手段，是提高企业创新收益和市场价值的重要载体。

商标对于创新的重要意义在于知识产权保护上的灵活性。因此，商标制度的设计应当充分考虑到商标申请、注册以及维权上的便利性。1979 年我国恢复商标统一注册体制以来，商标发展取得了令人瞩目的成就。不仅商标法律制度日趋健全，而且随着全社会商标意识的显著提升，商标注册和申请量快速增长。随着商标审查效率的不断提高，2013 年我国商标注册申请平均审查周期控制到 10 个月以内，提高了商标授予的快捷性。

从本报告的计量研究结果来看，商标对于小型企业的技术创新有更为明显的推动作用。这表明商标战略在小型企业的技术创新中处于更加重要的地位。然而，从我国商标战略实施的现状来看，中小企业对商标的重视程度仍然不够，这表现为：

1. 商标意识淡薄，不重视商标专用权的取得。认为商标可有可无。很多企业根本就没有自己的商标，有些即使产品上使用商标，也不积极申请注册，其结果往往在遇到他人使用自己创立的商标时，得不到保护，最终使自己的权利受到损失。

2. 商标使用方法不当，商标作用弱化。表现在选择商标不够慎重，范围过于狭窄，盲目跟风模仿现象严重；闲置自己的无形资产，却热衷于有偿使用他人注册商标；在商品包装和广告宣传中，热衷于宣传通用名称和厂名、厂址；为了暂时利益，在与其他单位联营时，既不签订商标许可合同，也不监督商品质量，严重影响到商标的信誉。

3. 商标管理工作混乱，商标权自我保护乏力。大部分未设置商标管理部门或未配备商标管理人员，有些即使有也流于形式，对注册商标的后续管理缺乏明确规定，无章可循。商标权的自我保护乏力，维权意识和能力不足。

针对这一现实问题，主要的政策建议有：

1. 我国企业，尤其是中小企业应当具备更强的商标战略和品牌培育意识，利用商标战略为企业转型升级提供契机。目前，我国已经成为全球产业链的重要组成部分，是世界制造业大国。但是，我国大部分企业长期以廉价要素投入作为参与国际分工的竞争策略，不仅忽视自主创新能力的培育，而且没有形成自主品牌培育的系统战略。这使得我国企业在国际产业价值链中处于低端层次，难以提高产品附加值。当今国际经济竞争的核心要素是创新，而商标是企业核心竞争力的集中体现。这就要求我国企业在不断提升自身创新能力的同时，形成与科技创新战略紧密结合的品牌培育战略。在强化国内商标注册和保护的同时，注重国际商标申请和注册，积极参与国际品牌竞争和输出，这样才能更好地适应全球化和"新常态"经济的变化趋势。企业应当主动地利用商标战略和策略，使其成为企业开拓发展战略中的一个重要组成部分。在制定和实施商标战略的过程中，应根据自身实际，打造自己的知名商标。

2. 我国政府应当进一步提高企业商标意识，为企业提供商标法律知识上的指导和服务。工商部门应通过培训、讲座、竞赛、研讨、咨询服务等形式和途径，增强企业的商标知识；通过经常深入企业指导商标工作，解决企业遇到的商标问题。对于缺乏专门知识产权岗位的企业，商标局应当重点从政策、业务、法律方面给予企业指导。此外，应加强对商标中介服务机构的管理，在规范其行为的同时，积极引导商标代理机构利用其专业知识为企业商标注册提供引导。

3. 加强商标权保护，提高企业自我保护能力。商标侵权严重抑制了企业注册和维护商标权的动力。一方面，知识产权保护的缺失会强化企业维权的成本，弱化企业注册商标的动力；另一方面，如果企业可以以很小的代价冒用他人商标，企业也将缺乏培育自身品牌的意识和动力。因此，政府应当进一步强化知识产权保护意识和执法，打击侵权假冒等行为，保护权利人的合法权利。此外，工商部门要指导中小型企业增强商标的自我保护意识，加强对商标的设计、注册、印刷及使用的管理，并引导企业建立健全自身的商标保护体系。

4. 商标局应加强与其他政府部门的协作与信息交流。企业创新战略和商标战略能否形成和实施与企业自身综合能力、发展阶段以及外部环境均有着密切联系。这就需要政府部门能够对企业的经营状况和发展环境有着较为深入全面的了解。但是，企业商标活动和生产经营活动数据往往分属不同政府部门，这就要求部门间加强协调和信息交流，为政策制定和实施提供更为准确的数据支持。

参考文献

［1］陈文化，彭福扬. 关于创新理论和技术创新的思考 ［J］. 自然辩证法研究，1998（6）.

［2］国家统计局. 中国统计年鉴（历年）［R］. 北京：中国统计出版社.

［3］林迎星. 创新的涵义及其类型辨析 ［J］. 科技管理研究，2002（5）.

［4］王大洲，关士续. 制度、技术和创新——技术创新研究迫切需要开拓的一个新视野 ［J］. 自然辩证法通讯，1996（6）.

［5］赵弘，郭继丰. 知识经济呼唤中国 ［M］. 北京：改革出版社，1998.

［6］Flikkema, M., de Man, A., Wolters, M. (2010)."New trademark registration as an indicator of innovation: results of an explorative study of Benelux trademark data," Research Memorandum 2010-9, Vrije Universiteit Amsterdam, Faculty of Economic and Business Administration.

FENBAOGAO 6　DILI BIAOZHI SHANGBIAO YU
QUYU JINGJI FAZHAN YANJIU

分报告6　地理标志商标与区域经济发展研究

　　地理标志既是国际知识产权的热点问题之一，也是国内知识产权的难点问题之一。地理标志概念来源于世界知识产权组织《与贸易有关的知识产权协定》，我国《商标法》对地理标志进行了专门规定。国家工商总局商标局依据《商标法》开展了地理标志商标注册工作，注册数量越来越多，影响越来越大。地理标志已经成为农业增产、农民增收、农村繁荣和区域经济发展的新途径。

　　本课题围绕"地理标志商标与区域经济发展"主题，开展地理标志资源普查、地理标志商标注册与运用现状调查、地理标志商标与区域经济发展关系理论与实证研究以及地理标志商标实地调研等。

　　本课题是全国首次比较系统地进行地理标志商标与区域经济发展情况的大调查，摸清了地理标志商标运用和管理基本情况，在地理标志商标与区域经济发展关系理论研究基础上，开创性地进行了地理标志商标与区域经济发展影响指数的实证研究，为提高地理标志商标运用和管理水平、促进区域经济发展提供理论支持和实证指导。

截至 2014 年 6 月底，国家工商总局商标局已注册和初步审定 2452 件地理标志商标，分布在 31 个省市区和 10 个产品类别中。2013 年，全国地理标志总产值已超过一万亿元，达到 11640.88 亿元，已成为区域经济特别是县域经济发展的一支重要力量。

本课题采用文献搜索法对全国地理标志资源进行了一次普查，为地理标志商标注册与运用提供基础信息。

本课题通过系统调查和统计分析《地理标志商标与区域经济发展调查表》，摸清了全国地理标志商标运用和管理基本情况：地理标志商标运用正常，效果明显，经济效益高。调查发现，效果很好和效果明显的占到总数的 82.47%，地理标志商标注册前后价格平均提高了 50.11%；地理标志具有较高的富民效应，能带动区域经济发展，来自地理标志的收入占到当地农民总收入的 65.94%，地理标志带动相关产业发展的产值带动比达到 1∶5.20，就业带动比达到 1∶3.34，已有 53.38% 的地理标志成为区域经济支柱产业。

调查发现，虽然地理标志保护与发展工作取得了巨大成绩，但还存在一些不容忽视的问题，如地理标志产品国际化不够，只有 12.48% 销往国际市场；地理标志市场秩序需要整顿，存在假冒产品，损害消费者利益；地理标志宣传力度不足，社会认知不够；地理标志商标涉及地理标志生产者、消费者、协会、政府和当地居民之间的利益关系，关系比较复杂，调查发现有 6.75% 的存在关系不好处理问题，需要"发挥市场在资源配置中的决定性作用和更好地发挥政府作用"，建立地理标志

"利益共同体"，联动协作，提高地理标志可持续发展能力。

地理标志商标与区域经济发展关系研究是本课题的重点之一，地理标志商标与区域经济发展的影响关系有其丰富的理论基础，理论研究涉及知识产权和区域经济等多学科理论，不仅涉及产权理论、资源禀赋理论、比较优势理论，还涉及产业链和产业集群理论以及增长极理论、产业优化升级理论等。本课题在理论研究基础上，进行了地理标志商标与区域经济发展实证研究，引入了地理标志商标与区域经济发展影响指数概念，影响指数就是地理标志商标与区域经济发展的相互影响程度，主要体现在地理标志经济在区域经济中的地位和作用。基于地理标志商标与区域经济发展专项调查，依据综合性、客观可比性、可操作性和简洁性原则，构建起地理标志商标与区域经济发展影响指数指标体系。指标体系包括5个一级指标和10个二级指标。5个一级指标是产业地位指数、就业指数、增收指数、税收贡献指数和经济要素指数等。采用因子分析法和综合指数法，计算影响指数。综

因子分析法

因子分析法，即用少数几个因子去描述许多指标或因素之间的联系，也就是将相关比较密切的几个变量归在同一类中，每一类变量就成为一个因子，以较少的几个因子反映原资料的大部分信息。运用这种研究技术可以方便地找出影响消费者购买、消费以及满意度的主要因素是哪些，以及它们的影响力。运用这种研究技术，还可以为市场细分做前期分析。

综合指数法

综合指数法，是指在确定一套合理的经济效益指标体系的基础上，对各项经济效益指标个体指数加权平均，计算出经济效益综合值，用以综合评价经济效益的一种方法。即将一组相同或不同指数值通过统计学处理，使不同计量单位、性质的指标值标准化，最后转化成一个综合指数，以准确地评价工作的综合水平。综合指数值越大，工作质量越好，指标多少不限。

合经实证研究，地理标志商标与区域经济发展影响指数高达 0.306，说明在已注册和运用地理标志商标的全国 952 个县市区旗（占全国县级行政区划单位总数的 33.39%，涉及 103 个地市州盟）中，地理标志商标对当地就业、居民增收和经济发展的综合贡献率和影响程度超过 30%，综合贡献率比较高，影响程度比较大，并呈现影响面在扩大、作用力在增强的趋势。

本课题选择了迁西板栗、东台西瓜、浏阳花炮、郫县豆瓣等 4 个地理标志商标样本进行了实地调研，样本产品类别涉及初级产品和加工产品，地域遍布东部、中部、西部等地区。这 4 个样本在地理标志商标注册、运用和管理上各有特点，积累了丰富的经验。

通过研究，提出以下建议：继续加强地理标志商标注册工作、建立地理标志商标保护基金、加强地方政府和协会力量、强化地理标志商标运用和管理、加大地理标志商标宣传和搭建地理标志商标交流平台等。特别是建立地理标志商标保护基金，可以提高地理标志商标在全国地理标志工作中的吸引力。

地理标志商标越来越受到社会关注，地理标志商标成为区域经济发展的新动力。正所谓：一个地理标志商标，形成一个产业，富裕一方百姓，发展一域经济。

关键词：地理标志　知识产权　商标　证明商标　区域经济　影响指数

导　论

一、课题研究背景与意义

地理标志是一种知识产权，不仅标识产地、品质和信誉，还蕴含着巨大的经济、社会、文化等综合价值。

地理标志保护与发展是区域经济发展的新思路和新工作。在中国，地理标志是加快农业现代化、调整产业结构、壮大县域经济和解决"三农问题"的工作抓手。

国家工商总局商标局开展地理标志商标注册工作，数量越来越多，影响越来越大，奠定了地理标志商标运用和管理的基础。

课题组开展《地理标志商标与区域经济发展》专题研究，通过调研全面摸清地理标志商标注册、运用、保护和管理的现状，通过分析发现地理标志商标与区域经济发展的内在联系，为贯彻落实国家创新驱动发展战略，深入推进国家商标战略实施，有效利用地理标志促进区域经济发展，提出建设性意见和建议。

二、课题研究思路与设计

在收集资料、实证分析和理论研究的基础上，了解地理标志商标现状，分析地理标志商标与区域经济关系，对运用地理标志商标和促进经济发展提出建议。

在研究方法上以定量研究为主，并结合经典案例分析的定性研究方法。定量研究方法，建立数据模型，利用统计软件，采用因子分析法和综合指数法等分析方法；定性研究方法主要是实地个案调研。

收集资料方法主要采用文献研究法和问卷调查法。在地理标志资源普查中使用大量文献资料，对全国地理标志商标运用和管理情况进行问卷调查。

根据课题研究要求进行研究方案设计，具体见图7—1。

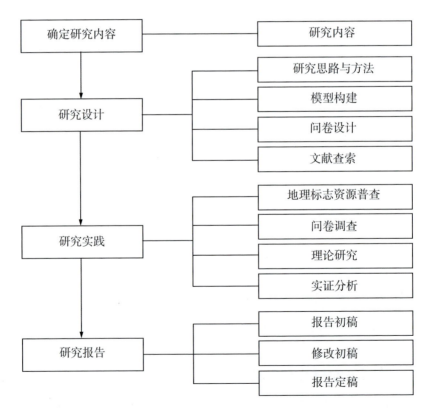

图7—1 课题研究方案设计图

三、课题研究内容

（一）我国地理标志制度与实践现状。本课题研究范围限于地理标志商标。

（二）地理标志商标注册基本情况。注册总量、行业分布和区域分布等基本情况。

（三）地理标志资源普查。

（四）地理标志商标运用和管理基本情况。主要是实际使用数量、产值、利润、税收、广告费、出口、农民人均收入前后变化、带动其他产业情况等。

（五）地理标志与区域经济发展的关系。从地理标志对地域经济和农民收入等角度，分析地理标志商标对区域经济发展的作用。

（六）对运用地理标志商标，促进经济发展的建议。

第二章
我国地理标志制度与实践现状

　　地理标志既是国际知识产权的热点问题之一，也是国内知识产权的难点问题之一。在中国，地理标志保护与发展是一个新的课题，需要认真研究。

一、地理标志制度现状

（一）我国地理标志制度总体情况

　　1975 年世界知识产权组织发布的《地理标志保护条约草案》，"地理标志"作为一个新概念被提出来。然而，在后来的发展中，《与贸易有关的知识产权协定》对"地理标志"的定义，在世界范围中接受度最为广泛。该协定对地理标志的定义是：地理标志是指识别一货物来源于一成员领土或该领土内一地区或地方的标识，该货物的特定质量、声誉或其他特性主要归因于其地理来源。

　　我国《商标法》对地理标志进行了专门规定：地理标志是指标示某商品来源于某地区，该商品的特定质量、信誉或者其他特征，主要由该地区的自然因素或者人文因素所决定的标志。①

---

　　①　来源：《中华人民共和国商标法》（第三次修正）第十六条。

国家工商总局商标局依据《商标法》开展地理标志商标注册工作。截至 2014 年 6 月底，国家工商总局商标局已注册和初步审定 2452 件地理标志商标。①

现在，我国地理标志制度是一种"混合型"制度，除国家工商总局商标局注册地理标志商标以外，国家质检总局和农业部分别依据《地理标志产品保护规定》和《农产品地理标志管理办法》，进行地理标志产品和农产品地理标志的登记工作。截至 2014 年 6 月底，国家质检总局登记 1556 个地理标志产品，农业部登记 1410 个农产品地理标志。②

地理标志蕴含着经济价值、社会价值和文化价值等综合价值。地理标志具有比较优势，成为区域经济特别是县域经济的新的增长极，成为农业发展、农民增收、农村繁荣，解决"三农问题"工作的新切入点。地理标志越来越受到社会各界的关注，保护与发展工作已取得了巨大进步。

我国地理标志制度总体情况见表 7—1。

表 7—1　地理标志制度总体对比表

管理部门	国家工商总局商标局	国家质检总局	农业部
法律依据	《商标法》《商标法实施条例》《集体商标、证明商标注册和管理办法》	《地理标志产品保护规定》	《农产品地理标志管理办法》
立法层级	《商标法》为全国人大立法	部门规章	部门规章

---

① 来源：国家工商总局商标局提供的截至 2014 年 6 月底数据库。
② 来源：北京中郡世纪地理标志研究所的数据库。

管理部门	国家工商总局商标局	国家质检总局	农业部
保护对象	农产品、工艺品、加工品等各种商品	农产品、工艺品、加工品等各种产品	主要是初级农产品
申请人	来自地理标志标示地区范围内的团体、协会或其他组织	县级以上人民政府指定的地理标志产品保护申请机构或认定的协会和企业	县以上人民政府择优确定的农民专业合作经济组织、行业协会等
保护与监督部门	各地工商和市场监管部门,地理标志证明商标、集体商标持有人	各地质监部门和出入境检验检疫部门	各地农业行政主管部门,地理标志登记证书持有人
保护体系	地理标志商标	地理标志产品	农产品地理标志
异议期	自初审公告之日起3个月内	自受理公告之日起2个月内	公示之日起20日内
能否转让	能	不能	不能
保护期限	10年,期满可续展	获得批准后,符合保护条件,可永久保护	获得登记后,符合保护条件,可永久保护
登记注册数量	2452件(2014年6月底)	1556个(2014年6月底)	1410个(2014年6月底)
专用标志			

（二）国家工商总局商标局地理标志商标[①]

国家工商总局商标局对地理标志进行注册与保护工作，经历了从行政保护起步，到确立以商标法律体系保护地理标志并不断发展完善的三个阶段。

1. 直接根据《保护工业产权巴黎公约》对原产地名称进行保护阶段

1985 年，中国正式加入《保护工业产权巴黎公约》，开始承担制止虚假表述产品产地商业行为及保护原产地名称的义务。1987 年，国家工商局商标局首次采取行政保护措施，要求北京市工商行政管理局对北京某食品公司在食品上使用"丹麦牛油曲奇"原产地名称，侵犯该原产地名称行为进行调查核实，责令该公司停止使用行为；1989 年，国家工商局专门发文，要求保护法国在起泡白葡萄酒上的"Champagne"原产地名称，规定企业不得在酒类商品上使用"Champagne"或中文"香槟"字样。"丹麦牛油曲奇"、"香槟"行政保护案向世界表明，中国负责任地履行国际公约义务，行使原产地名称的行政保护职能。

中国 1989 年加入《商标国际注册马德里协定》后，外国证明商标开始进入中国，使中国面临地理标志的注册与保护新问题。同时，中国一些具有特定品质的传统产品也提出了不同于普通商标的保护需要，通过成文法律形式保护包括地理标志在内的证明商标成为紧迫问题。

2. 根据行政法规、规章对原产地名称进行保护阶段

1993 年，国务院依照新修订的《中华人民共和国商标法》第三条

---

① 来源：刘福刚，中国地理标志发展报告 2013 [M]．北京：中国大地出版社。2013.9

的规定，第二次修订了《中华人民共和国商标法实施细则》，将集体商标、证明商标纳入商标法律保护范围，并规定由国家工商总局会同国务院有关部门另行制定集体商标、证明商标的注册和管理办法。国家工商总局于 1994 年 12 月 30 日发布了《集体商标、证明商标注册和管理办法》（局长第 22 号令），将证明商品或服务原产地的标志作为证明商标的一种类型纳入了商标法律保护范围。该办法于 1995 年 3 月 1 日起实施，商标局正式受理国内外地理标志证明商标的注册申请，依法行使地理标志证明商标的注册、保护职能，当年受理地理标志申请 14 件，其中有 3 件来自美国，如"佛罗里达柑橘"。

3. 根据法律、行政法规和规章对地理标志进行保护阶段

2001 年，在加入世界贸易组织的谈判中，中国政府在《中国加入工作组报告书》中承诺修改《中华人民共和国商标法》，对地理标志保护做出专门规定。10 月 27 日，重新修订颁布的《中华人民共和国商标法》正式将地理标志概念写进法律，即地理标志是指标示某商品来源于某地区，该商品的特定品质、信誉或者其他特征，主要由该地区的自然因素或者人文因素所决定的标志。2002 年 8 月 11 日，由国务院重新制订发布的《中华人民共和国商标法实施条例》第六条进一步规定，地理标志可以作为证明商标或集体商标申请注册。2003 年 4 月 17 日，国家工商总局重新发布《集体商标、证明商标注册和管理办法》，对地理标志注册程序与管理做出了具体规定。地理标志明确纳入商标法律体系保护，推动了中国地理标志保护工作的进一步开展，也更利于外国地理标志向中国申请注册和保护。

至此，一个既有上位法为依据，又有配套法规、规章和行政执法实践的地理标志法律体系得以完善。

（三）质检总局地理标志产品与农业部农产品地理标志

1. 质检总局地理标志产品

1999 年，国家质量技术监督局发布了《原产地域产品保护规定》。2001 年，国家出入境检验检疫局发布了《原产地标记管理规定》及其实施办法。2005 年 6 月，国家质检总局制定发布《地理标志产品保护规定》，将原《原产地域产品保护规定》和原《原产地标记管理规定》的地理标志管理工作合二为一。截至 2014 年 6 月底，已登记了 1556 个地理标志产品。地理标志产品登记流程见图 7—2。

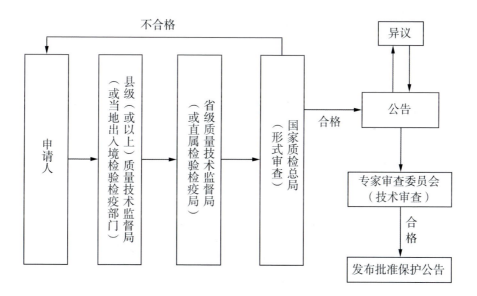

图 7—2 地理标志产品登记流程

2. 农业部农产品地理标志

农业部于 2007 年 12 月 25 日颁布了《农产品地理标志管理办法》，自 2008 年 2 月 1 日起对农产品地理标志开展登记注册工作。截至 2014

年 6 月底，已登记了 1410 个农产品地理标志。农业部农产品地理标志登记流程见图 7—3。

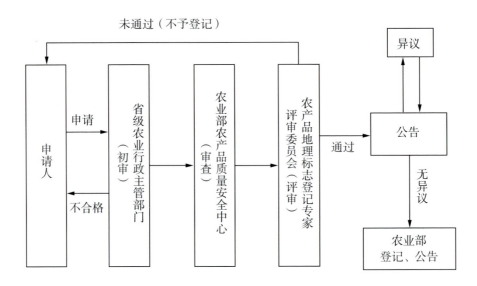

图 7—3　农产品地理标志登记流程

（四）我国地理标志制度总结

地理标志概念进入我国时间比较晚，这对我国地理标志保护与发展制度建设有有利的一面，也有不利的一面。有利方面：一是可以借鉴地理标志保护与发展起步较早的国家或地区的经验，为建设一个符合我国地理标志现实的制度提供参考。以欧盟（特别是法国）为代表的独立立法模式和以美国为代表的非独立立法模式都是适合各自地区地理标志保护与发展的典型模式。二是从国际地理标志保护与发展方面，我国可以从欧美地理标志争议中追求自身利益。目前以欧盟为代表的积极推进地理标志保护与发展一方和以美国为代表的一方在国际地理标志保护与发展产生严重分歧，双方进行旷日持久的博弈，争议双方都希望得到我国的支持与配合，这无疑对我国地理标志在国际层面的保护与发展产生有利影响。不利方面：一是地理标志对我国来说是一种"新生事物"，没有"土生土长"的现成模式供我们直接使用，借鉴国外模式不可避免地会出现不符合我国地理标志现实的问题。地理标志保护范围扩大化对我国是否有利，采取独立立法的模式是否可行，这些都是未知数。二是我国尚未形成成熟的地理标志保护与发展模式，国际两大地理标志对立方博弈会对我国地理标志国际保护产生"薄弱区域"。三是探索中前进也不可避免地会出现"走弯路"的情况。

目前，我国地理标志保护制度可以说是一种"混合型"制度。地理标志商标的法律保护层次最高，高于部门规章，若结合地理标志商标运用和管理相关制度和措施的跟进，可以具有更大吸引力，发挥更大的作用。

二、地理标志实践现状

（一）地理标志实践概况

我国地理标志保护与发展取得突飞猛进式发展，根据北京中郡世纪地理标志研究所的三次调研报告数据可以得知：2005—2010 年五年期间，我国地理标志在三部门登记注册数量从 323 个增加到 1949 个，地理标志总产值从 1000 亿元增加到 8379 亿元；2010—2013 年三年期间，我国地理标志登记注册数量由 1949 个增加到 3210 个，地理标志总产值从 8379 亿元增加到 13359 亿元。我国地理标志登记注册数量和总产值变化情况见表 7—2。

表 7—2　全国地理标志数量和产值表

年　份	地理标志总数量	地理标志总产值
2005 年	323	1000 亿
2010 年	1949	8379 亿
2013 年	3210	13359 亿

　　地理标志在三个部门登记注册的数量不同,并且存在重合现象。依据《中国地理标志发展报告(2013)》的统计数据,地理标志商标占总数 45.57%,地理标志产品占总数 41.37%,农产品地理标志占总数 32.02%,同时使用地理标志商标、地理标志产品和农产品地理标志三种注册登记的地理标志占总数的 0.71%,具体情况见图 7—4。图中,地理标志商标、地理标志产品和农产品地理标志分别用"商"、"质"和"农"来表示。①

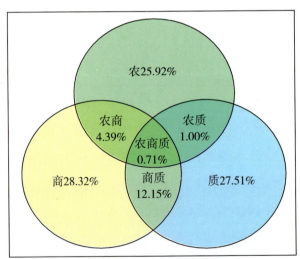

图 7—4　全国地理标志部门登记注册数量比例图

---

①　来源:刘福刚,中国地理标志发展报告 2013[M],北京:中国大地出版社。2013.9。

（二）地理标志分省市区情况

截至 2014 年 6 月底，国家工商总局商标局已注册和初步审定 2452 件地理标志商标，国家质检总局已登记了 1556 个地理标志产品，农业部已登记了 1410 个农产品地理标志。

国家工商总局商标局、国家质检总局、农业部登记注册的地理标志在省市区分布情况见表 7—3 和图 7—5，表中数据没有区分三部门登记注册的重合情况。

山东、四川和福建的地理标志数量最多。

国家工商总局商标局注册的地理标志商标，在山东、福建、重庆的数量最多，在重庆、福建、海南的省域内地理标志数量占比最大。

国家质检总局登记的地理标志产品，在四川、湖北、浙江的数量最多，在广东、贵州、河南的省域内地理标志数量占比最大。

农业部登记的农产品地理标志，在山东、四川、山西的数量最多，在宁夏、山西、黑龙江的省域内地理标志数量占比最大。

表 7—3　三部门登记注册地理标志分省市区数量表

省市区	国家工商总局商标局		国家质检总局		农业部		合计
	数量	省内比	数量	省内比	数量	省内比	
安　徽	64	49.23%	45	34.62%	21	16.15%	130
北　京	8	33.33%	9	37.50%	7	29.17%	24
福　建	204	61.45%	86	25.90%	42	12.65%	332
甘　肃	48	35.29%	47	34.56%	41	30.15%	136
广　东	32	21.62%	108	72.97%	8	5.41%	148
广　西	24	19.35%	55	44.35%	45	36.29%	124

续表

省市区	国家工商总局商标局		国家质检总局		农业部		合计
	数量	省内比	数量	省内比	数量	省内比	
贵 州	43	39.09%	57	51.82%	10	9.09%	110
海 南	11	57.89%	8	42.11%	/	/	19
河 北	29	32.58%	41	46.07%	19	21.35%	89
河 南	39	21.08%	93	50.27%	53	28.65%	185
黑龙江	35	22.58%	38	24.52%	82	52.90%	155
湖 北	146	44.79%	117	35.89%	63	19.33%	326
湖 南	72	47.06%	48	31.37%	33	21.57%	153
吉 林	42	45.16%	40	43.01%	11	11.83%	93
江 苏	115	51.57%	69	30.94%	39	17.49%	223
江 西	41	27.52%	46	30.87%	62	41.61%	149
辽 宁	85	42.50%	59	29.50%	56	28.00%	200
内蒙古	28	30.77%	15	16.48%	48	52.75%	91
宁 夏	14	20.90%	6	8.96%	47	70.15%	67
青 海	29	43.94%	8	12.12%	28	42.42%	66
山 东	364	55.32%	63	9.57%	231	35.11%	658
山 西	31	21.53%	23	15.97%	90	62.50%	144
陕 西	53	36.30%	53	36.30%	40	27.40%	146
上 海	12	46.15%	7	26.92%	7	26.92%	26
四 川	119	26.10%	219	48.03%	118	25.88%	456
天 津	19	52.78%	12	33.33%	5	13.89%	36
西 藏	10	43.48%	5	21.74%	8	34.78%	23

续表

省市区	国家工商总局商标局		国家质检总局		农业部		合计
	数量	省内比	数量	省内比	数量	省内比	
新 疆	50	33.56%	24	16.11%	75	50.34%	149
云 南	95	52.78%	33	18.33%	52	28.89%	180
浙 江	141	50.18%	109	38.79%	31	11.03%	281
重 庆	167	76.61%	13	5.96%	38	17.43%	218

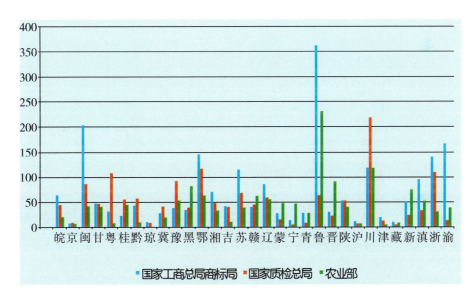

图 7—5　三部门注册登记地理标志分省市区数量对比图

（三）地理标志分类别情况

根据地理标志本身特征，本着划分简洁明了、易于分析对比、结合大众习惯的原则，将地理标志划分为十大类，分别是：茶叶类、酒类、粮油类、食品类、蔬菜类、水产品类、果品类、畜禽品类、药材类、其他类。

国家工商总局商标局、国家质检总局、农业部登记注册的地理标志分类别情况见表7—4。

果品类、蔬菜类、粮油类的地理标志数量最多。

在酒类登记注册的地理标志中，国家质检总局的数量最多，农业部没有。

国家工商总局商标局注册的地理标志商标，在果品类、蔬菜类、畜禽品类的数量最多，在其他类、畜禽品类、茶叶类的类别内数量占比最大。

国家质检总局登记的地理标志产品，在果品类、药材类、食品类的数量最多，在酒类、食品类、其他类的类别数量内占比最大。

农业部登记的农产品地理标志，在果品类、蔬菜类、粮油类的数量最多，在粮油类、畜禽品类、蔬菜类的类别内数量占比最大。

表7—4　三部门登记注册地理标志分类别数量表

省市区	国家工商总局商标局		国家质检总局		农业部		合计
	数量	类别内比	数量	类别内比	数量	类别内比	
茶叶类	174	46.28%	130	34.57%	72	19.15%	376
畜禽品类	262	47.12%	99	17.81%	195	35.07%	556
果品类	522	42.23%	312	25.24%	402	32.52%	1236
酒　类	18	14.88%	103	85.12%	/	/	121
粮油类	216	37.89%	138	24.21%	216	37.89%	570
其他类	139	48.77%	126	44.21%	20	7.02%	285
食品类	175	45.69%	180	47.00%	28	7.31%	383
蔬菜类	325	43.62%	159	21.34%	261	35.03%	745

续表

省市区	国家工商总局商标局		国家质检总局		农业部		合计
	数量	类别内比	数量	类别内比	数量	类别内比	
水产品类	177	43.92%	106	26.30%	120	29.78%	403
药材类	162	35.14%	203	44.03%	96	20.82%	461

第三章

地理标志商标注册基本情况

　　地理标志商标注册基本情况是以国家工商总局商标局提供的截至
2014 年 6 月底的地理标志商标名录为基础，利用调查回收的《地理标
志商标与区域经济发展调查表》信息，再利用北京中郡世纪地理标志
研究所的数据库信息，进行数据分析的。

一、地理标志商标数量与产值

　　国家工商总局商标局提供的截至 2014 年 6 月底已注册和初步审定
的地理标志商标，共计 2452 件。由于存在同一产品注册多个商标，经
整理后，对应的地理标志产品数量是 2170 个，本文分析以地理标志产
品数为基础，表述上地理标志与地理标志商标有时可以通用。

　　2013 年，地理标志总产值达 11640.88 亿元，比 2010 年总产值
6804.75 亿元[①]，增长 71.07%；地理标志产品平均产值为 5.36 亿，比
2010 年的平均产值 4.65 亿元，增长 15.27%。

---

① 　来源：刘福刚，中国地理标志发展报告 2013 [M]，北京：中国大地出版社。2013.9。

二、地理标志商标分省市区情况

地理标志商标分布在全国 31 个省市区（不包括台湾、香港和澳门，下同）。

在 31 个省市区中，地理标志数量超过 100 个的省市区有 7 个，超过 200 个的有 2 个，超过 300 个的有 1 个，在 50—100 个之间的省市区有 6 个，50 个以下的有 18 个。地理标志数量最多的三个省市区是山东（364 个）、福建（204 个）和重庆（167 个）。

31 个省市区的地理标志平均数为 70 个，在平均数以上的省市区有 10 个，平均数以下的有 21 个。

31 个省市区的地理标志总产值的平均值为 375.51 亿元，总产值在平均值以上的省市区有 10 个，平均值以下的有 21 个。地理标志总产值最大的三个省市区是山东（1719.79 亿元）、湖南（1068.86 亿元）和福建（1063.85 亿元）。

地理标志平均产值为 5.36 亿元，平均产值在平均值以上的省市区有 12 个，平均值以下的有 19 个。地理标志平均产值最大的三个省市区是湖南（14.85 亿元）、宁夏（14.29 亿元）、和河北（10.57 亿元）。

全国 31 个省市区地理标志数量与产值情况见表 7—5 和图 7—6、图 7—7。

表 7—5　省市区地理标志数量产值表

省市区	数量（个）		总产值（亿元）		平均产值（亿元）	
	数值	排序	数值	排序	数值	排序
安徽	64	11	288.62	15	4.51	22

续表

省市区	数量（个）		总产值（亿元）		平均产值（亿元）	
	数值	排序	数值	排序	数值	排序
北京	8	31	22.14	29	2.77	27
福建	204	2	1063.85	3	5.21	14
甘肃	48	14	275.03	16	5.73	12
广东	32	20	163	23	5.09	16
广西	24	25	115.94	24	4.83	19
贵州	43	15	225.04	19	5.23	13
海南	11	29	67.82	26	6.17	11
河北	29	22	306.67	13	10.57	3
河南	39	18	260.55	17	6.68	8
黑龙江	35	19	346.47	11	9.90	4
湖北	146	4	527.22	9	3.61	25
湖南	72	10	1068.86	2	14.85	1
吉林	42	16	203.26	20	4.84	18
江苏	115	7	578.31	8	5.03	17
江西	41	17	289.25	14	7.05	7
辽宁	85	9	670.82	4	7.89	5
内蒙古	28	24	197.94	22	7.07	6
宁夏	14	27	200.06	21	14.29	2
青海	29	23	41.91	27	1.45	30
山东	364	1	1719.79	1	4.72	21
山西	31	21	102.16	25	3.30	26

续表

省市区	数量（个）		总产值（亿元）		平均产值（亿元）	
	数值	排序	数值	排序	数值	排序
陕西	53	12	341.79	12	6.45	9
上海	12	28	21.55	30	1.80	29
四川	119	6	617.17	5	5.19	15
天津	19	26	14.79	31	0.78	31
西藏	10	30	41.45	28	4.15	24
新疆	50	13	241.19	18	4.82	20
云南	95	8	610.17	6	6.42	10
浙江	141	5	592.22	7	4.20	23
重庆	167	3	425.84	10	2.55	28

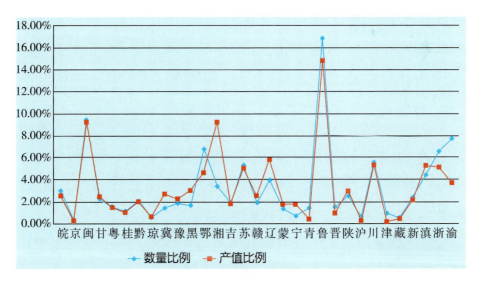

图 7—6 省市区地理标志数量产值比较图

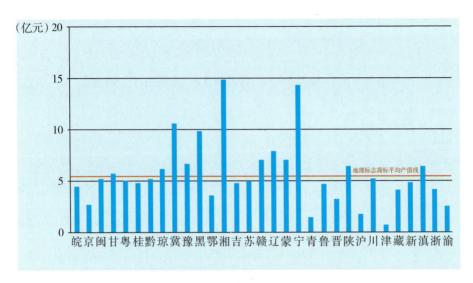

图 7—7　省市区地理标志平均产值比较图

三、地理标志商标分类别情况

地理标志在十个产品类别中数量平均值为 217 个，在平均数以上的产品类别有 3 个，平均数以下的有 7 个。地理标志数量最多的三个产品类别分别是果品类（522 个）、蔬菜类（325 个）和畜禽品类（262 个）。

十个产品类别的地理标志总产值平均值为 1164.08 亿元，总产值在平均值以上的产品类别有 3 个，平均值以下的有 7 个。地理标志总产值最大的三个产品类别是果品类（2605.72 亿元）、其他类（2042.54 亿元）和粮油类（1413.24 亿元）。

全国地理标志平均产值为 5.36 亿元，平均产值高于全国平均产值的产品类别有 5 个，低于全国平均产值的有 5 个。地理标志产值平均值最大的三个产品类别是其他类（14.69 亿元）、酒类（8.87 亿元）、和粮油类（6.54 亿元）。

十个产品类别地理标志数量和产值情况见表 7—6。

表 7—6　地理标志分产品类别表

省市区	数量（个）		总产值（亿元）		平均产值（亿元）	
	数量	排序	数量	排序	数量	排序
茶叶类	174	7	1117.11	5	6.42	4
畜禽品类	262	3	928.87	7	3.55	8
果品类	522	1	2605.72	1	4.99	6
酒类	18	10	159.66	10	8.87	2
粮油类	216	4	1413.24	3	6.54	3
其他类	139	9	2042.54	2	14.69	1
食品类	175	6	613.81	9	3.51	10
蔬菜类	325	2	1143.22	4	3.52	9
水产品类	177	5	958.73	6	5.42	5
药材类	162	8	657.98	8	4.06	7

四、地理标志产值等级分布

地理标志产值是地理标志经济价值的核心部分，分析地理标志产值大小分布情况，对研究地理标志经济规模、比较经济实力、提高综合价值具有重要意义。

地理标志产值大小划分为 9 个等级[①]。经统计，全国地理标志产值处在 A-级（1 亿—3 亿元）的最多，有 470 个，占全国的 21.66%；其次是 B-级（0.1 亿—0.5 亿元）的，有 390 个，占全国的 17.97%；第

① 来源：刘福刚，中国地理标志发展报告 2013 ［M］，北京：中国大地出版社，2013.9。

三是 C 级（0.1 亿元以下）的，有 374 个，占全国的 17.24%。全国地理标志产值分等级情况见表 7—7 和图 7—8。

表 7—7　地理标志商标经济价值等级划分表

等级	5A 级	4A 级	3A 级	2A 级	A 级	A一级	B 级	B一级	C 级
产值（亿元）	100 以上	(50, 100)	(10, 50)	(5, 10)	(3, 5)	(1, 3)	(0.5, 1)	(0.1, 0.5)	0.1 以下
数量（个）	9	26	241	221	194	470	245	390	374
比例（%）	0.41	1.20	11.11	10.18	8.94	21.66	11.29	17.97	17.24

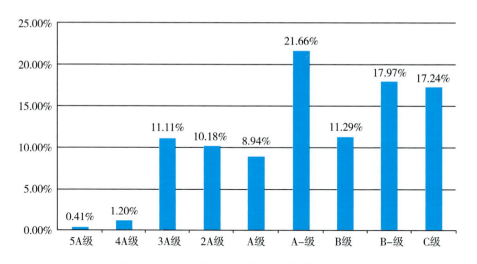

图 7—8　地理标志产值等级数量比较图

全国地理标志产值在 1 亿元以下的占总数的 46.50%，数量庞大，50 亿元以上的占总数的 1.61%，数量比较少。因此，壮大地理标志经济还有许多工作要做，任重道远。

地理标志资源普查

我国历史悠久、物产丰富，具有区域特色与人文特色的地方名优特产琳琅满目，具有独特品质和声誉、凝聚自然因素与人文因素的地方名优特产构成地理标志资源。

地理标志资源普查就是摸清我国地理标志特征产品资源状况，为以后地理标志商标注册和运用工作提供基础信息。

一、地理标志资源普查概况

（一）地理标志资源普查方式

根据课题设计，采用文献搜索法对全国 31 个省市区（不包括台湾、香港、澳门）地理标志资源品进行一次较为全面的普查统计，普查包括已经注册的地理标志和地理标志特征较为明显而尚未注册地理标志的名优土特产品。

地理标志资源普查使用的文献资料，主要是以下四类：

第一类是大型综合性工具书，如《中国土特产大全》《中国名优特产大全》《中国土特名产词典》《中国传统名特产大全》《中国土特产轻图典》《国内风味特产精要》《本草纲目》《茶经》《中国名茶志》等。

第二类是省市区特产资料书籍，如《安徽名优特产》《安徽名优土特产资料类编》《福建地理标志传说》《福建特产风味指南》《福建土特产》《甘肃名优特产资源及开发利用》《甘肃特产风味指南》《广东特产风味指南》《广东土特产品》《广西特产风味指南》《贵州特产风味指南》《河北特产风味指南》《河南土特产资料选编》《贵州特产风味指南》《湖南农副特产》《吉林名优特产》《江苏特产》《江西特产》《京郊名特产》《山东特产风味指南》《陕西名优土特产》《新疆土特产》《浙江土特产简志》等。

第三类是地方志，如《安溪县志》《巴陵县志》《宝应县志》《古田县志》《临安县志》等。

第四类是到国家图书馆查找的资料。

（二）地理标志资源普查方式评价

地理标志资源普查使用了大量书籍资料，做到了调查的精准度和客观性。书籍中列出的地方名优土特产基本上是地理标志特征较为明显的地理标志资源品，这些地理标志资源品已经具有一定社会影响和地域特色。

虽然文献搜索方法普查简便高效，但调查结果数量受掌握资料广度的影响。本课题利用文献搜索方法普查的结果只能说是初步结果或阶段性结果，只是地理标志资源中已被前人总结出的"显现部分"，大量的、潜在的地理标志资源还有待进一步普查。如果再利用全国工商系统力量，深入开展各地区、各类别的普查，最后的地理标志资源普查结果会数倍于现在的阶段性结果。

文献搜索方法普查具有非常好的连续性，可以继续进行下去，也可以结合其他普查方法，进一步丰富普查结果。

文献搜索方法普查得到的初步结果，仅供参考。

（三）地理标志资源普查基本情况

利用文献搜索方法普查，得到初步调查结果。经统计，地理标志资源品共计 3560 个，注册地理标志 2170 个，占总数的 60.96%；未注册的地理标志资源品 1390 个，占总数的 39.04%，也就是说已经被前人总结描述的、地理标志特征明显的、尚未注册的地理标志资源品至少还有现在注册数量的 64.06%。

地理标志资源具有非常强的地域性，地理标志资源品存在地区差异性。经统计，地理标志资源品数量在四大地区中分布情况是东部 1511 个、中部 777 个、西部 1046 个、东北部 226 个，其中东部最多；地理标志资源品尚未注册地理标志商标的情况是东部 576 个、中部 384 个、西部 366 个、东北部 64 个，其中东部最多，中部比例最大，具体见表 7—8。

表 7—8　地理标志资源品分地区数量表

地区	总数排名	总数	全国比	注册地理标志		未注册地理标志	
				个数	区内比	个数	区内比
东部	1	1511	42.44%	935	61.88%	576	38.12%
西部	2	1046	29.38%	680	65.01%	366	34.99%
中部	3	777	21.83%	393	50.58%	384	49.42%
东北	4	226	6.35%	162	71.68%	64	28.32%

地理标志资源是区域财富，地理标志资源的开发利用要特别关注一

些老少边穷地区的情况，发挥地理标志的"扶贫效应"，发展区域经济，增加农民收入。

二、地理标志资源分省市区情况

在全国 31 个省市区中，地理标志资源品数量最多的是山东省，共有 452 个，占全国总数的 12.70%；地理标志资源品数目前五名省市区分别是：山东省（452 个）、福建省（371 个）、浙江省（227 个）、湖北省（203 个）、江苏省（192 个），其数量总数占全国地理标志资源品数总数的 39.66%；全国地理标志资源品超过 200 的省有 4 个，分别是：山东省、福建省、浙江省、湖北省；超过 300 的省有 2 个，分别是：山东省、福建省。地理标志资源品分省市区情况见表 7—9。

表 7—9　地理标志资源品分省市区表

省份	总数排名	总数	全国比	注册地理标志		未注册地理标志	
				个数	区内比	个数	区内比
安徽省	12	113	3.17%	64	56.64%	49	43.36%
北京市	27	34	0.96%	8	23.53%	26	76.47%
福建省	2	338	9.49%	204	60.36%	134	39.64%
甘肃省	20	70	1.97%	48	68.57%	22	31.43%
广东省	15	100	2.81%	32	32.00%	68	68.00%
广西	21	68	1.91%	24	35.29%	44	64.71%
贵州省	17	88	2.47%	43	48.86%	45	51.14%
海南省	30	26	0.73%	11	42.31%	15	57.69%
河北省	18	80	2.25%	29	36.25%	51	63.75%
河南省	16	100	2.81%	39	39.00%	61	61.00%

续表

省份	总数排名	总数	全国比	注册地理标志		未注册地理标志	
				个数	区内比	个数	区内比
黑龙江	24	49	1.38%	35	71.43%	14	28.57%
湖北省	4	203	5.70%	146	71.92%	57	28.08%
湖南省	8	140	3.93%	72	51.43%	68	48.57%
吉林省	19	71	1.99%	42	59.15%	29	40.85%
江苏省	5	192	5.39%	115	59.90%	77	40.10%
江西省	14	102	2.87%	41	40.20%	61	59.80%
辽宁省	13	106	2.98%	85	80.19%	21	19.81%
内蒙古	23	50	1.40%	28	56.00%	22	44.00%
宁夏	26	39	1.10%	14	35.90%	25	64.10%
青海省	25	42	1.18%	29	69.05%	13	30.95%
山东省	1	452	12.70%	364	80.53%	88	19.47%
山西省	11	119	3.34%	31	26.05%	88	73.95%
陕西省	10	123	3.46%	53	43.09%	70	56.91%
上海市	28	31	0.87%	12	38.71%	19	61.29%
四川省	7	152	4.27%	119	78.29%	33	21.71%
天津市	29	31	0.87%	19	61.29%	12	38.71%
西藏	31	17	0.48%	10	58.82%	7	41.18%
新疆	22	68	1.91%	50	73.53%	18	26.47%
云南省	9	139	3.90%	95	68.35%	44	31.65%
浙江省	3	227	6.38%	141	62.11%	86	37.89%
重庆市	6	190	5.34%	167	87.89%	23	12.11%

在全国 31 个省市区中，未注册地理标志资源品数量最多的是福建省，共有 134 个，占福建省总数的 39.64%，占全国未注册总数的 9.64%；全国未注册的地理标志资源品超过 80 个的省份有 4 个，分别是：福建省（134 个）、山西省（88 个）、山东省（88 个）、浙江省（86 个），其数量占未注册的地理标志资源品总数的 28.49%。未注册地理标志资源品分省市区情况见图 7—9。

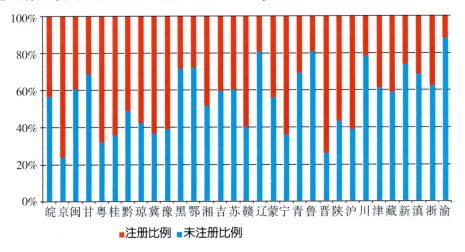

图 7—9　省市区地理标志资源品注册与未注册比较图

三、地理标志资源分类别情况

地理标志资源品类别分析是普查研究的基础工作之一。地理标志分类的方式有很多，可以从产品种类、文化内涵、经济价值、社会关注等不同角度来对其分类，《商标注册用商品和服务国际分类尼斯协定》将商品和服务划分为 45 类。根据普查情况，本着划分简洁明了、易于分析对比、结合大众习惯的原则，将地理标志资源品分为十大类，具体是：蔬菜类、果品类、粮油类、茶叶类、酒类、水产品类、畜禽品类、药材类、食品类、其他类。

经统计，在十大类中，地理标志资源品数量最多的是果品类，有791个，占全国总数的22.22%；其次是蔬菜类，有549个，占全国总数的15.42%；第三位是其他类，有426个，占全国总数的11.97%；前三位共计1766个，占全国总数的49.61%。

十大类中未注册地理标志资源品总数最多的是其他类，有287个，占该类产品的67.37%；其次是果品类，有269个，占该类产品的34.01%；第三位是蔬菜类，有224个，占该类产品的40.44%；前三名共计780个，占全国总数的56.12%。

全国地理标志资源品分类别情况见表7—10和图7—9。

表7—10　地理标志资源品分类别表

类别	总数排名	总数	全国比	注册地理标志		未注册地理标志	
				个数	区内比	个数	区内比
茶叶类	7	250	7.02%	174	69.60%	76	30.40%
畜禽品类	4	367	10.31%	262	71.39%	105	28.61%
果品类	1	791	22.22%	522	65.99%	269	34.01%
酒类	10	63	1.77%	18	28.57%	45	71.43%
粮油类	6	287	8.06%	216	75.26%	71	24.74%
其他类	3	426	11.97%	139	32.63%	287	67.37%
食品类	5	350	9.83%	175	50.00%	175	50.00%
蔬菜类	2	549	15.42%	325	59.20%	224	40.80%
水产品类	8	240	6.74%	177	73.75%	63	26.25%
药材类	9	237	6.66%	162	68.35%	75	31.65%

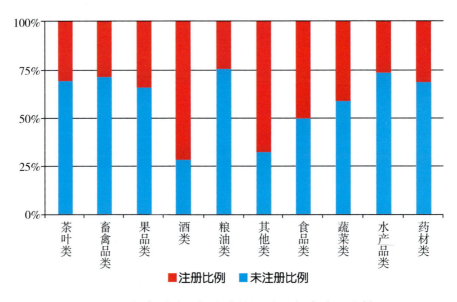

图7—9 各类别地理标志资源品注册与未注册比较图

第五章
地理标志商标运用和管理基本情况

摸清地理标志商标运用和管理基本情况是本课题的一项重要工作。课题研究中，专门设计出《地理标志商标与区域经济发展调查表》，见表7—11。调查表由国家工商总局商标局下发通知，各省市区、地市州盟、县市区旗填写调查表，再由省市区汇总表格，反馈到课题组。

根据国家工商总局商标局提供的名录，截至2014年6月底，地理标志商标注册和初步审定数为2452个，由于同一个产品存在几个注册商标，对应地理标志产品有2170个。课题组得到反馈调查表格2032份，回收率93.64%，总体而言调查表回收率比较高。在统计分析中，从地理标志商标注册许可使用、地理标志人文因素和产品品质、地理标志商标富民效应、地理标志商标与区域经济发展、地理标志商标运用管理与政府推动等几个方面来进行分析。

表7—11 地理标志商标与区域经济发展调查表

地理标志商标		注册日期	
商标注册人		联系人/电话	
商标代表单位		联系人/电话	
商标日常管理单位		联系人/电话	
本调研联系单位		邮 编	

续表

联系地址		联系人	
电话/传真/手机		E-MAIL	

地理标志核定使用范围	□地市：_____ □县市区：_____，面积大约 _____ 平方公里
地理标志商标国际注册	注册名称与时间：_____ 注册国家：_____
地理标志被抢注情况	抢注国家：_____ 抢注名称与时间：_____
许可使用	□没有开展 □开展许可使用管理，许可管理单位是：_____ □不收费 □许可使用收费，收费标准是：_____ □许可使用单位产值占总产值的_____%
地标文化	□名称渊源，形成_____年代 □地方有关节庆活动，是_____ □有专门博物馆，是_____ □有出版物，有《_____》
地标品质	同类产品相比较，内在品质□极独特 □非常显著 □较显著 □一般 外在品质□极独特 □非常显著 □较显著 □一般
富民效应	□就业多，增收多 □较大 □一般 □较小 □很小； 登记注册后价格变化：_____%
区域发展	□非常重要，支柱产业 □比较重要 □一般 □不重要
区域带动	带动其他相关产业发展，如□包装 □运输 □加工 □旅游 □餐饮等； □直接从事地标生产销售人数与带动相关产业就业的人数比1：_____， □产值带动比1：_____
产业结构	□龙头企业为主 □合作社为主 □农户为主； □企业平均产值规模：_____万 □龙头企业强，带动作用大 □龙头企业不突出 □无龙头企业，众多农户，协作不够； □龙头企业与整个产业总产值的比例：_____%； □产品进行分等级包装，高等级产品产量占比：_____%； □产品深加工率有：_____%
市场区域	□主要在本县 □本省 □全国 □国际
市场销售	□非常好 □较好 □一般 □较差 □非常差，销售困难
市场秩序	□好，无假冒 □较好 □一般 □较差，有些假冒 □非常混乱，有许多假冒

续表

市场促进	□没有统一的市场宣传 □有统一的市场宣传，主要宣传主体是： 投放媒体主要是：			
指　标	注册年①	2011 年	2012 年	2013 年
种养殖面积（亩）				
产量（公斤）				
产值（万元）				
价格（元/_____）				
利润率（%）				
地标从业人数（个）②				
农民地标收入（元/人）③				
税收贡献（万元）				
出口额（万元，美元）				
出口比例（%）④				
主要出口国				
广告费投放（万元）				
生产经营者个数（个）⑤				
许可使用地标 生产经营者个数（个）				

政府推动：□政府有专门推动机构，具体是：_____
　　　　　□有财政、金融等支持或奖励，具体是：_____

地理标志商标运用和管理：□正常　□无实体　□无运用，原因：_____
　　　　　　　　　　　　□效果很好　□效果明显　□效果不明显　□效果不好

现在，商标注册人、政府、协会、企业、农户等在地理标志商标运用和管理中的关系：
□处理比较顺畅　□能处理关系　□关系比较复杂，不好处理
□主要问题是：_____

重大活动、主要荣誉	请附页。
主要经验、存在问题、意见建议	请附页。

续表

> 填表说明：①注册年份在 2011 年前的，请填写注册年份资料；②地标从业人数是指直接从事地标产品生产销售的人员数；③农民地标收入是指直接从事地标产品生产销售人员的来自地理标志的收入；④出口比例是指产品出口额与总产值的比；⑤生产经营者个数是指农业合作社和企业的个数；⑥加工型地理标志，参照填写；⑦如填不下，可附页。

一、地理标志商标注册与许可使用

（一）地理标志商标注册地域层级

地理标志商标注册需要明确地理标志地域。地理标志地域分县域、地市域和省域三个层级。地理标志保护地域层级划定规范是：保护地域在县市区旗之内的为县域；保护地域在地市州盟之内并跨县市区旗的为地市域；保护地域在省市区之内并跨地市州盟的为省域。2013 年年底，全国共有 31 个省级行政单位（包括省、直辖市、自治区，不包括港、澳、台；以下简称省级），333 个地级行政单位（包括地级市、地区、自治州、盟；以下简称地级），2851 个县级行政单位（包括县、县级市、市辖区、自治县、旗、自治旗、特区、林区，此处不包括金门县）。经统计，全国地理标志保护地域处在县域的最多，达到 90%。全国地理标志商标保护地域层级数量分布情况见表 7—12。

表 7—12　全国地理标志商标保护地域层级数量分布表

	省　域		地市域		县　域	
	数量（个）	比例（%）	数量（个）	比例（%）	数量（个）	比例（%）
东北地区	2	1.23	24	14.82	136	83.95
东部地区	2	0.21	60	6.42	873	93.37

续表

	省　域		地市域		县　域	
	数量（个）	比例（%）	数量（个）	比例（%）	数量（个）	比例（%）
西部地区	1	0.15	80	11.76	599	88.09
中部地区	3	0.76	45	11.45	345	87.79
合　计	8	0.37	209	9.63	1953	90.00

地理标志注册地域层级中县域占90%，地理标志已经成为壮大县域经济的一支重要力量。

（二）地理标志商标国际注册情况

1. 地理标志国际注册

调查中，地理标志商标在国际注册的样本数有16个，其中，安溪铁观音、安吉白茶、平和琯溪蜜柚等三个地理标志注册国家数量较多。从注册类别来看，茶叶类在国外的注册数量较多；从注册国家看，地理标志主要都集中在马德里体系成员国。地理标志国际注册情况见表7—13。

表7—13　地理标志国际注册表

序号	地理标志名称	类别	地理标志商标国际注册		
			注册名称	注册时间	注册国家和地区
1	坦洋工夫	茶叶类	坦洋工夫	2009.7	英国
2	安溪铁观音	茶叶类	安溪铁观音	2006.7 2006.12 2011.12	俄罗斯等10个国家
3	平和琯溪蜜柚	果品类	平和琯溪蜜柚		43个国家

序号	地理标志名称	类别	地理标志商标国际注册		
			注册名称	注册时间	注册国家和地区
4	玉屏箫笛	其他类		2013.03.29	日本、韩国
5	迁西板栗	果品类	迁西板栗		美国、法国等7个国家
6	浏阳花炮	其他类	浏阳花炮	2008	马德里条约缔约国
7	长白山人参	药材类			马德里成员国
8	郫县豆瓣	食品类	郫县豆瓣	2003	德国、加拿大
9	径山茶	茶叶类	径山茶	2003	意大利
10	大佛茶	茶叶类	大佛	2010.5	台湾（地区）
11	文成粉丝	食品类	文成粉丝	2010	欧盟
12	余姚瀑布仙茗	茶叶类	余姚瀑布仙茗	2009	新加坡
13	龙井茶	茶叶类	龙井茶 Longjing Tea	2010	马德里体系
14	嵊泗贻贝	水产品类	嵊泗贻贝	2009.10	韩国
15	长寿血豆腐	食品类	长寿血豆腐		俄罗斯等5个国家
16	安吉白茶	茶叶类	安吉白茶	2001.4	日本等33个国家

地理标志商标在国际注册的数量比较少，反映出地理标志国际化工作有待进一步加强。

2. 地理标志国际被抢注情况

在调查中，被国外抢注的地理标志分别是苍溪红心猕猴桃（果品类）、镇江香醋（食品类）、桂林米粉（食品类），抢注国家主要是欧盟、韩国。见表7—14。

表 7—14　地理标志被国外抢注情况名单

序号	地理标志名称	类别	地理标志商标国际注册			地理标志被抢注国家或地区
			省市区	地市州盟	县市旗	
1	苍溪红心猕猴桃	果品类	四川	广元市	苍溪县	欧盟
2	镇江香醋（镇江陈醋）	食品类	江苏	镇江市		韩国
3	桂林米粉	食品类	广西	桂林市		韩国

　　苍溪县猕猴桃种植历史悠久，是全国最早实行人工种植的区域之一，是目前全国培育新品种最多的县，产品主要销往欧盟等市场，所创造的经济价值在 10 亿元左右。

　　镇江香醋具有得天独厚的地理环境与独特精湛的酿造工艺，居四大名醋之冠，可见社会影响之大，所创造的经济价值达 12 亿元。

　　桂林米粉以其独特的风味远近闻名。其历史文化之久，最早可追溯到秦朝，可见桂林米粉在我国历史发展上，文化底蕴深厚，这是我国所特有的优势。

　　综合而言，地理标志商标国际注册工作越来越受到关注，地理标志被国外抢注的现象时有发生，应加强地理标志在国际市场上的品牌意识与维权意识。

（三）地理标志商标许可使用

　　地理标志商标的许可使用，是使用地理标志的基础性工作。地理标志商标获准注册后，注册人按照地理标志商标管理规则，开展地理标志许可使用，规范地理标志市场秩序。

　　地理标志商标运用正常的比例是 85%，反映出大部分地理标志商标运用正常，但还存在 15% 的无实体和未运用的情况。经调查，地理标志商标运用不正常的情况，原因主要有商标刚注册、生产经营以农户为主、行政事业单位调整、无人管理、企业不配合、产业风险等情况。比如广东省的南山荔枝，因为行政事业单位体制变动，监管无固定人员，导致该地理标志商标无实体。浙江省的善琏湖笔，因为南浔区善琏湖笔协会形同虚设，市湖笔协会对商标无所有权，导致该地理标志商标未运用。

　　地理标志商标许可使用情况：开展地理标志许可使用的比例是 70.51%，没有开展地理标志许可使用的比例是 29.49%。由此可见，地理标志商标申请注册后，仍存在"注而不用"的现象。

　　地理标志商标许可使用收费情况：开展地理标志商标许可使用不收费的比例是 86.86%，收费的比例是 13.14%。地理标志商标许可使用工作中，主要采用不收费形式，以更快促进地理标志产业的发展和提高人们对地理标志的意识，从而有效地带动经济的发展。

　　综合而言，地理标志是一个能将产品与企业、产业、地区利益联系起来的知识产权。地理标志商标许可使用工作还有许多工作要做，要强化组织建设、加强服务和培育市场等。

二、地理标志人文因素与产品品质

（一）地理标志人文因素

　　地理标志文化是地理标志人文因素的体现，是历史形成的客观存在。地理标志有着深厚的历史底蕴和文化基础。针对地理标志文化，我们从地理标志名称的历史渊源来研究，从而具体深入了解地理标志所承载的那份浓浓的文化气息。

地理标志名称形成历史划分为改革开放以来、建国以来、民国、清朝、明朝、元朝、宋朝、唐朝、唐朝以前 9 个时间段。我国地理标志名称形成历史情况见图 7—10。

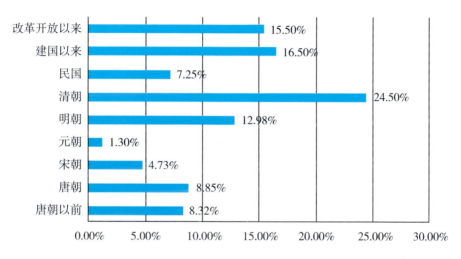

图 7—10 地理标志名称形成历史分布图

调查发现，有些地理标志的历史渊源存在一些夸张成分，故在对地理标志的历史朝代进行统计时，其准确性上有些偏差。但从总体而言，我国地理标志名称形成历史，主要集中在清朝，占总数的 24.50%，接近四分之一；其次是建国以来的，占 16.56%。

（二）地理标志品质

地理标志具有独特品质，独特品质是地理标志的生命。地理标志产品品质分内在品质和外在品质。内在品质主要是对产品的营养、理化指标的描述，外在品质主要是对产品的形状、尺寸、重量、颜色等方面描述。针对产品内在品质和外在品质的个性化差异，分为四个等级：极独特、非常显著、较显著、一般，具体分布情况见表 7—15。

表 7—15　地理标志品质等级分布比例表

品质等级	内在品质（%）	外在品质（%）
极独特	46.04	28.32
非常显著	37.84	43.06
较显著	15.57	24.80
一　般	0.55	3.82

地理标志内在品质为极独特的占比最大，为 46.04%；外在品质为非常显著的占比最大，为 43.06%。地理标志独特品质是地理标志比较优势的基础，只有保障好地理标志的独特品质，才能充分发挥地理标志的比较优势，从而提升地理标志的经济效益，增加农民收入。如平和琯溪蜜柚地理标志证明商标给平和县带来的巨大变化，注册地理标志商标后的平和琯溪蜜柚，与其他同类水果相比，每公斤市场价格要高出 0.4—0.8 元，仅此一项全县每年可增收 1 亿元以上。

三、地理标志商标富民效应

（一）富民效应总体情况

地理标志是惠及"三农"的知识产权，是促进农业增产和农民增收的工作抓手。

地理标志富民效应主要从就业和农民收入两个方面描述，地理标志商标富民效应划分为就业多增收多、较大、一般、较小和很小五个等级。经调查，地理标志的富民效应非常高，就业多增收多等级的占比最大，达到 58.44%，较大等级的比例是 28.84%。地理标志富民效应情况见表 7—16。

表 7—16　地理标志富民效应情况表

富民效应等级	比例（%）
就业多，增收多	58.44
较大	28.84
一般	9.86
较小	1.35
很小	1.51

（二）地理标志商标价格效应

地理标志因其具有独特品质而形成比较优势，比较优势最直接的表现就是价格变化。调查中，针对地理标志商标注册前后的价格变化做了专项安排。

经统计，地理标志商标注册前后价格平均提高了 50.11%，提高一半。

需要说明的是，价格变化是调查表格中专设的一项内容，各单位填写的价格变化率是直观的现价比。注册前后的价格变化率往往是两年的、有些甚至是一年内的价格比，没有必要再核实和计算通货膨胀因素，因为全国各地区和各年度的居民消费价格指数存在差异。

价格变化在 0%~50% 区间的最多，占到 78.46%；价格变化在 50%~100% 区间和 100%~500% 区间的，分别达到 9.99% 和 11.19%。价格变化为负增长的有 3 个，分别是哈密大枣（新疆）、新金猪（辽宁）、普兰店棚桃（辽宁），调查发现，其原因是生产经营以农户生产为主，市场秩序混乱，恰恰是地理标志商标意识不强、没有很好运用地理标志商标造成的。地理标志价格效应情况见表 7—17。

表 7—17　地理标志注册登记后的价格效应变化表

价格变化比例	负增长	0%~50%	50%~100%	100%~500%
比例（%）	0.36	78.46	9.99	11.19

地理标志商标价格效应是地理标志运用的吸引力，是提高经济效益的根本。如黄岩蜜桔注册地理标志商标时价格是 2.63 元/斤，登记注册后价格是 3.36 元/斤，提高 27.76%。

（三）地理标志从业人数

调查发现，地理标志从业人数呈逐年增加趋势，地理标志吸引更多的人进入到地理标志产业发展中，从事相关工作。如紫云猕猴桃，注册人是广元市元坝区紫云猕猴桃协会，2011 年其地理标志产值为 12400 万元，从业人数有 13261 人；2012 年其地理标志产值为 30600 万元，从业人数有 36789 人；2013 年其地理标志产值为 33600 万元，从业人数有 51621 人。紫云猕猴桃的产值不断增长，从业人数也增长 3 倍以上。

全国地理标志就业人数可以采用调查样本数据推算，推算公式是：

$$全国地理标志就业人数 = \frac{调查样本地理标志就业人数}{调查样本地理标志产值} \times 全国地理标志产值$$

经推算，2013 年，全国地理标志从业人数达到 8954.57 万人，就业人数众多。

（四）地理标志人均收入

运用地理标志商标，发展地理标志产业，增加农民收入，如呈贡宝珠梨，注册人是呈贡县茶桑果站，2005 年的经济产值只有 42000 万元，农民地标年收入只有 2800 元/人；到 2013 年，经济产值已发展到 170000 万元，农民地标年收入已有 15500 元/人。

经统计，地理标志人均年收入达到 12780 元，占到农民总收入的 65.94%。

地理标志绝大部分是涉农产品，据统计，涉农地理标志占全国地理标志的 97.57%。所以，地理标志富民效应是地理标志一个显著效应，是解决"三农问题"的新途径。

四、地理标志商标与区域经济发展

地理标志产业的发展，促进和影响着区域经济中其他产业的发展。区域经济发展又在一定程度上推动地理标志产业的发展。

（一）地理标志产业地位

调查中，地理标志在区域经济中地位划分为非常重要支柱产业、比较重要、一般、不重要四个等级。经统计，非常重要支柱产业等级的比例最大，是 53.38%；比较重要等级的比例为 37.62%；一般等级的比例为 8.15%；不重要等级的比例仅为 0.85%。地理标志在区域经济中的地位情况见图 7—11。

（二）地理标志产业带动

地理标志带动包装、运输、加工、旅游、餐饮等区域经济其他产业的发展。经统计，地理标志产业的发展对包装产业的影响比例为 60.19%，对运输产业的影响比例为 63.03%，对加工产业的影响比例

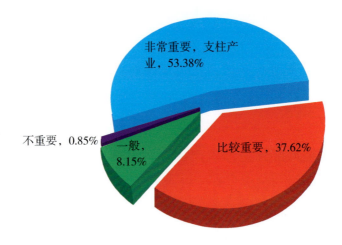

图 7—11　地理标志在区域经济中地位图

为 65.02%，对旅游产业的影响比例为 51.64%，对餐饮产业的影响比例为 55.29%。

经统计，地理标志带动相关产业发展的产值带动比为：1：5.20。地理标志产业带动比情况见表 7—18。

表 7—18　地理标志带动相关产业产值带动比分布表

产值拉动比	0—10	10—20	20—30	30—40	40—50
比例（%）	89.49	6.72	1.95	0.54	1.30

（三）地理标志就业带动

地理标志带动相关产业发展，也带动了相关产业就业。经统计，地理标志就业带动比为 1：3.34。地理标志就业带动比情况见表 7—19。

表 7—19　地理标志就业带动比分布表

就业拉动比（1：＿）	0—2	2—4	4—6	6—8	8—10
样本比例（%）	46.92	23.17	17.81	3.02	9.08

五、地理标志市场状况

地理标志市场状况从市场区域、市场销售、市场秩序和市场促进四个方面进行分析。

（一）市场区域

市场区域主要分为本县、本省、全国、国际四个层级。经统计，市场区域在本县的占 10.50%，本省的占 20.21%，全国的占 56.81%，国际的占 12.48%。我国地理标志市场区域主要是全国层级，只有 12.48%是销往国际市场。地理标志市场区域情况见图 7—12。

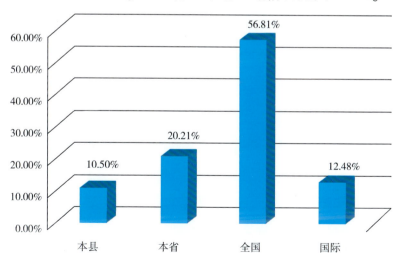

图 7—12　地理标志市场区域情况图

(二) 市场销售

地理标志市场销售情况划分为非常好、较好、一般、较差、非常差销售困难五等级。经统计，市场销售情况非常好的占 41.12%，销售情况较好的占 49.65%，销售情况一般的占 8.64%，销售情况较差的占 0.26%，销售情况非常差、销售困难的占 0.32%。地理标志市场销售情况非常好和较好的占 90.77%。地理标志市场销售情况见图7—13。

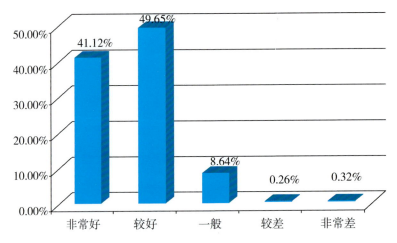

图 7—13　地理标志市场销售情况图

(三) 市场秩序

地理标志产品独特的品质是由其独特的自然因素和人文因素决定，地理标志产品因其独特的品质而成为消费者的经验品。地理标志市场秩序由其品质和管理方式不同而出现多种形式，主要表现为以下几种：第一、市场无假冒产品、秩序好，主要原因是这类产品品质极为独特，其他"仿制品"很难以假乱真，假冒产品基本没有任何市场，同时，地理标志市场监管比较规范，打假力度非常大，让不法产品无藏身之地；在该类市场形式中消费者的利益得到全面保护，消费者能够享受到真正的地理标志产品。第二、市场秩序一般、有部分假冒产品，主要原因是地理标志产品品质较为一般，偶尔出现品质与之较为接近的产品，此时，地理标志市场监管困难较大，打假压力较大；在该类市场形式中消费者的利益在一定程度上会受到损害。第三、市场秩序较差、假冒产品较多，主要原因是这类地理标志品质一般，市场上产品品质与之相似的非常多，同时，市场监管松散或是监管部门面临巨大的打假压力；在该类市场形式中消费者的利益得不到保障，经常出现假冒产品损害消费者利益的情况。

为了便于分析，课题组将地理标志市场秩序划分为好无假冒、较好、一般、较差有些假冒、非常混乱有许多假冒情况五个等级。经统计，市场秩序无假冒的占 42.17%，较好的占 39.87%，一般的占 11.38%，较差的占 5.08%，非常混乱的占 1.50%。地理标志市场秩序方面，需要加大管理力度。地理标志市场秩序情况见图 7—14。

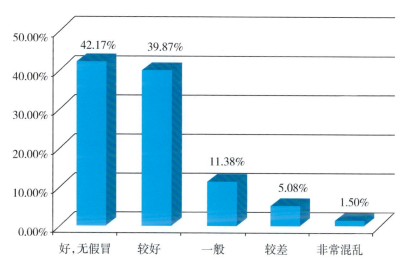

图 7—14　地理标志市场秩序情况图

（四）市场促进

市场促进是地理标志相关利益人对地理标志的市场推广和宣传情况。地理标志市场促进行为与一般商品不同，地理标志企业主动宣传地理标志商标的积极性不高，存在"免费乘车者"和"公地悲剧"的现象。统一的市场促进工作能增强大众对地理标志商标的认识度。现在，地理标志的统一市场促进工作大多由地理标志协会或政府指定机构承担。今后，要建立"地理标志利益共同体"对地理标志开展统一市场促进的分担和协调机制。

据统计，有统一市场宣传的为 62.07%，没有统一市场宣传的为 37.93%。调查发现，市场宣传工作存在力度不够、频次不高等现象，仍需要加大宣传，提高大众的地理标志意识。

六、地理标志商标运用管理与政府推动

（一）地理标志商标运用管理

地理标志商标运用和管理工作顺畅运作，才能发挥地理标志商标对区域经济的作用和影响。

地理标志商标管理效果划分为效果很好、效果明显、效果不明显、效果不好四个等级。经统计，地理标志商标运用和管理效果很好的占 31.58%，效果明显的占 50.89%，效果不明显的占 15.49%，效果不好的占比 2.04%。地理标志运用和管理情况见图 7—15。

调查发现，地理标志运用和管理问题比较突出的情况：一是地理标志所有者不明确，谁也不管；二是通过国家有关部门注册后出现的所有者有相当一部分不能真正担当起对地理标志负责的角色，或者是

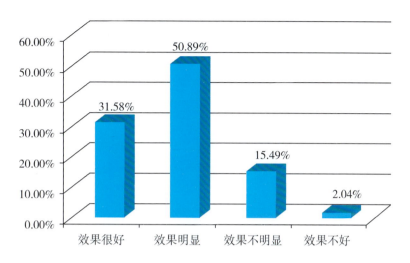

图 7—15　地理标志商标运用和管理情况图

不能从事地理标志服务的"二政府"性质的机构，或者是由某一单位扶起并利用的"虚拟体"，地理标志所有者与使用者没有形成一个"利益共同体"。

　　保护要有效，保发要并举，发展更重要。地理标志从无到有是一个突破，从有到优更是一个创举。有些地区仅仅停留在寻找有无地理标志特征的本地产品，花大力气去争取注册成功，注册后就认为万事大吉，这是不对的。要解决"注而不用、用而不管、管而不畅"的问题，保护要有"有效机制"，发展要有"长效机制"。

（二）政府推动

　　地理标志运用和管理离不开地方政府的推动。政府推动工作主要从政府设立专门推动机构和实施政策两个方面来分析。

　　政府设立专门推动机构的有 60.48%，推动机构的组织形式主要是地方品牌管理办公室、农业局、畜牧局以及产业化办公室（领导小组）等机构。

实施财政、金融等支持或奖励政策的有47.19%，政策主要是注册地理标志商标奖励、财政扶持、补助、贷款低息（免息）等方面支持。

（三）商标注册人、政府、协会、企业、农户等在地理标志商标运用和管理中的关系

地理标志商标涉及地理标志生产者、消费者、协会、政府和当地居民之间的利益关系。将地理标志商标运用和管理中的关系划分为处理比较顺畅、能处理关系、关系比较复杂不好处理三种情况。经统计，关系处理比较顺畅的占64.38%，能处理关系的占28.87%，关系比较复杂不好处理的占6.75%。地理标志商标运用和管理中的关系情况见图7—16。

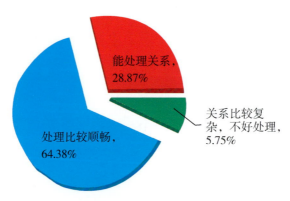

图7—16　地理标志商标运用和管理关系结构图

调研发现，关系比较复杂不好处理的主要原因是：没有统一有力的组织协调和扶持引导，或没有广告宣传，或没有统一的包装，或政府不重视，管理混乱，经营无序等。

在地理标志商标运用和管理工作中，要本着"发挥市场在资源配置中的决定性作用和更好地发挥政府作用"的精神，结合地理标志权益的区域性和市场组织化程度不高的现实，处理"政府、协会、企业、农户"的关系。地方政府发挥推动作用，企业起到市场主体作用，建立利益协调机制，推动地理标志可持续发展。

七、地理标志商标运用模式分析

在地理标志商标运用中，地理标志商标与地理标志企业商标结合起来使用，基本形成了"母子商标模式"。

地理标志商标运用模式类型，可以依据政府和市场的作用分为政府主导型、协会主导型和企业主导型，也可依据生产和销售环节分为生产控制型和市场控制型。

政府主导型，是在地理标志商标运用中，政府起到主导作用，集中体现在地理标志商标由政府所有。如平和琯溪蜜柚地理标志商标由平和琯溪蜜柚发展中心持有，中宁枸杞地理标志商标由中宁县枸杞产业管理局下属的枸杞生产管理站持有。此种模式具有政府作用强、政策导向大等特点。此种模式适用于地理标志产业在区域经济发展中是支柱产业或是在区域经济发展中具有重大影响力的产业，也适用于保护性地理标志。

协会主导型，是在地理标志商标运用中，地理标志协会起到主导作用，或者协会在政府部门的支持下起到主导作用。如郫县食品工业协会在郫县食品饮料产业推进办公室支持下运用郫县豆瓣地理标志商标，浏阳市烟花爆竹总会在浏阳市鞭炮烟花管理局支持下运用浏阳花炮地理标志商标，射阳大米协会利用五个统一（统一原料品种、统一产品标准、统一商标标识、统一质量管理、统一依法经营）运用射阳大米地理标志集体商标。此模式具有协会作用大、协会运作能力强等特点。此种模式适用于地理标志由多个大企业或基地生产、加工，协会的协调作用在地理标志保护与发展中能起到巨大作用。

企业主导型，是在地理标志商标运用中，龙头企业起到主导作用，或者龙头企业在政府和协会的支持下起到主导作用。如寿光青萝卜、寿光小黄瓜、寿光胡萝卜等十二个地理标志商标由寿光蔬菜瓜果产业协会注册并持有，由寿光蔬菜产业集团有限公司实际运用。都匀毛尖茶地理标志商标由都匀毛尖茶集团有限公司持有。此模式具有地理标志的社会影响与企业的社会影响紧紧相关，地理标志的保护与发展受限于企业的运作能力等特点。此模式适用于地理标志保护范围较小，或具有保密性质的技术性特别强的地理标志。

生产控制型，是在地理标志商标运用中，关键控制生产环节。如胶州大白菜"认证生产基地、监控生产过程，做到胶州大白菜棵棵有身份"。库尔勒香梨加强包装控制。许多加工品地理标志是生产控制型，因为生产主体大多是企业，农户少，便于生产环节监管控制，如郫县豆瓣和浏阳花炮。此模式具有生产环节直接影响地理标志产品品质，且生产环节可以被有效控制等特点。此模式适用于地理标志产品品质对生产或种养殖过程具有很大依赖性，不同生产或种养殖过程会得到品质各异的地理标志产品。

市场控制型，是在地理标志商标运用中，关键控制市场销售环节。如安溪铁观音地理标志商标实行政府推荐品牌制度，向市场推荐"十佳品牌和企业"。韩城大红袍和中宁枸杞在产品产地建有专业市场，规范地理标志商标运用。平和琯溪蜜柚由政府对超市颁发直销店铭牌，建立起全国 5000 家超市加盟的市场销售网络。此模式具有产品市场需求强，产品品质高等特点。此模式适用于地理标志产品在社会上有一定影响力，市场对产品需求量较大。

　　地理标志商标运用的特点是政府的作用和市场的作用相结合，多种模式相融通，在市场经济体制下，要"发挥市场在资源配置中的决定性作用和更好发挥政府作用"，提高地理标志可持续发展能力。

第六章
地理标志商标与区域经济发展关系研究

地理标志商标越来越受到社会关注，地理标志的经济价值、社会价值和文化价值等综合价值也越来被人们认知，正所谓：一个地理标志商标，形成一个产业，富裕一方百姓，发展一域经济。

保护与发展地理标志成为区域经济发展的新动力。地理标志商标与区域经济发展的影响关系有其丰富的理论基础。

一、地理标志商标与区域经济发展理论简述

地理标志商标与区域经济发展理论研究涉及知识产权和区域经济等多个学科的理论，不仅涉及产权理论、资源禀赋理论、比较优势理论，还涉及产业链和产业集群理论以及增长极理论、产业结构优化升级理论等。地理标志商标与区域经济发展影响分析的路径与理论基础见图7—17。

（一）产权理论与信息经济学理论①

市场的基石是产权，明晰产权是市场交易的基础。

---

① 来源：曾瑞平，广西地理标志农产品开发与县域经济互动关系研究［D］，广西师范学院，2013.04。

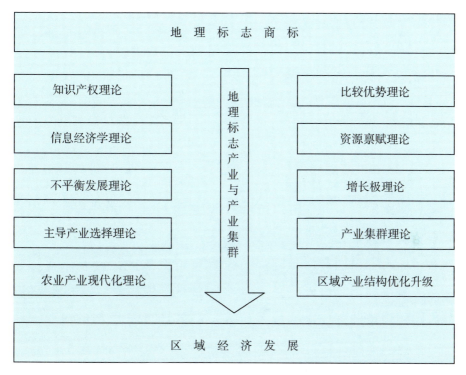

图 7—17 地理标志商标促进区域经济发展的路径与理论

产权的法律表现形式是经济所有制关系，它包括对财产的占有权、所有权、使用权、支配权、收益权和处置权等。

知识产权是产权的一种，它是指权利人对其创作的智力劳动成果所享有的专有权力。

商标是知识产权的一种，商标是商品的生产者、经营者在其生产、制造、加工、经营、销售的商品上或服务上提供区别于其他商品或服务的标志，它包括文字、图形、字母、数字、三维标志、颜色组合、声音等以及它们的组合。

地理标志商标是商标的一种，本课题中特指依据《商标法》注册的地理标志证明商标和集体商标。地理标志商标注册就是一种确权

行为。

充分的信息是市场公平交易的前提，在信息不对称的情况下，市场上充斥着"劣币驱逐良币"的现象。地理标志是一张无形的"信息卡"，标示了产品产地、品质特征等信息，降低了消费者在交易活动中的信息不对称程度。

（二）资源禀赋理论与比较优势理论

资源禀赋理论[①]，即 H—O 理论，以要素分布为客观基础，强调各地区不同要素禀赋和不同商品的不同生产函数对贸易产生的决定性作用。地理标志不仅拥有自然因素，还具有一定的人文因素。地理标志产品生产就是利用其自然因素和人文因素的要素禀赋。在区域经济发展中，充分利用地理标志的要素禀赋，打造地理标志特色产业，是一项非常重要的途径。因此，要素禀赋结构决定了地理标志的特色，影响着区域经济特色发展。

地理标志有其独特的品质，这种品质是由当地的自然因素和人文因素共同作用而成。独特的品质使地理标志在市场上拥有比较优势，进而决定地理标志将成为产业发展的首选对象。根据比较优势理论，充分利用自身的比较优势，确立地理标志在当地区域产业中的优势地位，实现地理标志资源在区域经济发展过程中有效配置，帮助农民增收致富，实现区域经济的发展。

资源禀赋理论与比较优势理论都强调应根据自身的资源禀赋和技术优势生产具有比较优势的产品，从而在贸易中获取最大利益。

---

① 来源：朱海波，中国地理标志农产品产业化发展研究——以宁夏大米为例［D］，中国农业科学院，2011.06。

（三）不平衡发展理论与增长极理论①

不平衡发展理论认为经济增长的过程是不平衡的。该理论强调经济部门或产业的不平衡发展，并强调关联效应和资源优化配置效应。

增长极理论认为区域经济的发展主要依靠条件较好的少数地区和少数产业带动，应把少数区位条件较好的地区和少数条件较好的产业培育成经济增长极。通过增长极的极化效应和扩散效应，影响和带动周边地区和其他产业发展。

不平衡发展理论与增长极理论认为区域经济发展的过程是非均衡的，有利于提高资源配置效率。

地理标志产品品质独特性和产业的比较优势使其成为区域产业优先发展的对象，成为区域经济发展新增长极。地理标志在区域经济中增长极的极化效应表现在人力、资本、技术等生产要素的集中，随着地理标志产业发展壮大，其关联效应与扩散效应不断显现，进而带动其他产业的发展和整个区域的经济发展。

（四）主导产业选择理论与产业集群理论②

主导产业通常是指在一定的区域内经济发展中对各个阶段处于主导地位或支配地位的专门化产业。主导产业细小的变化都会对区域经济发展产生重大影响。产业集群是指在某一特定区域内，一群在地理位置上相邻、在功能上相互补充或联系的企业和机构组成的

---

① 来源：高洪深，区域经济学［M］，北京：中国人民大学出版社，2013.10。
② 来源：袁园，农产品地理标志促进区域农业经济发展研究［D］，中国农业科学院，2009.06。

集合。

地理标志具有非常强的区域性，地理标志综合价值开发和利用具有巨大的市场潜力，以地理标志产业为主导产业，带动种植业、储藏业、加工业、运输业、销售业等相关产业的发展，进而形成具有规模效应和集聚效应的产业集群。

（五）区域产业结构合理化理论与区域产业结构高级化理论[①]

区域产业结构合理化是指在一定的范围内，区域经济各个产业部门依据现有资源实现质上的合理搭配与量上的合理比例；区域产业结构高级化是指在一定范围内，随着经济的不断发展产业结构的中心不断由低级阶段向高级阶段发展，这种发展是产业结构整体的提升。

地理标志产品具有很强的地域性，在保护区域内围绕着地理标志产品可以形成与之相关的产业。以地理标志产品为核心实现区域产业结构合理化就是实现地理标志种植业、储藏业、加工业、运输业、销售业等相关产业质的合理搭配、量的合理配比；以地理标志产品为核心实现区域产业结构高级化就是伴随着地理标志产业的发展壮大，区域产业结构整体由低级阶段向高级阶段发展。

（六）农业现代化理论

农业现代化是指从传统农业向现代农业转化的过程和手段。农业现代化就是要实现农业的转型升级使其不断满足经济发展需要。农业的转型升级从模式上看有三个阶段：第一是生存型农业，第二是商品

---

① 来源：苏东水，产业经济学 [M]，北京：高等教育出版社，2010。

型农业，第三是知识型农业。地理标志作为一种"三农权益型"的知识产权，必然会带动农业现代化向知识型转变。地理标志的保护和发展必将促进区域农业现代化的进程。

二、地理标志商标与区域经济发展关系理论分析

（一）地理标志商标与区域经济发展关系理论分析概述

基于对地理标志商标与区域经济发展的基础理论梳理，形成以下认识：地理标志商标通过五个方面的综合效应影响区域经济发展。第一，地理标志商标是一种知识产权，标示着产品独特品质和声誉，关联着特定地域自然因素和人文因素，内涵信息丰富，提高消费信息对称性，形成比较好的价格效应，具有比较优势。地理标志的比较优势是地理标志商标影响区域经济发展的基础；第二，政府强化地理标志商标的运用和监管，发挥政府推动作用；第三，企业强化地理标志商标的市场组织能力，提高市场竞争力，发挥市场在资源配置中的决定性作用；第四，地理标志商标在农村就业、农民增收上具有富农效应，调动更多社会力量加入到地理标志产业，进一步加快地理标志产业发展；第五，地理标志产业成为区域经济发展的新增长极，成长为区域经济发展的主导产业，形成产业集群，具有集群作用，促进区域经济产业结构优化升级，影响区域经济发展。

地理标志商标与区域经济发展关系理论分析见图7—18。

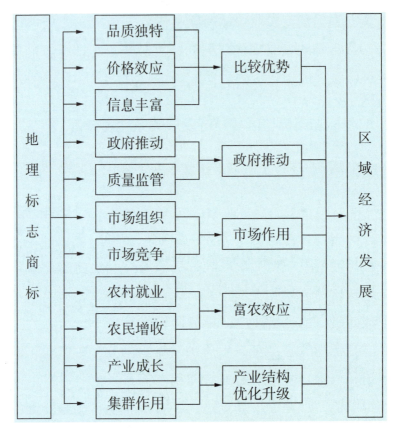

图 7—18 地理标志商标与区域经济发展关系理论分析图

（二）地理标志商标因其独特的自然因素和人文因素而具有比较优势

独特的自然因素和人文因素决定地理标志产品比市场同类产品具有比较优势，进而形成市场竞争优势。

第一，地理标志产品是在充分利用区域内自然因素和人文因素的基础上形成的独特产品。产品独特品质是产品比较优势的存在形式。区域内的自然因素如日照时间、昼夜温差、空气湿润程度、土壤的酸碱性、土质的矿物质含量等为地理标志生长提供了其他区域无法复制的自然环境，这正是"橘生淮南则为橘，生于淮北则为枳"。由于传统工艺的不同，为地理标志生长提供了独特的人文因素。如我国几大瓷器之都所生产的瓷器各有特色，品质各异，进而形成竞争优势。地理标志将区域内自然因素与人文因素巧妙结合，充分发挥区域资源条件，带动区域经济发展。

第二，独特的自然因素和人文因素使地理标志产品具有特定品质、声誉和其他特征。地理标志本身包含了众多信息，减少了消费者的信息不对称程度。消费者面对琳琅满目的商品却不能凭借商品本身提供的信息对产品的质量好坏和品质特征做出甄别。对商品缺少应有的信息，使得消费者权益得不到保障。为此消费者不得不花费时间和精力去搜集相关信息。地理标志商标从定义就知道其产地来源，具有特定的质量、声誉，这种质量、声誉是在产品长久的成长中确定的。消费者从地理标志商标上就知道产品的产地来源、品质特征，这也使得地理标志产品成为消费者经常购买的"经验品"。

第三，地理标志在我国登记注册保护起步较晚，国内各个地域的保护与发展情况也不尽相同，应结合独特的自然因素与人文因素，借助其他成功案例的模式，保护与发展当地的地理标志。首先，可以借鉴国外地理标志成功经验来服务发展国内地理标志。例如：法国香槟和波尔多葡萄酒的国内生产、加工模式，国外运营、管理模式等可以为我国地理标志走向国际提供借鉴意义。其次，由于我国区域间地理标志保护与发展水平不相同，也涌现出一些成功案例，这些地理标志从弱到强、从小到大、从散到精也为我国同类其他地理标志产品发展提供借鉴。最后，地理标志商标的品牌作用和宣传作用为地理标志成长提供了有利的外部环境。通过借鉴成功者的经验,并结合区域自然因素与人文因素,使保护与发展地理标志的成本大大降低,从而使产品价格更加具有竞争性。

(三) 地理标志产业增长极的极化作用、扩散作用和主导产业规模与集聚作用促使区域经济产业集群与产业链形成

第一,地理标志产业的极化作用与扩散效应促使区域经济产业集群与产业链形成。地理标志产业的极化作用是指地理标志产业的市场活力和巨大市场潜力使得区域内人力、资本、技术等生产要素不断向地理标志产业集聚。借助独特的自然因素和人文因素使地理标志产品在区域内外备受青睐,促使地理标志产业成为区域内优先发展的经济增长极,通过极化作用将区域内的人力、资本、技术等经济资源不断向增长极点靠近。地理标志产业的扩散效应是指地理标志产业的发展带动区域内基础设施的改善,其他产业从增长极产业获得资本、人才、技术等资源,进而促进其他产业的发展。地理标志产业通过极化作用获得区域资源促使地理标志产业的自身发展,为区域发展夯实基础;地理标志通过增长极的扩散效应为其他产业的发展提供基础条件。通过地理标志产业的增长极作用促使区域形成以地理标志产业为核心的产业集群。

第二,主导产业通过规模性和集聚性促进区域经济产业集群与产业链形成。主导产业通常是指在一定的区域内经济发展中对各个阶段处于主导地位或支配地位的产业。主导产业对整个国民经济增长速度和增长质量起到决定性作用,主导产业细小的变化都会对区域经济发展产生重大影响。主导产业选择有其特殊准则:一是在区域内外具有

比较优势，二是较高的产业关联度，三是市场潜力巨大。地理标志产品的独特自然因素和人文因素决定了产品特质的不可复制性、产品品质的高标准性，这使得地理标志产品在区域内外具有独特的比较优势。地理标志产品从种植、收获、储藏、加工、运输、销售等各个环节都与其他产业有着较高程度的关联，产业影响力系数和产业感应度系数都比较大。地理标志产业成为区域经济发展的主导产业本身具有规模性和集聚性：为了地理标志产业的发展，相应的基础设施的完善为其他产业的发展提供了便利条件；主导产业的发展需要其他产业的辅助和配合，以主导产业为核心吸引其他产业向主导产业集聚。以地理标志产业为主导产业的规模性和集聚性为区域产业集群的形成提供了条件。

（四）产业集群的集群效应促使区域经济产业结构向合理化与高级化转变

产业集群是一个具有集群效应的区域经济结构，通过集群内核心产业的成长、成熟，调节区域内资源的配置和流动方向，实现区域内产业结构合理化与高级化，促进区域产业结构优化升级，保证区域经济健康、持续、协调发展。

第一，产业集群通过核心产业的发展，能动地调整区域资源，实现区域产业结构合理化。区域产业结构合理化是指在一定的范围内，区域经济各个产业部门依据现有资源实现质上的合理搭配与量上的合理比例。地理标志产品有其特定的保护区域，在保护区域内围绕着地理标志产品形成了各个产业；为保证地理标志产品的独特品质从育种开始就形成了种子产业；为产品的健康生长必然会有农肥制造业；为提高产品的竞争性对地理标志产品的包装进行改进，必然会形成包装产业；为扩大产品的销售市场必然会发展运输业等，但是这些产业要怎样搭配才算合理？需要考虑，如果保护区域内只能种植十万亩的地理标志产品，但种子产业却培养出五十万亩所需的种子，这有可能出现资源浪费；若种子产业只培育出五万亩所需的种子，则不能满足生产需要，也影响地理标志发展。如果地理标志产品上市时需要十万车次的运输力，但是整个运输产业只能提供一万车次的运输能力，这也是问题；如果整个运输业能提供五十万车次的运输力，这无疑会导致大量的运输力浪费。资源的浪费就是各个产业在质与量上的搭配不合理。以地理标志产业为核心的产业集群，实现区域产业结构合理化就是实现地理标志种植业、储藏业、加工业、运输业、销售业等相关产业在质上的的合理搭配、在量上的合理配比。地理标志产业的成长需要区域资源不断调整，以满足整个产业集群促进区域经济发展的需要，产业集群通过集群效应，促使区域产业结构趋向合理化。

第二，产业集群通过核心产业的成长，能动地调整区域资源，实现区域产业结构高级化。区域产业结构高级化是指区域经济范围内，随着经济的不断发展产业结构的中心不断由低级阶段向高级阶段发展，这种发展是产业结构整体的提升。

地理标志作为一种知识产权，随着其经济价值不断地被开发和延伸，以地理标志为核心的产业结构也会不断地由低级阶段向高级阶段发展。从最初的以地理标志产品种植业为核心的低级阶段，逐渐向以地理标志产品初级加工为核心的中级阶段发展，最后向以地理标志产品深加工为核心的高级阶段发展。地理标志产品从最初的简单种养殖，到初步的简单加工，再到最后的深加工的演进过程导致以此为核心的产业结构不断迈向高级化。区域产业集群通过地理标志产业的成长，整个产业结构不断趋向高级化。

（五）地理标志商标加快农业现代化，促进区域经济产业优化升级

地理标志商标是加快农业现代化的一支重要力量，农业现代化构成区域经济产业结构优化升级的重要组成部分，并为区域经济发展提供坚实的基础。地理标志绝大多部分是涉农产品，所以保护与发展地理标志是发展现代农业、增加农民收入、繁荣农村、解决"三农"问题的新途径。农业发展过程是由生存农业到商品农业最后到知识农业，农业现代化需要实现农业知识化。地理标志是一种"三农权益型"的知识产权，地理标志产品以其独特的品质和声誉赢得市场青睐，促使农业实现现代化。

地理标志商标带动农业现代化，影响产业结构优化升级，为区域经济发展提供了广阔空间。地理标志独特的自然因素和人文因素决定了产品的特有品质和声誉，形成地理标志的经济、社会、文化等综合价值。地理标志综合价值的开发利用，引导区域优化配置资源，促进区域产业结构优化升级。区域产业结构优化升级是不断调整区域资源，实现资源在产业结构中的合理配置，使其不断满足区域经济增长的要求。

（六）协调地理标志相关利益方，保障地理标志商标运用和管理，促进区域经济可持续发展

地理标志保护与发展是一个系统工程，协调好地理标志相关利益方，保障地理标志产业健康成长对促进区域经济发展有着重要的作用。

伴随着地理标志保护与发展，地理标志相关利益主体不断增加。在这里本文以地理标志保护与发展过程中相关利益方出现的时间和利益相关程度将其分为直接利益方和间接利益方。

地理标志的直接利益方是：当地政府、消费者、协会、企业（种养殖户）等，直接利益方是地理标志保护与发展的直接参与者，也是地理标志产品质量、声誉的监督者与维护者，是地理标志保护与发展的直接动力；间接利益方是：投资者、竞争者、原料基地、销售商、设备供应商、科研机构、当地居民、相关产业等，间接利益方是地理标志保护与发展不可或缺的一部分，是提高地理标志发展质量、改善地理标志发展环境的间接动力。

协调好相关利益方关系，要本着"发挥市场在资源配置中的决定性作用和更好地发挥政府作用"的精神，结合地理标志特点和市场组织化程度不高的现实，处理"政府、协会、企业、农户"的关系。地方政府发挥推动作用，企业起到市场主体作用，建立利益协调机制，保障地理标志商标运用和管理，进而促进区域经济可持续发展。

（七）地理标志商标与区域经济发展相互影响

应该指出，地理标志商标与区域经济发展是相互影响的。地理标志商标保护运用从提供农村就业、增加农民收入、贡献地方财政、优化区域产业结构等多个方面促进区域经济发展；反过来，区域经济发展从提高劳动力素质、引进先进生产加工技术、提供便利交通和物流服务等多方面为地理标志商标保护运用提供外在动力。运用地理标志商标促进区域经济发展是一个系统工程。

三、地理标志商标与区域经济发展关系实证分析

地理标志商标与区域经济发展有很紧密的联系，地理标志商标已成为区域经济发展的新动力。地理标志商标运用，提供就业，增加收入，贡献财政，地理标志商标已成为许多区域经济的支柱产业，并带动区域经济集群式发展。据本课题调查资料统计，地理标志商标的产业带动比达到1：5.20，就业带动比达到1：3.34。地理标志商标对区域经济发展的影响究竟多大，在此进行实证分析。

（一）地理标志商标与区域经济发展影响指数

地理标志商标与区域经济发展的关系，可以用地理标志商标与区域经济发展影响指数来分析，此影响指数是地理标志商标与区域经济发展的相互影响程度，反映在注册和运用地理标志商标的地区，地理标志商标对当地就业、农民增收和经济发展的综合贡献情况和影响程度。

地理标志商标对区域经济发展的影响，主要体现在地理标志经济在区域经济中的地位和作用，可以采用一些相关指标来分析。

1. 地理标志商标与区域经济发展影响指数指标选取原则

地理标志商标与区域经济发展的关系需要进行定量化的实证分析，指标体系的建立是实证分析的基础工作，指标的选取是实证分析中的一个重要环节。实证分析指标的选取遵循综合性、可比性、可操作性和简洁性等原则。

第一，综合性原则。地理标志商标与区域经济发展的关系是紧密的，影响是多方面的，实证分析指标也应是综合的。实证分析中，要

综合地理标志商标与区域经济在经济投入和产出方面的影响以及在政府和居民方面的影响。如政府更加关注的是经济总量和财政收入的影响，居民更加关注的是就业和收入的影响。

第二，可比性原则。地理标志商标与区域经济发展影响指数应具有客观可比性，一是指标是可比的，数据是客观的，二是地理标志商标之间和区域经济之间可以进行比较分析，三是影响指数是可以量化的。指标的可比性为分析地理标志商标与区域经济的关系提供基础，为总结、交流、提升地理标志商标运用与促进区域经济发展提供比较平台。

第三，可操作性原则。实证分析所选指标数据应可查、可测、可得。首先指标应能够获取，否则体系无法分析。其次指标在软件处理模型时具有可操作性，地理标志商标与区域经济发展的关系需要进行大量的数据处理，这种处理必须借助计算机软件，若所选指标不能满足软件操作的条件，则指标的选取也没有实际意义。指标的可操作性是进行长期跟踪实证分析、探索规律的保障。

第四，简洁性原则。实证分析指标并不是越多越好，选取主要的、核心的指标即可，"大道至简"就是这个道理。

2. 地理标志商标与区域经济发展影响指数指标体系

在本课题研究中，基于指标选取原则，设计了《地理标志商标与区域经济发展调查表格》，选取以下指标来构建地理标志商标与区域经济发展影响指数指标体系，见表7—20。

表7—20   地理标志商标与区域经济发展影响指数指标体系

一级指标	二级指标
产业地位指数	地理标志产值
	区域产业产值
就业指数	地理标志从业人数
	区域从业人数
增收指数	农民地标收入
	区域农民收入
税收贡献指数	地理标志税收贡献
	区域地方财政一般预算收入
经济要素指数	地理标志种养殖面积
	区域耕地面积

地理标志商标与区域经济影响指数指标体系包括5个一级指标和10个二级指标，5个一级指标分别是产业地位指数、就业指数、增收指数、税收贡献指数和经济要素指数。

产业地位指数，反映地理标志在区域经济产业中的地位和作用，反映地理标志商标转化为经济效益的能力，地理标志商标只有转化为经济效益才能直接促进区域经济发展，如地理标志在第一产业中的地位或工业品在第二产业中的地位。产业地位指数采用地理标志产值与区域产业产值的比值，分析中，区域产业产值用第一产业或第二产业增加值代替。

就业指数，反映地理标志带来的就业贡献，不仅是地理标志的经济产出贡献，也是该地区对地理标志的经济投入，具有综合性。就业指数采用地理标志从业人数与产业从业总人数的比值。

增收指数，反映地理标志增加农民收入的情况。农民之所以有很高的热情运用地理标志商标并从事地理标志产品的生产、加工、销售，主要是能从中获得巨大的经济利益，增加收入。

税收贡献指数，反映地理标志对区域的财政贡献。税收贡献是地方政府非常关心的指标。地方政府利用税收，可提供公共服务，改善区域经济发展环境。

经济要素指数，反映地理标志的经济要素投入情况，可以用来比较地理标志投入产出的效率。经济要素有土地、资金、劳动力、技术等，在实证分析中，由于地理标志的资金、技术不好比较，就业指数已体现劳动力投入情况，因此经济要素指数采用地理标志土地使用情况来分析。

3. 实证分析的方法选择

实证分析中，采用因子分析法确定指标权重，利用综合指数法计算地理标志商标与区域经济发展影响指数。

（1）因子分析法①

因子分析法的基本目的是使用少数几个因子去描述多个变量之间的关系；因子分析的基本思想是把联系紧密的变量归为同一个类别，而不同类别之间的相关性较低；因子分析反映一种降维思想，通过降维将相关性高的变量聚在一起，不仅便于提取容易解释的特征，而且降低了需要分析的变量数目和问题分析的复杂性。

因子分析法模型的一般形式为：

总体为 $\overline{X} = (X_1, X_2, \cdots, X_p)'$

---

① 来源：杜强，贾丽艳，SPSS 统计分析从入门到精通［M］，北京：人民邮电出版社，2011.09。

$$\begin{cases} X_1-\mu_1 = a_{11}F_1+a_{12}F_2+\cdots+a_{1m}F_m+\varepsilon_1 \\ X_2-\mu_2 = a_{21}F_1+a_{22}F_2+\cdots+a_{2m}F_m+\varepsilon_2 \\ \cdots\cdots \\ X_p-\mu_p = a_{p1}F_1+a_{p2}F_2+\cdots+a_{pm}F_m+\varepsilon_p \end{cases}$$

其中 $m \leqslant p$，F_1、$F_2 \cdots F_m$ 为初始变量的公共因子，ε_i 为变量 X_i 的特殊因子。

记 $A = \begin{pmatrix} a_{11} & a_{12}\cdots a_{1m} \\ a_{21} & a_{22}\cdots a_{2m} \\ a_{p1} & a_{p2}\cdots a_{pm} \end{pmatrix}$，$\overline{F} = （F_1, F_2, \cdots, F_m）'$，

$\overline{\varepsilon} = （\varepsilon_1, \varepsilon_2, \cdots, \varepsilon_p）'$，$\overline{\mu} = （\mu_1, \mu_2, \cdots, \mu_p）'$

则因子分析模型可以用如下矩阵形式表示：$\overline{X}-\overline{\mu}=\overline{AF}+\overline{\varepsilon}$。

矩阵 A 为因子载荷矩阵，系数 a_{ll} 为变量 X_i 在因子 F_j 上的载荷。

（2）综合指数分析法

因子分析法是在指标选定的基础上，借用主成分分析法降维，然后确定权重，进行分析。但是因子分析法有可能将所用两个重要指标合并，体现不出事物之间的多层联系。综合指数分析法是在确定一个合理指标体系基础上对指标加权，计算出综合值，用以评价事物综合价值的一种方法。综合指数越大，表明两者影响越大，关系越紧密。

综合指数法的计算公式是：

$$y = \sum_{i}^{n} y_i w_i = \sum_{i}^{n} \frac{x_i}{x'_i} w_i$$

公式中 y 为进行综合评价所计算的综合指数，y_i 为第 i 项评价指标的个体指数，x_i 为第 i 项评价指标的评价值，x_i' 为第 i 项的评价标准值，w_i 为第 i 项评价指标在综合评价中的权数。

在对综合指标的各个因子确定权重时，有不同的方法，如：层次分析法，差异系数法，平均值法等。在此次实证分析时，课题组采用因子分析法对各指标确权。

4. 实证分析过程

实证分析最基本的要求就是可靠的数据。实证分析采用的地理标志商标数据来自调查反馈的《地理标志商标与区域经济发展》专题调查表，区域经济发展数据来自对应年份的地方政府政府工作报告、统计公报和统计年鉴等公开资料。

实证分析中，以区域为单元，对于一个区域内多个地理标志商标的情况，进行数据合并处理，用区域内所有地理标志商标的合并数值与该区域的区域经济数值相比较，具体是：一是对产业地位指数而言，地理标志产值指标是将多个地理标志产值求和，区域产业增加值不变；二是对就业指数而言，地理标志从业人数是将多个地理标志从业人员求和，区域产业从业人数不变；三是对增收指数而言，农民地标收入用对应地理标志从业人数做权重求和，区域农民人均纯收入不变；四是对税收贡献指数而言，将多个地理标志税收相加，地方财政一般预算收入不变；五是对耕地要素指数而言，将多个地理标志种养殖面积相加，区域耕地面积不变。

（1）2011 年数据实证分析

①因子分析确定权重。

首先利用 SPSS 软件对数据进行处理，对各个因子之间的相关性进行检验，得到表 7—21。

SPSS（Statistical Product and Service Solutions），"统计产品与服务解决方案"软件，是 IBM 公司推出的一系列用于统计学分析运算、数据挖掘、预测分析和决策支持任务的软件产品及相关服务的总称 SPSS，有 Windows 和 Mac OS X 等版本。

表 7—21 相关矩阵

		产业地位指数	就业指数	增收指数	税收贡献指数	经济要素指数
相关	产业地位指数	1.000	0.545	0.029	0.304	0.460
	就业指数	0.545	1.000	-0.133	0.159	0.376
	增收指数	0.029	-0.133	1.000	0.025	-0.110
	税收贡献指数	0.304	0.159	0.025	1.000	0.097
	经济要素指数	0.460	0.376	-0.110	0.097	1.000
Sig.(单侧)	产业地位指数		0.000	0.267	0.000	0.000
	就业指数	0.000		0.002	0.000	0.000
	增收指数	0.267	0.002		0.292	0.009
	税收贡献指数	0.000	0.000	0.292		0.019
	经济要素指数	0.000	0.000	0.009	0.019	

表 7—21 是初始变量的相关系数矩阵，可以看出多个变量的相关系数较大，特别是经济地位指数与就业指数，经济地位指数与耕地面积相关系数较大，且对应的 Sig 值普遍较小，说明这些变量之间存在着较为显著地相关性，说明可以进行因子分析。

Sig 值

　　在 SPSS 软件统计结果中，无论是回归分析还是其他分析，都会看到 "SIG"，SIG = significance，意为 "显著性"，后面的值就是统计出的 P 值，如果 P 值 0.01<P<0.05，则为差异显著，如果 P<0.01，则差异极显著。

为了进一步验证因子分析是否可用，需要对指标之间的关系进行 KMO  和 Bartlett  的检验，得到表 7—22。

KMO ⌄ 🔍	Bartlett 检验 ⌄ 🔍
KMO（Kaiser－Meyer－Olkin）检验统计量是用于比较变量间简单相关系数和偏相关系数的指标。主要应用于多元统计的因子分析。KMO 统计量是取值在 0 和 1 之间。当 KMO 值接近 1，意味着变量间的相关性越强，原有变量越适合作因子分析；当 KMO 值越接近 0，意味着变量间的相关性越弱，原有变量越不适合作因子分析。	Bartlett 检验，又称 Bartlett 球形检验，主要用于检验相关阵中各变量间的相关性，是否为单位阵，即检验各个变量是否各自独立。Bartlett 球形检验判断如果相关阵是单位阵，则各变量独立因子分析法无效。由 SPSS 检验结果显示 Sig.<0.05（即 p 值<0.05）时，说明各变量间具有相关性，因子分析有效。

表 7—22　KMO 和 Bartlett 的检验

取样足够度的 Kaiser－Meyer－Olkin 度量。		0.634
Bartlett 的球形度检验	近似卡方	351.874
	Df	10
	Sig.	0.000

KMO 统计量大于 0.9 时最佳，0.5 以下不宜进行因子分析。从表 7—22 可以看出 KMO 取值为 0.634，基本符合因子分析的要求；Bartlett 球形检验统计量的 Sig=0< 0.01，说明可以进行因子分析。

然后，利用 SPSS 进行因子分析，得到各个指标方差贡献率如下表 7—23 所示。

表7—23　解释的总方差

成份	初始特征值			提取平方和载入			旋转平方和载入		
	合计	方差的%	累积%	合计	方差的%	累积%	合计	方差的%	累积%
1	2.041	40.816	40.816	2.041	40.816	40.816	1.014	20.283	20.283
2	1.069	21.371	62.188	1.069	21.371	62.188	1.010	20.192	40.476
3	0.876	17.521	79.708	0.876	17.521	79.708	1.009	20.175	60.651
4	0.624	12.474	92.182	0.624	12.474	92.182	1.003	20.053	80.704
5	0.391	7.818	100.000	0.391	7.818	100.000	0.965	19.296	100.000
提取方法：主成份分析。									

从表7—23中可以得到五项指标的方差和方差累计结果。旋转平方和载入目的是使得各个因子更能符合实际意义，所以在确定权重时采用旋转平方和载入的方差贡献率作为权重，从而确定产业地位指数、就业指数、增收指数、税收贡献指数、经济要素指数分别利为：

$w_1 = 20.28\%$，$w_2 = 20.19\%$，$w_3 = 20.18\%$，$w_4 = 20.05\%$，$w_5 = 19.30\%$。

②综合指数法分析，计算影响指数

利用因子分析法确定的权重，运用综合指数法得到2011年的地理标志商标与区域经济发展影响指数。

经统计，2011年地理标志商标与区域经济发展影响指数平均值为0.2964。在平均值以上的占总数比为57.54%，在平均值以下的占比为42.46%。

经统计，2011年地理标志商标与区域经济发展影响指数最大的前三名依次是：平和县的0.8659、洛川县的0.7995，微山县的0.7548。

平和县有17个地理标志参与实证分析，并且平和琯溪蜜柚地理标志商标的各个指标数据都较大，进而拉动整个平和县的地理标志商标对区域经济发展的影响指数。从平和县五个指标上看：2011 年平和县地理标志产值达到 91.17 亿元，超过第一产业增加值，产业地位指数对影响指数的贡献较大；地标就业人数达到 27.639 万人，超过农林牧渔业从业人数，就业指数对影响指数的贡献也是很大的。洛川县的影响指数为 0.7995 列第二名，由于洛川苹果的产业地位指数、就业指数、增收指数、经济要素指数对影响指数的贡献较大，所以在税收指数为零的情况下，洛川县的地理标志商标与区域经济发展影响指数比较大。微山县增收指数和经济要素指数对影响指数的贡献较大，导致微山县地理标志商标与区域经济发展影响指数较大。

利用 SPSS 画出 2011 年影响指数总体分布情况，见图 7—19。

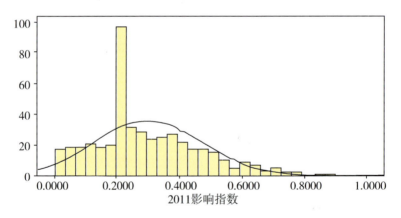

图 7—19 2011 年影响指数总体分布情况

2011 年，地理标志商标对区域经济发展影响指数方差为 0.03，表明整体上地理标志商标对区域经济发展的影响指数波动性很小。地理标志商标与区域经济发展的影响指数集中在 0.2000 至 0.2333 范围内最多，为 97 个，占总数的 20.91%。

(2) 2012 年数据实证分析

2012 年数据实证分析与 2011 年情况基本相同。首先，检验 2012 年数据利用 SPSS 进行因子分析确定权重的可行性，结果表明因子分析可行，得到产业地位指数、就业指数、增收指数、税收贡献指数、经济要素指数的权重分别：

$w_1 = 20.18\%$，$w_2 = 20.11\%$，$w_3 = 20.04\%$，$w_4 = 20.04\%$，$w_5 = 19.62\%$。

然后，利用所得权重，运用综合指数法计算 2012 年的地理标志商标与区域经济发展影响指数。

经统计，得到 2012 年地理标志商标与区域经济发展影响指数平均值为 0.3060，在平均值以上的占总数比为 42.67%，在平均值以下的占比为 57.33%。

经统计，得到 2012 年地理标志商标对区域经济发展影响指数前三名分别是：平和县的 0.8997、洛川县的 0.7979、浏阳市的 0.7682。平和县与洛川县两者的影响指数排名没有变化。浏阳市的影响指数排名由 2011 年的第七名，上升到 2012 年的第三名，原因是浏阳花炮产业集群不断发展壮大，2012 年实现产值 277.48 亿元，比 2011 年增加 137.48 亿元，所以产业影响指数变大，导致浏阳花炮的地理标志商标与区域经济发展影响指数变大。

(3) 地理标志商标与区域经济发展影响指数分析

地理标志商标与区域经济发展影响指数，表示地理标志商标与区域经济发展的相互影响程度，是由产业地位、就业、增收、税收贡献和经济要素作用五个指标组成，体现了地理标志商标在区域经济发展中的地位和作用。

现在，全国共有 952 个县市区旗（占全国县级行政区划单位总数的 33.39%，涉及 108 个地市州盟）注册和运用了地理标志商标。经实证研究，2012 年地理标志商标与区域经济发展影响指数的平均数为 0.3060，说明在注册和运用地理标志商标的地区，地理标志商标对当地就业、居民增收和经济发展的综合贡献率和影响程度超过 30%，综合贡献率比较高，影响程度比较大。

进一步研究发现，2012 年地理标志商标与区域经济发展影响指数比 2011 年高，显示出我国地理标志商标对区域经济发展的影响力在增强。并且，2012 年有 60.13% 的影响指数提高了，显示出地理标志商标对区域经济发展的影响面在扩大。

总体上看，我国地理标志商标与区域经济发展影响指数数值比较大，并且呈现增加趋势，地理标志商标对区域经济发展的影响力在增强，影响面在扩大，地理标志商标在区域经济发展中的作用不断提高。

第七章
地理标志商标与区域经济发展实地调研

地理标志成为区域经济发展的新动力。加大地理标志商标注册，加强地理标志保护与发展，成为地方政府的一项新的重要工作。据统计，全国有31个省市区（不包括台湾、香港和澳门）进行了地理标志商标注册工作。

一、实地调研基本情况

为深入了解全国地理标志商标运用和管理情况，在本课题研究中，安排了实地调研工作，调研地区涉及到东部、中部、西部等三个地区，调查对象涉及到农产品和工业品等四个地理标志商标。

实地调研行程安排：6月17—18日到东部地区江苏省东台市对东台西瓜地理标志商标进行调研，7月3—4日到西部地区四川省郫县对"郫县豆瓣"进行调研，7月11日到东部地区河北省迁西县对"迁西板栗"进行调研，7月15—16日到中部地区湖南省浏阳市对"浏阳花炮"进行调研。具体见表7—24。

调研期间，与地理标志县市领导、政府部门、协会和龙头企业代表等进行深入交谈，了解地理标志保护与发展工作，了解地理标志商标运用和管理情况，了解地理标志商标与区域经济发展情况等。

表7—24　实地调研安排情况

区域	县市旗	地理标志名称	产品类别	时　间
东部	江苏东台市	东台西瓜	农产品初级品	6月17—18日
	河北迁西县	迁西板栗	农产品初级品，初级加工	7月11日
西部	四川郫县	郫县豆瓣	农产品加工品	7月3—4日
中部	湖南浏阳市	浏阳花炮	工业品	7月15—16日

（一）到江苏省东台市，实地调研"东台西瓜"

6月17—18日，到江苏省东台市进行地理标志实地调研。东台市是全国县域经济百强，农业基础雄厚，地理标志商标有"东台西瓜"、"东台发绣"、"东台蚕茧"、"东台陈皮酒"四件，调研中重点调研了"东台西瓜"。"东台西瓜"是东台市西瓜产销协会于2006年在国家工商总局商标局申请注册为地理标志证明商标。为了从源头上保证"东台西瓜"地理标志产品的质量和品质，东台市组织制定《西瓜技术规程》和《无公害食品西瓜》行业标准，为保证"东台西瓜"在市场上被消费者接受、防止假冒产品，东台市对"东台西瓜"商标使用采取统一产地、统一品种、统一规格、统一包装、统一标识、统一销售的"六统一"运作模式。

2013年，全市大棚种植面积达26.5万亩，在外承包种植面积近5万亩，全市西瓜产量超过100万吨，种植收入近18亿元，带动了1.6万多户农民增收致富，农民地标收入达到8000元，占农民人均纯收入的52%（东台市政府工作报告中"2013年农民人均纯收入15300元"）。2014年许可使用商标面积达4.78万亩，占全市总面积的18.3%。地理标志不仅帮助"东台西瓜"扩大了市场销售渠道，而且销售价格每市斤要高出同类产品 0.1—0.2 元，地理标志的经济效益十分明显。

"东台西瓜"借助地理标志商标，发挥本地优势，培育成为具有鲜明特色和竞争力的农业支柱产业，"东台西瓜"在推进产业富民、实现区域经济发展上起到越来越重要的作用。

（二）到四川省郫县，实地调研"郫县豆瓣"

7月3—4日，到四川省郫县进行地理标志实地调研。郫县是全国县域经济百强，特色经济突出，"郫县豆瓣"2013 年产值达到 75 亿元，是川菜之魂。"郫县豆瓣"是由成都市郫县食品工业协会在国家工商总局商标局申请注册为地理标志证明商标，拥有五个注册地理标志商标，这就从法律角度对"郫县豆瓣"进行全面保护。2006 年郫县政府印发《郫县地理标志产品"郫县豆瓣"保护管理暂行办法》，进一步明确了"郫县豆瓣"的日常保护与发展。为了保证产品质量，政府要求企业只有先通过了地理标志证明商标认证，才能申请应用地理标志产品专用标志，也就是"双标同用"。郫县质监局负责管理标准的制定，统一对"郫县豆瓣"进行品质管理。郫县工商局负责品牌推广和打假。郫县形成以政府牵头，工商局、质监局、食品办实施，协会、企业协作的保护与管理格局。

2013 年，全县"郫县豆瓣"证明商标使用企业 78 家，实现工业产值 75 亿元，占郫县规模以上工业增加值的 41%（郫县政府工作报告中"2013 年规上工业增加值 185 亿元"），产品产量 96 万吨，出口额突破 600 万美元。农业产业化龙头企业：国家级 1 家，省级 2 家，市级 6 家。"郫县豆瓣"已成为郫县重要的产业。郫县县委、县政府提出培育郫县豆瓣百亿产业工作计划，创建以"郫县豆瓣"为核心的研发、生产、加工、配送、销售、体验观光的完整产业链条，真正实现申报一个地理标志、发展一域经济、富裕一方百姓。

随着郫县豆瓣产业的迅速发展，品牌知名度不断提高，"郫县豆瓣"的假冒产品也不断涌现市场，仿冒商标问题也凸显。据官方统计，郫县食品工业协会先后提出 4 件商标异议案，成功阻止"郫坛豆瓣"、"郫具豆瓣"等近似商标注册。近几年来各部门联手共查获侵权案件 50 余起，涉案金额 300 余万元，标识 800 余万套（张），有效打击了侵权行为。

郫县豆瓣成为郫县的一张名片，以其特殊的经济形式诠释"川菜之魂"的地域性和独特性，是特色经济发展中的亮点和重要组成部分。

（三）到河北省迁西县，实地调研"迁西板栗"

7 月 11 日，到河北省迁西县进行地理标志实地调研。迁西县是钢铁产业主导的县域经济，在调整产业结构中，迁西县大力发展非钢产业。地理标志"迁西板栗"成为迁西县农业支柱产业，也是迁西县重要的经济增长点。

"迁西板栗"是迁西县林学会于 2002 年在国家工商总局商标局登记注册为地理标志证明商标。迁西县对"迁西板栗"地理标志证明商标采取严格的保护措施，实行"一牌一证一合同"式的统一管理，既对符合条件的企业免费发放"迁西板栗"特许使用单位标志牌、"迁西板栗"证明商标准用证、并签订"迁西板栗"证明商标使用许可合同书。迁西对使用单位实行产品监督制度，对其经营的板栗数量、收购地点、销售地点进行跟踪和不定期抽检，保证了地理标志证明商标使用的严肃性、公正性和权威性。

迁西板栗产业 2012 年实现产值 6.6 亿元，产量达 3570 万公斤，农民地标收入 1800 元，占全县农民人均纯收入的 17%（迁西政府门户网站：农民人均纯收入 10502 元）；2013 年迁西板栗产业实现产值 6.2 亿元，产量达 5650 万公斤。近几年来迁西板栗产业吸引就业人员稳定在 28 万人，占全县总人口的 72%（迁西政府门户网站：总人口为 39 万），迁西板栗产业成为迁西县农业的支柱产业，是迁西县重要的区域经济发展带动产业，也是迁西县实现经济发展转型的战略产业。

"迁西板栗"地理标志保护与发展比较顺利，地理标志综合价值的开发利用初具规模，地理标志商标对区域经济发展起到重要的推动作用。

（四）到湖南省浏阳市，实地调研"浏阳花炮"

7 月 15—16 日，到湖南省浏阳市进行地理标志调研。地理标志"浏阳花炮"是浏阳市的支柱产业，也是地理标志加工品的代表。"浏阳花炮"（包括"浏阳烟花"、"浏阳鞭炮"地理标志商标）是由浏阳市烟花爆竹总会于 2004 年在工商总局商标局申请注册为地理标志证明商标。2008 年向马德里商标国际注册组织提出申请，同年得到回复，实现在全球 79 个国家和地区受到保护。为保产品质量对申请使用地理标志的企业严把质量关，对已获得使用的企业质监局不定期对工艺流程、工序质量、过程控制等环节进行指导，并对其成品及原材料进行抽查；工商局维护市场产品秩序、对市场上假冒、伪劣产品依法进行查处。

浏阳花炮产业不断地发展壮大，并带动相关产业发展，形成以浏阳花炮为核心的产业集群。2013 年，浏阳花炮产业集群实现总产值 190.9 亿元，同比增长 10.5%，占浏阳市工业总产值的 10.62%（浏阳市政府工作报告 "2013 年工业总产值 1798 亿元"）。浏阳市有烟花爆竹生产企业 954 家，其中，花炮企业集团公司 13 家，上市公司 2 家。整个浏阳花炮产业集群吸纳就业人员约 30 万人，产品出口美洲、欧洲、东南亚等 150 多个国家和地区。2014 年上半年，浏阳市规模以上工业企业鞭炮烟花总产值 149.2 亿元，同比增长 13.5%。"浏阳花炮"俨然成为浏阳市的支柱产业，成为区域经济发展的重要产业。

二、实地调研总结

实地调研和个案分析对深入了解地理标志商标运用和管理非常重要。实地调研发现，4 个地理标志商标运用和管理情况不一，政府管理机构不同，商标认证程度不同，强县富民效果也存在差异。现将实地调研的 4 个地理标志商标情况进行汇总，具体见表 7—25。表中所得数据来自相关《地理标志商标与区域经济发展》专项调查表和政府工作报告的 2013 年数据，初级品产值比为第一产业增加值，加工品产值比为工业增加值。

表 7—25　实地调研地理标志商标对比表

地理标志	东台西瓜	郫县豆瓣	迁西板栗	浏阳花炮
注册时间	2006.03.28	2000.04.21	2002.10.14	2004.02.21
商标类别	证明商标	证明商标	证明商标	证明商标
注册人	东台市产销协会	郫县食品工业协会	迁西县林学会	浏阳市烟花爆竹总会

续表

地理标志	东台西瓜	郫县豆瓣	迁西板栗	浏阳花炮
产业管理单位	农委	食品办	迁西县板栗产业化办公室	浏阳市鞭炮烟花管理局
商标认证单位	东台市产销协会	郫县食品工业协会	迁西县板栗产业化办公室	浏阳花炮标准检验所
许可使用经营者比①	18.3%	100%	80%	13%
产业就业带动	1：0.5	1：5	1：1	1：0.7
产业产值带动	1：0.3	1：2	1：0.5	1：0.4
注册前后价格变化②	15%	25%	5%	10%
地标从业人员	57000	20000	280000	300000
产值（万元）	160000	750000	62000	1909000
产值所占比	23%	41%	28%	11%
农民地标收入（元）	8000	30000	2200	30000
市场秩序	较好	较好	非常好	非常好
市场区域	全国	国际：出口比例占9%	国际：出口比例占26%	国际：出口比例占14%
在其他部门注册情况	无	2006.12质检总局	无	2003.03质检总局

注：①许可使用经营者比，使用表5—1地理标志商标与区域经济发展调查表（续）中许可使用地标生产经营者个数与生产经营者个数的比值计算。

②注册前后价格变化，直接使用表5—1地理标志商标与区域经济发展调查表中"注册后价格变化"一项的数据。

(一) 保护与发展地理标志成为区域经济发展的重要力量，地理标志商标的强县富民效应日益显现

地理标志成为区域经济特别是县域经济的支柱产业。"浏阳花炮"、"郫县豆瓣"是浏阳市和郫县工业的支柱产业，并为浏阳市和郫县成为县域经济百强县立下汗马功劳。

地理标志产业集群发展局面初见端倪。以"浏阳花炮"和"郫县豆瓣"为例。"浏阳花炮"现有生产企业 958 家，其中花炮企业集团公司 13 家，上市公司 2 家。产能占全国总量的 70%，出口额占全国的 60%，内销占全国的 50%，产业集群涵盖了材料供应、生产经营、科研设计、包装印刷、焰火燃放、文化创意等产业，吸纳就业人口约 30 万人，是省政府重点支持发展的产业集群之一。"郫县豆瓣"实行产业的规范化、标准化、系统化，推动整个产业集群的优化升级，2013 年，全县具有"郫县豆瓣"证明商标使用资格的企业达到 78 家，实现工业产值 75 亿元，产品产量达到 96 万吨。地理标志产业集群发展正在健康、有序地发展壮大。

地理标志商标是"三农"型知识产权，富民效应非常突出，是增加农民收入的工作抓手，特别是在经济增速放缓，增收途径少的情况下，解决"三农问题"的意义重大。以地理标志商标"东台西瓜"为例。"东台西瓜"地理标志商标 2014 年许可使用面积达到 4.78 万亩，占全市总面积的 18.3%。地理标志商标不仅能够保障产品的质量，更能在很大程度上提高产品的知名度。"东台西瓜"在市场上不仅销售顺畅，而且销售价格比同类产品每市斤高出 0.1 元至 0.2 元不等，以 2013 年产量 104 万吨计算，"东台西瓜"为当地瓜农多带来直接经济

收益达到 20800 万元。2013 年农民地标收入达到 8000 元，占农民人均纯收入的 52%。

地理标志的保护与发展的管理机制积极探索，建立起"政府、社会组织和企业"协作工作机制，发挥政府、社会组织和企业的积极性，分工协作，保护与发展。"郫县豆瓣"建立起"食品办、协会、商会、企业"的工作机制，"浏阳花炮"建立起"花炮局、花炮协会、企业"的工作机制。地理标志保护与发展机制建设是地理标志商标运用和管理的基础性工作。

地理标志保护与发展，促进区域经济结构优化升级取得积极进展。"郫县豆瓣"调整企业结构来调整产业结构，在获得国家地理标志商标前，全县生产加工豆瓣企业 200 多家，不少企业在生产技术、环境卫生、管理模式等方面存在问题，整个豆瓣产业的发展壮大受到影响。为了优化产业结构，发展壮大豆瓣产业，借助申报地理标志商标为契机，郫县采取"关、停、并、转"等措施，淘汰一部分不规范小企业；与此同时，郫县走规模化、标准化道路，打造、扶持龙头企业，实现整个产业的发展壮大。"浏阳花炮"培养高新人才，加大科技创新，促进产业集群持续、健康发展，计划到 2015 年浏阳市花炮产业集群机械化生产普及率达到 80%，拥有创新产品总量累计达到 25000 个，改良新工艺达到 900 项，拥有专利总量达到 200 项。人才是创新的主体，人才是科技的载体。浏阳市计划到 2015 年引进职业经理人 200 人，拥有高级工艺美术师 200 人，工艺美术师 800 人，助理工艺美术师 1500 人，燃放大师 35 人，高级燃放师 300 人，燃放师 500 人，焰火燃放艺术与策划大师 10 人。提高地理标志人员专业技能素质，保障地理标志产业健康、持续发展，壮大地标产业集群。

（二）地理标志商标促进区域经济发展的作用有待进一步发挥，加强工作机制建设，加大地理标志宣传和市场打假力度

从课题实地调研的四件地理标志商标来看，我国地理标志商标在区域经济发展中的作用日益增强，但是从综合角度分析，地理标志商标的作用有待进一步提高。

第一，地理标志商标的组织管理力度要进一步加强，需要变被动管理为主动服务。调研的 4 个县市的工商行政管理部门参与地理标志商标管理的力度需要加强，同时地理标志产业管理部门和协会不仅要加强地理标志认证管理，更要加强对地理标志企业的市场服务。

第二，地理标志商标宣传和市场打假工作有待进一步加强。社会对地理标志商标认识不足，认识不清，需要加大宣传力度。在地理标志宣传上，单个企业不愿意宣传，地理标志宣传的工作主要是由协会和政府来承担。再者，知名度高的地理标志面临假冒、被仿制的压力。如"郫县豆瓣"近几年来出现侵权案件 50 余起，涉案金额 300 余万元，涉案标识 800 余万套（张）。同时市场上也出现近似地理标志商标的产品，如郫县食品工业协会先后阻止的"郫具豆瓣"、"郫坛豆瓣"等近似商标。地理标志产品的信誉与质量受到威胁。

第三，发展较好的地理标志面临压力较大。一是对于区域经济影响大的地理标志商标来说，再进一步运用和管理涉及的工作会成倍增加，这就会增加地理标志产品成本，同时也会面临组织协调方面的压力。二是如果管理不到位，则会导致"劣币驱逐良币"，形成不健康的市场秩序。如"浏阳花炮"在大力开发国内市场时，如果市场监管没有及时跟上，就会出现假冒产品。

地理标志商标与区域经济发展建议

地理标志商标与区域经济发展具有非常紧密的联系，运用地理标志商标，保护与发展地理标志，已成为区域经济发展的重要力量。

为了更好地发挥地理标志商标对区域经济发展的作用，提出如下建议：

一、继续加强地理标志商标注册工作

地理标志是一种知识产权，保护与发展地理标志，首要工作就是对地理标志知识产权的"确权"。地理标志商标注册就是地理标志的确权过程。明晰产权是市场经济发展的基础工作。通过法律手段，保护以地理标志产业为核心的区域经济增长极的健康有序发展。地理标志登记注册也是发展知识型农业的重要工作。在以后的地理标志商标注册工作中，要研究申请注册地理标志的经济价值和社会影响，要重点和首先注册经济价值大、社会影响高的地理标志，注重地理标志的"量与质"。

二、建立"地理标志商标保护基金"

地理标志已成为农业增产、农民增收、农村繁荣和区域经济发展的重要力量。为了更好地保护地理标志商标和促进区域经济发展，需要建立"地理标志商标保护基金"。该基金有两种方式，一种是政府出资并主导的基金，主要是扶持政策型基金，包括中央政府出资并管理的基金和地方政府出资并管理的基金；另一种是政府引导、社会参与的基金，主要是 NGO 型基金会。中央政府出资并管理的基金主要用于全国范围内地理标志商标的注册扶持和地理标志商标的相关协作工作，对地理标志保护中的薄弱工作进行专项强化，对经济价值大、社会影响高、全国地域分布广的地理标志进行专项地理标志商标保护等，增强地理标志商标吸引力，发挥地理标志商标的综合价值。地方政府出资并管理的基金主要用于本地地理标志的注册、保护、打假、认证许可支持、市场服务等。政府出资并管理的基金可以是阶段性的，也可以是专题性的，也可以是长期性的。NGO 型基金会是民间社会组织，可以长期发挥社会力量，专业保护地理标志。

三、加强地理标志地方政府的作用和突出协会的作用

发展市场经济，要"充分发挥市场在资源配置中的决定性作用和更好地发挥政府作用"，一要突出协会在地理标志保护与发展中的市场中介作用，协会是地理标志企业、农户的利益共同体，要协调地理标志与政府、市场的关系，协调地理标志内部关系，真正做到"自立、自主、自强"，保护与发展地理标志；二要强化政府特别是地方政府在地理标志保护与发展中的重要引导作用，有时是主导作用，地方政府应将地理标志的相关部门和利益方协调起来，建立"地理标志保护与发展工作机制"（如地理标志保护与发展协调办公室、促进中心等），进行地理标志产业发展专项规划，并与区域经济发展规划相结合，更

好地运用与管理地理标志商标，促进区域经济发展。

四、强化地理标志商标运用与管理

地理标志是区域经济发展的"优势资源"。现在地理标志商标存在"重注册、轻应用、疏管理、缺服务"的问题。只有强化地理标志商标运用和管理，地理标志商标才具有生命力。强化地理标志商标运用与管理就是要细化地理标志商标运用和管理的各项具体工作，如地理标志商标注册人的代表性和合法性，注册人与政府、企业等各方的利益关系，地理标志商标的许可使用，产品品质监管，生产技术服务，市场打假和市场秩序维护，市场开拓和商标宣传，地理标志产业发展等。地理标志商标的综合价值体现在地理标志商标运用和管理的具体工作中。加强地理标志商标运用和管理，不只是收费，需要建立相关规章制度和工作规范，需要加强服务。

五、加大地理标志商标宣传力度

地理标志商标是一个新生事物，社会认知度不高，急需国家加大地理标志商标宣传力度，提高地理标志商标的社会影响力和知名度。地理标志商标的社会认知和认可是地理标志商标事业的基础。地理标志商标宣传需要政府、协会和企业等多层次、多手段、多地域的宣传。考虑到地理标志商标的特殊性，政府、协会和企业的宣传着重点不同，中央政府侧重于地理标志商标专用标志的宣传和重点地理标志的推荐，地方政府和协会侧重于本地地理标志的宣传和重点企业品牌的推荐，企业侧重于本企业品牌宣传和本地地理标志商标的附加宣传。宣传形式多种多样，如报纸、电视、互联网、微信平台、专题活动等媒介和手段。

六、搭建地理标志商标促进区域经济发展交流平台

从全国来看，运用地理标志商标促进区域经济发展工作还处在探索阶段，需要搭建交流平台，开展交流活动，总结交流地理标志商标运用管理与区域经济发展中出现的新情况、新举措、新经验、新模式，探索建立适合我国国情的地理标志商标工作机制。

七、系统化地理标志保护管理工作

现在，我国地理标志制度是一种"混合型"，多部门进行登记注册，管理比较分散，在一定程度上影响地理标志保护与发展效果。基于我国国情，对地理标志保护管理应采用系统化管理方式，建立"系统化保护管理机制"，统一规划地理标志保护与发展目标，协调各个部门的地理标志相关日常管理工作。

参考文献

[1] 吕苏榆. 地理标志保护研究——基于农业区域品牌化发展视角的思考 [M]. 知识产权出版社，2011.

[2] 刘福刚. 中国地理标志发展报告 2013 [M]. 中国大地出版社，2013.

[3] 地理标志综合评价课题组. 第二次全国地理标志调研报告 [R]. 北京中郡世纪标志研究所，2011.

[4] 曾瑞平. 广西地理标志农产品开发与县域经济互动关系研究 [D]. 广西师范学院，2013.

[5] 朱海波. 中国地理标志农产品产业化发展研究——以宁夏大米为例 [D]. 中国农业科学院，2011.

[6] 高洪深. 区域经济学 [M]. 中国人民大学出版社，2013.

[7] 袁园. 农产品地理标志促进区域农业经济发展研究 [D]. 中国农业科学院，2009.

[8] 苏东水. 产业经济学 [M]. 北京：高等教育出版社，2010.

[9] 杨波. 关于农产品地理标志保护及产业发展研究 [D]. 山西农业大学，2013.

[10] 杜强，贾丽艳. SPSS 统计分析从入门到精通 [M]. 人民邮电出版社，2011.

FENBAOGAO 7 SHANGBIAO MIJIXING CHANYE
YU JINGJI FAZHAN YANJIU

分报告7　商标密集型产业与经济发展研究

　　本课题主要是以商标密集型产业为研究对象，采用定量评估方法研究商标密集型产业对整个中国经济的贡献。首先，采用多种方法如基于市场主体与行业类别匹配结果计算的商标密度法、绝对申请量法和基于商标类似群与行业类别匹配结果计算的商标密度法综合识别和评估中国商标密集型产业，并分析中国商标密集型产业的基本情况和特征。综合各种方法的计算结果，通过加权平均共甄别和筛选出来40个商标密集型产业。在识别、梳理和分析中国商标密集型产业的基础上，本报告对商标密集型产业的现状特点和经济贡献做进一步的研究，主要的研究结论如下：

　　第一，自2009年以来，商标密集型产业增加值占GDP的比重逐年提高，2009—2012年，我国主要的商标密集型产业增加值合计

60.82 万亿元，占当期国内生产总值 GDP 的 35.11%。

第二，2009—2012 年四年中商标密集型产业所创造的就业绝对数量在稳步提升，四年当中，平均每年可创造 9414.87 万人的就业机会，占全部城镇、私营单位就业人数的 45.61%。

第三，2009—2012 年间商标密集型产业的城镇单位就业人员平均工资均要明显高于非商标密集型产业的薪资水平，"工资溢价"最高可达 21.11%，四年的平均溢价水平为 19.60%。

第四，商标密集型产业工业企业的出口交货值占出口总额的比例平均为 71.18%，而且，自 2009 年以来商标密集型产业的出口交货值占销售产值比重约为非商标密集型产业的 3.6 倍，表明商标密集型产业的产品比非商标密集型产业的产品具有更高的产品出口水平和更强的国际出口竞争力。

第五，从国际比较看，我国商标密集型产业的 GDP 贡献率（35.1%）略高于欧盟（34%）和美国（31%），但就业贡献率（45.6%）要远高于欧盟（21%）和美国（15.7%）。从薪资溢价比上看，我国商标密集型产业的薪资溢价比（19.6%）要低于欧盟（42%）和美国（36%）。以上数据表明我国商标密集型产业的相对优势低于欧盟和美国。

进一步分析我国商标密集型产业发展现状结构及特征，研究发现，我国商标密集型产业分布在第一产业（2 个）、第二产业（20 个）和第三产业（18 个），占总体国民经济行业（行业大类代码共 96 个）的 41.67%，主要呈现如下六大特征：

1. 我国商标密集型产业仍处于发展初期；

2. 我国商标密集型产业普遍市场化程度较高，竞争激烈；

3. 商标密集型产业具有较多高价值品牌，推动品牌价值成长；

4. 商标密集型产业吸纳就业能力较强;

5. 从第二产业看,重点商标密集型产业的行业净利润率较高。

6. 我国商标密集型产业强度均值较高,但是高水平商标密集型产业商标量偏低,与美国和欧盟相比存在较大差距。

以上特征产生原因可能是商标密集型产业属于高附加值、高回报产业,表明商标在提升产业附加值和利润方面有一定作用。但也应当看到,我国商标密集型产业发展还有较大提升空间,需要继续发挥和加强商标在这些产业中的作用,进一步提升商标强度。

因此,提出以下相应建议:第一,充分认识到商标密集型产业在国民经济发展中的地位,推动商标密集型产业在国民经济中发挥更大作用。第二,以商标密集型产业发展为抓手,大力推进企业商标培育、投入和管理工作。第三,以商标密集型产业为切入点,继续加强推进商标品牌战略实施,促进中国从"商标大国"向"商标强国"推进。第四,加强商标对产业发展的促进作用。第五,开展专项、专门的商标注册保护、运用和管理推进工作,促进商标密集型产业发展。第六,加快各项政策落实,营造激励商标注册和保护的制度环境。

导　论

一、研究背景及商标密集型产业定义

在全球综合国力日趋激烈的竞争中，要打造中国经济"升级版"，创新发展，成为我国经济走出瓶颈的新驱动力。纵观中国发展历史，创新扮演着越来越重要的角色，有效促进了中国经济的增长。特别是2012年党的"十八大"明确提出：科技创新是提高社会生产力和综合国力的战略支撑，必须摆在国家发展全局的核心位置；习近平总书记强调实施创新驱动发展战略决定着中华民族的前途命运；李克强总理也多次强调要注重创新驱动，增强经济增长内生动力。可以预见，现在乃至未来，创新的作用愈加重要，国家对其重视程度将不断加强。

当然，一个有效的知识产权体系在保护创新方面显得尤为重要。随着经济社会的不断发展，知识产权已经成为带动经济发展和产生经济效益的重要因素。商标作为知识产权的重要内容之一，受商标战略的大力推进以及品牌经济效益的驱动，得到社会各界越来越多的关注和重视，全国商标申请注册意识不断提高。目前，我国商标申请注册步入了快速发展阶段，全国市场竞争形势已由产品竞争转变为品牌之间的竞争，商标的重要性日渐彰显。但是商标作为企业的无形资产，由于很难准确计算出它所带来的确切收益，在我国的企业决策中往往得不到应有的重视，商标在国民经济发展中的地位也往往受到了忽视，直接导致反映国家软实力的"无形资产"无法真实展现其现实价值。

因此，具体量化研究商标的经济价值迫在眉睫，从我国研究文献中可以发现，大多专家学者致力于研究专利对经济的贡献，并且研究的指标相对狭窄，很难全面反映商标的经济效益。近些年国外也才开始相关研究，如美国商务部2012年发布了《知识产权与美国经济：产业聚焦》，欧洲专利局和欧洲内部市场协调局2013年共同发布了《知识产权密集型行业对欧盟经济和就业的贡献》的报告，全面地评估了知识产权的密集应用对经济带来的影响。相比而言，我国关于此方面的文献还比较片面和分散，缺乏系统评估商标对国民经济社会的贡献的研究。

知识产权的授予和保护是促进创新和创造力的关键，是市场经济下发挥市场决定性作用的基本要素。专利、商标和版权是建立发明和创意所有权的主要手段，为公司、员工和消费者从创新中获益提供了法律基础。没有知识产权框架，知识产权的创造者就会丧失自己的经济权益，没有知识产权保护，企业投入就会成为沉没成本。当今社会，知识产权日益成为国家发展战略性资源和实现综合国力竞争的核心要素。商标作为知识产权最重要的组成部分，已经在国民经济中发挥重要作用。在此背景下，系统评估我国商标对国民经济社会的贡献日益迫切。为更好与一流发达国家知识产权发展对比，寻找差距，开展商标密集型产业对经济影响的研究，聚焦于商标密集型产业，以定量评估的方法研究商标密集型产业在经济中的作用，结合宏观经济数据，定量和定性说明商标密集型产业对中国经济做出的杰出贡献，有利于加大全社会对商标的重视程度，增强全社会的品牌意识，为制定推动知识产权开发和利用相关政策提供决策依据。

国际上通常将根据某些方法测度出商标密度高于平均水平的行业定义为商标密集型产业，如欧盟、美国等将采用单位就业人数的商标数量作为计算商标密度的指标。为更好与一流发达国家知识产权发展对比，并能够反映中国商标发展中的特殊情况，本报告综合了美国、欧盟以及其他测度方法来计算商标密度，以此作为中国商标密集型产业的衡量标准。

二、研究思路与方法

本课题以商标密集型产业为研究对象，采用定量评估方法研究商标密集型产业对整个中国经济的贡献。数据主要来源于国家工商总局、国家统计局、国家人力资源和社会保障部、中国海关等相关部门。

主要思路为：第一，通过国家工商总局的商标注册全数据库、市场主体数据和国家统计年鉴的劳动就业数据确定哪些行业为商标密集型产业；第二，从 GDP、就业、薪资和外贸等方面，采用定量评估方法研究商标密集型产业对经济发展的贡献；第三，从三次产业、高新技术产业、文化创意产业等维度考察商标密集型产业的分布情况，并从行业规模、企业数量、总产值和从业人数，以及与国外商标对比等方面进一步地挖掘商标密集型产业的发展及特征。

三、关于本报告数据处理的有关说明

（一）商标将商品或服务进行类别划分时采用国际尼斯分类，并没有按照产业进行划分，因此没有商标对应的产业分类，我们具体确定哪些行业是商标密集型产业，并且评估这些产业对国内生产总值（GDP）、就业以及其他经济指标的贡献，首先要建立商标注册国际分类与国民经济行业分类相对应的数据模型。具体的方法以及确定商标密集型产业概念将在第三章中详细阐述。

（二）课题中涉及商标的数据涵盖了 2009—2012 年共四年数据，主要是尽量避免 2008 年经济危机可能造成的影响，通过四年数据而不是一年可避免可能存在的特殊因素对研究结果造成影响，并且这四年商标发展比较稳定。根据上述原因，课题最终选取 2009—2012 年数据进行研究，可以使报告更趋于准确。

（三）经济数据中涉及多个来源，其数据也有不同的标准，如海关进出口数据是采用 HS Code 编码进行统计，在使用此类数据有必要先进行与国民经济行业分类进行有效对应；在研究 GDP 贡献时需用到的行业增加值数据在年鉴统计中无法获取到行业大类分类，故采用产值比例法，具体方法内容将在第三章进行阐述。

四、研究框架与文章结构

第一章是绪论，主要介绍研究背景意义、研究思路和方法；第二章是理论框架，主要阐述商标密集型产业促进经济发展的理论依据；第三章是商标密集型产业的界定，主要介绍数据来源、处理以及商标密集型产业的界定方法和筛选结果；第四章是商标密集型产业与经济发展研究，主要从 GDP、就业、薪资和外贸等角度研究商标密集型产业对宏观经济发展的贡献度；第五章是商标密集型产业的发展及特征，对第三章界定出的商标密集型产业进行多维度特征发展描述；第六章阐述报告主要结论并提出相关政策建议。

文章的主要逻辑架构图如下：

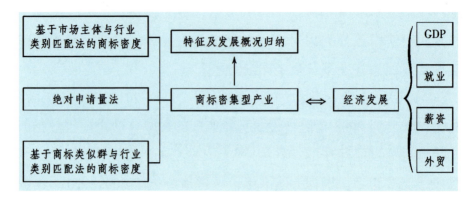

图 8—1　总体研究框架

商标价值、 商标密集型产业与经济发展

一、商标

商标是体现商品差异化的重要标志，通过塑造差异化产品与竞争对手形成有效区分，有助于产品跳出日益同质化竞争的困境，助推企业争夺市场份额，提高企业经济效益；同时商标也是企业的重要无形资产，反映了市场经济状况，推动了区域经济发展，体现了地区的综合竞争力。

商标起源由来已久，原始社会中部族的图腾、手工艺品及其物品上的符号记号等是商标形成的萌芽。青铜时代铜器上的铭文为商标奠定了基础。封建时期随着生产发展，商标开始繁荣起来，但受物流所限，商标的流通范围并不广泛。新中国成立后，商标使用和管理逐渐走向正规化，各项法律法规逐渐完善，1982 年《中华人民共和国商标法》制定，1993 年、2001 年、2013 年三次修正。2008 年国务院印发《国家知识产权战略纲要》，2009 年 6 月国家工商总局出台《关于贯彻落实〈国家知识产权战略纲要〉大力推进商标战略实施的意见》。截至 2013 年年底，我国商标申请量已高达 188.15 万件，连续 12 年位居世界第一，国外申请人通过马德里体系指定中国的商标注册申请量达到 20275 件，我国已连续 9 年成为马德里联盟被指定最多的国家。

1963 年我国颁布《商标管理条例》和《商标管理条例施行细则》，将商品分为 78 类。1988 年，我国开始采用《商标注册用商品和服务国际分类》（尼斯分类）中的商品分类，自此我国始终遵守对世界知识产权组织的承诺，及时与国际做法和国际标准接轨。2014 年 5 月实施的新《商标法》，进一步完善了对商标权利的保护，使商标的行政、司法程序更加和国际接轨。

二、商标与经济关系

（一）商标密集型产业与经济发展

1. 商标密集型产业与促进消费、扩大内需

商标密集型产业的形成有助于促进消费，拉动内需，进而调整消费结构和经济结构。市场经济就是品牌经济，消费市场也就是品牌市场。商标作为消费者选择商品的媒介，可以有效地引导和促进消费，提高消费在经济发展中的比重。如今，为了在日益激烈的市场竞争中获得竞争优势和主导地位，越来越多的企业开始借助塑造品牌形象来扩大市场份额，提高其产品市场占有率和产品竞争力。商标密集型产业促进消费至少有两种途径。第一，假冒伪劣商品横行一定会抑制消费，而实施国家商标战略，商标密集型产业中的企业重视商标专用权的保护和运用，可以提升企业商誉，确保产品质量，提高附加值，促使商标增值，进而使假冒伪劣商品和无商标产品的生存空间越来越小，使消费者的消费安全感越来越强，有助于促进消费；第二，商标密集型产业中的企业创新激励性强，商品的品种丰富，有利于不断形成新的消费热点，从而拉动消费。

2. 商标密集型产业与产业结构升级

农业：在发展农村经济、增加农民收入、推进农业产业化经营、加快产业升级上，商标发挥着关键的纽带作用。通过增加农副产品的商标注册率，可以不断提高农副产品的商品化率。连锁超市逐步取代传统的农贸市场，倡导农业生产经营者使用注册商标已是一项十分紧迫的工作。以商标为纽带的订单农业，可以加快推进农业产业化，采取"公司+商标+农户"的战术，促使农业生产要素向品牌优势生产经营主体转移，以此提升农业的组织化程度，促进农业结构调整，加快产业升级。

制造业：在推进制造业内部产业结构转型上，商标发挥着重要的导向作用。我国制造企业长期以来在国际竞争中以低价取胜、以成本优势扩张的出口策略正面临严峻的挑战，制造业已经到了必须通过转型来实现新增长、应对新挑战的时刻。而加快自主知识产权的培育，重视商标的作用与品牌的建设，对推进制造业内部产业结构转型来说，则是导向性的发展目标。国外发达国家的实践证明，企业发展的高级阶段就是以商标特许的方式把生产外包，而开发厂商由于掌握着最重要的商标和网络资源，从而获得了最大的利润。

服务业：服务业通过商标建立差异化的服务品牌形象，有助于企业在市场竞争中占据优势，甚至具有更高的市场"溢价"。消费者在市场中更愿意选择有品牌的企业，例如消费者更信任品牌更好的银行存款等；在加快提升现代服务业竞争力上，商标发挥着强有力的支撑作用。现代服务业的发展催生更多样化的服务和产品满足人的物质和精神需求，如基于信息技术的现代物流、金融、专业技术服务等，以及影视文化、数字图书等产品，这些产品和服务更需要通过商标来加强其知识产权保护力度，支撑其市场发展和竞争；此外，现代服务业的重点服务企业的产品品牌化、品牌高知名度化对于改善服务产品的质量、维护服务产品的信誉、建立以诚信为本的市场经济至关重要。

3. 商标密集型产业与国际竞争、对外贸易

目前国际竞争，资产规模的价值作用已明显减小，品牌与商标的价值和作用日益增大。由于品牌与商标具有凝聚核心技术、自主知识产权、优秀人才、现代管理手段、严格的质量管理和优质的市场服务等一系列软资源的巨大力量和作用，未来的国际竞争，不是产品的竞争、价格的竞争与服务的竞争，而是品牌与商标的竞争，全球化竞争需要全球化的品牌与商标，品牌与商标是打开国内市场的通行证，是通向国际市场的绿卡，全球市场经济格局最终的稳定格局是品牌与商标切分市场，也就是说品牌与商标对于形成和提高国际竞争力具有重要作用。

发达国家对发展中国家的经济战略，有一个"三部曲"：第一步输出产品，第二步输出资本，第三步输出品牌与商标，早已摒弃了单一的输出产品和输出资本的方式。目前发达国家经济主体不再以产品生产为基础，而致力于品牌与商标经营、技术开发与创新、资本运营及与之相关的系列服务。

4. 商标密集型产业与企业战略、市场活力

企业的竞争力从短期而言，取决于产品质量和性能，从长期来看，取决于商标战略与品牌。目前许多同类产品日趋同质化，但市场效果差别明显，问题就出在支持产品的品牌与商标不同。一些具备国际竞争力的企业大都实现了由产品经营到资产经营、到资本经营、再到品牌与商标经营的飞跃，以商标——品牌为核心纽带已成为企业重组和资源重新配置的重要机制。企业及其产品若没有好的商标与品牌作依

托，很难在国内或者国际激烈竞争的市场上立足。

所以，重视商标战略在企业竞争乃至国际竞争中的作用，可以激发市场良性竞争，引导企业持续不断在商标等智力创造活动方面进行投资，从而促进技术创新、进步，能够让企业在有效的竞争性市场上向消费者提供具有某种价值的产品或服务的过程中超越或胜过其他竞争对手，能够在一定时期内创造市场主导权并且获得高于所在产业平均水平盈利率的超额利润。这样的话，企业在商标战略引导下逐步扩大企业规模，创造更高的产业附加值，为社会提供更多的就业机会，有能力为企业员工提供更高的薪资水平。

（二）国内外政策理论及研究

商标与经济发展密切相关，作为无形资产的商标，在增强企业市场竞争力，争夺市场份额方面功不可没，有效提升了企业的经济效益。从另一个方面看，企业主体是推动我国经济持续发展的主要力量，对经济发展具有重要的拉动作用，这也说明商标在推动经济方面贡献了自己的力量。在《关于贯彻落实〈国家知识产权战略纲要〉大力推进商标战略实施的意见》中明确了"到 2020 年，把我国建设成为商标注册、运用、保护和管理水平达到国际先进水平的国家"的目标，各地方政府也均强调商标战略在增强区域竞争力的重要性，要求全面深入实施商标战略。

商标强大的经济效益强力推动了经济的发展，2012 年美国商务部发布的《知识产权与美国经济：产业聚焦》显示：商标密集型产业为美国经济贡献了 4.5 万亿美元，占 GDP 的 31%；提供直接间接就业岗位达 3570 万个。2013 年欧洲专利局和欧洲内部市场协调局共同发布的《知识产权密集型行业对欧盟经济和就业的贡献》中，商标密集型行业为欧盟带来了约 21% 的就业和 34% 的 GDP。

在中国，诸多文献显示知识产权当然包括商标有力促进了中国经济发展，如吴凯、蔡虹等《中国知识产权保护与经济增长的实证研究》表明在中国现有经济发展水平下，加强知识产权保护能够促进中国经济的发展；国家自然科学基金资助项目《知识产权与中国经济增长的协整关系研究》提出，知识产权对中国经济增长具有显著正向促进作用，发明专利授权量增长 1%，将导致国内生产总值上升 0.390%；国家社科基金项目《中国知识产权综合评价指标体系设计及应用研究》中《知识产权保护与江苏经济增长的实证研究》表明，各项知识产权都对江苏经济增长有或多或少的贡献，其中驰名商标对江苏经济增长的贡献最大。以上文献均从不同侧面反映了知识产权确实促进了经济增长，但是没有全方位地展现知识产权与经济发展的关系。在目前国内还未出现具体量化两者关系研究报告的前提下，本课题以商标密集型产业为单位，从 GDP、就业、对外贸易、薪金等多个指标角度进行研究，全方面探寻商标与经济发展的关系。

第三章
我国商标密集型产业的界定

一、经济数据来源与处理

（一）经济数据

1. 数据来源的说明

GDP 贡献考察的数据来源于国家统计局，包括产业门类、行业大类代码、以及对应的行业增加值和总产值数据。

就业数据来源于国家统计局统计年鉴，包括行业门类、就业人数、劳动报酬等数据，其补充数据来源于《中国劳动统计年鉴》，主要是对行业门类就业数据的细化，包括行业大类代码、就业人数、劳动报酬、区域等数据。

在对贸易影响研究中考虑到海关采取的 HS Code 编码与行业分类编码区别较大，且不具有明显的对应关系，故采用各行业的出口交货值数据来研究商标密集型产业的对外贸易的贡献度。

涉及的经济数据维度主要是基于行业大类代码，可能存在数据不全的现象，因此本报告还从历年的《中国统计年鉴》《中国工业经济统计年鉴》《中国基本单位统计年鉴》《中国人口和就业统计年鉴》

《中国贸易外经统计年鉴》等年鉴资料获取其补充数据。

2. 处理

（1）新旧行业分类数据的匹配

2011 年 4 月，国家质检总局和国家标准化委员会批准了由国家统计局修订的国家标准《国民经济行业分类》（GB/T4754—2011）。自 2012 年起，各类统计年鉴公布的数据均采用《国民经济行业分类》（GB/T4754—2011）的分类标准，但是 2012 年以前的统计数据均采用《国民经济行业分类》（GB/T4754—2002）的分类标准，由于本报告采用的宏观数据跨度 2009—2012 年，所以就需要进行新旧行业分类的匹配对接。本报告的处理方式是，衡量经济贡献时均采用国民经济行业的新分类标准，即 2012 年直接采用新行业分类数据，使用 2007—2011 年旧行业分类数据时按照新旧行业代码对照表转化为新行业分类下的相应数值，由于少量分行业大类数据无法实现转化，所以只能直接使用 2012 年的经济数据加以分析。

（2）增加值数据的处理

由于各类统计年鉴已不再公布细化到 96 个行业大类的增加值数据，而增加值是衡量经济发展中 GDP 贡献度的一个十分重要的行业指标，所以报告考虑采用总产值比例法来计算各行业大类的增加值。具体处理方法如下：把每个行业门类中各行业大类的总产值与行业门类的总产值数据的比值作为系数，将该系数再乘以行业门类增加值就得到每个行业大类的增加值，比如将农业总产值与农林牧渔业总产值的比值乘以农林牧渔业增加值以得到农业增加值数据。

（3）私营企业从业人员的计算方法

由于统计年鉴中统计的就业人数数据仅有城镇单位就业人员数，

这里面没有包括私营单位就业人员数。那么下面介绍本报告所采用的私营企业从业人员的计算方法。

以国家工商总局办公厅统计处的2009—2012年私营企业按行业门类汇总的雇工人数为基础计算，下面仅以2009年私营企业从业人员的计算为例。

从国家工商总局数据库中抽取按行业大类代码汇总的从业人员，计算此行业大类代码从业人员占行业门类的比例，如抽取的行业门类A中的01从业人员比例=（抽取的01从业人员/抽取的A行业门类从业人员）×100%；再将各比例乘以统计处的按行业门类汇总的雇工人数即可。

考虑到数据库中抽取从业人员可能存在质量问题，我们将抽取的从业人员按行业门类汇总，如果汇总的人数与统计处的人数差距在30%以外，可以将此行业数据当做不可靠数据，此时采用行业大类代码企业数量比例，如抽取的行业门类A中的01私企数量比例=（抽取的01私企数量/抽取的A行业门类私企数量）×100%；或是企业资本比例，如抽取的行业门类A中的01私企资本比例=（抽取的01私企资本/抽取的A行业门类私企资本）×100%来修正，根据实际情况，大多数情况将第二产业采用资本比例来处理，第三产业采用企业数量比例进行处理。

当然，从2009—2012年的具体数据来看，存在一部分行业差距在30%以外，但是各行业大类代码按从业人员比例、按企业数量比例、按资本比例基本上一致，对于此情况按三种比例计算的从业人员相差不大。

对于另外一些情况，如A行业差距在4倍以上，可以按企业数量比例进行修正；F行业差距也在4倍以上，我们也按企业数量比例进行修正。

验证：从F的行业大类代码51（批发业）、52（零售业）看，数据库中抽取的批发业从业人员占批发零售业的97.8%（2009年）、22.8%（2010年）、99.2%（2011年）、96.9%（2012年），可能存在问题，采用企业数量修改，最终批发业从业人员占批发零售业的72.7%（2009年）、72.5%（2010年）、72.1%（2011年）、71.1%（2012年）。为了验证这个数据，我们抽取北京市平谷区的年检信息的从业人员进行验证，发现平谷2009年批发业占74.4%，2012年占74.7%，总体而言，F行业采取按企业数量比例修正的方法是可行的。

（二）商标数据来源与匹配

1. 数据来源

涉及商标的数据均来源于国家工商行政管理总局商标局。

为研究商标密集型产业与经济发展关系，从国家工商总局商标数据库提取相应数据：

（1）商标基础信息库：主要是商标的基本信息，包括商标的申请日期、注册日期、类别、商标名称等。

（2）申请人/户卡库：主要是商标的申请主体信息，包括申请人名称、地址、联系方式等。

（3）商品信息库：主要是申请商标的商品信息，包括商标的商品名称、类号、类似群等。

（4）市场主体基本信息库：主要包括市场主体名称、地址、成立日期、行业大类、注册资本（金）等。

（5）企业变更信息库：主要是企业的变更记录，包括企业的注销信息、吊销信息。

2. 匹配流程

在《类似商品和服务区分表——基于尼斯分类第十版（2014 文本）》中商标注册分为 45 个类别，没有按照行业大类进行划分，为使商标类别与行业大类建立对应关系，本课题采用两种方法。

方法一：

（1）商标基础信息库与申请人/户卡库进行匹配，以得到一个新的数据库 A，该新的数据库 A 详细地记录了申请主体申请商标的情况。

（2）新数据库 A 再与市场主体基本信息库匹配，从而关联商标申请主体的基本信息。最终得到的数据库 B 主要包括商标注册号、商标名称、商标类号、商标申请人名称、行业大类等基本信息。

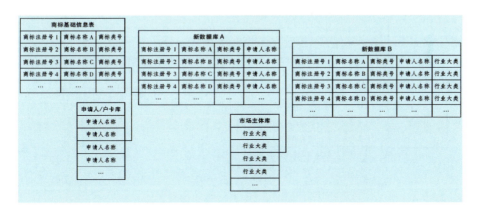

图 8—2　商标库与市场主体库基本匹配流程

通过商标基础信息与申请人/户卡表匹配，新数据库 A 共有 1315.39 万条商标数据记录，因本课题主要研究我国商标密集型产业与经济发展，因此需要对这 1315.39 万条数据进行处理：（1）取有效商标；（2）剔除外国（地区）在华注册商标（含马德里注册商标）；最终得到的中国有效商标共 708.63 万条①记录。

还应该看到，企业是中国经济发展的主要力量，研究中国企业注册的商标对中国经济贡献具有较大的代表意义。因此对中国有效商标再次处理，剔除个人、农民专业合作社、农场等注册商标，发现最终还有 509.25 万条中国企业注册商标记录。根据流程匹配，结果共有 400.93 万条记录完全匹配，匹配度达到 78.7%，还有 21.3% 的记录未匹配上，究其原因：一是企业名称变更，但未在商标局备案；二是库中企业名称不规范；三是部分申请人为个体工商户；四是企业退出市场等原因均可造成商标数据与总局数据不能匹配。

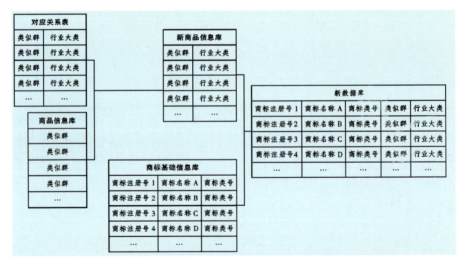

图 8—3　商标库与类似群库基本匹配流程

方法二：

（1）首先建立商标的类似群与行业大类对应关系表，将商标类似

---

① 此数据主要将专用权开始日期、专用权结束日期为空的记录以及国外商标记录剔除。

群与 96 个行业大类代码——对应，如商标第九类的类似群 0904（衡具）对应行业大类代码 34（通用设备制造业），类似群 0905（量具）对应行业大类代码 40（仪器仪表制造业）。

（2）在商品信息库中，将每一个商标的类似群与行业大类代码——对应，最终得到一个新的商品信息库。

（3）将新的商品信息库与商标基础信息建立匹配关系，即得到包括商标基本信息与行业大类的新数据库。

二、商标密集型产业的界定方法及分析

（一）基于市场主体与行业类别匹配法的商标密度

商标注册分为 45 个类别，没有按照行业大类进行划分，为使商标类别与行业大类建立对应关系，本课题采用前文介绍的两种匹配方法。第一种确定商标密集型产业的方法就是利用第一种匹配方法（即商标申请主体——市场企业主体——市场主体所属行业类别）得到的商标数据而计算得到密度值数据进而筛选出商标密集型产业。第二种方法是直接建立商标注册类似群与国民经济行业分类的对应表，然后直接按照商标所在行业进行匹配。那么，确定商标密集型产业的第一种方法就是利用第一种匹配数据得到的结果，在之后所采用的第三种方法则是采用第二种匹配数据得到的结果。

借鉴《知识产权和美国经济：产业聚焦》[①] 报告中所使用的高专利（商标）密集度产业划分计量法并结合中国的实际，我们采用两种不同的指标去衡量商标密度。我们定义某一行业的商标密度为该行业

---

① Economics and Statistics administration and United States Patent and Trademark Office. "INTELLECTUAL PROPERTY AND THE U. S. ECONOMY：INDUSTRIES IN FOCUS". 2012—03.

的商标注册数与该行业就业人员数的比值或者为商标注册数与该行业的企业法人数的比值，实际上考察的是某行业中每单位就业人员数所占有的商标数量和每单位企业数所拥有的商标数量。

1. 就业数据密度值

所谓商标密度，是指按照一个行业中 2009—2012 年的商标注册总数的均值，除以该行业 4 年的平均就业人员数，即：

$$某行业的商标密度 = \frac{该行业 2009—2012 年商标注册量总和/4}{该行业 2009—2012 年就业人数总和/4}$$

计算出 96 个行业的商标密度值。然后再计算出行业总体的商标密度平均水平为 2.68 个商标每千人。那么，96 个行业大类中大于平均水平的则认定为商标密集型产业，共找出 39 个商标密集型产业。由于《中国劳动统计年鉴》数据中只统计有每个行业大类的城镇就业人员数，但是城镇就业人员数不包括私营企业单位的就业数，所以在年鉴数据的基础上，报告把根据前文（参见前文章节：经济数据的来源与处理）阐述的计算方法而得到的私营企业就业人数数据补充进来，弥补年鉴数据的数据缺失。具体行业与指标见下表。

表 8—1 我国商标密集型产业商标密度值（就业数据）

行业大类代码	行业名称	商标密度（件/千人）
14	食品制造业	12.7885
67	资本市场服务	11.3735
75	科技推广和应用服务业	10.8693
73	研究和试验发展	9.2111
69	其他金融业	9.1131
64	互联网和相关服务	8.5885

续表

行业大类代码	行业名称	商标密度（件/千人）
21	家具制造业	8.0909
65	软件和信息技术服务业	7.4101
27	医药制造业	7.3448
87	文化艺术业	6.9942
51	批发业	6.0008
88	体育	5.9567
72	商务服务业	5.6810
26	化学原料和化学制品制造业	5.4626
37	铁路、船舶、航空航天和其他运输设备制造业	5.4350
24	文教、工美、体育和娱乐用品制造业	5.4306
13	农副食品加工业	5.3454
40	仪器仪表制造业	5.3275
36	汽车制造业	4.9517
38	电气机械和器材制造业	4.8429
41	其他制造业	4.6526
04	渔业①	4.6274
86	广播、电视、电影和影视录音制作业	4.4969
43	金属制品、机械和设备修理业	4.3114
18	纺织服装、服饰业	4.2550
33	金属制品业	4.1427
74	专业技术服务业	4.0667

---

① 渔业从业人员未包含农村人口，因此商标密度得分会有所偏高。

行业大类代码	行业名称	商标密度（件/千人）
20	木材加工和木、竹、藤、棕、草制品业	4.0061
19	皮革、毛皮、羽毛及其制品和制鞋业	3.7990
81	其他服务业	3.7372
89	娱乐业	3.3305
16	烟草制品业	3.3017
52	零售业	3.3017
29	橡胶和塑料制品业	3.0388
34	通用设备制造业	3.0050
03	畜牧业	2.9396
62	餐饮业	2.7395
80	机动车、电子产品和日用产品修理业	2.7253
01	农业①	2.7182

2. 企业数数据密度值

首先，根据之前匹配的数据，得到 2009—2012 年 96 个行业大类的商标注册量数据以及各行业企业法人数数据。为了找出商标密集型产业，根据公式：

$$某行业的商标密度 = \frac{该行业 2009—2012 年商标注册量总和/4}{该行业 2009—2012 年就业人数总和/4}$$

计算出 96 个行业的商标密度值。然后再计算出行业总体的商标密度平均水平为 0.0794 个商标每企业法人。那么，96 个行业大类中大于平均水平的则认定为商标密集型产业，共找出 34 个商标密集型产

---

① 农业从业人员未包含农村人口，因此商标密度得分会有所偏高。

业。具体行业与指标见下表。

表 8—2　我国商标密集型产业商标密度值（企业数数据）

行业大类代码	行业名称	商标密度（件/每法人）
16	烟草制品业	2.1971
67	资本市场服务	0.9159
56	航空运输业	0.6726
27	医药制造业	0.5084
73	研究和试验发展	0.4791
53	铁路运输业	0.3877
88	体育	0.3629
87	文化艺术业	0.3612
14	食品制造业	0.3458
75	科技推广和应用服务业	0.3410
24	文教、工美、体育和娱乐用品制造业	0.2982
15	酒、饮料和精制茶制造业	0.2911
86	广播、电视、电影和影视录音制作业	0.2486
65	软件和信息技术服务业	0.2110
18	纺织服装、服饰业	0.2041
85	新闻和出版业	0.1927
19	皮革、毛皮、羽毛及其制品和制鞋业	0.1853
66	货币金融服务	0.1728
40	仪器仪表制造业	0.1680
26	化学原料和化学制品制造业	0.1654
38	电气机械和器材制造业	0.1552

续表

行业大类代码	行业名称	商标密度（件/每法人）
76	水利管理业	0.1359
21	家具制造业	0.1319
37	铁路、船舶、航空航天和其他运输设备制造业	0.1169
39	计算机、通信和其他电子设备制造业	0.1074
13	农副食品加工业	0.1073
28	化学纤维制造业	0.1050
74	专业技术服务业	0.1032
25	石油加工、炼焦和核燃料加工业	0.0937
36	汽车制造业	0.0918
72	商务服务业	0.0910
01	农业	0.0873
33	金属制品业	0.0854
51	批发业	0.0798

（二）绝对申请量法

绝对申请量法主要是通过筛选出每一年度注册商标数量最多的500户企业，确定其归属的行业大类，以此统计2009—2012年间企业所属行业出现的次数。为了进一步分析商标密集产业的发展以及确保方法的稳健性，以2008年为界（主要考虑金融危机的影响），分为2004—2008年和2009—2012年两个时间段分别进行计算对比。为了能统一量纲，并与其他两种方法相对应，我们将统计出来的各行业出现的次数，首先通过公式将其标准化，然后借助 NORM. DIST 函数将标准化后的值转化到 0 与 1 之间，结果如下表所示。可以看出 2004—2008 年超过平均值 0.4492 的行业主要有 32 个；2009—2012 年间超过平均值 0.4537 的行业主要有 35 个。从各行业两阶段的数值上看还是有所变化，除了后一阶段新增了 6 个减少了 3 个高于平均值的行业外，其余行业的变化并未影响最终结果。

表 8—3　绝对申请量法结果

行业大类代码	行业名称	2004—2008 年平均值	2009—2012 年平均值
01	农业	0.47	0.49
13	农副食品加工业	0.58	0.56
14	食品制造业	0.93	0.83
15	酒、饮料和精制茶制造业	0.90	0.76
16	烟草制品业	0.47	0.41
17	纺织业	0.61	0.50
18	纺织服装、服饰业	0.96	0.96
19	皮革、毛皮、羽毛及其制品和制鞋业	0.48	0.42
21	家具制造业	0.37	0.49
24	文教、工美、体育和娱乐用品制造业	0.53	0.51
26	化学原料和化学制品制造业	0.96	0.83
27	医药制造业	1.00	0.66
29	橡胶和塑料制品业	0.54	0.42
30	非金属矿物制品业	0.49	0.50

续表

行业大类代码	行业名称	2004—2008 年平均值	2009—2012 年平均值
33	金属制品业	0.65	0.63
34	通用设备制造业	0.62	0.55
35	专用设备制造业	0.49	0.49
36	汽车制造业	0.67	0.63
37	铁路、船舶、航空航天和其他运输设备制造业	0.57	0.52
38	电气机械和器材制造业	0.92	0.77
39	计算机、通信和其他电子设备制造业	0.68	0.54
40	仪器仪表制造业	0.45	0.49
50	建筑装饰和其他建筑业	0.36	0.46
51	批发业	1.00	1.00
52	零售业	0.82	0.95
62	餐饮业	0.48	0.47
63	电信、广播电视和卫星传输服务	0.45	0.50
64	互联网和相关服务	0.48	0.56
65	软件和信息技术服务业	0.63	0.80
66	货币金融服务	0.41	0.55
67	资本市场服务	0.41	0.51
70	房地产业	0.93	0.85
72	商务服务业	1.00	1.00
73	研究和试验发展	0.50	0.59
74	专业技术服务业	0.60	0.67

行业大类代码	行业名称	2004—2008 年平均值	2009—2012 年平均值
75	科技推广和应用服务业	0.73	0.77
86	广播、电视、电影和影视录音制作业	0.43	0.48
87	文化艺术业	0.40	0.51
总体		0.4492	0.4537

（三）基于商标类似群与行业类别匹配法的商标密度

第一种计算商标密度的方法是基于第一种匹配的方法，由于第一种方法关联了企业层面的数据，所以存在一定程度上由于企业数据缺失而导致的商标数据损失。所以，本方法采用商标注册类似群与国民经济行业分类直接对应的方法对商标所属行业进行直接的匹配。计算得出，行业总体的商标密度平均水平为 2.71 个商标每千人。那么，96 个行业大类中大于平均水平的则认定为商标密集型产业，共找出 35 个商标密集型产业。得到的结果如下表：

表8—4 我国商标密集型产业商标密度值（类似群方法）

行业大类代码	行业名称	商标密度（件/千人）
89	娱乐业	43.54
43	金属制品、机械和设备修理业	34.86
14	食品制造业	22.29
24	文教、工美、体育和娱乐用品制造业	20.98
69	其他金融业	20.14

续表

行业大类代码	行业名称	商标密度（件/千人）
26	化学原料和化学制品制造业	13.66
27	医药制造业	11.78
13	农副食品加工业	11.64
21	家具制造业	11.28
38	电气机械和器材制造业	9.02
20	木材加工和木、竹、藤、棕、草制品业	8.75
40	仪器仪表制造业	8.37
61	住宿业	8.3
18	纺织服装、服饰业	7.86
37	铁路、船舶、航空航天和其他运输设备制造业	7.73
35	专用设备制造业	6.94
36	汽车制造业	6.88
15	酒、饮料和精制茶制造业	6.7
80	机动车、电子产品和日用产品修理业	6.66
33	金属制品业	6.07
19	皮革、毛皮、羽毛及其制品和制鞋业	5.98
22	造纸和纸制品业	5.65
16	烟草制品业	4.98
17	纺织业	4.67
81	其他服务业	4.58
25	石油加工、炼焦和核燃料加工业	4.12

行业大类代码	行业名称	商标密度（件/千人）
72	商务服务业	4.03
63	电信、广播电视和卫星传输服务	3.97
30	非金属矿物制品业	3.84
34	通用设备制造业	3.84
74	专业技术服务业	3.49
65	软件和信息技术服务业	3.39
1	农业	3.39
79	居民服务业	3.29
23	印刷和记录媒介复制业	2.74

三、商标密集型产业界定

（一）商标密集型产业甄选方法

以上商标密集型产业三种方法各有优劣，从不同侧面反映了中国商标产业的发展状况，研究结论相互交叉及印证。为避免遗漏，更全面、系统、科学地甄选商标密集型产业，须综合以上三种方法，因此本报告采用比例加权法对商标密集型产业进行综合甄选。

第一，由于用就业数据计算的基于市场主体与行业类别匹配法的商标密度方法，优点在于能够充分把单位商标数量与就业关联，进而能够建立与产业发展的逻辑关系。缺点是对行业就业数据要求精准完善，而目前快速稳步发展的我国就业数据尚不能完全反应行业发展变化。

第二，按照企业数数据计算的基于市场主体与行业类别匹配法的商标密度方法，优点是充分考虑行业竞争主体数量和单位商标数量的关系，缺点是竞争主体数量并非都能反应行业发展情况，并且难以反应其对经济社会的作用。

第三，按照排名前 50 企业绝对申请量法，优点是对处于发展期的产业，其可以充分反映部分产业的商标活跃程度。缺点是不能充分全面反映商标注册情况。

第四，基于商标类似群与行业类别匹配法的商标密度方法，优点是全面建立了商标分类和国民经济行业分类的直接联系，有利于梳理商标注册数量并对应到行业分类中。缺点是鉴于目前没有科学对应关系，采用人为筛选对应法，难免存在主观性。

基于第一种方法即用就业数据计算的基于市场主体与行业类别匹配法的商标密度法更有利于分析与我国经济发展的关系，又是国际通行测算标准。因此，本报告以第一种方法即用就业数据计算的基于市场主体与行业类别匹配法的商标密度为主方法，然后用按照企业数数据计算的基于市场主体与行业类别匹配法的商标密度、绝对申请量法和基于商标类似群与行业类别匹配法的商标密度为辅助补充的方法，

鉴于以上重要性原因，我们综合采用以上四种方法，采用 7：1：1：1 加权方法，进而能够全面综合反映我国商标密集型产业发展。

如前文所述，为了能统一量纲，我们将每种方法计算出的数据指标首先通过公式将其标准化，然后借助 NORM. DIST 函数将标准化后的值转化到 0 与 1 之间，最后再利用比例加权法得到最终排名结果。其中，按照就业数据计算的基于市场主体与行业类别匹配法的商标密度赋予 70% 的比重，按照企业数数据计算的基于市场主体与行业类别

匹配法的商标密度赋予 10% 的比重，绝对申请量法赋予 10% 的比重，基于商标类似群与行业类别匹配法的商标密度占 10% 的比重。

根据甄选原则，根据计算出来最终得分值。

（二）我国商标密集型产业的确定

根据四种方法加权，本报告共筛选出 40 个商标密集型产业，具体见下表：

表 8—5　商标密集型产业计算测算结果

行业大类代码	行业名称	最终得分值（7∶1∶1∶1）
01	农业①	0.470
04	渔业②	0.614
13	农副食品加工业	0.749
14	食品制造业	0.960
15	酒、饮料和精制茶制造业	0.536
16	烟草制品业	0.586
18	纺织服装、服饰业	0.703
19	皮革、毛皮、羽毛及其制品和制鞋业	0.596
20	木材加工和木、竹、藤、棕、草制品业	0.606
21	家具制造业	0.855
24	文教、工美、体育和娱乐用品制造业	0.792
26	化学原料和化学制品制造业	0.798

① 农业为商标密集型产业可能因考虑农业产业相关从业人口，而未纳入全国农业人口。
② 渔业原因与以上同。

续表

行业大类代码	行业名称	最终得分值 （7：1：1：1）
27	医药制造业	0.900
29	橡胶和塑料制品业	0.485
33	金属制品业	0.634
34	通用设备制造业	0.503
35	专用设备制造业	0.483
36	汽车制造业	0.705
37	铁路、船舶、航空航天和其他运输设备制造业	0.736
38	电气机械和器材制造业	0.731
40	仪器仪表制造业	0.736
41	其他制造业	0.623
43	金属制品、机械和设备修理业	0.617
51	批发业	0.773
52	零售业	0.551
56	航空运输业	0.466
64	互联网和相关服务	0.780
65	软件和信息技术服务业	0.845
67	资本市场服务	0.877
69	其他金融业	0.870
72	商务服务业	0.776
73	研究和试验发展	0.840
74	专业技术服务业	0.619

续表

行业大类代码	行业名称	最终得分值 （7∶1∶1∶1）
75	科技推广和应用服务业	0.853
80	机动车、电子产品和日用产品修理业	0.468
81	其他服务业	0.560
86	广播、电视、电影和影视录音制作业	0.644
87	文化艺术业	0.805
88	体育	0.716
89	娱乐业	0.566

商标密集型产业与经济发展研究

一、国外研究进展

（一）美国研究

2012 年 5 月，美国商务部下属经济和统计管理局及美国专利商标局联合发布了《知识产权和美国经济：产业聚焦》的报告，该报告还使用了标准统计方法来明确哪些美国产业是专利最密集产业、商标最密集或版权最密集产业，并明确了"知识产权密集"产业的定义。利用美国政府的数据，报告研究了知识产权密集产业的重要趋势和经济特征，以及它们对美国经济的重要性。

报告有如下重要结论：报告认定 313 个总产业中的 75 个产业为知识产权密集型产业。2010 年这些知识产权密集型产业直接提供了 2710万个就业机会，占当年总雇佣数的 18.8%。其中，雇佣人员最多的美国知识产权密集型产业是 60 个商标密集型产业，提供了 2260 万个就业职位。2010 年，知识产权密集型产业为 GDP 贡献了 5.06 万亿美元，占当年美国国内生产总值（GDP）总额的 34.8%。2010 年的知识产权密集型产业的出口总额达 7750 亿美元，占美国当年商品出口总额的 60.7%。

(二) 欧盟研究

继美国之后，欧洲专利局（EPO）与欧盟内部市场协调局（OHIM）联合完成并发布了《知识产权密集型产业：对欧洲经济表现及就业的贡献》[1] 的研究报告。

研究结果表明，2008—2010 年间，知识产权密集型产业为欧盟带来了近26%的就业，其中近21%来自于商标密集型产业，12%来自于外观设计密集型产业，10%来自于专利密集型产业，而来自版权密集型和地理标志密集型产业的比例较小。同期，知识产权密集型产业带来了近39%的欧盟经济活动总量（GDP），即4.7 万亿欧元。知识产权密集型产业同时也占欧盟与世界上其他国家贸易的大部分份额，其中外观设计密集型、版权密集型和地理标志密集型产业的贸易均带来了贸易顺差。知识产权密集型产业也比其他产业具有更高的收入，薪资要高40%。这也符合知识产权密集型产业的人均附加值高于其他产业的事实。

二、国内商标密集型产业与 GDP 贡献

图 8—4 展示的是我国主要的商标密集型产业增加值总额和国内生产总值 GDP 的动态变化，其中需要说明的是由于第三产业的部分行业的增加值数据无法获取，故在计算商标密集型产业增加值总额的时候

---

① European Patent Office and the Office for Harmonization in the Internal Market. "Intellectual property rights intensive industries: contribution to economic performance and employment in the European Union". 2013—09.

图 8—4 主要商标密集型产业的 GDP 贡献（单位：万亿元）

并没有包括进来，但是我们仍然可以看出 2009—2012 年，我国主要的商标密集型产业增加值合计 60.82 万亿元，占当期国内生产总值 GDP 的 35.11%（参见表 8—6）。自 2009 年以来，商标密集型产业增加值占 GDP 的比重逐年提高，到 2012 年商标密集型产业的增加值已经达到 19.18 万亿元，GDP 占比 36.998%。另外，从商标密集型产业的增加值的增速来看，四年的平均增长率为 18.30%，要明显高于国内生产总值的年均增长速度，这也说明 2009—2012 年，商标密集型产业对国内生产总值的拉动作用是显著的，其对国内生产总值的贡献率要优于非商标密集型产业。

表 8—6 主要商标密集型产业的增加值及 GDP 占比（单位：亿元）

年　份	2009 年	2010 年	2011 年	2012 年	四年合计
商标密集型产业增加值	115863.1	138835.2	161693.5	191832.8	608224.6
全国 GDP	340902.8	401512.8	473104.0	518942.1	1734461.7
占　比	34.027%	34.619%	34.242%	36.998%	35.112%

　　从商标密集型产业的三次产业分布情况来看，第一产业中有农业和渔业是商标密集型产业，其占第一产业增加值的平均比例为61.27%；第二产业中属于商标密集型产业的行业共有20个，第二产业的商标密集型产业增加值占第二产业增加值总额的平均比例为50.10%；第三产业中的商标密集型产业例如批发零售业已经占到第三产业增加值总额的20.44%。所以，从GDP贡献的三次产业分布情况来看，商标密集型产业仍然占据着显著地位。

三、国内商标密集型产业与就业

图8—5　商标密集型产业的就业贡献（单位：万人）

　　上图展示的是我国商标密集型产业对就业的贡献，由于中国投入产出协会公布的《中国投入产出表》最近更新的只有2007、2010年，那么各行业的间接就业数据的计算就无法更新到2012年，所以本部分的就业考察的是各行业创造的直接就业量。2009—2012年四年中商标密集型产业所创造的就业绝对数量在稳步提升，2012年年底，商标密集型产业的城镇单位和私营单位总就业人员数已经达到10826.0万人，占到全部城镇、私营单位就业人数的 **44.51%**。这四年当中，平均每年可创造 9414.87 万人的就业机会，占全部城镇、私营单位就业人数的 **45.61%**。

表 8—7 商标密集型产业的就业及占比（单位：万人）

年　份	2009 年	2010 年	2011 年	2012 年	四年合计
商标密集型产业就业	8231.8	8834.4	9767.4	10826.0	37659.5
全国就业	18173.5	19207.3	20859.4	24324.7	82564.8
占　比	45.296%	45.995%	46.825%	44.506%	45.612%

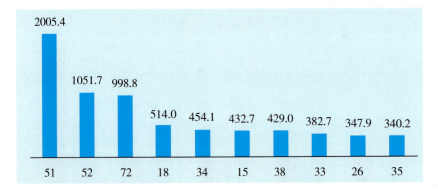

图例：51. 批发业　　　　　　　52. 零售业

　　　72. 商务服务业　　　　　18. 纺织服装、服饰业

　　　34. 通用设备制造业　　　15. 酒、饮料和精制茶制造业

　　　38. 电气机械和器材制造业　33. 金属制品业

　　　26. 化学原料和化学制品制造业　35. 专用设备制造业

图 8—6 商标密集型产业就业人数前 10 位行业（单位：万人）

具体地说，商标密集型产业创造就业机会排名前 10 位的行业分别为批发业，零售业，商务服务业，纺织服装，服饰业，通用设备制造

业，酒、饮料和精制茶制造业，电气机械和器材制造业，金属制品业，化学原料和化学制品制造业，专用设备制造业（参见图 8—6）。从排名前 10 位的行业分布来看，前 3 名属于第三产业，后 7 名属于第二产业工业行业，这也从侧面反映出近年来我国成长为工业制造业大国和第三产业及相关高新技术、创新产业的迅速成长壮大，与商标作用的发挥与保护、商标密集型产业的迅速发展有着密切的联系。

本文使用的就业包括城镇单位就业和私营单位就业。城镇单位就业又可以分为城镇集体单位就业、国有单位就业和其他单位就业，其中其他单位包括股份合作单位、联营单位、有限责任公司、股份有限公司、港澳台商投资单位以及外商投资单位等其他登记注册类型单位。商标密集型产业所提供的就业机会在城镇单位和私营单位就业中分布情况如图 8—7。从 2009—2012 年，商标密集型产业的就业分布情况基本没有太大变动，基本保持私营和其他单位就业人数最多，集体单位次之，国有单位就业人数最少的趋势。这也可能从一方面反映出私营、

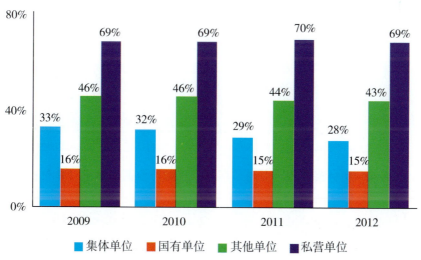

图 8—7 不同类型单位中商标密集型产业的就业分布情况

其他单位较国有、集体单位更加注重商标作用的发挥，这也有可能是由于前两者相对于后者来说，其产业竞争规模较大的原因。

四、国内商标密集型产业与薪资水平

2009—2012 年间，商标密集型产业的城镇单位就业人员平均工资均要明显高于非商标密集型产业的薪资水平，并且商标密集型产业的平均工资水平处于稳步上升的趋势中。从下图可以计算出，2012 年商标密集型产业相对于非商标密集型产业的"工资溢价"水平为 18.46%，而在这四年当中，"工资溢价"最高可达 21.11%，四年的平均溢价水平为 19.60%。商标密集型产业的就业员工相对于非商标密集型产业来说，具有更高的人力资本回报，这也是商标密集型产业经济作用的进一步体现。

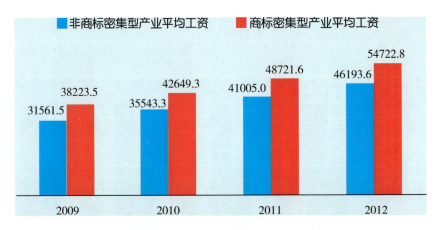

图 8—8　商标密集型产业与非商标密集型产业薪资水平（单位：元）

具体地说，在商标密集型产业员工平均工资排名前 10 位的行业分别是其他金融业、资本市场服务、软件和信息技术服务业、航空运输业、烟草制品业、互联网和相关服务、研究和试验发展、专业技术服务业、金属制品、机械和设备修理业和批发业。其中，有 9 个行业属于第三产业，1 个产业属于第二产业。

表 8—8　商标密集型产业的 2012 年城镇单位就业人员年平均工资

行业大类代码	行业名称	年平均工资水平（元）
69	其他金融业	157975
67	资本市场服务	140809
65	软件和信息技术服务业	107413
56	航空运输业	104864
16	烟草制品业	104825
64	互联网和相关服务	95577
73	研究和试验发展	78824
74	专业技术服务业	68080
43	金属制品、机械和设备修理业	60056
51	批发业	59679
86	广播、电视、电影和影视录音制作业	58821
75	科技推广和应用服务业	58002
72	商务服务业	53274
37	铁路、船舶、航空航天和其他运输设备制造业	51999
36	汽车制造业	49247
35	专用设备制造业	48010
40	仪器仪表制造业	46112
27	医药制造业	44806
34	通用设备制造业	44430

续表

行业大类代码	行业名称	年平均工资水平（元）
88	体育	43629
87	文化艺术业	43585
26	化学原料和化学制品制造业	43258
89	娱乐业	43127
38	电气机械和器材制造业	41966
14	食品制造业	40004
33	金属制品业	39101
41	其他制造业	38967
15	酒、饮料和精制茶制造业	38878
29	橡胶和塑料制品业	37662
21	家具制造业	36137
80	机动车、电子产品和日用产品修理业	36105
52	零售业	34221
18	纺织服装、服饰业	33826
13	农副食品加工业	32369
24	文教、工美、体育和娱乐用品制造业	32321
19	皮革、毛皮、羽毛及其制品和制鞋业	31391
81	其他服务业	31000
20	木材加工和木、竹、藤、棕、草制品业	30592
04	渔业	26668
01	农业	21301

五、国内商标密集型产业与外贸

因为中国海关总署的海关数据是采用 HS Code 编码进行统计，考虑到 HS Code 编码与行业分类编码区别较大，且不具有明显的对应关系，故采用工业产业的出口交货值数据来研究商标密集型产业的对外贸易的贡献度，之所以研究工业产业的数据，是因为工业的统计数据较为丰富，且是商标密集型产业中比较重要的组成部分，因此在外贸数据缺失的情况下，用工业产业即采矿业，制造业，电力、燃气及水的生产和供应业这三个门类行业来研究具有一定的代表性。具体来说，出口交货值指工业企业交给外贸部门或自营（委托）出口（包括销往香港、澳门、台湾），用外汇价格结算的产品价值，以及外商来样、来料加工、来件装配和补偿贸易等生产的产品价值。在计算出口交货值时，要把外汇价格按交易时的汇率折成人民币计算。从下表可以看出，商标密集型产业工业企业的出口交货值占出口总额的比例平均为 71.18%，这反映出商标密集型产业充当了我国出口的主力军，也说明商标的作用价值在国际出口贸易的竞争中扮演了很重要的角色。

表 8—9　工业产业商标密集型产业出口交货值及占比（单位：亿元）

年　份	出口交货值	出口总额	占比
2009 年	61303.4	82029.7	74.73%
2010 年	76227.7	107022.8	71.23%
2011 年	84765.5	123240.6	68.78%
三年合计	222296.6	312293.1	71.18%

另外，出口交货值占工业销售产值比重，是反映产品出口水平和产品国际竞争力水平的核心指标，具体计算公式如下。工业销售产值（当年价格）是以货币形式表现的、工业企业在本年内销售的本企业生产的工业产品或提供工业性劳务价值的总价值量。

$$出口额占比重 = \frac{出口交货值}{工业销售产值} \times 100\%$$

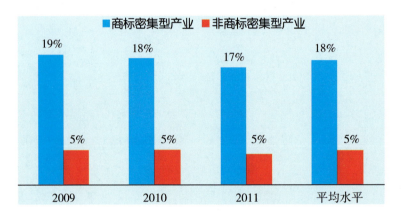

图8—9　工业产业出口交货值占销售产值比重动态比较

通过考察商标密集型产业和非商标密集型产业的出口交货值占工业销售产值比重的动态变化情况，可以看出商标密集型在对外出口竞争中具有的地位优势。自2009年以来商标密集型产业的出口交货值占销售产值比重虽然略微有所下降，但其历年比重均高于非商标密集型产业，前者约为后者的3.6倍，优势十分明显（参见图8—9）。表明商标密集型产业的产品比非商标密集型产业的产品具有更高的产品出口水平和更强的国际出口竞争力。

六、商标密集型产业的国际比较

表8—10　商标密集型产业经济贡献的国际比较

国家	GDP 贡献率	就业贡献率	薪资溢价比
欧盟	34%	21%	42%
美国	31%	15.7%	36%
中国	35.1%	45.6%	19.6%

欧盟的研究指出，2008—2010 年知识产权密集型产业带来了近39%的欧盟经济活动总量（GDP），即4.7万亿欧元。其中商标密集型产业贡献了34%；同期，知识产权密集型产业为欧盟带来了近26%的就业，其中近21%来自于商标密集型产业。经济理论表明，如果其他条件相同，每名工人产生更多附加值的产业为其工人支付的薪资将高于其他产业。因此，这一相关性可以用来检验知识产权密集型产业中更高的附加值是否反映在更高的薪资水平上。知识产权密集型产业的平均周薪为715欧元，高出非知识产权密集型产业507欧元41%。其中，商标密集型产业高42%，这也符合知识产权密集型产业的人均附加值高于其他产业的事实。

美国的研究指出，2010 年这些知识产权密集型产业直接提供了2710万个就业机会，占当年总雇佣数的18.8%。其中，雇佣人员最多的美国知识产权密集型产业是60个商标密集型产业，提供了2260万个就业职位。2010 年，知识产权密集型产业为（GDP）贡献了5.06万亿美元，占当年美国国内生产总值GDP总额的34.8%，其中，商标密集型产业为GDP贡献了4.5万亿美元，占GDP总额的近31%。2010 年，知识产权密集型产业的员工薪酬为平均每周1156美元，这比非知识产权密集型产业的员工薪酬高 42%，其中商标密集型产业平均工资比非知识产权密集型产业高 36%。

反观我国，2009—2012 年，我国主要的商标密集型产业增加值合计 60.82 万亿元，占当期国内生产总值（GDP）的 35.11%。2009—2012 年四年中商标密集型产业所创造的就业绝对数量在稳步提升，四年当中，平均每年可创造 9414.87 万人的就业机会，占全部城镇、私营单位就业人数的 45.61%。2009—2012 年间商标密集型产业的城镇单位就业人员平均工资均要明显高于非商标密集型产业的薪资水平，"工资溢价"最高可达 21.11%，四年的平均溢价水平为 19.60%。

在综述对比了欧盟、美国和我国的经济贡献指标后发现，中国的商标密集型产业相对非商标密集型产业的薪资溢价高出得不多的原因可能在于欧美国家更加重视商标等知识产权的战略地位，商标等知识产权体系保护发展得更为完善，所以在欧美国家商标密集型产业的薪资水平要比非商标密集型产业高出较多，但是在中国商标战略、意识、保护水平可能都不如发达国家，所以商标密集型产业相对于非商标密集型产业的发达水平并不明显，导致其薪资溢价水平比较低；此外，由于我国商标密集型产业中企业中具有国内外知名度高的品牌不多，大部分从规模、品牌和实力仍处于发展阶段，因此会导致两者对比中差异不大明显。

另一方面，由于欧盟美国的研究数据可以达到 4 位行业，但是中国的商标密集型产业研究由于数据有限只能精确到 2 位行业，所以在统计 GDP 和就业的时候，难免会导致部分的高估。

根据数据研究，我国商标密集型产业存在高 GDP 贡献率、高就业贡献率和比较明显的工资溢价水平，同时商标密集型产业对对外贸易也有较大的贡献。所以说商标密集型产业在整个产业结构中处于一个较为重要的地位，应继续重视商标密集型产业的发展，发挥商标密集型产业的创新、带动作用，优化产业结构。

我国商标密集型产业发展及特征

通过前文的分析，我们已确定出我国属于商标密集型的产业，接下来试图通过定量和定性相结合的方式分析商标密集产业近年发展的基本情况，并挖掘这些商标密集型产业所共有的特征。

一、商标密集型产业的基本概况及发展

（一）商标密集型产业的总体概况

1. 商标密集型产业在三大产业分布情况。结合图表 8—11 商标密集型产业结果的展示，可以看到我国商标密集型产业主要分布于第二产业（20 个）和第三产业（18 个），而属于第一产业的行业只有农业和渔业。从 2009—2012 年每年商标注册数量前 500 强所属行业角度看，农业和渔业在第一产业中占比 73.59%；属于第二产业的商标密集型产业在第二产业中占比 66.31%；属于第三产业的商标密集产业在第三产业中占比为 89.63%。

2. 商标密集型产业中高新技术产业分布情况。高技术产业（制造业）是指国民经济行业中研发（R&D）投入强度（即 R&D 经费支出占主营业务收入的比重）相对较高的制造业行业。根据《高技术

产业（制造业）分类 2013》，高技术制造业主要包括：医药制造，航空、航天器及设备制造，电子及通信设备制造，计算机及办公设备制造，医疗仪器设备及仪器仪表制造，信息化学品制造等 6 大类。高技术服务业是采用高技术手段为社会提供服务活动的集合，根据《高技术产业（服务业）分类 2013 试行》，其主要包括信息服务、电子商务服务、检验检测服务、专业技术服务业中的高技术服务、研发设计服务、科技成果转化服务、知识产权及相关法律服务、环境监测及治理服务和其他高技术服务等 9 大类。根据商标密集型产业结果可以发现：6 类高技术制造业中有 5 类属于商标密集型产业，分别是 C26 化学原料和化学制品制造业、C27 医药制造业、C37 铁路、船舶、航空航天和其他运输设备制造业、C38 电气机械和器材制造业、C40 仪器仪表制造业；9 大高技术服务业中有 5 类属于商标密集型产业，分别是 C64 互联网和相关服务、C65 软件和信息技术服务业、C73 研究和试验发展、C74 专业技术服务业、C75 科技推广和应用服务业。总体上看，大约有 73% 的高技术产业属于商标密集型产业。

3. 商标密集型产业中文化创意产业分布情况。文化创意产业的提出主要是为深入贯彻落实党的十七届六中全会关于深化文化体制改革、推动社会主义文化大发展大繁荣的精神。根据《文化及相关产业分类（2012）》，并将其与《国民经济行业分类》（GB/T4754—2011）相对应，发现文化创意产业共有 23 个行业，其中共有 15 个行业属于商标密集型产业，占了总数的 65.22%（详见表 8—11）。

表 8—11　商标密集型产业中高技术及文化创意产业分布情况

行业大类代码	行业名称	所属产业	高技术产业	文化创意产业
24	文教、工美、体育和娱乐用品制造业	第二产业		√
26	化学原料和化学制品制造业	第二产业	√	√
27	医药制造业	第二产业	√	
34	通用设备制造业	第二产业		√
35	专用设备制造业	第二产业		√
37	铁路、船舶、航空航天和其他运输设备制造业	第二产业	√	
38	电气机械和器材制造业	第二产业	√	√
40	仪器仪表制造业	第二产业	√	
51	批发业	第三产业		√
52	零售业	第三产业		√
64	互联网和相关服务	第三产业	√	√
65	软件和信息技术服务业	第三产业	√	√
72	商务服务业	第三产业		√
73	研究和试验发展	第三产业	√	√
74	专业技术服务业	第三产业	√	√
75	科技推广和应用服务业	第三产业	√	
86	广播、电视、电影和影视录音制作业	第三产业		√
87	文化艺术业	第三产业		√
89	娱乐业	第三产业		√

资料来源：《中国统计年鉴》及中国经济与社会发展统计数据库、百度、知网等整理

二、我国商标密集型产业的六大特征

通过对我国商标密集型产业发展及对国民经济的影响分析，我们梳理和分析了其呈现的几大特征：

（一）我国商标密集型产业仍处于发展初期

目前确定的 40 个商标密集型产业中仍不乏劳动密集型产业，如农业、纺织、服装、皮革和家具产业。也包含大量资本密集型产业，如冶金、石油和制造业等。同时，商标密集型产业还包含部分知识密集型产业，如电子信息技术、航天制造等产业。

但从欧盟和美国的商标密集型产业呈现的态势来看，其主要分布在资本密集型产业和知识密集型产业中。因此，我们可以判断，由于我国国情，以及目前的经济发展结构，我国商标密集型产业仍处于发展初期，既包含传统的劳动密集型产业，也包含资本密集型和知识密集型产业。随着今后我国经济结构转型升级，我国商标密集型产业将会继续将向资本密集型产业及知识密集型产业方向聚合。

（二）商标密集型产业普遍市场化程度较高，竞争激烈

从现有的 40 个商标密集型产业可以看出，大部分产业处于产业价值链下游，进入门槛不高，市场竞争主体较多，直接面对大众市场，因此竞争也较为激烈。例如，市场化程度较高的零售业，汽车制造业，食品制造业，酒、饮料和精制茶制造业，家具制造业，计算机、通信和其他电子设备制造业，软件和信息技术服务业等。

而垄断程度较高如水务、管道运输业、石油开采等进入壁垒较高

的产业，其属于非商标密集型产业，市场化程度较低。

（三）商标密集型产业具有较多高价值品牌，推动品牌价值成长

品牌是企业市场化发展下商誉价值的统称，是企业连接市场和消费者的纽带，是企业无形资产的真实体现，而商标作为企业产品或服务品牌的有形载体，不断通过有形展示和应用，提升企业的品牌价值。商标密集型产业正是体现了其所属产业中市场主体对品牌的重视程度，而品牌的价值大小就成为对商标运用好坏的最直接体现。

名次	品牌英文	品牌中文	品牌年龄	行业
46	CCTV	中央电视台	54	传媒
58	China Mobile	中国移动通信	12	电信
64	ICBC	工商银行	28	银行
72	State Grid	国家电网	10	能源
109	Lenovo	联想	28	计算机办公设备
120	Haier	海尔	28	数码与家电
203	CCB	中国建设银行	58	银行
225	Bank Of China	中国银行	100	银行
240	China Life	中国人寿	63	保险
248	Huawei	华为	24	通信与电子
266	China National Petroleum	中国石油	24	石油
274	Sinopec	中国石化	12	石油
302	Chang Hong	长虹	54	数码与家电
322	China Unicom	中国联通	18	电信
325	China Telecom	中国电信	10	电信
331	Air China	中国国际航空	24	航空服务
362	ABC	中国农业银行	61	金融
368	Tsingtao	青岛啤酒	109	食品与饮料
372	People's Daily	人民日报	64	传媒
387	SINOCHEM	中国中化	62	化工
388	Ping An	中国平安	24	保险
390	Citic Group	中信集团	33	金融
418	China State Construction	中国建筑	30	工程与建筑

图8—10 2012年世界品牌排行中国品牌上榜情况

从 2012 年世界品牌实验室发布的中国品牌 500 强数据来看，中国品牌 500 强企业中 72%分布在商标密集型产业中。其中超过 20 个企业入围的商标密集型产业包含（从高到低）：酒、饮料和精制茶制造业，零售业，纺织服装、服饰业，医药制造业，食品制造业，木材加工和木、竹、藤、棕、草制品业，汽车制造业，通用设备制造业。

从 2012 年世界品牌排行榜上也可以看到，入围前 500 强的中国企业品牌有 23 家，除去石油、电信、电力和银行业的上榜企业，中央电视台、联想、海尔、华为、长虹、中国国际航空、青岛啤酒、人民日报、中国中化、中信集团等企业都列于商标密集型产业中。

（四）商标密集型产业吸纳就业能力较强

通过对附表 3 和附表 4 的分析可知，近四年所有商标密集型行业所吸纳的就业人数平均值高于全行业整体平均水平（前者平均水平为 235.4 万人，后者为 215.0 万人），这说明在平均意义上商标密集型产业的就业吸纳能力要略高于全产业平均水平。但具体不同商标密集型产业间存在差异。

具体而言，第一产业中，农业和渔业所吸纳的就业人数平均值 294.4 万人，占第一产业四年平均就业总数的 60.14%。其中，农业 2009—2012 年从业人数平均值为 270.0 万人，渔业从业人数平均值为 24.39 万人[①]。

第二产业中，商标密集型行业所吸纳的就业人数平均值高于整个产业平均值（第二产业中商标密集型行业就业人数平均值为 219.3 万人，第二产业整体平均值为 198.0 万人）。2009—2012 四年中，第二

---

① 农业和渔业从业人员未包含农村相关就业人员。

产业商标密集型产业吸纳就业人员数总体水平为 4386.6 万人，占第二产业四年总体水平 8317.5 万人的 52.74%。

在第三产业中，商标密集型产业所吸纳的就业人数平均值同样高于第三产业就业人数的平均值，其中商标密集型产业就业人数平均值为 263.0 万人，而第三产业平均值为 237.1 万人。2009—2012 年四年中，第三产业商标密集型产业吸纳就业人员数总体水平为 4733.9 万人，占第三产业四年总体水平 11380.5 万人的 41.60%。

表 8—12　主要商标密集型产业基本情况表

行业大类代码	行业名称	企业总数（户）	总产值（亿元）	行业规模（亿元）	从业人数（万人）
13	农副食品加工业	110739	107015.2	18313.9	222.4
14	食品制造业	47904	34616.84	7976.43	129.5
15	酒、饮料和精制茶制造业	38250	28452.49	8765.13	422.6
16	烟草制品业	307	16844.66	5324.13	20.4
18	纺织服装、服饰业	100869	36314.16	7606.42	483.8
19	皮革、毛皮、羽毛及其制品和制鞋业	38369	23250.61	4265.54	187.1
21	家具制造业	43561	12935.77	2815.88	95.8
24	文教、工美、体育和娱乐用品制造业	23153	8977.97	2589.64	71.0
26	化学原料和化学制品制造业	108760	145653.71	42224.71	329.3
27	医药制造业	18531	36126.6	12361.69	128.3

续表

行业大类代码	行业名称	企业总数（户）	总产值（亿元）	行业规模（亿元）	从业人数（万人）
33	金属制品业	167575	59568.37	14677.93	345.4
34	通用设备制造业	222155	103486.81	27831.5	435.0
35	专用设备制造业	123199	64495.36	21047.77	335.5
38	电气机械和器材制造业	123066	128528.82	33960.97	394.5
40	仪器仪表制造业	29442	19115.39	5408.58	92.9
51	批发业	1335834	683817.32	96190.85	1776.6
52	零售业	798260	179694.4	28162.73	883.3

资料来源：根据《中国统计年鉴》及中国经济与社会发展统计数据库整理

（五）主要商标密集型产业整体利润率水平高

以第二产业的行业整体利润率进行比较，可以看出，20 个第二产业商标密集型产业的其中 18 个行业净利润率都超过 5%（除橡胶和塑料制品业净利润率 3% 和铁路、船舶、航空航天和其他运输设备制造业净利润率 4% 外）。各主要商标密集型产业各年的净利润率水平变化不大，整体平均净利润率水平偏高[①]。平均净利润率水平超过 10% 的行业有烟草制品业，医药制造业，酒、饮料和精制茶制造业，而第三产业中公布数据的批发业净利润率也有 6%，零售业净利润率超过 10%。

---

① 根据《中国统计年鉴》2009—2012 年已公布的 20 个工业产业的净利润率进行比对。

表 8—13　主要商标密集型产业利润率情况表

行业大类代码	商标密集产业 2009—2012 年利润率（第二产业）					
	行业名称	2009 年	2010 年	2011 年	2012 年	平均值
16	烟草制品业	13%	13%	13%	14%	13%
27	医药制造业	11%	12%	11%	11%	11%
15	酒、饮料和精制茶制造业	1%	11%	11%	12%	11%
14	食品制造业	8%	9%	9%	9%	9%
40	仪器仪表制造业	8%	9%	8%	9%	9%
35	专用设备制造业	7%	9%	8%	7%	8%
19	皮革、毛皮、羽毛及其制品和制鞋业	7%	8%	8%	7%	8%
34	通用设备制造业	7%	8%	8%	7%	8%
36	汽车制造业	6%	7%	8%	7%	7%
18	纺织服装、服饰业	6%	7%	7%	7%	7%
26	化学原料和化学制品制造业	6%	8%	7%	6%	7%
38	电气机械和器材制造业	7%	7%	7%	6%	7%
21	家具制造业	5%	7%	7%	7%	7%
33	金属制品业	6%	7%	7%	6%	7%
13	农副食品加工业	5%	7%	6%	6%	6%
20	木材加工和木、竹、藤、棕、草制品业	5%	6%	7%	6%	6%
24	文教、工美、体育和娱乐用品制造业	5%	5%	6%	6%	6%
40	仪器仪表制造业	4%	5%	4%	5%	5%

行业大类代码	商标密集产业 2009—2012 年利润率（第二产业）					
	行业名称	2009 年	2010 年	2011 年	2012 年	平均值
41	其他制造业	4%	5%	4%	5%	5%
37	铁路、船舶、航空航天和其他运输设备制造业	5%	5%	4%	4%	4%
29	橡胶和塑料制品业	3%	3%	3%	3%	3%
行业大类代码	商标密集产业 2009—2012 年利润率（第三产业）					
52	零售业	11%	1%	11%	11%	11%
51	批发业	7%	6%	6%	6%	6%

资料来源：根据《中国统计年鉴》及中国经济与社会发展统计数据库、百度、知网等数据整理，第三产业数据缺失较多，因此只罗列现有收集数据

（六）高水平商标密集型产业商标量仍偏低

根据欧盟和美国发布的商标密集型产业报告，我们发现无论欧盟还是美国按照商标密集型产业强度方法[①]测算，我国商标密集型产业强度均值较高。美国的报告中，从 235 个四位数 NAICS 行业代码挑选出了 55 个商标集中度高于样本平均水平的产业，并且美国的雇员加权后的平均商标强度水平为 1.85 个商标每千人（中国是 2.68 个商标每千人）。55 个产业覆盖了绝大多数主要产业部类，其中大多数来自制

———

[①] 商标密集型产业强度方法一是指用行业商标注册总数与行业从业人员数的比值。由于测算方法相同，美国称商标密集型产业强度而欧盟称商标密集型产业密度，我国统称为商标密集型产业密度。此外，为保持与国外商标密集型产业可对标，将采用国际通行方法测算值对标。但由于我国商标密集型产业强度算法是按照城镇从业人员测算，测算的强度指标会偏高。

造业和信息业，其他的则来自诸如金融、专业和技术服务、采矿、建筑、医疗保健，以及休闲和餐饮部门；在欧盟的报告中，501 个使用商标的行业中，有 277 个是商标密集行业，而且每千名就业人数的平均商标数超过均值 3.16，要高于中国平均水平。

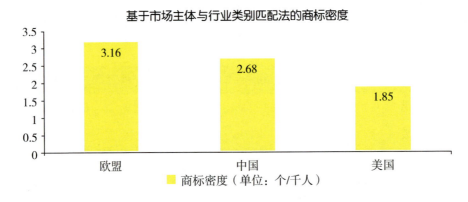

图 8—11　中国和欧盟及美国商标密度比较

但是从高水平的商标密集型产业发展来看，我国还与发达国家存在较大差异。从美国公布的报告中可以看到，我国的商标密集型产业强度最大值为 12.79 个商标每千人，而美国是 82.5 个商标每千人。其最高的四个产业：音像设备制造（82.5 个商标每千人），其他制造业（64.5 个商标每千人），卫星通信（35.3 个商标每千人）和非金融无形资产租赁（33.3 个商标每千人）的商标强度远高于其他产业。从欧盟的商标密度的绝对数量来看，排名第一的"知识产权及类似产品的出租"行业的商标密度为 212.22 个商标每千人，要远高于中国的最高水平，而且从排名前 20 位来看，其绝对水平也要高于中国。

表8—14　欧盟、美国商标密集型产业排名前20位

欧　盟			美　国		
行业代码	行业分类表述	商标密度（个/千人）	NAICS代码	行业分类表述	商标密度（个/千人）
77.40	知识产权及类似产品的出租，版权作品除外	212.22	3343	音频和视频设备制造业	82.5
21.10	基础药品的制造	38.81	3399	其他制造业	64.5
11.02	葡萄酒制造	38.78	5174	卫星通讯业	35.3
72.11	生物技术研究及实验性开发	35.91	5331	非金融无形资产出租业	33.3
20.42	香水和梳洗制剂的制造	32.40	5191	其他信息服务	14.8
26.60	放射、电子医疗和电子治疗仪器的制造	27.08	5615	旅行安排和预订服务	13.5
30.99	其他交通设备的制造	26.63	5179	其他通信业	12.4
32.40	玩具和游戏机的制造	26.21	5311	房地产出租业	11.2
32.30	体育用品的制造	25.52	5112	软件出版商	8.2
61.90	其他电信活动	25.46	4541	电子购物及邮购业	7.7
58.21	计算机游戏的出版	25.05	3256	肥皂、清洗剂和盥洗用品	7.4
11.01	酒的蒸馏、精馏和混合	24.47	3322	餐具和手工具制造业	7.3
59.13	动画片、视频和电视节目的分发	24.35	3339	其他通用机械制造业	6.1
63.12	网站	24.32	3391	医疗设备和用品制造业	5.9

续表

欧 盟			美 国		
行业代码	行业分类表述	商标密度（个/千人）	NAICS代码	行业分类表述	商标密度（个/千人）
17.24	墙纸制造	23.42	5111	报纸、期刊、书籍和目录出版业	5.8
24.45	其他有色金属制造	22.70	3333	商业和服务产业制造业	5.4
32.99	其他制造	22.54	5417	科学研究和开发业	5.4
10.73	马卡龙、面条、粗麦粉及类似含淀粉产品的制造	22.17	3359	其他电气设备和组件	4.7
18.11	报纸的印刷	21.51	3254	制药和医药制造业	4.6
59.20	录音和音乐出版活动	21.26	3162	鞋类制造业	4.4

表 8—15　我国商标密集型产业排名前 20 位

行业大类代码	行业名称	商标密度（个/千人）
14	食品制造业	12.7885
67	资本市场服务	11.3735
75	科技推广和应用服务业	10.8693
73	研究和试验发展	9.2111
69	其他金融业	9.1131
64	互联网和相关服务	8.5885
21	家具制造业	8.0909
65	软件和信息技术服务业	7.4101
27	医药制造业	7.3448

续表

行业大类代码	行业名称	商标密度（个/千人）
87	文化艺术业	6.9942
51	批发业	6.0008
88	体育	5.9567
72	商务服务业	5.6810
26	化学原料和化学制品制造业	5.4626
37	铁路、船舶、航空航天和其他运输设备制造业	5.4350
24	文教、工美、体育和娱乐用品制造业	5.4306
13	农副食品加工业	5.3454
40	仪器仪表制造业	5.3275
36	汽车制造业	4.9517
38	电气机械和器材制造业	4.8429

主要结论与政策建议

一、主要结论

本课题主要是以商标密集型产业为目标，采用定量评估方法研究商标密集型产业对整个中国经济的贡献。首先，采用商标局提供的商标注册数据确定出中国商标密集型产业种类，之后在此基础上对商标密集型产业的现状特点和经济贡献做进一步的研究，主要的研究结论如下：

第一，本报告共甄别和筛选出来 40 个商标密集型产业，分别分布在第一产业（2 个）、第二产业（20 个）和第三产业（18 个），占总体国民经济 96 个行业的 41.67%。我国商标密集型产业对经济发展、就业、薪酬和外贸都具有较大影响，在国民经济发展中占有重要地位，对国民经济的影响主要表现在以下几个方面：

1. 2009—2012 年，我国主要的商标密集型产业增加值合计 60.82 万亿元，占当期国内生产总值（GDP）的 35.11%。自 2009 年以来，商标密集型产业增加值占 GDP 的比重逐年提高，到 2012 年商标密集型产业的增加值已经达到 19.18 万亿元，GDP 占比 36.40%。另外，商标密集型产业的增加值的四年平均增长率为 18.30%，要明显高于国内生产总值的年均增长速度，这也说明 2009—2012 年，商标密集型产业对国内生产总值的拉动作用是显著的，其对国内生产总值的贡献率要优于非商标密集型产业。

2. 从商标密集型产业的三次产业分布情况来看，第一产业中有农业和渔业是商标密集型产业，其占第一产业增加值的平均比例为 61.27%；第二产业中属于商标密集型产业的行业共有 20 个，第二产业的商标密集型产业增加值占第二产业增加值总额的平均比例为 50.10%；第三产业中的商标密集型产业仅如批发零售业已经占到第三产业增加值总额的 20.44%。所以，从 GDP 贡献的三次产业分布情况来看，商标密集型产业仍然占据着显著地位。

3. 2009—2012 年四年中商标密集型产业所创造的就业绝对数量在稳步提升，2012 年年底，商标密集型产业的城镇单位和私营单位总就业人员数已经达到 10826.0 万人，占到全部城镇、私营单位就业的 44.51%。这四年当中，平均每年可创造 9414.87 万人的就业机会，占全部城镇、私营单位就业人数的 45.61%。

4. 2009—2012 年间商标密集型产业的城镇单位就业人员平均工资均要明显高于非商标密集型产业的薪资水平，并且商标密集型产业的平均工资水平处于稳步上升的趋势中。2012 年商标密集型产业相对于非商标密集型产业的"工资溢价"水平为 18.46%，而在这四年当中，"工资溢价"最高可达 21.11%，四年的平均溢价水平为 19.60%。

5. 商标密集型产业工业企业的出口交货值占出口总额的比例平均为 71.18%，这反映出商标密集型产业充当了我国出口的主力军，也说明商标的作用价值在国际出口贸易的竞争中扮演了很重要的角色。而且，自 2009 年以来商标密集型产业的出口交货值占销售产值比重均高于非商标密集型产业，前者约为后者的 3.6 倍，表明商标密集型产业的产品比非商标密集型产业的产品具有更高的产品出口水平和更强的国际出口竞争力。

结合其对国民经济的影响和其发展状态，本报告系统梳理了商标密集型产业的六大特征：

1. 从发展上看我国商标密集型产业还处于发展初期，与欧盟和美国对比，既包含劳动密集型产业，又包含资本密集型和知识密集型产业。

2. 商标密集型产业市场化程度较高，竞争激烈。由于市场进入壁垒不高，市场竞争主体较多，商标作为市场化竞争的差异化手段，受到较高重视。

3. 商标密集型产业具有较高品牌价值，推动品牌价值成长。从世界品牌和中国品牌前 500 排名来看，它们大多属于商标密集型产业。

4. 从平均值上看，商标密集型产业吸纳就业能力较强。在平均意义上商标密集型产业的就业吸纳能力要略高于全产业平均水平。

5. 从第二产业看，重点商标密集型产业的行业净利润率偏高。

6. 虽然我国商标密集型产业强度均值较高，但是高水平商标密集型产业强度较欧美还具有较大差距。

以上特征产生原因是这些商标密集型产业大多属于市场化竞争程度较高产业，商标成为应对行业竞争，提高产品和服务溢价的重要保障。但也可以看到，我国商标密集型产业发展还有较大提升空间，需要继续发挥和加强商标在这些产业中的作用，进一步提升商标强度。

二、政策建议

从整体研究可以发现，按照欧盟和美国通行的商标密度法，结合我国实际筛选的国内的 40 个商标密集型产业，对经济发展、就业、行业薪酬和外贸都具有较大影响，在国民经济发展中占有重要地位。但是我们也看到，商标密集型产业在我国还处于发展初期，商标密集型产业不仅包含资本密集型和知识密集型产业，还包含劳动密集型产业，商标密集型产业在经济结构进一步转型、加强产业升级方面还有较大提升空间。此外，我国大部分商标密集型产业商标密度不高，商标在促进知识密集型产业发展方面的作用还未完全凸显。因此，大力推进商标密集型产业发展，对支持我国经济转型和升级，促进国民经济发展具有重要意义。

结合我国商标密集型产业在国民经济中的贡献及特征，提出如下政策建议：

第一，充分认识商标密集型产业在国民经济发展中的地位，推动商标密集型产业在国民经济中发挥更大作用。研究表明，我国商标密集型产业还处于发展初期，尽管占 GDP 比重和就业比重较高，在促进外贸和促进行业薪酬水平上具有成效，但是随着国家经济结构调整和转型升级，商标密集型产业在促进资本密集型，尤其是知识密集型产业发展上还有很大提升空间，对标欧美国家高水平商标密集型产业发展，我国商标密集型产业的水平也有待进一步提升。

因此，既需要认识到商标密集型产业在国民经济社会发展中的作用，也需要进一步紧密跟踪、研究和分析商标密集型产业发展趋势变化，发挥政府商标管理引导作用，使商标密集型产业在推动经济增长、吸纳就业、促进外贸、提升行业平均薪酬等方面发挥更高的作用。

第二，以商标密集型产业为切入点，继续加强推进商标品牌建设，促进中国从"商标大国"向"商标强国"迈进。我国品牌 500 强中超过 70%的企业来源于商标密集型产业,不仅表明商标在这些普遍市场化竞争较为充分的产业中发挥更多作用,也表明商标管理工作对企业品牌价值的促进和提升作用。此外,商标作为一项重要的有竞争力的无形资产,对企业和国家软实力的提升都具有无可争议的重要作用。从本报告发现,商标密集型产业不仅是高附加值、高回报产业,而且在国民经济中的比重较高。加强对商标的保护和发展,尤其是对商标密集型产业中商标的保护和发展,将大大提高"国家无形资产",提升国家软实力。

党的十八大报告中也提出,通过品牌提升企业竞争优势。商标密集型产业注重商标在市场化竞争中的地位,可以通过商标运营提升企业品牌价值,进而提升其市场竞争力。因此,商标密集型产业是我国品牌事业发展的重要基础,是推进我国成为品牌强国的重要保障。

因此,需要政府加强对商标管理工作的重视。通过加大财政预算支持,推动商标密集型产业发展;加快推进以商标密集型产业为切入点的商标管理工作;加大对商标密集型产业的知识产权管理与保护,进一步提升商标推动产业发展的作用。通过注重商标的注册、保护和运用,提升企业市场竞争地位,提高企业盈利水平。针对高水平商标密集型产业的发展特征,研究相关政策措施,加快高水平商标密集型产业的商标保护和发展,推进我国从"商标大国"向"商标强国"迈进。

第三,加强商标对产业发展的促进作用。首先,要加大支柱产业商标培育力度;其次,要加大特色产业商标培育力度。农业是我国第一产业中重要的商标密集型产业,商标富农工作仍将是一项长期的任务需要加强。但也要注重商标对其他第一产业相关产业的促进作用;

此外，我国商标密集型产业中属于第三产业的主要有 18 个行业，占第三产业不到一半。而第三产业都大多属于服务业，商标在第三产业中发展促进作用更大，尤其是随着商品标准化、同质化越来越严重的今天，加强对服务性产业商标发展，有利于加快中国服务产业的发展。再者，需要关注出口企业商标培育力度。从现有的研究表明，商标密集型产业在我国出口中更具有竞争力。从国内外进出口贸易来看，那些高技术产品和服务、具有品牌的产品和服务更具有出口优势。因此，既要注重商标密集型产业的产品和服务"输出"，又要注重培养具有影响力的出口型商标企业，推动我国出口贸易从低端产业向现代高端产业转型。最后，要加大对国家战略新兴产业、文化产业，以及竞争性产业的商标管理和保护，引导相关产业向高水平商标密集型产业发展。

第四，以商标密集型产业发展为抓手，大力推进企业商标培育、投入和管理工作。我国商标密集型产业占国民经济 96 个行业分类的 40 个，比重超过 40%。加强推进和完善这些产业的商标培育、管理和运用，对继续提升商标在产业发展中的促进作用意义重大。既要看到现有商标密集型产业中有劳动密集型产业、资本密集型和知识密集型产业，又要看到随着我国经济结构的调整和转型，商标密集型产业逐步向资本密集型和知识密集型集中发展的新趋势。因此，相关政府机关部门需要以动态、发展的眼光来看待商标密集型产业的发展；同时，要以商标密集型产业为重点和抓手，对标欧盟和美国商标密集型产业分布，寻找工作新切入点。

第五，开展专项、专门的商标注册、保护、运用和管理推进工作，促进商标密集型产业发展。

首先，促进我国高水平商标密集型产业水平的进一步提升。从我国商标密集型产业发展看，尽管我国商标绝对注册量较高，基于市场主体与行业类别匹配法的商标密度均值较高，但是我们在高水平商标密集型产业的商标密度上远低于发达国家。而这些产业很多都是生物制药、文化娱乐、装备制造等高科技产业。因此，通过对行业商标注册情况的研究，开展专项工作，进一步提升这些产业向高水平商标密集型产业迈进，进一步发挥商标在产业升级转型及促进行业市场化竞争发展中的作用。

　　其次，参考商标密集型产业分析结果，结合经济转型和产业发展的新趋势，分析出国民经济产业中具有潜力的行业，开展针对这些行业的专项商标注册工作，引导商标管理精细化。例如，在现有的分析中，电信、广播电视和卫星传输服务（63）在我国不属于商标密集型产业，而在国外对标分析中属于商标密集型产业；再如研究中发现，其他制造业（41）行业法人单位较多，但是商标注册量较少，可进一步分析行业特性，做好专项商标注册工作。

　　第六，加快各项政策落实，营造激励商标注册和保护的制度环境。如：不断完善商标审查审理标准，优化审查流程，提升商标注册便利化水平；发展为商标品牌建设服务的中介组织，完善商标权价值评估体系；进一步健全商标行政执法网络，强化对商标专用权的保护，加大对商标侵权行为的处罚力度，构建商标信息共享平台，保障商标品牌战略的良性发展等。

附　录

表 8—16　商标密集型产业 2009—2012 年企业数表（单位：个）

行业大类代码	行业名称	2009 年	2010 年	2011 年	2012 年	平均值
01	农业	42769	64756	94777	133787	84022
04	渔业	10963	13983	20206	28515	18417
13	农副食品加工业	107220	108825	111076	115835	110739
14	食品制造业	44645	46556	48538	51877	47904
15	酒、饮料和精制茶制造业	36827	37383	38429	40359	38250
16	烟草制品业	260	298	321	349	307
18	纺织服装、服饰业	87289	96743	106343	113101	100869
19	皮革、毛皮、羽毛及其制品和制鞋业	33544	36703	40161	43066	38369
21	家具制造业	39101	42015	45062	48067	43561
24	文教、工美、体育和娱乐用品制造业	21112	22036	23779	25683	23153
26	化学原料和化学制品制造业	102253	107165	110943	114678	108760
27	医药制造业	16561	17809	19148	20606	18531
29	橡胶和塑料制品业	127965	136553	144037	150534	139772

续表

行业大类代码	行业名称	2009 年	2010 年	2011 年	2012 年	平均值
33	金属制品业	146141	160747	175355	188057	167575
34	通用设备制造业	195963	214101	232040	246517	222155
35	专用设备制造业	103602	116929	129759	142507	123199
36	汽车制造业				70155	70155
37	铁路、船舶、航空航天和其他运输设备制造业	分类标准不同			33984	33984
38	电气机械和器材制造业	104119	115973	130376	141797	123066
40	仪器仪表制造业	25542	27777	30789	33660	29442
41	其他制造业	53774	60346	67542	75364	64257
43	金属制品、机械和设备修理业	分类标准不同				
51	批发业	1024955	1224281	1432293	1661805	1335834
52	零售业	642301	738996	843969	967775	798260
56	航空运输业	867	1003	1199	1457	1132
64	互联网和相关服务	分类标准不同			119861	119861
65	软件和信息技术服务业				76385	76385
67	资本市场服务	1356	1765	2634	5052	2702
69	其他金融业	14632	19840	25287	30932	22673
72	商务服务业	416256	488575	576865	688854	542638
73	研究和试验发展	18745	23360	28595	34626	26332
74	专业技术服务业	81702	92006	104452	126962	101281
75	科技推广和应用服务业	51922	59356	67563	81135	64994

续表

行业大类代码	行业名称	2009 年	2010 年	2011 年	2012 年	平均值
80	机动车、电子产品和日用产品修理业	2102	2228	2623	3244	2549
81	其他服务业	2793	3040	3343	3841	3254
86	广播、电视、电影和影视录音制作业	6474	7186	8175	10007	7961
87	文化艺术业	11225	13012	15815	20521	15143
88	体育	2192	2395	2609	2891	2522
89	娱乐业	20245	21802	23721	29689	23864

表 8—17　各行业 2009—2012 年企业数情况表（单位：个）

行业大类代码	行业名称	2009 年	2010 年	2011 年	2012 年	平均值
01	农业	42769	64756	94777	133787	84022
02	林业	15286	18843	24650	33299	23020
03	畜牧业	53683	65989	80163	101230	75266
04	渔业	10963	13983	20206	28515	18417
05	农、林、牧、渔服务业	21577	22346	27660	34663	26562
06	煤炭开采和洗选业	22935	22912	22881	23241	22992
07	石油和天然气开采业	1594	1682	1867	2240	1846
08	黑色金属矿采选业	18352	18451	18585	18543	18483
09	有色金属矿采选业	11278	11462	11767	11903	11603
10	非金属矿采选业	48077	48050	48603	49517	48562
11	开采辅助活动					
12	其他采矿业	1154	1507	1787	2152	1650
13	农副食品加工业	107220	108825	111076	115835	110739
14	食品制造业	44645	46556	48538	51877	47904
15	酒、饮料和精制茶制造业	36827	37383	38429	40359	38250
16	烟草制品业	260	298	321	349	307
17	纺织业	114455	122699	129946	137522	126156
18	纺织服装、服饰业	87289	96743	106343	113101	100869
19	皮革、毛皮、羽毛及其制品和制鞋业	33544	36703	40161	43066	38369

续表

行业大类代码	行业名称	2009 年	2010 年	2011 年	2012 年	平均值
20	木材加工和木、竹、藤、棕、草制品业	66058	67881	69231	71880	68763
21	家具制造业	39101	42015	45062	48067	43561
22	造纸和纸制品业	52234	55703	58094	59381	56353
23	印刷和记录媒介复制业	55446	57748	60163	68038	60349
24	文教、工美、体育和娱乐用品制造业	21112	22036	23779	25683	23153
25	石油加工、炼焦和核燃料加工业	6925	7181	7411	7659	7294
26	化学原料和化学制品制造业	102253	107165	110943	114678	108760
27	医药制造业	16561	17809	19148	20606	18531
28	化学纤维制造业	4822	5265	5817	6175	5520
29	橡胶和塑料制品业	127965	136553	144037	150534	139772
30	非金属矿物制品业	222907	223919	228275	236335	227859
31	黑色金属冶炼和压延加工业	20030	20893	21717	22481	21280
32	有色金属冶炼和压延加工业	23110	24454	25903	28090	25389
33	金属制品业	146141	160747	175355	188057	167575
34	通用设备制造业	195963	214101	232040	246517	222155
35	专用设备制造业	103602	116929	129759	142507	123199
36	汽车制造业	58396	63169	67845	70155	64891

续表

行业大类代码	行业名称	2009 年	2010 年	2011 年	2012 年	平均值
37	铁路、船舶、航空航天和其他运输设备制造业	27387	30359	32425	33984	31039
38	电气机械和器材制造业	104119	115973	130376	141797	123066
39	计算机、通信和其他电子设备制造业	52092	60906	68991	75430	64355
40	仪器仪表制造业	25542	27777	30790	33660	29442
41	其他制造业	53774	60346	67542	75364	64257
42	废弃资源综合利用业	9202	10116	10777	11513	10402
43	金属制品、机械和设备修理业					
44	电力、热力生产和供应业	40050	41902	44332	45614	42975
45	燃气生产和供应业	3687	4175	4776	5391	4507
46	水的生产和供应业	17261	16960	17544	17602	17342
47	房屋建筑业	64655	68220	73972	81175	72006
48	土木工程建筑业	37454	43255	49451	57273	46858
49	建筑安装业	51036	59646	66956	75762	63350
50	建筑装饰和其他建筑业	108426	131094	155638	177169	143082
51	批发业	1024955	1224281	1432293	1661805	1335834
52	零售业	642301	738996	843969	967775	798260
53	铁路运输业	651	966	1492	2122	1308
54	道路运输业	83588	93896	107094	124326	102226
55	水上运输业	8171	8759	9467	10336	9183

续表

行业大类代码	行业名称	2009 年	2010 年	2011 年	2012 年	平均值
56	航空运输业	867	1003	1199	1457	1132
57	管道运输业	118	148	172	232	168
58	装卸搬运和运输代理业	48511	53140	58923	66133	56677
59	仓储业	18973	20073	21611	23965	21156
60	邮政业	5630	7990	9492	10654	8442
61	住宿业	55244	57947	60903	64861	59739
62	餐饮业	94346	100597	105839	116150	104233
63	电信、广播电视和卫星传输服务	24036	27796	31763	38207	30451
64	互联网和相关服务	95263	99479	104112	119861	104679
65	软件和信息技术服务业	47875	54451	63373	76385	60521
66	货币金融服务	8406	9891	11553	13447	10824
67	资本市场服务	1356	1765	2634	5052	2702
68	保险业	10288	11333	12834	14281	12184
69	其他金融业	14632	19840	25287	30932	22673
70	房地产业	238655	278640	317582	349865	296186
71	租赁业	22510	27021	33340	41132	31001
72	商务服务业	416256	488575	576865	688854	542638
73	研究和试验发展	18745	23360	28595	34626	26332
74	专业技术服务业	84491	95006	107746	126962	103551
75	科技推广和应用服务业	51922	59356	67563	81135	64994
76	水利管理业	2102	2228	2623	3244	2549

续表

行业大类代码	行业名称	2009 年	2010 年	2011 年	2012 年	平均值
77	生态保护和环境治理业	5607	6427	7463	8881	7095
78	公共设施管理业	17985	20038	22784	26598	21851
79	居民服务业	56861	60160	65177	72001	63550
80	机动车、电子产品和日用产品修理业	35545	37923	40398	45238	39776
81	其他服务业	34133	43653	52722	60563	47768
82	教育	23997	25723	28678	33746	28036
83	卫生	15630	15085	15929	17550	16049
84	社会工作	1029	1137	1323	1553	1261
85	新闻和出版业	2793	3040	3343	3841	3254
86	广播、电视、电影和影视录音制作业	6474	7186	8175	10007	7961
87	文化艺术业	11225	13012	15815	20521	15143
88	体育	2192	2395	2609	2891	2522
89	娱乐业	20245	21802	23721	29689	23864

表8—18　商标密集型产业2009—2012年从业人数情况表（单位：千人）

行业大类代码	行业名称	2009年	2010年	2011年	2012年	平均值
01	农业	2606.0	2582.9	2663.0	2948.0	2700.0
04	渔业	189.6	206.3	254.8	324.8	243.9
13	农副食品加工业	2000.8	2103.3	2322.8	2468.5	2223.9
14	食品制造业	1144.0	1185.1	1384.0	1467.9	1295.2
15	酒、饮料和精制茶制造业	4052.7	4232.2	4293.5	4326.8	4226.3
16	烟草制品业	204.0	204.1	198.1	211.0	204.3
18	纺织服装、服饰业	4556.0	4727.0	4930.7	5139.8	4838.4
19	皮革、毛皮、羽毛及其制品和制鞋业	1589.0	1673.2	1804.0	2417.9	1871.0
20	木材加工和木、竹、藤、棕、草制品业	843.6	925.9	1000.6	1060.1	957.5
21	家具制造业	637.3	686.3	746.7	770.6	710.2
24	文教、工美、体育和娱乐用品制造业	1088.9	1168.9	1196.6	1631.6	1271.5
26	化学原料和化学制品制造业	3072.9	3181.0	3437.5	3479.4	3292.7
27	医药制造业	1147.2	1183.4	1334.8	1465.6	1282.7
29	橡胶和塑料制品业	2672.5	2809.8	3034.5	2888.4	2851.3
33	金属制品业	3062.2	3336.8	3588.5	3826.6	3453.5
34	通用设备制造业	3993.6	4279.1	4587.1	4541.5	4350.3
35	专用设备制造业	3125.9	3375.9	3518.1	3402.0	3355.5
36	汽车制造业	482.2	531.9	544.1	3252.4	1202.7

续表

行业大类代码	行业名称	2009 年	2010 年	2011 年	2012 年	平均值
37	铁路、船舶、航空航天和其他运输设备制造业	325.7	354.5	360.1	1631.1	667.8
38	电气机械和器材制造业	3477.9	3803.1	4207.9	4289.6	3944.6
40	仪器仪表制造业	893.4	953.4	1002.2	865.6	928.6
41	其他制造业	958.7	995.3	1076.0	721.9	938.0
43	金属制品、机械和设备修理业	29.2	30.2	30.6	137.6	56.9
51	批发业	15257.9	16428.6	19323.4	20053.5	17765.9
52	零售业	7376.4	7909.8	9529.8	10517.0	8833.3
56	航空运输业	264.3	283.8	347.6	395.2	322.7
64	互联网和相关服务	794.2	849.9	888.5	987.6	880.0
65	软件和信息技术服务业	1365.7	1531.1	1668.4	2327.0	1723.0
67	资本市场服务	153.9	196.6	245.5	274.2	217.6
69	其他金融业	120.3	142.6	176.1	143.9	145.8
72	商务服务业	7548.6	8252.2	8979.7	9987.6	8692.0
73	研究和试验发展	1074.9	1267.3	1478.4	1658.3	1369.7
74	专业技术服务业	2237.1	2478.3	2714.6	3080.4	2627.6
75	科技推广和应用服务业	1736.9	2011.4	2087.6	2319.8	2038.9
80	机动车、电子产品和日用产品修理业	352.5	419.5	468.0	580.7	455.2
81	其他服务业	384.5	473.6	546.3	864.3	567.2
86	广播、电视、电影和影视录音制作业	428.5	437.5	457.2	436.9	440.0

行业大类代码	行业名称	2009 年	2010 年	2011 年	2012 年	平均值
87	文化艺术业	649.0	693.0	849.4	936.9	782.1
88	体育	144.8	148.5	144.2	177.2	153.6
89	娱乐业	275.3	290.5	252.9	250.7	267.4

表 8—19　各行业 2009—2012 年从业人数整体情况表
（城镇+私营合计）（单位：千人）

行业大类代码	行业名称	2009 年	2010 年	2011 年	2012 年	平均值
01	农业	2606.0	2582.9	2663.0	2948.0	2700.0
02	林业	1063.4	1121.1	1132.4	1149.9	1116.7
03	畜牧业	663.7	787.5	856.0	1030.4	834.4
04	渔业	189.6	206.3	254.8	324.8	243.9
05	农、林、牧、渔服务业	713.0	725.8	713.3	625.3	694.3
06	煤炭开采和洗选业	4157.2	4263.7	4580.6	4783.6	4446.3
07	石油和天然气开采业	1055.7	1029.8	1070.8	765.9	980.5
08	黑色金属矿采选业	371.4	399.4	472.2	490.9	433.5
09	有色金属矿采选业	398.1	413.0	441.3	463.8	429.0
10	非金属矿采选业	524.6	554.4	590.0	613.0	570.5
11	开采辅助活动	13.5	15.7	16.6	317.5	90.8
12	其他采矿业	80.5	75.9	115.5	83.2	88.8
13	农副食品加工业	2000.8	2103.3	2322.8	2468.5	2223.9
14	食品制造业	1144.0	1185.1	1384.0	1467.9	1295.2
15	酒、饮料和精制茶制造业	4052.7	4232.2	4293.5	4326.8	4226.3
16	烟草制品业	204.0	204.1	198.1	211.0	204.3
17	纺织业	4255.1	4394.0	4523.0	4115.4	4321.9
18	纺织服装、服饰业	4556.0	4727.0	4930.7	5139.8	4838.4
19	皮革、毛皮、羽毛及其制品和制鞋业	1589.0	1673.2	1804.0	2417.9	1871.0

续表

行业大类代码	行业名称	2009 年	2010 年	2011 年	2012 年	平均值
20	木材加工和木、竹、藤、棕、草制品业	843.6	925.9	1000.6	1060.1	957.5
21	家具制造业	637.3	686.3	746.7	770.6	710.2
22	造纸和纸制品业	1319.3	1387.7	1447.6	1467.7	1405.6
23	印刷和记录媒介复制业	899.3	907.7	932.2	932.2	917.8
24	文教、工美、体育和娱乐用品制造业	1088.9	1168.9	1196.6	1631.6	1271.5
25	石油加工、炼焦和核燃料加工业	638.3	652.3	716.2	740.3	686.8
26	化学原料和化学制品制造业	3072.9	3181.0	3437.5	3479.4	3292.7
27	医药制造业	1147.2	1183.4	1334.8	1465.6	1282.7
28	化学纤维制造业	333.9	352.3	370.9	389.4	361.6
29	橡胶和塑料制品业	2672.5	2809.8	3034.5	2888.4	2851.3
30	非金属矿物制品业	3453.4	3653.4	4262.1	4375.8	3936.2
31	黑色金属冶炼和压延加工业	2440.1	2510.1	2706.6	2927.7	2646.1
32	有色金属冶炼和压延加工业	1575.9	1620.2	1433.3	1482.0	1527.9
33	金属制品业	3062.2	3336.8	3588.5	3826.6	3453.5
34	通用设备制造业	3993.6	4279.1	4587.1	4541.5	4350.3
35	专用设备制造业	3125.9	3375.9	3518.1	3402.0	3355.5
36	汽车制造业	482.2	531.9	544.1	3252.4	1202.7

续表

行业大类代码	行业名称	2009 年	2010 年	2011 年	2012 年	平均值
37	铁路、船舶、航空航天和其他运输设备制造业	325.7	354.5	360.1	1631.1	667.8
38	电气机械和器材制造业	3477.9	3803.1	4207.9	4289.6	3944.6
39	计算机、通信和其他电子设备制造业	3837.6	4238.6	4992.8	5847.5	4729.1
40	仪器仪表制造业	893.4	953.4	1002.2	865.6	928.6
41	其他制造业	958.7	995.3	1076.0	721.9	938.0
42	废弃资源综合利用业	94.1	105.4	120.2	139.3	114.8
43	金属制品、机械和设备修理业	29.2	30.2	30.6	137.6	56.9
44	电力、热力生产和供应业	2667.3	2685.1	2928.6	3006.5	2821.9
45	燃气生产和供应业	235.6	240.2	261.7	280.3	254.5
46	水的生产和供应业	584.7	596.6	610.7	640.0	608.0
47	房屋建筑业	2248.5	2518.1	2608.7	16666.6	6010.5
48	土木工程建筑业	793.1	895.8	934.5	4867.5	1872.7
49	建筑安装业	1632.9	1786.1	2230.4	2118.0	1941.9
50	建筑装饰和其他建筑业	2128.6	2440.4	2838.8	3187.9	2648.9
51	批发业	15257.9	16428.6	19323.4	20053.5	17765.9
52	零售业	7376.4	7909.8	9529.8	10517.0	8833.3
53	铁路运输业	1904.8	1818.7	1833.0	1894.5	1862.8
54	道路运输业	3629.3	3759.6	3983.3	4533.2	3976.3
55	水上运输业	597.8	599.4	625.1	686.1	627.1
56	航空运输业	264.3	283.8	347.6	395.2	322.7

续表

行业大类代码	行业名称	2009 年	2010 年	2011 年	2012 年	平均值
57	管道运输业	23.4	28.3	33.2	41.8	31.7
58	装卸搬运和运输代理业	600.9	641.8	702.0	907.2	713.0
59	仓储业	385.3	407.2	423.9	538.9	438.8
60	邮政业	598.6	586.9	676.5	771.0	658.3
61	住宿业	1737.9	1753.8	1924.6	2095.5	1877.9
62	餐饮业	1927.0	1966.1	2234.1	2415.5	2135.7
63	电信、广播电视和卫星传输服务	1244.7	1269.2	1477.8	1401.7	1348.4
64	互联网和相关服务	794.2	849.9	888.5	987.6	880.0
65	软件和信息技术服务业	1365.7	1531.1	1668.4	2327.0	1723.0
66	货币金融服务	2816.9	2910.7	3163.3	3388.0	3069.7
67	资本市场服务	153.9	196.6	245.5	274.2	217.6
68	保险业	1591.9	1657.4	1746.0	1852.4	1711.9
69	其他金融业	120.3	142.6	176.1	143.9	145.8
70	房地产业	4161.5	4654.4	5358.9	5976.4	5037.8
71	租赁业	314.9	338.9	384.9	456.2	373.7
72	商务服务业	7548.6	8252.2	8979.7	9987.6	8692.0
73	研究和试验发展	1074.9	1267.3	1478.4	1658.3	1369.7
74	专业技术服务业	2237.1	2478.3	2714.6	3080.4	2627.6
75	科技推广和应用服务业	1736.9	2011.4	2087.6	2319.8	2038.9
76	水利管理业	469.5	485.7	522.4	540.5	504.5
77	生态保护和环境治理业	997.9	1076.9	1160.7	171.1	851.6

续表

行业大类代码	行业名称	2009 年	2010 年	2011 年	2012 年	平均值
78	公共设施管理业	831.0	899.3	928.3	2075.4	1183.5
79	居民服务业	1232.3	1370.3	1464.8	1473.7	1385.2
80	机动车、电子产品和日用产品修理业	352.5	419.5	468.0	580.7	455.2
81	其他服务业	384.5	473.6	546.3	864.3	567.2
82	教育	15577.1	15902.9	16275.1	16646.1	16100.3
83	卫生	5791.4	6150.2	6605.1	7384.0	6482.7
84	社会工作	285.7	300.9	327.8	268.2	295.6
85	新闻和出版业	288.6	292.2	288.2	335.3	301.1
86	广播、电视、电影和影视录音制作业	428.5	437.5	457.2	436.9	440.0
87	文化艺术业	649.0	693.0	849.4	936.9	782.1
88	体育	144.8	148.5	144.2	177.2	153.6
89	娱乐业	275.3	290.5	252.9	250.7	267.4
90	中国共产党机关	567.4	579.5	569.6	561.8	569.6
91	国家机构	12975.2	13285.3	13660.6	14131.0	13513.0
92	人民政协、民主党派	95.5	94.9	98.0	102.9	97.8
93	社会保障	282.8	280.0	300.3	164.9	257.0
94	群众团体、社会团体和其他成员组织	48.3	50.3	54.8	490.1	160.9
95	基层群众自治组织	71.5	51.0	49.0	32.3	51.0
96	国际组织	188.7	147.1	141.4	143.9	155.3

表8—20　主要商标密集型产业2009—2011年总产值表（单位：亿元）

行业大类代码	行业名称	2009年	2010年	2011年	平均值
13	农副食品加工业	27961.03	34928.07	44126.1	107015.20
14	食品制造业	9219.24	11350.64	14046.96	34616.84
15	酒、饮料和精制茶制造业	7465.03	9152.62	11834.84	28452.49
16	烟草制品业	4974.6	5067.05	6803.01	16844.66
17	纺织业	22971.38	28507.92	32652.99	84132.29
18	纺织服装、服饰业	10444.8	12331.24	13538.12	36314.16
19	皮革、毛皮、羽毛及其制品和制鞋业	6425.57	7897.5	8927.54	23250.61
21	家具制造业	3431.12	4414.81	5089.84	12935.77
24	文教、工美、体育和娱乐用品制造业	2630.16	3135.43	3212.38	8977.97
25	石油加工、炼焦和核燃料加工业	18840.29	25660.94	36901.9	81403.13
26	化学原料和化学制品制造业	36908.63	47920.02	60825.06	145653.71
27	医药制造业	9443.3	11741.31	14941.99	36126.60
30	非金属矿物制品业	24843.9	32057.26	40180.26	97081.42
33	金属制品业	16082.95	20134.61	23350.81	59568.37
34	通用设备制造业	27361.52	35132.74	40992.55	103486.81
35	专用设备制造业	16784.4	21561.83	26149.13	64495.36
38	电气机械和器材制造业	33757.99	43344.41	51426.42	128528.82

续表

行业大类代码	行业名称	2009 年	2010 年	2011 年	平均值
39	计算机、通信和其他电子设备制造业	44562.63	54970.67	63795.65	163328.95
40	仪器仪表制造业	5083.31	6399.07	7633.01	19115.39
51	批发业	142954.02	233833.3	307030	683817.32
52	零售业	38600.00	62619.2	78475.2	179694.40
62	餐饮业	100597	100597	105839	23390

表 8—21　主要商标密集型产业 2009—2012 年资产总额
（行业规模）表（单位：亿元）

行业大类代码	行业名称	2009 年	2010 年	2011 年	2012 年	平均值
13	农副食品加工业	13344.92	16731.35	19725.22	23454.12	18313.90
14	食品制造业	6155.03	7229.41	8511.61	10009.68	7976.43
15	酒、饮料和精制茶制造业	6589.65	7852.83	9441.18	11176.84	8765.13
16	烟草制品业	4959.24	4846.18	6167	5324.10	5324.13
17	纺织业	16330.18	18789.99	19993.34	20479.98	18898.37
18	纺织服装、服饰业	5946.06	7026.08	7468.3	9985.24	7606.42
19	皮革、毛皮、羽毛及其制品和制鞋业	3295.87	3907.44	4260.1	5598.74	4265.54
21	家具制造业	2126.59	2639.07	2951.98	3545.86	2815.88
24	文教、工美、体育和娱乐用品制造业	1651.3	1829.93	1790.52	5086.82	2589.64
25	石油加工、炼焦和核燃料加工业	11509.87	13459.04	18912.04	21033.00	16228.49
26	化学原料和化学制品制造业	31825.71	38771.99	44919.06	53382.09	42224.71
27	医药制造业	9341.33	11116.4	13220.51	15768.51	12361.69
30	非金属矿物制品业	20820.55	25567.37	29888.96	35407.84	27921.18
33	金属制品业	10954.06	13155.29	15191.47	19410.90	14677.93
34	通用设备制造业	22363.37	27615.27	29853.77	31493.59	27831.50

续表

行业大类代码	行业名称	2009 年	2010 年	2011 年	2012 年	平均值
35	专用设备制造业	15448.08	19561.45	22778.01	26403.52	21047.77
38	电气机械和器材制造业	24224.63	31717.94	37583.86	42317.44	33960.97
39	计算机、通信和其他电子设备制造业	29737.5	37719.8	41510.83	46427.82	38848.99
40	仪器仪表制造业	4543.99	5168.62	6076.74	5844.97	5408.58
51	批发业	65815.9	83998.6	107444.8	127504.10	96190.85
52	零售业	19522.9	24557.8	30842.9	37727.31	28162.73
62	餐饮业	3311.76	2744.1	3224.2	3967.00	3311.77